U0043030

林家在漳州的史蹟

　　1990年7月間，中央研究院許雪姬教授與翁佳音先生先後赴大陸考察史蹟、搜集史料，為筆者拍回實景照片，並訪得珍貴資訊。此批資料原收錄於《霧峰林家的中挫》，作為增補，但主題與《霧峰林家的興起》實較為接近。此次趁著再版之際，收錄進本書，並增加2000年筆者與林玉茹、洪麗完兩位教授訪查漳州平和林家故鄉所拍攝之照片。在此並向幾位先生致以無上謝忱。

甲、林家故鄉「五寨鄉」之史蹟

五寨鄉埔坪村

林家故鄉至今仍為小寨村，據1990年之人口調查，五寨鄉人口共17,718人，埔坪村有二千多人。據當地父老口傳，開臺祖林石骨骸並未攜至臺灣，其墓在離本村稍遠的山坡上。此外，亦有「螞蟻墓」的傳說。

埔坪村民屋佈局

民屋沿山坡而建，霧峰頂、下厝之屋宇亦有此情形。

埔坪林氏總祠（林氏大宗）

總祠似乏人照料而破敗不堪。

太子少保匾

同治三年之「太子少保
匾」當是林文察之物。

乙、同治三年林文察漳州
之役史蹟

通往萬松關之路

由漳州城往萬松關須通過蜿蜒之山路。

往萬松關之坡道

此坡道今為石板路，左邊有一遺址碑。

萬松關遺址碑

此為1982年中共所立之碑，內稱鄭成功、太平天國李世賢均在此擊潰敵軍。按，林文察即戰歿於此。

虎渡橋（即江東橋）遺址
江東橋在萬松關之東，乃漳
州之役清軍一重要據點。
又，據聞林文察被焚於此。

萬松關關口
居高臨下之萬松關，形勢頗
險要。

丙、林家在漳州之史蹟

漳州宮保第
1988年，中共列為受保護之史蹟，但宅第為數戶人家分居，缺乏維修，毀損嚴重。

宮保第
原本絢麗的彩繪已斑駁。

臥地的聯柱

昂立的聯柱已淪為舖地的石板。

照片

1. 大里杙碼頭（低窪處為大里溪通大肚溪河道）

2. 福康安攻克斗六門圖（藏中央圖書館台灣分館）

3.福康安攻破大里杙圖（藏中央圖書館台灣分館）

4.林甲寅舊厝（頂竹圍，今甲寅村）

5. 番社巷現址（原路長而曲折）

6. 傳聞林甲寅在此土地廟得金，此地即清代之瓦磘仔。（廟後之新橋在清代原係竹筒仔橋，橫過草湖溪，通往草湖，大里杙）

7. 瓦磘庄林和尚宅在此竹圍內（據聞），位於照片六之土地廟右邊（正面看）

8. 日治時霧峯草厝（當時林甲寅分產後，長子定邦與次子奠國之住宅）

9. 瓦磘庄林泉宅在此竹圍內（據聞），位於照片六之土地廟的左後方（正面看）

10. 今阿罩霧圳圳頭（水源自此流經萬斗六、六股、阿罩霧）。

11. 今阿罩霧圳六股分水處（據稱原址在其上游約五十公尺處）

12. 萬斗六倒飛鳳山原林文察衣冠塚，今已成華廈。

13. 林文察塚已遷於此處之林家墓園（車籠埔牛角坑）。

14. 林剛愍墓前石馬亦遷至牛角坑墓園。

15. 林文察神位（文為「誥
封振威將軍加贈資政大
夫太子少保福建水陸提
督軍門烏訥思齊巴圖魯
剛愍林公神位」）。

16. 陸路提督林賞牌
（遺物之一）。

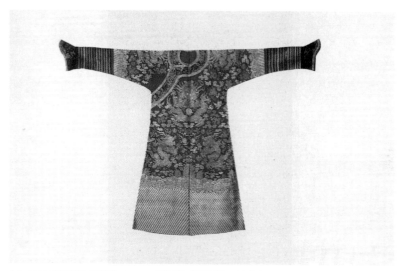

17. 林文察朝服（遺物之二，是否為提督服，待考）。

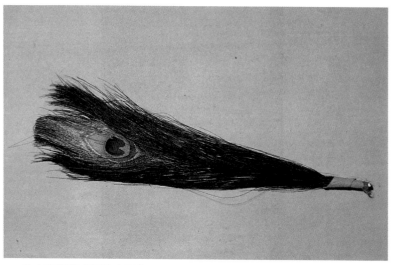

18. 林文察頂翎（遺物之三）。

19. 林文察木雕像。

20. 林文察木雕像。

文書契字

1. 林爽文供詞（〈軍機檔〉，038807號）

仝立給墾埔地字榮坑黃付茄臨口臨丁首萬祿等有烏樹林埔一所與阿畢務奇埔地交畕東至山脚西至溪南至阿畢肴奇埔地北至溪四至明白為界今因誠番把守臨口無暇親耕招得漢佃林第林寅等自備牛工種子前來聯墾當日議定實出埔底銀參佰大元正議定每年穀納大租棖毫失元乙八月交納以為福德公祭祀之資永為寫佃不得增多減少至老奇漢爭租官府往來以及衙門雜費盡皆自理不干仝人之事今欲有憑仝五給墾字一帋付執為炤

即日收過埔底銀參佰大元完足再炤

為中人陳三哥

往場見人傅丁首

如見人傅丁首

代書人柴進益

仝立給墾字鄭祿

苗秀才

陳福生

林琴

馮愛資

白觀生

白三甲

斗目田

白交顯

榮大寡

陳春

呂龍

白無才

班目田

簡胡

毛佛

白阿德

林賊

陳武

柴觀生

榮益

楊才

馮旺

白秀

2. 林甲寅最早地契（嘉慶十一年〔1806年〕，
十月與林疆位、林第承墾黃竹坑埔地）

全立永杜絕賣盡根契人房叔疆位胞叔第苐有前年仝侄甲寅贌墾迤一柴坑仔社畲荒付坑口烏樹林埔地
一所其界東至山尖西至溪南至房親泉園北至溪四至界址分明年納陞番租銀陸大元今自之銀別剖
願將園出賣先保洵至親叔兄弟侄人等各不欵承受外托中引就姪姪仝甥為房侄甲寅出首永賣前言議
定時值正本價銀弍百弍拾大元其園隨即仝中交訖其園隨即依照原界址隨明支付與銀主前去掌
永為己業保以園的伺衍苐已置物業與叔苐侄至親人等無干六無重張典掛他人財物及拖欠大租
不明苐情如有此情姪苐出力低當不干買主之事一賣終休永斷為滕日后子孫不得言找言洗此係
兩愿各無抑勒反悔今欵有凭全立永杜絕賣盡根契一帋付执為炤

即日仝中收過契內銀弍百弍拾大元完足再炤

即日批明上手蛩單前年偹甲寅仼收置無可繳炽批炤

嘉慶拾叁年弍月

代笔人宗叔玕醬
中見人房叔龍囝
房叔位囝
日仝立永杜絕賣盡根契人胞叔第囝

3. 林甲寅於嘉慶十三年（1808年）
二月買斷黃竹坑全部墾權契

立賣田銀字人李安然有興公兄弟仝父遺下、長房景秋兄弟仝衆父遺下有田一段、址在阿罩霧庄南勢水汴長其由來份四段此間戴明契內人帶竹圍厝一座、并佃樹木菓子魚池在內址在阿罩霧庄南勢尾竹圍合四至、銀刈[割]自情愿將此田并菜園均分出自己應份份上賣兄弟問房親伯叔兄弟住等俱不欲承受外托中引就興林明得官人出首合買當面議定時值價佃賣畫根田厝備銀弍佰肆拾大員正、合收通庄銀弍拾員立限至弍月初弎日自當將契銀同交明自如至限之時銀主無銀可交自當將契銀起消無計如田主不能明白住佃銀主將字內佃銀加作拾倍行利各不得異言反悔生端滋事九條弎比甘愿各母悔約及悔今欲有憑立限至回銀字內備銀弍拾大員正交足再炤

即日仝中收過賣田銀字內備銀壹拾大員正共足

道光弍拾柒年正月

代筆人 曾裏 ㊞

為中保認人 李明德 ㊞
李青山 ㊞

日收見回銀字人李安然 ㊞

4. 林定邦（開泰）最早地契（道光二十七年〔1847年〕
正月與林明得合買阿罩霧庄南勢水田）

仝立杜賣盡根田契字人林欉兄弟等有承父遺下水田式段各址在大里杙舊街仔尾內畫段明係買過林科水田壹

段經丈五分年配納隘恩租粟肆石滿斗正東至林信田為界西至林子張田為界北至滿為界又壹段明

係圖過林佶貳水田壹段經丈叁分年配納隘恩租粟肆員捌角正東至曾傳田為界東受林子張田為界北至曾曾田為界

至林猛田為界式段四至界址俱各明白並帶埤水通流灌溉克盡今因乏銀別剏兄弟相議愿將此式段水田出賣先

畫問房親伯叔兄弟人等俱不欲承受外抛中引就與族親林天河官出首承買當日三面議定時值田價銀

崇玖貳正其銀即日仝中交收足訖其田式段隨即耕踏明⋯界交付與買主前去管收租納課永為己

業自此一賣千休炉竈不敢異言反悔生端滋事保此田明係兄弟承父物業與叔兄弟侄無干

無來歷交加不明亦無重張典抛他人財物如有等情少炉兄弟一力出首抵當不干買主之事此⋯二比甘愿各無抑勒反悔

今欲有憑立杜賣盡根田契字帶大契六紙付執為炤

即日仝中收過杜賣盡根田契字內⋯銀崇玖貳正完足再照

再批明林佶貳臺陸工手佃底如一字原由主林佶貳愿取贖之時自當備齊典契字內佛銀壹佰叁拾貳正完足

交還買主林天河田回田契字與炉兄弟子孫⋯⋯

代筆人 卲啟明

為中人 鄭漢源　林顯仙

在場人 媽親汪氏

萬興 保 清賦局

日仝立杜賣盡根田契字人兄弟林景水生文

道光式拾陸年正月

5. 林莫國（天河）最早購地契（道光二十六年〔1846年〕買入大里杙庄舊街仔尾水田）

立盡根田契字人李安⋯⋯遠下水田壹段址在貓羅保柳樹湳庄土名東勢大份經官丈明四圭田柴分東至⋯⋯

⋯⋯另畫埔為界南至蘇家田為界北至林家田⋯⋯原帶坤圳水份通流灌溉逐年配納正供⋯⋯

⋯⋯帶餘租銀壹兩刖⋯⋯分陸厘⋯⋯

⋯⋯將值價銀陸拾大員正即日⋯⋯中銀契兩相交收足訖其田隨即踏明界址交付買主去掌⋯⋯

⋯⋯日後不敢言貼言找贖⋯⋯

⋯⋯此係二比甘愿并無⋯⋯口恐無憑今欲有憑立盡根田契字壹紙⋯⋯

咸豐叁年　十月

獨奢石伍斗叁
天銀世
幽　林文察

代筆人黃文郁

為中人陳寶

日立盡根田契字人李安

6. 林文察（開泰）最早購地契（咸豐三年〔1853年〕
　十月買入柳樹楠庄東勢大份尾水田）

立杜賣盡根田契字人蘇枝鳳有承祖父遺下闆書應份水田壹叚址在柳樹湳庄東勢洋大名營鹽邊

東至鳳抽出應份田界西至營鹽前大路界南北俱至林家田界四至界址明白經丈壹甲陸分年納正供

榖叁石叁斗式升捌合餘租銀壹兩柒錢式分捌厘配銀壹錢陸分陸厘辛辈然丈配者祖票壹石陸半辈

升壹合陸勺正今因乏銀別創願將此田出賣先盡問房親人等俱不欲承受外記中引就與阿罩霧

庄林本堂出首承買三面議定時值盡根田價銀陸佰大元庫平辈佰正即日銀契全中交收足

訖其田隨即踏明界址交付買主掌管起耕招佃收租納課永遠為業鳳自此一賣千休蔦籐

永斷日後鳳及子孫不敢言贖異言端保此田係鳳承祖父遺下物業與別房親人等無干

亦無重張典掛他人財物以及上手來歷不明等情如有此情鳳自應出力抵當不干買主之

事此係二比甘應各無抑勒反悔口恐無憑合立杜賣盡根田契字壹紙帶闆書壹紙又帶

即契粘司单壹紙合共叁紙付執為炤

即日仝中覩收過契字內銀陸佰大元庫平辈肆拾兩正完足再炤

代筆人曾和中

為中人黃添養

場見胞兄枝茂

咸豐叁年十二月

日立杜賣盡根田契字人蘇枝鳳

7. 林本堂（下厝家號）最早購地契（咸豐三年十二月
〔1854年初〕買入柳樹楠庄東勢大份洋水田）

立出換厝地字人林上膺有承父建置厝地壹段後帶菜園前帶未埋在阿罩霧庄前四至界址俱載

在買契內明白今因族親文察要起蓋大厝欠用厝地一隔于是托中相商將厝地一坵厝拾壹間柵

平文帶樹木在脚換祭起蓋大厝將南勢句置厝地其壹段又賠出佛銀陸拾員上結成仟塊以

為再起厝之資無還此係二比甘愿日後不得異言生端滋事口恐無憑今欲有憑二對換立字壹紙

并立賣字紙買契壹紙共差紙付執為炤

即日仝中貼起厝佛銀陸拾員無還炤

批明此厝係上膺永父明買明白如有不明膺一力抵當再炤

　　　　　咸豐捌年正月

批明字內添註手字壹字地兩字基兩字共肆字

　　　　　　　　　　　　筆長男　龍水

　　　　　　　　　　　為中　林進成

　　　　日立換字人林上膺

9.同治二年〔1863年〕六月二十八日林文察
「謝授福寧鎮並署陸路提督恩由摺」

奏

林文察 謝授建寧至鎮壓陸路提督

思內

十月二十五日

諭旨恭錄行知外合就抄摺行知爲此札仰該

副將即便遵照辦理毋違特札

計粘抄摺一紙

花翎統辦內山軍務儘先林副將准此

同治三年七月　　日

10. 同治三年〔1864年〕七月二十六日林文
察札林文明統辦內山軍務

抄錄摺片行知事照得本軍門於同治三年六月二

十二日在彰屬犇頭店軍營恭摺並附片由驛馳

奏撲護股首陳啞狗吳張三顯等先後誅戮壹

地軍務大局底定彰屬一帶餘匪飭交副將林

文明分別搜捕赶緊撤隊內渡商辦邊防並附

奏彰逆倡乱祖墳被毀各緣由摺片除俟奉到

I

霧峰林家的興起

渡海拓荒到封疆大吏　　（1729～1864）

黃富三　著

序

　　我十七、八歲很年輕時，就受知於臺中霧峰灌園林獻堂先生。先生時年四十二、三歲，為臺灣民族運動、文化運動的領袖，可說名滿天下。每次造訪霧峰，均承先生以賓客相待（我睡在梁啟超可能也睡過的大眠床）。在用過早餐後，我們常在「景薰樓」的會客廳對談，題材大半是現代文學、日本與西歐文學或中國詩詞。有時先生談起林家的歷史、故事，使我深深了解遠在清代，霧峰林家已是臺灣的重要家族。有一次談到來臺始祖林石公的故事。

　　據說林石攜帶安放著父親骨骸的「金斗」來到臺灣中部地方。日暮了，又舉目無親，不得已將「金斗」放置在一處「田頭」上，便借宿一農家。天明要去拏走「金斗」時，才發現一夜之間，「金斗」都變成蟻窩，只見無數的螞蟻還在運土築巢。林石不敢移動「金斗」，再加土沙覆蓋，造一小塚乃離開。自此「林家」即飛黃騰達，人們以為是得到了「好風水」所致（獻堂先生卻不信此）。

　　這個故事有其「象徵性」，可看出當時自大陸來臺移民的艱難困苦，以及過海外出也要攜帶親人「骨骸」的「倫理」觀念。

　　此次，黃富三教授的大著《霧峰林家的興起》的完成，實是學界的盛事。這不僅是研究臺灣某一地方的某一家族，也是研究臺灣歷史極其重要的某一部份、某一階段，而其成果更將貢獻於中國歷史及

中國民族、家族的研究。

此大著值得注意的，第一就是其「資料」。除一般史料之外，另有保存在林家的資料，如文件與地契等，以及故宮博物院收藏的有關檔案。國立編譯館新刊連雅堂的《臺灣通史》，囑我作一新序，我說「通史」將與臺灣的「河山」同其不朽，但我不得不指出「通史」資料的不完備，如各種檔案，以及日、荷原始文件多付闕如。但此乃由於「時代所囿，固不能苛求」。比較雅堂先生，黃教授實在幸福。

第二就是他的「方法」。黃教授曾攻西洋經濟史，又在英研讀多年，「方法」的正確、純熟，自不待言。

第三就是著者對此研究主題、對象的熱忱。一開始，著者就感覺問題的重要、史事的曲折，以及資料的豐富，不知不覺對其付出鉅大的精力。在臺灣大學歷史研究室看到他時，每聽說：「昨天到霧峰去過」，或「今天下午要去霧峰」。

《霧峰林家的興起》一書現在已經完稿、付梓，再幾天，因「國科會」之助，著者要到美國作研究，在此祝福他順利！愉快！

楊雲萍　序於國立臺灣大學歷史研究所

第二研究室

時年八十有一

中華民國七十五年丙寅八月二十日

自序

這本書能問世，說偶然很偶然；說有緣，也很有緣。

1979、80年間，筆者受國科會資助赴劍橋大學進修一年，由於在臺大開有臺灣史課，在閒暇很自然地會留意一下這方面的外文著作。在某一次逛書店時，發現一本很有趣的書，即Johanna Menzel Meskill博士所著之*A Chinese Pioneer Family: the Lins of Wufeng, Taiwan, 1729-1895*。略讀之下，除為書中的內容所吸引外，更有不少感慨，也有更多的汗顏。狹隘點講，為什麼生於斯、長於斯的我們對這個影響臺灣歷史的重要家族，不曾認真地去探究了解，反要太平洋彼岸的異邦學人為我們啟蒙。更廣泛點講，為什麼對孕育我們的鄉土，我們不能嚴肅地（非玩票性質）、客觀地（非目的導向）探討它成長的悲歡成敗過程，讓子孫對先人創業之艱辛有深一層的了解。

Meskill博士說，她曾嘗試挽救霧峰林宅退逝的壯麗（deceased grandeur），卻遭遇重重挫折，只好以文字來保留它。[1]筆者1980年回國後，也曾有幾次機會參觀林宅，每一次都增添一分感慨與無力感，心想如果在歐洲，即使把公家機構除外，不知會有多少熱心人士伸出援手，來維護這座在臺灣規模最壯觀的宅第。

---

[1] J. M. Meskill, *A Chinese Pioneer Family: the Lins of Wu-feng, Taiwan, 1729-1895*（Princeton, N.J.: Princeton University Press, 1979），p.3-4.

從Meskill博士1962年參觀林宅後,二十二年的歲月悄悄過去了,林宅更破落了,想不到筆者也以同樣的感慨與無奈再做同樣的工作。由於種種因素,林宅的整修與維護依然遙遙無期。1984年秋,臺中素貞興慈會為免宅第變成「無形史蹟」與林家歷史完全被淡忘,決定撥款進行兩項工作,一是宅園的測量與繪圖,一是林家歷史的研究,由臺大土木系都市計劃室王鴻楷教授主持宅園之測繪與研究,王教授再經由歷史系徐泓教授介紹筆者主持歷史部分的工作。

憑心而言,在與素貞興慈會負責人林正方先生以及林博正先生等人數度商談時,筆者並無勇氣接受這項工作,更無信心完成任務。畢竟霧峰林家是臺灣世家,代出名人,自林文察、林朝棟、林文欽以至林祖密、林獻堂、林癡仙、林幼春等;其家族史幾乎可說是乾隆中葉後臺灣歷史的縮影,筆者不敏,焉敢承擔兩年內完成林家歷史研究的重責?更何況,Meskill博士已有鉅作在先,欲求超越,談何容易!幾經會商,林正方先生應允盡一切可能協調林氏族人提供所有資料,並接受訪談等,於是,筆者抱著忐忑不安與姑且試之的心情,暫時接受初期的工作。

當工作展開後,初期是很悲觀的,因為Meskill博士當年所見的資料居然不復見。但是隨後情況卻有驚人的變化,一件接一件的新資料不斷湧現,驚訝、興奮、滿足、期待,有生以來,心緒從未如此激動過。筆者逐漸有信心寫一本一方面承襲Meskill著作之風貌,一方面又有新成果的書。

原先,筆者構想是清代一冊,日治後一冊。但由於資料極為豐富,清代部分只能寫到林文察,至於林文明、林文欽、林朝棟等人只好留待下一冊分解了。

由於這是筆者第一次嘗試寫家族史,知識、經驗俱缺;加以教

學忙碌，上課期間未能全力以赴；更何況在短短一年半內須完成具有不少原創性研究（original research）成份的書；凡此種種，均遠超出個人能力範圍，缺失、錯誤定不在少數。由於出國在即，也無暇恭請學者專家寓目賜教，惟有在出版後懇請各方先進不吝指正，以便有修正機會時改進。賜教請函國立臺灣大學歷史系即可。[2]

黃富三謹序於臺大歷史系第二研究室

民國七十五年（1986年）八月八日

2　本書此次再版，內文原則上保持原貌，僅更新註解格式、修改部分錯誤。索引則改為電子形式，請所需讀者至聯經出版公司網頁下載參考。

誌謝

　　本書之得以順利完成，全賴各方面的密切配合與支持。首先應感謝臺中素貞興慈會提供一切研究經費，並協助取得有關資料。

　　搜集資料的過程是漫長勞累的，感謝林正方先生安排林氏族人會面，從而建立良好的人際關係，為工作之順利展開奠定基礎。在安排訪談林氏族人方面，林高岳先生真是勞苦功高，在大熱天不憚其煩，陪筆者赴霧峰訪談林氏族人與耆老、勘查霧峰及鄰近地區之地理環境，而且提供不少重要資訊（information）做為進一步搜集材料的基礎，在此應致以深深的謝意。此外，林富雄、林助先生在訪談方面也提供不少助力，令人感銘。

　　在資料方面，非常感謝林氏族人的全力合作。絕大多數族人毫無保留地提供其所有的文書或傳聞資料，其中特別值得一提的有幾位先生：如下厝（定邦公派）的林正澍、林壽永、林壽豐、林中堅、林陳琅及林義德諸位先生，以及頂厝林鶴年、林博正先生等。沒有他們的協助，本書不可能有如此健壯的「體質」——筆者深信個人能力雖不足，但材料方面卻是上乘的、第一手的。

　　有幾位耆老與先進不憚煩擾，接受筆者的訪談，提供不少重要線索，筆者謹致深深的謝意，如林少密先生（霧峰）、曾樹旺老先生（霧峰）、林源茂先生（霧峰）、林重先生（大里鄉仁化村）、林傳義

先生（太平鄉）、林松齡先生（陽明山）、林陽江先生（霧峰）、林家十一姑（霧峰）、林垂訓先生與夫人（臺中）、林關關女士（臺北）等，無法一一列舉。他們大多是高齡八、九十的耆老，在大熱天接受筆者的考問，逼迫他們回憶，實非敬老之道。筆者在此特別向曾樹旺先生及其家人致最高的謝忱與歉意。由於筆者訪談準備不周，未能將所有問題一次解決，以致須二度造訪。曾老先生在動手術後數日強支精神答覆問題，當時情景直有如對著風中殘燭揮扇，真是不該。然而為防自己所要的線索會永遠失去，只好狠心追問下去，多麼殘酷自私的所謂「學術研究」啊！更不幸的是林少密先生（林朝棟孫、林祖密子）與林正澍先生在接受數次訪談後，未及見本書之問世，於本年先後謝世，在此深致哀悼之意。

筆者亦感謝各大圖書館之借閱或准予影印資料。其中故宮博物院圖書館所藏之檔案，對本研究貢獻特大，特申最高謝忱。在運用檔案時，尤其感謝中央研究院近代史研究所許雪姬女士賜知其在故宮圖書館搜集資料的先進經驗；同時，也感謝故宮博物院文獻組莊吉發先生撥冗指導資料之搜集、運用。其它，如中央圖書館臺灣分館、臺大總圖書館、傅斯年圖書館、臺灣省文獻委員會圖書館、聯合報國學文獻館等均提供或多或少的資料。此外，南投水利會與所屬之霧峰工作站，以及霧峰地政事務所亦提供珍貴的資料。在此一併申謝。

在研究過程中，洪敏麟、王世慶兩位先生提供不少寶貴意見與指導。其中洪先生不惜辛勞，帶領筆者勘查介紹草屯鎮各重要史蹟，誠盛情可感。此外，臺大歷史系鄭欽仁教授與聯合報國學文獻館盛清沂先生亦熱心協助，實感銘五內。

筆者受惠於Meskill博士者甚多，除了她的著作外，在她本年初訪臺之行中，接受筆者之訪談，回國後又致贈其所搜集的資料，異邦

高誼，誠屬難得。另外，故宮博物院器物組嵇若昕小姐撥冗協助筆者
鑑定、查考林文察、林朝棟等人的冠服，謹致謝忱。

此項霧峰林家歷史的研究，工作極為艱辛複雜，單靠筆者一人
之力絕無完成任務之日。本書之能順利寫出、迅速問世，實應歸功於
助理之盡心協助與合作。其中黃福得先生（臺大歷史研究所碩士，八
月赴德留學）是常年助理，他任勞任怨，毫不懈怠地擔起各種不同的
工作，從搜集資料、抄卡片，到訪談錄音、照相、修補破契字等，而
每一件工作都做得仔細、認真，筆者由此意外地發現了一些問題。[1]
另外，翁佳音先生（臺大歷史學碩士）在他擔任半年助理期間內，也
充分發揮了他臺灣史知識與田野調查經驗的長處，為筆者搜集到不少
珍貴資料，擴大了本書內容的涵蓋面。此外，有幾位斷斷續續效勞的
短期助理，都是臺大歷史系學生。其中以李季樺小姐（本年畢業）、
劉曉芬小姐（升四年級）工作時間最長，也最辛苦。她們都很熱心而
耐性地協助筆者補破契、作卡片、抄文章，甚至提供寶貴的意見。
曾郁雯小姐（本年畢業）、王靜霏小姐（本年畢業）也在最後階段加
入工作陣容，使本書得以早日順利問世。對這一和諧而有效率的作
業小組，筆者是既滿意又感激的。筆者也應向他們致歉，由於個性急
躁，常要求他們剋期完成某件工作，甚至犧牲星期假日。再者，土木
系都市計劃室助理賴志彰先生雖非筆者助理，但由於1985年暑假，他
長期在霧峰工作，協助筆者取得不少「資訊」（information），而舊照
片的沖洗與照片中人物的辨認大多仰賴他，在此深致謝忱。

筆者也感謝文太公司老闆徐瑞文先生與排版工，全力趕排，以

1　例如故宮〈軍機檔〉列有兩個日期，引起筆者的懷疑。經探究才確定一者為
　　臣子上摺日期，一者為清帝降諭日期。不少作品，包括清史列傳，引〈實
　　錄〉或〈宮中檔〉日期，以致發生了時間差距的嚴重錯誤。

便筆者能於八月間順利出國。另外，歷史系張碧英小姐為筆者管理研究計劃的煩雜事務，在此謹申謝忱。

　　最後，承蒙雲萍師撥冗為本書作序，謹致深深的謝意。並應感謝林長富先生提供其紐澤西州寬敞舒適的住屋，讓筆者得以從容作最後的校訂工作。

民國七十五年（1986年）十月

黃富三誌[*]

---

[*] 　本書原定民國七十五年出版，因地震版毀等因素，致延後一年。

目次

圖片目次

霧峰林氏族人世系表

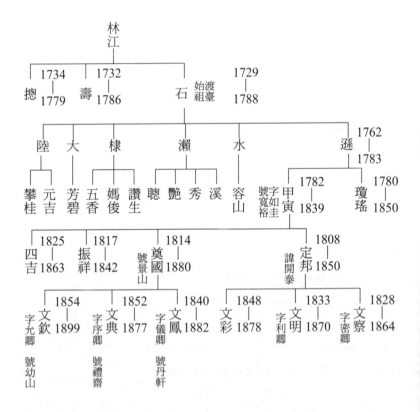

簡稱表

　　臺文叢　臺灣銀行經濟研究室出版之「臺灣文獻叢刊」，共計309種，「臺文叢」後之數字表示第幾種，如「臺文叢2」表示第二種。

　　臺研叢　同上之「臺灣研究叢刊」。

　　省文獻會　臺灣省文獻委員會。

　　林氏族譜　林獻堂等纂修，《西河林氏族譜》1935年。臺銀文叢本改名《臺灣霧峰林氏族譜》（臺文叢298，1971年）。由於原刊本流傳較少，本書採用臺文叢本，方便讀者對照。

　　乾隆實選　清高宗實錄選輯，臺文叢186。

　　道光實選　清宣宗實錄選輯，臺文叢188。

　　咸豐實選　清文宗實錄選輯，臺文叢189。

　　同治實選　清穆宗實錄選輯，臺文叢190。

　　正澍契　林正澍先生提供之地契。

　　壽永契　林壽永先生提供之地契。

　　中堅契　林中堅先生提供之地契。

　　鶴年契　林鶴年先生提供之地契。

導論

　　「樹大蔭也大」是臺灣中部人形容霧峰林家聲勢的一句俗語。的確，在臺灣能與板橋林本源家相頡頏的，僅此一家；而且，相較之下，除經濟力稍遜外，在政治上、社會或文化上的影響力，霧峰林家可能還略勝一籌。因此，如能將這一重要家族的發展史作深一層的探討，則對掌握臺灣歷史上的一些關鍵問題當可收直攻要害之效。以鉅視觀（macro-view）言，由此家族史可仰望臺灣地方史甚至中國史；以微視觀（micro-view）言，尤可細察一個家族的脈動——經濟、社會生活等的點點滴滴。其價值大矣哉！

　　Meskill博士在其鉅作之導言中，對研究霧峰林家歷史的價值有很好的說明。她指出此一家族史的研究有助於了解臺灣的區域史，進而了解臺灣在中國政治實體（entity）中的地位；也可究明臺灣社會的特點，等等。[1]旨哉斯言！筆者即秉承其遠大的目標，企望能作進一步的、更深入的探討。

　　除了Meskill博士所懸的目標外，本書期望也能處理一些具體的問題，如霧峰林家如何興起；林家在臺灣社會發展史上所扮演的角色及此類角色所顯示的意義；臺灣地方豪族與官府的錯綜複雜關係；林

---

[1]　J. M. Meskill, *A Chinese Pioneer Family: the Lins of Wu-feng, Taiwan, 1729-1895,* "introduction," p.3-12.

家何以驟起驟落等。也許從林家所發生的事件中可指點出臺灣獨有的、先天的歷史特性，而這些特性像一隻看不見的手，緊緊地操縱著臺灣的命運。

霧峰林家歷史的研究，依計劃將自開臺祖林石開始至光復初年為止。但是，由於規模過大，只能分階段進行，本書所涵蓋年代只限於早期，即自林石至林文察為止（雍正七年至同治三年，1729－1864）。內容將介紹林家在這段時間興衰不定的命運，由林石在大里杙拓荒致富，經林爽文之亂而家道中衰，而林甲寅再興家業，以至林文察竄升為福建陸路提督，一度兼掛水師提督。按提督貴為從一品武官，與各省總督、巡撫並稱為封疆大吏。[2]林家因此成為臺灣的重要家族，其間的前因後果與曲折過程，頗值得探究。

有關霧峰林家的作品，可說是汗牛充棟，但把它當做嚴謹的課題做學術性研究者卻也不多見，探討本書所涉及之時代的作品也就更有限了。

首先應提到的是美籍教授Johanna Menzel Meskill的鉅作 ——*A Chinese Pioneer Family: the Lins of Wu-feng, Taiwan, 1729-1895*；又，氏在1970年另有一短文The Chinese Genealogy as a Research Source，乃本書之撮要，不贅。[3]筆者受惠此書之處不勝枚舉，尤其在起步階段。筆者曾據其所列書目與原始資料來源，按圖索驥，獲致豐碩成果，也曾據其所分章節與所提問題做初步的卡片分類，如無此先期工

2　《清朝文獻通考》（臺北：新興書局，1963，新一版），卷87，職官11，考5628。

3　文見Maurice Freedman ed., *Family and Kinship in Chinese Society*（Stanford University Press, 1970），p.139-161.
　　又見溫振華譯文，〈霧峰林家——一個臺灣士紳家族的興起〉，《臺灣風物》（臺北），29：4（1979·12），頁1－8。

程為基礎，本書絕無可能在一年半內與讀者見面。此一異邦學人，早在1960年代初期即對臺灣史事投入如此大的心力，生於斯長於斯的筆者，要再三申致衷心的敬意與謝意。本年年初，Meskill教授訪臺，筆者曾當面推崇其拓路之功，戲稱她是Pioneer of the Pioneer Family（拓荒家族的拓荒者，因其書名有「拓荒家族」的字眼）。筆者亦趁機提出一些研究過程中所遭遇的問題，她雖然自謙事隔二十多年，許多事情已忘記，但仍提出不少寶貴意見與資料訊息，例如她以為林文察臺勇的組成分子應加調查補入等。

　　拓荒工作在學術發展過程中是深具意義的，但常常是吃力不討好的。如同Meskill教授所言，她在搜集資料過程中遭逢不少難題，再加上身為外國人，受語文上的限制與文化隔閡的影響，研究工作要做得面面俱到，誠屬艱難。因此本書難免有美中不足之處。

　　1979年，Meskill教授作品出版後，頗引起學界的注意，尤其是臺灣史學者。夏威夷大學藍厚理教授（Professor Harry Lamley）推崇本書乃描繪中國士紳家族的佳作。不過，他也提出一個疑問，即林家是否如Meskill教授所稱完全由土豪轉變為士紳？因林朝棟時仍擁有私兵。[4]這的確是個可爭議的問題，惟因本書只處理到林文察時代，暫置不論。倒是藍教授所提到的資料問題，確實值得商榷。藍教授批評她未用一部分學者的研究成果，如戴炎輝教授對鄉莊制度的研究與中央研究院民族學研究所在濁大專題研究計劃中的成果。[5]不過，筆者以為原始文獻的利用才是最弱的一環。例如林家歷史的敘述是其作品重心所在，但觀其資料，大多依賴《林氏族譜》的記載與傳聞。由

4　"Book Review on A Chinese Pioneer Family: The Lins of Wu-Feng, Taiwan, 1729-1895,", *Journal of Asiadies,* Vol. XXIX, NO. 2（February, 1980）, p.331.

5　同上。

於國人寫族譜難免為先人諱或渲染父祖功德，且常盲信傳聞、穿鑿附會，不加原始資料之考證與評析，全然接受是危險的。不過，如果我們設身處地於1960年代初期的臺灣，對此缺點當可諒解。

此外，澳洲留日學者 クリスチャン・ダニエルス（Christian Daniels）曾指出Meskill大作的一些缺憾，如未對林家勢力上升原因充分說明，對霧峰林家之週遭大族（如賴、洪姓）述介不夠、未充分利用土地文書所傳達的訊息等。[6]筆者對此評論亦有同感，尤其是土地文書之內容很少運用於書中，實一大憾事。惟筆者對於周遭大族未受充分處理一點，深為諒解。事實是，Meskill教授確實作了很大的努力搜集鄰族材料，但除了傳聞外，少有具體資料。筆者又作了同樣的工作，成果依然不佳。在欠缺材料的狀況下，與其冒險處理，以訛傳訛，不如暫留空白。事實上，相反地，筆者覺得Meskill博士在具體資料不足下，時或採信傳聞與引伸推論有限記載，似有欠妥，而且也的確產生錯誤。ダニエルス又根據《淡新檔案》，指出咸豐年間，小租戶常抗租，而批評Meskill未觸及此農民鬥爭問題。ダニエルス氏的評論語意不甚清楚，無論如何，霧峰林家與鄰近大族均係小租戶富豪，因此其衝突乃小租戶間平行的利害矛盾，與農民鬥爭或大、小租戶間上下的階級衝突，似乎不相干。

當然，斷言Meskill之前，無人注意到霧峰林家的研究是不公允的。日人鷹取田一郎所著《林文察傳》，似乎利用了一些檔案資料，並搜集不少民間傳聞，保留了部分林家資料。[7]遺憾的是，他未曾一一註明資料來源。

6　見氏評，〈中國の—開拓家族—台灣霧峰の林家〉，《台灣近現代史研究》（東京），4（1982.10），頁276-277。

7　鷹取田一郎，《林文察傳》（臺北：臺灣日日新聞出版社，1919）。

　　連橫《臺灣通史》中,「戴潮春列傳」、「林文察列傳」、「丁曰
健列傳」、「林奠國列傳」、「林占梅列傳」、「羅陳列傳」等,均與霧
峰林家有關。[8]但是,同樣的,也未註出處。

　　光復後,事實上,也有人注意到霧峰林家歷史與建築資料的搜
集。1967年7月至1970年間,臺大歷史系許倬雲主任曾向美國哈佛燕
京學社申請一筆經費作口述歷史的工作,約半年後,許主任赴美,工
作由陳捷先主任繼續。其中1968年7月至1969年6月之工作即以霧峰林
家為對象,其成果計有(一)「霧峰林家之歷史」(王世慶先生撰)、
(二)「霧峰林家的研究」(撰者不詳)、(三)「霧峰林家調查報告之
一部分」(陳漢光撰)、(四)「霧峰林家與臺灣的抗日運動」(撰者
不詳)、(五)「霧峰林家與臺灣的文化教育」(王詩琅撰),其中第
(一)、(二)、(三)與本書處理的年代有關。[9]這些報告基本上是口
述紀錄,多未經考證功夫,故使用時必須有心理準備。

　　與Meskill約略同時,鄭喜夫先生亦有《林朝棟傳》一書之刊
行。[10]此書以林朝棟為對象,但也簡略追述早期林家的歷史。

　　新近的論著則有許雪姬女士之「林文察與臺勇——臺勇內調的
初探」。[11]此文大量運用故宮檔案,價值極高。

　　類似題目之重做是很困難的,除非有新資料之發現。很幸運,

8　連橫,《臺灣通史》(臺北:臺灣銀行經濟研究室,臺文叢第128種,
　　1962;1920年原刊),頁883－908。

9　此項報告副本現存臺大歷史系,正本當在哈燕社圖書館,但筆者未尋獲。

10　鄭喜夫,《林朝棟傳》(南投:臺灣省文獻會,1979)。列入《臺灣先賢先
　　烈專輯》,第四輯。

11　1986年7月26日在中央研究院三民主義研究所「臺灣史座談會」中,初次報
　　告,並於8月22日,正式在中央研究院近代史研究所主辦的「中國區域發展
　　史研討會」發表。本文完稿時間與本書約略同時,不少資料相同,但仍有筆
　　者未用者,書中均加註明。

在這方面有意想不到的收穫。當工作初步展開時，筆者一度陷入悲觀的低潮情緒中，因為當年Meskill教授所接觸過的資料，很多種竟然不知所終。然而經過一而再的探索，逐漸有轉機，且有突破性的發現。首先，承蒙林鶴年先生與夫人的協助，我們終於尋獲其所珍藏的大量契字。接著，承蒙林博正先生之助，又在頂厝（景薰樓）獲得不少文書。遺憾的是，管理員告知就在二週前燒了不少「廢紙」，我的心在淌血，Meskill教授當年看得到的資料可能有不少已化為輕煙。不過，看看凌亂的現場，筆者還是慶幸能及時搶救部分的資料。

當然，除了尋覓Meskill二十幾年前所已見的資料外，筆者也期望有新的斬獲。首先，筆者與助理黃福得先生在頂厝閣樓發現了幾箱烏黑沉重的玻璃片，不知是何物。幸虧土木系都市計劃室助理賴志彰先生，一眼認出是珍貴舊底片，林家宅園建築與人物相當完整地保存在這些玻璃片上，真是個豐收季。多年未見人跡的閣樓，灰塵、蛛網密佈，加上盛暑的悶熱，身是疲乏的，然而心是昂奮的、熱切的。

好消息接二連三傳來。筆者曾要求林氏族人遍尋各角落，尤其人們最不願去的角落與從未開過的箱子。果然有回響。首先，從林正澍先生處尋獲兩箱契字，又是一項資料上的突破。遺憾的是，長久未經維護，大部分已經破損。

1985年暑假，臺大土木系工作人員在宮保第進行測繪時，再度發現一箱文書，破損更嚴重，筆者要求林高岳先生原封不動北送。打開一看，真是「琳瑯滿目」，有泥土、沙子、蟑螂、蛀蟲、蛟布蟲。資料寶貴，我們還是細心地「補破網」。

此外，我們又先後從林中堅、林陳琅、林少密、林壽豐、林壽永等先生處分別得到其所珍藏之資料。到底是世家，任意一搜就有資料，正如富礦，隨手一挖就見寶。

私文書是夠豐富了，但對此一曾在政治上、社會上扮演要角的家族，公文書也不可缺。我們在故宮博物院圖書館找到不少有關林家的檔案（主要是林文察的），其中軍機檔、月摺檔價值尤高。例如林爽文案供詞、林文察與丁曰健等人之奏摺，均極珍貴。此外，林家所提供或搜尋出來的公文書尤為可貴，可補官方檔案之缺漏，而揭開了不少史實的神秘面紗。如本書有與傳統說法不同之處，請暫毋訝異，而尊重史料提供之訊息所獲致的結論。

由於林家乃中部大族，民間傳聞甚多，筆者也費時費力進行訪談。傳聞常穿鑿附會，牛頭配馬嘴；但傳聞之形成一定有其事實核心在，至少有其理由，細加分析篩選，往往有意外的發現。例如所有作品載林和尚為草湖庄人，訪談結果，顯示非今日之草湖，而是在今霧峰鄉，筆者並由此考證出其住處。

本書內容的安排大致照編年紀傳方式，即依人物出現的先後順序論述其事蹟，至於份量則依各角色的重要性及及材料的多寡而定，大致二者是正相關的。林家人物與事件自然是本書的核心內容，但為了充分顯示林家在歷史架構中的位置，與林家有密切關係的人物與事件，也不惜篇幅加以介紹。不過，受制於資料取得之不易，未能做到滿意的地步。例如筆者急欲了解前後厝林姓鬥爭的前因後果，努力尋找霧峰林家對手後厝林和尚、林晟、林應時的具體資料，欲訪談此族後代，但毫無所成，堪稱本研究之一大憾事。

本書第一章介紹林石渡海遷臺的背景，自林石故鄉的環境與家庭背景，以及臺灣對移民的吸引力，解釋促成此一十幾歲青年冒險的理由。

第二章敘述林石驟起驟落的戲劇性生命。由於林石的遠見，毅然飄洋過海，把命運下注於危險的開拓前哨大里杙，終能在短短幾

年內，建立其小經濟王國，顯示荒野的邊疆才是發揮才幹的最佳舞臺。然而，反過來說，邊疆社會的際遇也是無常的。乾隆末葉一場林爽文亂事，使身為林姓族長的林石無端受累，辛苦建立的基業一夜之間土崩瓦解，甚至因而喪命。成功與失敗的酸甜苦辣滋味，在短短的三十四年內嚐盡。其前因後果與過程，值得深加探討。

第三章描述林石後代在林爽文亂後的命運。大多數族人因家產抄沒而星散沒落，惟有長子林遜遺孀黃端娘攜二子遷居阿罩霧，意外地開啟了新機運。其中次子林甲寅具有優越的經營能力，在某種程度上恢復了乃祖林石的基業，奠定其子孫日後更上一層樓的基礎，因而成為日後霧峰林家的開基祖。林甲寅有三親子與一螟蛉，其中以長子定邦與次子奠國表現最佳，成為霧峰林家的下厝祖與頂厝祖。

第四章描述下厝祖林定邦之不幸遇害與林文察等人之復仇。由於新史料的發現，此命案與復仇行動的某些問題得以澄清，但也產生新疑點。筆者獲有一宮保第文件，所述情形，與目前所有紀錄幾乎全然不同，箇中隱藏無限玄機，本章曾數易其稿以求其真相之釐清。

第五章描繪在咸豐年間臺灣與大陸的動亂，使林文察得以戴罪立功，脫穎而出。咸豐四年（1854），林文察募勇北上雞籠，協助平定閩南小刀會之侵擾，因功受賞，開始了日後發展的第一小步，但也是關鍵性的一步。

第六章敘述林文察遠征大陸的英勇事蹟。林文察自參加平定雞籠小刀會之役後，由六品軍功而升游擊分發福建。由於太平軍之侵擾，咸豐九年（1859）初，林文察率臺勇渡海西征，從此蛟龍入海，功業一帆風順。由於他的驍勇善戰，屢建奇功，成為太平軍所深懼的剋星之一，在短短五年多時間，乃能由游擊而擢參將、副將、總兵，乃至一品封疆大吏的提督，升遷之迅速，萬人側目，堪稱清代臺

籍將領或官員中的異數。

第七章敘述清代臺灣第三次大動亂 —— 戴潮春之亂 —— 與林家的關係。原來戴亂除了抗官外，舉事之首領與林家也有世仇或利害關係，因此，亂事一起，林家即飽受威脅。遠在大陸作戰的林文察、文明兄弟隨即採取對應行動，先由林文明請假回臺，募勇平亂與保家。其後，浙江戰事漸平，林文察亦請求返臺平亂。然而，在此時，他與閩官——特別是丁曰健——的衝突逐漸表面化，林文察宦業由巔峰開始走下坡，其中曲折情節值得推敲評析。

第八章描述林文察返臺平戴亂的情形與所發生的種種問題。原來林文察帶兵由南北攻，與由北南下的丁曰健發生磨擦而終導致正面衝突。在丁曰健的猛烈抨擊、彈劾下，林文察不但未享受到衣錦榮歸之樂，反而度過了他出仕以來最黯淡的日子。在權力鬥爭中，林文察屈居下風，終於被調內渡，將星漸隱。其中丁、林交惡的因果，內情複雜，頗值得探討。

第九章敘述林文察內渡不久壯烈殉職之經過及其戰歿原因之試析。

最後之「贅言」乃在檢討林家由林石渡臺拓荒至林文察戰歿時為止的發展特點。

第一章 「唐山過臺灣」
──開臺祖林石之渡臺

唐山過臺灣　心頭結成團（心肝結歸丸）
geᵗ gui wan

　　乾隆十一年，公元1746年，福建省漳州府平和縣的一個年方
十八歲（實歲十七）的貧苦孤兒，滿懷著熱望、期待又兼憂懼的複雜
心情，跟著一夥移民，渡過風浪險惡的臺灣海峽，踏上一個陌生的孤
島──臺灣。這個青年就是本書主題──「霧峰林家」的開台祖林
石。[1]

1　林獻堂等編，《臺灣霧峰林氏族譜》（臺北：臺灣銀行經濟研究室，臺文叢
　　第298種，1971；1935原刊），頁101。文中言「年十八，結伴來臺」，中國
　　算法出生即一歲，故實歲當為十七歲，林石出生於雍正七年（1729），故首
　　次來臺應是乾隆十一年（1746）。參見《臺灣霧峰林氏族譜》，頁177。本
　　書以下均簡稱《林氏族譜》。

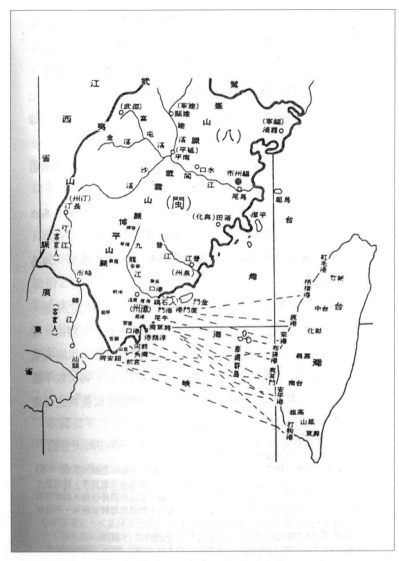

■圖1　漳州府屬移民渡臺路線

來源：高諸觀，《八閩全鑑》（臺北：臺灣新聞文化出版社，1981），頁39。

第一節　清初移民臺灣之艱辛

在清初，由於種種不利的條件，移民臺灣是一項極為冒險的嘗試。[2]

隔開臺灣與大陸的臺灣海峽，海面雖不廣，但自古以險阻聞名，每年總有無數漁民、商人、旅客葬身魚腹。海流是影響航行安全的主要因素。原來，北赤道洋流經呂宋分二支，一沿臺灣東岸北上，在琉球附近與南下的日本海流會合；另一流向西方，形成臺灣海峽海流。臺灣海峽海流受季風影響，流向與速度不定，九至四月東北季風強時，多向西南流；五至八月，西南風盛行時，多向東北流。風力加上順流，在漲潮時，時速可達四浬，因而引起大渦潮，所往之處，水色全變，船一進入此區，渦潮疊浪造成針舵失效。因水面低窪，而水色黑如墨，故通稱「黑水溝」。[3]黑水溝有二個，一個叫大洋，在澎湖之西，廣八十餘華里，乃澎湖與廈門之分界處；另一個叫小洋，在澎湖之東，寬亦八十餘華里，乃臺、澎之分界處。[4]小洋的水色比大洋更黑、溝更深，號稱無底，因此更危險。[5]

颱風也是航行上一大威脅。臺灣在七、八、九月為颱風季，小帆船一旦遇上颱風，其命運不卜可知。「諸羅縣志」說：「船在洋中

2　拙文，〈清代臺灣之移民的耕地取得問題及其對土著的影響（上）〉，《食貨月刊》（臺北），11：1（1981.4），頁20－25，對此有探討。

3　參閱伊能嘉矩，〈危險な臺灣海峽〉，《臺灣慣習記事》（臺北），2：3（1903.2），頁16－18。

4　郁永河，《裨海紀遊》（臺北：臺灣銀行經濟研究室，臺文叢第44種，1959；原刊年不詳），頁5。

5　李元春，《臺灣志略》（臺北：臺灣銀行經濟研究室，臺文叢第18種，1958；原刊年不詳），頁16。

遇颶猶可為，遇颱則不可當矣」[6]。

歷史上的海難事件多而且慘。據《明清史料戊編》的不完全記錄，在雍正七年（1729）至道光十八年（1838）的一百零九年間，共有海難八十五件，死亡九百九十人以上，主因是遭風，發生地點多在澎湖附近的外洋，而以陰曆六、七月最多。[7]此項統計只限與公務有關的官方紀錄，故實際海難次數與死亡人數當比此數大很多。

即使不曾葬身海底，渡海客也須經風濤之苦，不少族譜留下動人心弦的紀錄。如《礦溪吳氏族譜》載：

> 「……呂氏……至乾隆四十三年，始帶祖先神主及高祖媽（呂氏婆婆）渡臺，船遭風幾覆。……在船十餘日，呂祖媽以腿坐高祖媽，然登岸之日，足腿已成瘡，痛甚。」[8]

除了橫渡之艱險外，清初的海禁政策也有礙移民之來臺。原來清廷鑑於明鄭抗清的教訓及深怕「匪徒嘯聚」等理由，奉行「為防臺而治臺」的政策，[9]海禁條例陸續頒佈，以限制臺灣人口的增加。[10]康

---

6 周鍾瑄，《諸羅縣志》（臺北：臺灣銀行經濟研究室，臺文叢第141種，1962；1717原刊），頁21。

7 衛五，〈臺灣海峽沉船事件之紀錄〉，《臺南文化》（臺南），5：2（1956.7），頁78－85。此乃據明清史料推計者。

8 據楊緒賢，〈吳德功與礦溪吳氏家譜〉，《臺灣文獻》（南投），28：3（1977.9），頁119。同書，頁113－114，引吳德功之「礦溪吳氏家譜序」描繪更生動，曰：「時高祖母已及耄，在洋遭風顛簸不堪，曾祖母強持在抱，如有嬰狀，五晝夜手不忍釋。此風浪稍平，老姑幸喜無恙，而曾祖母腳似麻木，不自知其腿兩胖，固已揉爛成瘡，血結成疤也」。

9 施琅，〈恭陳臺灣棄留疏〉，《靖海紀事》（臺北：臺灣銀行經濟研究室，臺文叢第13種，1958），頁59－62。

10 康熙五十三年（1714）來臺之法籍神父馮秉正（Mailla）言：「韃靼人禁漢

熙二十二年（1683），滿清攻下臺灣後，頒有「臺灣編查流寓六部則例」，規定流寓臺灣之無產無業與犯徒罪以上者，送回原籍，有妻室產業者方能留居。康熙二十三年（1684），清廷雖廢除過去為對付明鄭而實施之海禁令，但也另頒法規限制移民，欲渡海者須先申請照單，而且不許攜眷。[11]

海禁政策此後雖時緊時弛，但直至光緒元年（1875）方正式廢止。這個政策雖行之無效，但對一般正常移民確也構成某種阻礙，而且產生種種弊端。[12]偷渡是最主要的問題，移民們為了規避官方的禁令、煩瑣的手續及官弁的需索，大多以非法方式渡臺，弊病乃由此而生。

偷渡通常須付出某種代價，搭漁船或商船渡臺。據康熙、雍正之交，藍鼎元所述，商船出入臺灣有掛驗陋規：臺灣府同知之家人書辦掛號例錢須六百、鹿耳門巡檢掛號亦六百，另有驗船之禮。搭載偷渡客之法為：「大船水手二十五、六名，實在止有十七、八人；中船水手十七、八名，止有十一、二人」，空出之名額即以偷渡者冒抵，在鹿耳門查驗，每一空名例銀五錢。因此文武弁員為利所趨，唯恐空名（偷渡者）不多。[13]偷渡遂造成貪污之盛行。

人移民（臺灣）不失為良策，因若不幸落入某漢人之手，可能予清帝國重大困難」。Mailla，〈臺灣訪問記〉，收入《臺灣經濟史第五集》，（臺北：臺灣銀行經濟研究室，臺灣研究叢刊44，1957），頁125。

11 伊能嘉矩，《臺灣文化志》（東京：刀江書局，1928），中卷，頁769－770。

12 有關清初海禁政策，參見莊金德，〈清廷對臺灣實施海禁政策的經緯〉，收入《臺灣文物論集》（南投：臺灣省文獻會編印，1966；1984再版），頁90－120。

13 藍鼎元，〈與吳觀察論治臺灣事宜書〉，《鹿洲初集》，卷2，引自藍鼎元，《平臺紀略》（臺北：臺灣銀行經濟研究室，臺文叢第14種，1958；

　　似乎不少船隻往來閩臺，接運人、貨，做兩頭賺錢的生意。乾隆七年（1742）十二月二十六日之上諭指出不少來臺小船，假借失風的理由，取得失風船照，偷運人至臺與偷運米穀回閩，賺取厚利。偷渡者多由廈門或金門港口上船，但抵臺時，並不由正口鹿耳門，而是隨風所之，遇到陸地即送人上岸，調棹而去，以致「愚民多受其害」。[14]這種情形似乎一直持續著，乾隆十一年十二月二十六日之上諭也有類似的指謫。[15]載運偷渡客似已發展為一種行業，有專人負責接送。乾隆十三年（1748）八月五日，據閩浙總督喀爾吉善之摺，言「奸民偷渡過臺，一由內地客頭之包攬，一由在臺回至內地民人之接引」。[16]可能偷渡客還須與客頭訂切結書，言明船費等開支。例如，嘉慶九年（1804）正月二十五日，一廣東客頭羅亞亮帶彭瑞瀾一家男婦九人至臺的切結書內，言明一切條件。[17]

　　偷渡一旦被發現，為首客頭依「造船僱與下海之人分取番貨例」，發邊衛充軍；為從者減一等，杖一百，徒刑三年；而偷渡人則依「私渡關津律」，杖八十，逐回原籍；失職人員也受輕重不等之懲治。[18]

　　康、雍之交，藍鼎元有詩描繪偷渡者被捕入獄的可憐情景：

1723年原刊），頁51。

14　臺灣銀行經濟研究室編，《清高宗實錄選輯》（臺北：臺灣銀行經濟研究室，臺文叢第186種，1964），頁28。

15　臺灣銀行經濟研究室編，《清高宗實錄選輯》，臺文叢186，頁54。

16　臺灣銀行經濟研究室編，《清高宗實錄選輯》，臺文叢186，頁69。

17　黃榮洛，〈帶路來臺切結書〉，《臺灣風物》（臺北），36：1（1986.3），頁18。

18　王必昌，《重修臺灣縣志》（臺北：臺灣銀行經濟研究室，臺文叢第113種，1961；1752年原刊），頁69。

纍纍何為者，西來偷渡人。銀鐺雜貫索，一隊一酸辛。

嗟汝為饑驅，謂茲原隰畇。舟子任無咎，括据買要津。

寧知是偷渡，登岸禍及身。可恨在舟子，殛死不足云。

汝道經鷺島，稽察司馬門。司馬有印照，一紙為良民。

汝愚乃至斯，我欲淚沾巾。哀哉此屬禁，犯者仍頻頻。

奸徒畏盤詰，持照竟莫嗔。茲法果息奸，雖冤亦宜勤。

如其或未必，寧施法外仁。[19]

　　儘管法令森嚴，偷渡之風依然很盛。福建巡撫吳士功奏稱自乾隆二十三年（1758）十二月至二十四年（1759）止，一年中查獲偷渡案二十五起，老幼男婦九百九十九名，溺斃之男婦三十四名。[20]其實這只是冰山之一角，未查獲者更多。

　　偷渡產生不少悲劇，除了意外事件葬身海底之外，人為的弊端亦不少。據乾隆十七年（1752）魯鼎梅之《重修臺灣縣志》載有各種偷渡之方式和悲劇，有的客頭串通匪徒，以濕漏破船載客，將數百名偷渡人封釘於船艙中，遇有風濤，盡入魚腹；有些船戶船未到臺灣海岸，即驅騙偷渡者下沙汕，讓他們自行設法登岸，美其名「放生」；有的人不幸走到深處，全身陷入泥淖中，名曰「種芋」；如遇漲潮，隨波漂溺，名曰「餌魚」。[21]

　　何以偷渡有如此之危險而一般人仍趨之若鶩呢？福康安在乾隆

19　(a)王必昌，《重修臺灣縣志》，頁516－517。(b)連橫，《臺灣詩乘》（臺北：臺灣銀行經濟研究室，臺灣叢第64種，1960；1921年原刊），頁44。

20　臺灣銀行經濟研究室編，《臺案彙錄丙集》（臺北：臺灣銀行經濟研究室，臺文叢第176種，1963），頁239。

21　王必昌，《重修臺灣縣志》，臺文叢113，頁69。

五十年（1785）奏稱，因內地窮人被迫欲來臺灣謀生，「若由官渡，則必須經官給照，海口查驗放行，難免兵役留難勒索。而私渡只須與客頭、船戶談合，即便登舟載渡，其實較官渡為省，其亦較官渡為速」。[22]誠哉斯言！

除了渡海不易外，臺灣也有些不利移民的條件，包括自然環境與社會人文環境。

在自然環境方面，清初臺灣仍是個水土惡劣、不宜居住之地，其主因是臺灣屬於高溫多雨區，瘧疾、霍亂等傳染病流行，史籍方志充滿「多瘴」的紀錄。[23]十七世紀末，郁永河形容雞籠、淡水（泛指北部）水土之惡，曰「人至即病，病輒死」；[24]又形容蚊蚋蒼蠅之凶惡有如「饑鷹餓虎，撲逐不去」。[25]甚至到十九世紀後半葉與日治時代初期，傳染病仍是臺地居民生命、健康的重大威脅。[26]除傳染病外，臺灣的巨蛇、毒蛇也很多，如飯匙倩、龜殼花、青竹絲、簸箕甲等，[27]均或多或少影響移民的安全。

在社會環境方面，「番害」亦有礙移民。臺灣土著分平埔與高山

---

22 福康安，乾隆五十四年一月二十五日奏，「閩督福康安奏摺」，收於臺灣銀行經濟研究室編，《臺案彙錄丙集》，臺文叢176，頁255。

23 黃富三，〈清代臺灣之移民的耕地取得問題及其對土著的影響（上）〉，頁22－24。

24 郁永河，《裨海紀遊》，臺文叢44，頁26。

25 郁永河，《裨海紀遊》，臺文叢44，頁16。

26 參見(a)G. L. Mackay, *From Far Formosa*（New York, Chicago, Toronto, 1896；臺北，成文出版社，再版），頁42－44，對北部之瘧疾、霍亂之傷害居民健康生命，有生動之記述。(b)佐倉孫三，《臺風雜記》，（臺北：臺灣銀行經濟研究室，臺文叢第107種，1961；1903年原刊），頁55，對日據時代初期，瘧疾之疏行也有紀錄。\

27 伊能嘉矩，《臺灣文化志》，頁417－418，引《臺灣府志》、《噶瑪蘭廳志》志等。

族。一般說，平埔族較友善；高山族則較慓悍，且有獵人頭之俗。移民從事拓墾時，通常也要冒生命的危險。[28]

在經濟生活方面，清代臺灣，由於手工業不發達，日用品多賴大陸進口，以致價格昂貴，生活費用偏高。康熙三十六年（1697）郁永河即注意到：「臺郡……市中百物價倍」；[29]乾隆三十七年（1772），朱景英也指出：「海外百貨叢集，然值倍中土」。[30]

在精神層次方面，清初臺灣文教未興，士紳階級難以調適。移民中雖有學子，但不少是利用臺灣的學額與科舉考試的保障名額而來，一旦中舉仍回閩、粵故鄉。乾隆二十九年（1764），巡臺御史李宜青曾上疏禁止冒籍，以保障臺籍人士之就學與中舉機會，冒籍者方漸減；但違禁冒籍者仍時有所聞。[31]

政治風氣、社會治安也不上軌道，生命、財產的安全頗無保障。[32]社會生活、家庭生活方面，由於限制人民渡臺，尤其女眷，以致性別比例懸殊，失婚率高，影響生活的平衡。《諸羅縣志》載「男

---

28 土著出草獵首的紀錄散見史志，如朱景英，《海東札記》（臺北：臺灣銀行經濟研究室，臺文叢第19種，1958；1773原刊），頁62；黃叔璥，《臺海使槎錄》（臺北：臺灣銀行經濟研究室，臺文叢第4種，1957；1736年原刊），頁150；郁永河，《裨海紀遊》，臺文叢44，頁56；
George Taylor, "Formosa: Characteristic Traits of the Island and its Aboriginal Inhabitants," *Proceedings of Royal Geographical society*, XI（1889），頁227。
29 郁永河，《裨海紀遊》，臺文叢44，頁30。
自荷治時期直至清末，臺灣均向大陸輸出農產品或原料，而輸入日常用品，如紡織品、藥材等，參見東嘉生，〈清代臺灣之貿易與外國商業資本〉，收入《臺灣經濟史初集》（臺北：臺灣銀行經濟研究室，臺研叢25，1954），頁107。
30 朱景英，《海東札記》，臺文叢19，頁28。
31 李汝和，《臺灣文教史略》（南投：臺灣省文獻會，1972），頁34－35。
32 參考劉妮玲，《清代臺灣民變研究》（臺北：國立臺灣師範大學歷史學研究所，1983），頁36－52。

多于女，有邨莊數百人而一眷口者」。[33]藍鼎元「經理臺灣疏」曰：
「統計臺灣一府，惟中路臺邑所屬有夫妻子女之人民。自北路諸羅、
彰化以上，淡水、鷄籠山後千餘里，通共婦女不及數百人；南路
鳳山、新園、瑯以下四、五百里，婦女亦不及數百人」。雍正五年
（1727），總督高其倬也奏稱：「……查得臺灣一縣之人原有家眷，其
鳳山、諸羅、彰化三縣之人係新經遷處，全無妻室」。[34]雖然性比例
並不一定如此懸殊，但男多女少確是移民社會的特徵，深深影響家庭
生活與社會風氣。羅漢腳（無產無妻者）的行為模式與動向因而成了
臺灣治亂的關鍵性因素。

　　由上所述，可見移民臺灣實非易事。閩南地區曾有「三在六亡
一回頭」之謠，形容渡臺之艱險。臺灣民間也流傳一首「勸人莫過臺
灣歌」，頗能道出移民的複雜心情與產生的問題，茲錄出一部分，供
參考：

> 在厝兂路，計較東都，欠缺船費，典田賣租。
> 惲惲而來，咸如猛虎，妻子眼淚，不思回顧。
> 直至海墘，從省偷渡，不怕船小，生死天數。
> 自帶乾糧，番薯菜補，十人上船，九人嘔吐。
> 乞水捪口，舵公發怒，托天庇佑，緊到東都。
> 乘夜上山，搜尋兂路，遇賊相逢，剝去衫褲。
> 不知東北，暫宿山埔，等待天光，行上幾步。

33　周鍾瑄，《諸羅縣志》，臺文叢141，頁292。
34　(a)藍鼎元，《平臺紀略》，臺文叢14，頁67；(b)臺灣銀行經濟研究室編，
　　《清世宗實錄選輯》（臺北：臺灣銀行經濟研究室，臺文叢第167種，
　　1963），頁19。

要尋親戚，跋涉路途，无錢通寄，心酸如醋。

拋妻離子，乃是何故，欲求財利，以此來都。

四目无親，飢寒困苦，……。[35]

移民臺灣既非易事，何以林石這麼一個十七歲的青年會離鄉背井到這個充滿未知數的孤島來冒險呢？如果再考慮中國人安土重遷的傳統觀念，益發顯得此舉之不尋常。

要解釋這個問題，恐怕要考慮到當時林石周遭的大環境與他個人的性格。以下即分析林石大陸故鄉的狀況與家庭背景、臺灣吸引移民的條件以及林石的抉擇。

第二節　故鄉的狀況

利海不利陸的福建

林石祖籍福建省漳州府平和縣，這一點對其移民外地有決定性的影響。茲略述其發展的歷史。

福建古為百越之地，春秋、戰國時代方與中原文化接觸；至秦統一天下，置閩中郡，方納入帝國版圖。然而，因人種與華夏有異，不甚服王化，時附時叛。至漢武帝時，因東越與閩越叛服無常，乃「盡徙其民于江淮間，虛其地」，然而仍有部分人逃回福建聚居。[36]此後漢人不斷移入，越人或南逃或被同化，融入中華民族中。

35　賴建銘，〈清代臺灣歌謠（上）〉，《臺南文化》（臺南），6：1（1958.8），頁66－71。

36　《前漢書》，卷九十五，兩粵列傳，頁20－21。《漳州府志》（沈定均主撰，光緒三年鐫，芝山書院藏板），卷一，建置，頁1。

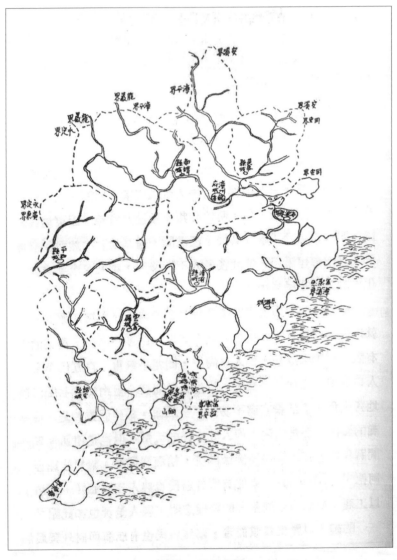

■圖2　漳州府圖

來源:《漳州府志》,卷首,頁2。

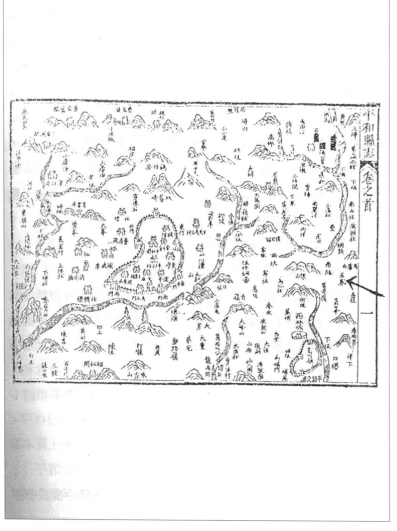

■圖3　平和縣圖

來源:《平和縣志》,卷之首,頁1。箭頭所指為五寨。

　　福建的地理環境與歷史背景是利於向外、向海洋發展的。就地理環境而言，福建境內地形崎嶇，山多平原少，農業潛力有限。在唐末以前，因人口尚少，問題不嚴重；自五代至宋，人口猛增，土地開發殆盡，謀生日益艱難；至南宋，七閩已經地狹人稠，生活較它處不易了。[37]然而，福建面對的是一個浩瀚的海洋，海是阻隔人與人間來往的天塹，但也是連通地與地間關係的通道。閩南欲突破困境，捨海洋發展，無更佳途徑。希臘阿德卡（Attica）平原的貧瘠曾迫使雅典人走向海洋，創造了以工商、航海為經濟基礎的輝煌文明，閩人是否也如此呢？

　　的確，以歷史背景而言，福建居民也有航海與向外發展的傳統。原來福建為百越之地，而越人本為航海民族，自古（周代）即以長於造舟航海聞名。閩人承其傳統，海上活動一向很活躍，至漢代，福建對外交通即以海運為主。三國東吳時，閩地逐漸開發，而閩江流域成為造海船的重要中心，航海活動又進一步擴張。[38]至宋元時代，泉州甚至發展為中國的最大港口，對外貿易極為興盛。泉州及鄰近地區大量生產陶瓷、布匹、鐵器以供外銷，閩商活躍於沿海地區與東亞各港口。[39]

　　由上可知，福建的地理環境不利於內陸而利於外洋的發展，閩人也利用其特殊環境開創了航海、工商經濟。北宋泉州惠安人謝履之「泉南歌」頗能描繪出其中奧秘。歌云：

37　參考李東華，〈五代北宋時期泉州海上交通之發展〉，《臺大歷史學報》（臺北），10、11（1984.12），頁21－24。

38　參考李東華，〈唐末泉州的興起及其背景〉，《臺大歷史學報》（臺北），9（1982.12），頁124－127。

39　參見李東華，〈宋元時代泉州海外交通的盛況〉，《中國海洋發展史論集》（臺北：中央研究院三民主義研究所，1984），頁1－40。

泉州地狹山谷瘠，雖欲就耕無地闢；

州南有海浩無窮，每歲造舟通異域。[40]

不幸，明代鑑於倭寇、海盜、紅毛之侵擾而厲行海禁政策，導致福建經濟的衰退。然而，官府仍無法阻止閩人私自出海謀生，或經商或僑居海外，如菲律賓華僑，閩人占百分之八十，臺灣居民，據1926年之統計，百分之八十三來自福建省。[41]

福建移民以漳、泉人為主，林石的故鄉是漳州府平和縣，自然也有移民之傾向。以下即簡介平和縣的狀況。

貧困的平和縣

福建地方政府的建置，大體上是由北向南，隨中央政府控制力的增強而擴大的。漳州在唐代仍為蠻荒之地，蠻獠經常為亂。唐高宗總章二年（669），以左玉鈐衛翊府左郎將陳政出任「嶺南行軍總管事」，出鎮綏安、儀鳳。同年，陳政卒，子元光代領其眾。當時廣東匪寇陳謙等結合諸蠻攻潮州，守將不敵。陳元光以輕騎討平，而設屯於漳水之北（今福建省雲霄縣）。唐武后嗣聖三年（686），陳元光建議於泉州、潮州間另建一州以抗嶺表（廣東），於是就其駐屯地設漳州郡，並設漳浦縣隸屬之，此為漳州之起源。[42]漳州設治晚，開發相對地也遲，民風強悍，聚族械鬥事件層出不窮，至清代仍未變。[43]

40　《輿地紀勝》，卷130，福建路泉州府條。

41　陳紹馨，〈西荷殖民主義下菲島與臺灣之福建之移民〉，收入氏著，《臺灣的人口變遷與社會變遷》（臺北：聯經，1979），頁23－24。

42　《漳州府志》，卷一，建置，頁2a。陳元光因而為漳人奉為開漳聖王。

43　參見莊吉發，《清代天地會源流考》（臺北：國立故宮博物院，1981），頁13－14。

平和設治，比起漳州它縣又相對地晚，直到明正德十四年（1519），一說十二年，[44]方以南靖縣之河頭大洋陂（今九峯鎮），加上部分漳浦縣地設一縣。原來在王守仁討平福建漳山、平鄉、象湖山諸處山寇後，南靖生員張浩然請求於河頭中營設縣治，豪民曾啟立、林大俊等亦力言，河頭地北與蘆溪、流恩山岡接境，西北與漳山、象湖山接境，地勢均甚窮險，宜設縣控制，王守仁乃奏請設置平和縣。[45]可見平和之設縣非因當地開發已成、戶口已繁，而是因地位險要，周圍賊寇多，治安可虞，因此在本質上是軍事性或政治性的縣。

平和為農業縣，田中種稻秫菽麥之類，園地則種麻枲吉貝。清中葉時，亦有種蔗製糖與煙草者。[46]但山多平地少，土壤貧瘠，居民謀生困難，須勤耕方能勉維生計。

平和縣由於經濟落後，山多而峻，因此匪寇嘯聚，治安不佳。[47]正德十四年間，都御史王守仁在「添設平和縣治疏」中言：

> 蘆溪、平和、長樂等處，地里遙遠，政教不及，小民罔知法度，不時劫掠鄉村，肆無忌憚，釀成大禍。又與廣東饒平縣大傘箭等鄉接境，皆係窮險賊巢，兩省居民相距所屬縣治各有五日之程，名屬分設都鄙，實則不關政教，往往相誘出劫，一呼

44　《福建通志》，地理志，卷二，頁36。

45　《福建通志》（同治十年版，華文書局重印），頁216（卷三地理志，沿革八）。

46　《平和縣志》（清‧李鉉、王相等修，康熙58年修，光緒15年重刊；成文影印，中國方志叢書第91種，1967年12月），頁195（卷十，風土志，頁7）。

47　《平和縣志》，頁36−37（卷一，疆域志）。

數千，所過荼毒，有不忍言。[48]

在這種經濟社會環境中的平和縣人悍而好鬥，《平和縣志》曰：「負山險阻，故村落多築土堡，聚族而居，以自防衛，習於攻擊，勇於赴鬥」。[49]惟入清後，由於「休養教化，尚淳樸、重詩書，強悍之俗，十變二、三矣」。[50]

由於本地謀生困難，居民多向外發展，從事商賈貿易，吳楚越廣均有和邑商賈的蹤跡。[51]有的甚至冒險航海到外洋去，康熙五十七年（1718），香山縣《申報》曾報稱：

> 據督理濠鏡澳（按即澳門）事務（按，澳行）西洋理事官唛𠲖哆等報，據船主扯巒呢摩奧靡報稱：「五月十六日在咖喇吧開船，至六月十四日到澳，隨搭唐人十四名，俱福建人，內郭奏、吳謂，俱平和人。」[52]

使情況更惡化的是，清初三代盛世，又帶來中國人口之激增，生存壓力加大。據估計，乾隆四十四年（1799），中國人口已由康熙四十年代之一億五千萬人增為三億七千五百萬人。[53]此劇增之人口對資源產生極大壓力，因此儘管有耕地之擴張與新作物之引進，仍無法

48　《平和縣志》，頁206－207（卷十一，藝文志，頁1－2）。
49　《平和縣志》，頁192（卷十，風土志，頁1）。
50　《平和縣志》，頁192（卷十，風土志，頁1）。
51　《平和縣志》，頁195（卷十，風土志，頁7）。
52　《平和縣志》，頁195（卷十，風土志，頁7－8）。
53　Ho Ping-ti, *Studies on the Population of China,1638-1953*（Harvard Univ. Press, 1959），頁278。

阻止米價之上升，甚至饑饉之發生，如乾隆三十五年（1770）之甘肅
旱災與大饑荒。[54]

人口過多，故鄉缺少發展機會，對林石之將希望寄託於外地，
自然有重大的影響。

第三節　林石的家庭背景

一般林姓族譜均稱林姓始祖名林堅，是殷末比干之子，原名
泉。殷亡後，周武王求殷人後嗣而得泉，賜姓林，改名堅，有采邑在
博陵。博陵古名冀州，又名西河，故《林氏族譜》常加西河二字。[55]

林堅六十三世孫林穎，在五胡亂華時，隨晉元帝遷江左。林穎
有二子，懋與祿。其後林祿遷居福建，定居晉安，是為福建林姓之始
祖。林祿子孫分居於「莆田北螺村、涵頭；又分居晉安之北長嶺下
村，今居福唐、侯官、閩縣……，皆其苗裔」。當時中原板蕩，同入
閩者有八大族，即林、黃、陳、鄭、詹、邱、胡、何。[56]

林祿十九世孫林和義，「字鴻虞，宋末，入漳州漳浦基（上疑
有漏字），生一子大用」[57]。林大用生七子：子亨、子貴、子賢、子
慕、子華、子齊、子淵，由於遭逢宋、元之際的戰亂，兄弟分散。
長房子亨分居苦竹；次房子貴，守路下；三房子賢，分居漳浦七都
橋頭；四房子慕，分居平和縣五寨墟埔坪社；五房子華，分居饒平

54　羅爾綱，〈太平天國革命前的人口壓迫問題〉，收入《中國近代史論叢，第
　　二輯》，冊二（臺北：正中書局，1967），頁31。
55　林獻堂等編，《林氏族譜》，臺文叢298，頁69。
56　林獻堂等編，《林氏族譜》，臺文叢298，頁79。
57　林獻堂等編，《林氏族譜》，臺文叢298，頁95。

縣，子孫居南靖車田、攀龍；六房子齊，分居平和五寨後巷；七房子淵，分居漳浦下尾。[58]其中四房林子慕即為平和林姓的一世祖。

林子慕十二世孫為林持，字抉我，諱可相，生三子為深、洪、江。三子林江名淑，字良士，娶曾氏，生三子：石、受、總，[59]長子林石即為霧峰林家之開臺祖。

據族譜載，林石出生地是平和縣五寨墟莆坪社。Meskill教授認為可能是個小村，因而不易確定其地點。[60]筆者查《平和縣志》，未見五寨墟或莆坪社之名，疑為五寨社之誤。《縣志》疆域篇載，平和轄有二里，清寧里有45社，而新安里有16社，五寨社在新安里。[61]核對縣圖，在東邊有「五寨」之名，或即社之所在。[62]又「墟」乃嶺南人對「市」之稱呼，但查《縣志》之「街市」，也未見「五寨墟」之名。[63]然而，查「漳州府志」疆域篇，卻有「浦坪墟」之名，並說「離縣七十里」。[64]筆者疑「家傳」寫錯，也許地名應為「五寨社浦坪墟」。

林姓歷代遠祖頗不乏中舉出仕者；但宋末因戰亂而避居平和的林子慕這一支，無論據《族譜》或《平和縣志》，至林石為止，似未有中舉出仕者。[65]可見平和林氏在功名上無任何成就，他們可能與大

58　林獻堂等編，《林氏族譜》，臺文叢298，頁95。

59　林獻堂等編，《林氏族譜》，臺文叢298，頁101。

60　J. M. Meskill, *A Chinese Pioneer Family: the Lins of Wu-feng Taiwan, 1729-1895*, 頁56。

61　《平和縣志》，頁49（卷一，頁27－28）。

62　《平和縣志》，頁23（卷首，頁一），見附圖。

63　《平和縣志》，疆域，頁50（卷一，頁29－30）內說明：「按嶺南人呼市為墟，柳柳州詩有『綠荷包飯趁墟人』之句，蓋市有人則滿，無人則虛，嶺南村市有人時少，無人時多，故謂之「虛」，以「虛」為「墟」者誤也，今和人（即平和縣人）亦多以市為虛」。

64　《漳州府志》，卷三，頁12下。

65　(a)林獻堂等編，《林氏族譜》，臺文叢298，頁25－59。　(b)《平和縣

多數中國人一樣，務農為生，勤儉度日。

　　林石是林江的長子，生於雍正七年二月十四日，下有二弟受（壽）、總，分別少他三歲與五歲。不幸，乾隆三年（1738），林石十歲（實歲九歲）時，父親亡故。乾隆五年（1740），他十二歲（實十一歲）時，母親曾氏亦去世。[66]但是祖母莊氏仍在，下則有幼小的弟弟，這對年紀輕輕的林石，無疑是個重大的考驗。幸而「家有薄田」，約略可供衣食。他「上奉祖母，下撫弱弟，俯仰之際，有逾成人」。顯然，父母早亡造成他的早熟，他之「力田讀書，慨然有遠大之志」，當與此背景有關。[67]他似乎受過點教育，但不知多高，亦不知讀私塾或社學。按康熙五十三年（1714），平和縣有社學24所，五寨社學即其中之一，[68]也許他曾入社學就讀也未可知。

　　艱困的環境壓迫人，但也造就英雄漢，林石從小就具備與眾不同的特質。根據「家傳」的有限資料，他似乎具有幾種難得的性格，合乎開拓者的條件。第一，父母早卒，他自小知勤勉、上進。如上所述，「性孝友，力田讀書，慨然有遠大之志」。「上奉祖母，下撫弱弟，俯仰之際，有逾成人；識者蓋豫卜其心有以自立矣」。他來臺後，「治溝洫，立阡陌，負耒枕戈，課晴習雨，勤勞莫敢懈」。[69]凡此種種，均顯示其勤勉精神與上進心。

　　第二，冒險心強：清初臺灣中、北部以炎瘴之地聞名，而臺灣海峽風浪亦險惡。可是，一個十八歲的青年卻敢於不顧一切，結伴渡

　　　志》，選舉志，頁128－146，二者皆未見林子慕子孫之名。

66　林獻堂等編，《林氏族譜》，臺文叢298，頁176－179。

67　林獻堂等編，《林氏族譜》，臺文叢298，頁101，「林石家傳」。

68　《平和縣志》，卷三，學校，頁六八，或卷三，頁15。

69　林獻堂等編，《林氏族譜》，臺文叢298，頁101，林獻堂，「太高祖石公家傳」。

臺，準備定居拓墾。乾隆十八年（1753），他二十五歲時，祖母一離
世，立刻獨自來臺闖天下。先至彰化城謀出路，後定居在初闢的大里
杙。當時，彰化開闢不久，而大里杙四周仍為土番踞處，經常出草殺
人；然而，他卻無懼於生命之危險，在此從事拓殖工作。[70]此證明他
具有超常的冒險精神。

第三，見識過人：林石年輕時，已判斷家鄉的發展潛力有限，
而明智地選擇充滿機會的新地——臺灣中部——做為未來事業的根據
地。再者，一般來臺者大多選擇治安較好的縣城落腳，他卻獨具慧
眼，深知「不入虎穴，焉得虎子」之理，選擇危險但充滿機會的鄉
村——大里杙。乾隆十一年，他十八歲時，已冒險勘查彰化地區；乾
隆十八年，他二十五歲移居時，更以之為發展事業的基地。[71]

第四，性格堅毅果斷：林石年二十五時，有人勸他娶妻，他雖
然身為長兄，依傳統孝道，理應先考慮香火之綿延；但為了前途，斷
然拒絕，隻身渡臺，直至事業有成，在乾隆二十五年（1760）三十二
歲時，方娶妻。[72]更不尋常的是，在乾隆二十二年（1757），他回鄉
省墓時，斷然地把二弟受、總也帶至臺灣，甚至將祖先骸骨自家鄉攜
來，改葬於大里杙。[73]一般中國人移民海外，多期待有朝一日，衣錦
榮歸，落葉歸根，絕不願全家人流落他鄉。移民們也希望骨骸返歸故
里，與先人同處，而不願埋骨異地；而林石卻一反常人做法，斷然欲
定居臺灣。

第五，具領袖之風：林石不但照顧二弟，使能成家立業，而且

---

70 林獻堂等編，《林氏族譜》，臺文叢298，頁101。
71 林獻堂等編，《林氏族譜》，臺文叢298，頁101，「林石家傳」。
72 林獻堂等編，《林氏族譜》，臺文叢298，頁101，「林石家傳」。
73 林獻堂等編，《林氏族譜》，臺文叢298，頁102，「林石家傳」。

也做慈善工作，救濟歉年受難者。在漳、泉械鬥激烈的彰化，他常出面排解糾紛，均顯示具鄉中頭人之風範。[74]

第六，高度功利取向的性格：他一生所做的決定似皆依此原則而行。他之毅然離鄉選擇臺灣，本即功利動機（經濟取向）。他冒險拓墾有番害的地區；經營放貸業；械鬥時，議歸故里；林爽文之亂時，勸阻勿反，[75]在在顯示功利目的乃其下決定的主要原則。這自然與故鄉平和之貧瘠與環境不佳有關。

第四節　清初臺灣吸引移民的條件

由以上所述，林石家境不佳、父母早卒、下有幼弟，生活的擔子極為沉重；而當時大陸的整個環境是人口過多，尤其是家鄉福建省；而平和縣更是山多田少的貧縣，欲改善經濟狀況，勢所不能。林石又是個頗具眼光與冒險精神的青年，深知困守家鄉只是死路一條，於是把眼光投向海外。

漳、泉本是移民移出區，當地人對海外謀生之事並不陌生，發財致富的事也時有所聞，林石自必受影響。當時福建移民的目的地主要有二，一是南洋（尤其是菲律賓），一是臺灣。由於南洋乃列強殖民地，華僑難免遭受某些不平等的待遇，移民自然把眼光投向初納入清帝國版圖的臺灣。

史家認為當舊地（Old Country）資源耗盡或人口飽和時，必須找新地（New Ground）才有出路。[76]清初臺灣的確為中國人提供了一

74　林獻堂等編，《林氏族譜》，臺文叢298，頁102，「林石家傳」。

75　林獻堂等編，《林氏族譜》，臺文叢298，頁101－102。

76　A. Toynbee, *A Study of History*（2nd edition, 7th impression, 1956），Volume II,

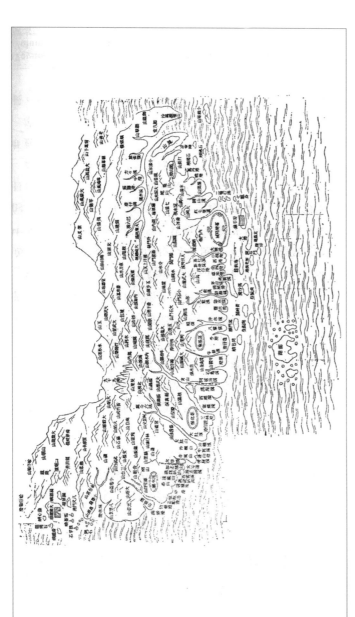

■圖4 清初臺灣地圖

來源：余文儀，《續修臺灣府志》，臺灣府總圖。

個充滿希望的新地。這個草莽初開、充滿危險的「化外之地」,在有抱負、有能力者的眼裡,正如一塊質地良好的璞石,只待良匠雕成美玉。

臺灣對移民的吸引力主要為經濟因素,筆者已有一文分析。[77]茲簡述,並略加補充。

第一、農業潛力大。臺灣地屬高溫多雨區,宜於農作物的生長。在清初又多處女地,土壤肥沃,不須下糞即可耕種。康熙中葉,郁永河言:「臺土宜稼,收穫倍蓰」。[78]雍正初年藍鼎元曰:「臺地一年耕,可餘七年食」。[79]乾隆三十七年,朱景英曰:「臺地土壤肥沃,田不資糞,種植後聽之自生,不事耘籽,坐享其成,倍於中土」;又說:「土浮而沃,樹藝較內地倍肥澤焉」。[80]清初臺灣務農之易與收穫之大,自對常年為糧食所困之沿海居民產生極大吸力。康熙末年,周鍾瑄指出,雖然臺灣田賦高出內地一倍以上,但一般人生活仍較大陸好,原因是新墾地土肥,一甲田,上者出六、七十石,最下者亦有三、四十石,「佃輸業戶十之二、三,業戶賦於官者半焉」,仰事俯蓄,綽綽有餘。[81]

第二、荒地多,地價低。由於土著人口少,且仍停留於半農半獵狀態,荒野廣濶,可利用的土地極大,因此地價低。番社給墾

P. 73－74.

77　黃富三,〈清代臺灣之移民的耕地取得問題及其對土著的影響(上)〉。以下即以原有論點簡述,資料來源見該文。

78　郁永河,《裨海紀遊》,臺文叢44,頁31。

79　連橫,《臺灣詩乘》,臺文叢64,頁43。

80　朱景英,《海東札記》,臺文叢19,頁32。

81　周鍾瑄,《諸羅縣志》,臺文叢141,頁87,內言:內地上則田一畝約征折色5、6分至1錢1分,合臺灣一甲(11.31畝),不過征1.22兩,而臺灣上則田征8.8石,以穀價最低時計算(每石3錢)亦征2.64兩,高出內地一倍以上。

時，荒地每甲約12－15兩，只有福建的十分之一。而當墾成時，賣小租權，價格則步步高升，在1770年代後，每甲達100兩。[82]因此墾荒極具厚利。

第三、開荒常可逃稅。清代新墾田園多在中、北部，請墾手續是由墾首向官府申請墾照，開墾大片土地。但墾戶常墾多報少，雍正四年（1726）巡臺御史尹秦稱「欺隱之田竟倍於報墾之數」。[83]通常墾戶將地租予佃戶而收大租，佃戶又招佃人，形成大小租制。此外，也常發生偷墾之事，以致業戶不知佃戶（小租戶）之人數與田園甲數，小租戶不知其佃人之人數與田園甲數。[84]私墾數目之龐大由劉銘傳清賦之結果，可見一斑。光緒十三年（1887）清賦前，全臺報稅之田園只有七萬餘甲；清賦後，據筆者統計，達四十四萬七千三百六十甲餘，為原額的六倍多。而且此額仍不完整，1898至1904年日人辦理土地調查時，統計出田園共七十七萬七千八百五十甲之多。[85]由於私墾可隱稅、隱租，取得純粹的生產收益，自佃人以至小租戶、大租戶，均可分享好處，對苦於納租、納稅的大陸農民具有莫大的吸引力。

第四、臺灣的就業機會多而工資較大陸高。除務農有利可圖

82　J. M. Meskill, *A Chinese Pioneer Family: the Lins of Wu-feng Taiwan, 1729-1895*, p. 48-49。

83　臺灣銀行經濟研究室編，《福建通志臺灣府》（臺北：臺灣銀行經濟研究室，臺文叢第84種，1960），頁158，「臺灣田報利弊疏」。

84　(a)莊吉發，〈故宮所藏臺灣開闢史檔案簡介〉，「臺灣地區開闢史料學術座談會」（聯合報文化基金會國學文獻館主辦，1985.9），頁17。
　　(b)見《宮中檔雍正朝奏摺》，第十一輯（臺北：故宮，1978），頁831，雍正四年十一月八日，閩浙總督高其倬奏。

85　均參見拙文，〈清代臺灣之移民的耕地取得問題及其對土著的影響（上）〉，頁27－28。

外，臺灣工商業潛力大、工資也高。雍正五年，臺灣知府沈起元報
稱：「一切農工商賈及百藝之末，計工授值，比內地率皆倍蓰」[86]。
一般人生活比大陸舒適，衣食均較講究，以致「內地之人初至者恆以
為奢；久之，習為固然」。[87]此類文字充斥清代文獻，不贅。總之，
對工人、小市民而言，臺灣亦是移民天堂。

　　第五、臺灣亦經商致富之地。臺灣為海島，農產豐而工業欠
缺，故先天上仰賴貿易以通有無，經商乃墾荒外另一條致富之途。史
上經商致富之家不勝枚舉，最有名的，莫過於臺灣第一富豪板橋林本
源家的創始人林平侯，由經營米業而發跡。[88]又如施東（秉），以販
糖致富。[89]其它，由族譜記載，也顯示經商者較易致富，如新竹李錫
金、斗六張毅衷等。[90]

86　臺灣銀行經濟研究室編，《清經世文編選錄》（臺北：臺灣銀行經濟研究
　　室，臺文叢第229種，1966），頁2。
87　陳文達等纂，《臺灣縣志》（臺北：臺灣銀行經濟研究室，臺文叢第103
　　種，1961；1720年原刊），頁57。
88　參閱許雪姬，〈林本源及其花園之研究〉，《高雄文獻》（高雄），3/4
　　（1980.6），頁39－40。又，有關清代臺灣的一般商業活動，可參閱蔡淵
　　絜，〈清代臺灣移墾社會的商業〉，《史聯雜誌》（臺北），7（1985.12）
　　頁2－4。
89　(a)周憲文，《清代臺灣經濟史》（臺北，臺灣銀行經濟研究室，臺研叢45，
　　1957），頁90。
　　(b)森田明，「清代臺灣中部の水利開發」，收入《清代水利史研究》（亞紀
　　書房，1974年）頁519。
　　(c)陳其南，「清代臺灣漢人社會的開墾組織與土地制度之形成」，食貨，九
　　卷二期（1980年1月），頁387。氏認為十七世紀末葉以來，臺灣社會已染上
　　相當程度的資本主義色彩，即使是對土地的投資也大多是商業性的。按，一
　　般著作言施東，但筆者考證，應是手稿「秉」之誤。參見黃富三，《臺灣水
　　田化運動先驅：施世榜家族史》（南投市：國史館臺灣文獻館，2006）。
90　如新竹李錫金，自泉州移居竹塹，任傭工，後經商。見《銀江李氏家乘》，
　　國學文獻館，No. 1085452。又斗六張毅衷，在乾隆年間原為糖商雇員，後自

　　由以上之簡述，可知移民臺灣雖有風險，但如無太大意外，改善境遇的可能性遠比困守故鄉大多了。至少在清初，「臺灣錢淹腳目」似非虛言。因此，貧困無力者來臺謀求身家生計的解決，富而有力者則追求更大的財富。如雍正五年興化知府沈起元說得最貼切：「漳、泉內地無籍之民無田可耕、無工可僱、無食可覓，一到臺地，上之可以致富，下之可以溫飽」。[91]族譜資料亦在在顯示，臺灣之富饒乃移居之主要動機。[92]清代不少宦臺人士指出臺地生活之富裕，甚至批評民風之奢靡，如藍鼎元之詩，指出在朱一貴亂後，生活仍奢，曰：「臺俗弊豪奢，亂後風猶昨；宴會中人產，衣裘貴戚愕」。[93]朱景英也指出：

　　海外百貨叢集，然直倍中土，俗尚華侈，雖備販畢徒跣載道，顧非紗帛不袴。婦女出不乘輿，袨服茜裙，擁傘踅通逵中，略無顧忌。匠作冶金範銀、釵笄釧珥之屬，製極工巧。凡鬻冠服履襪者，各成街市，闃然五都，奢可知已。

　　俗喜迎神賽會，如天后誕辰……輒釀金境內，備極鋪排，導從列仗，華侈異常。又出金僱人家垂髫女子，裝扮故事，舁遊于市，謂之「抬閣」，靡靡甚矣。每舉尚王醮設壇，造舟送

　　販而致富，在三兄弟中一枝獨秀，見《長源堂張氏家譜》，國學文獻館No. 081050。

91　臺灣銀行經濟研究室編，《清經世文編選錄》，臺文叢229，頁2。

92　如《邱漢之公派下族譜》記：「乾隆二十二年……遂開臺灣島之豐饒，却族老之阻止……乘夜攜二子出屋渡臺」；《黎氏族譜》曰：「生活較易」等，見盛清沂，〈國學文獻館藏臺灣所見本島開闢史料〉，「臺灣地區開闢史料學術座談會」（聯合報文化基金會國學文獻館主辦，1985.9），頁23，不贅。

93　連橫，《臺灣詩乘》，臺文叢64，頁43。

迎，儼恪靡費，尤屬不貲……神祠里巷，靡日不演戲，鼓樂喧
闐，相續于道。……[94]

除上述經濟因素外，也有些人為了臺灣有較大的受教育與考科
舉機會而移居。這是因為清廷對臺灣有優待條件，如進士、舉人之保
障名額、就學較易等。不少苦於難以上進的閩南或廣東士子乃相率移
居或冒籍，來臺就讀、赴考。福建族譜資料亦顯示，移民大致以農民
為主，族譜中常不特別註明，但其他各行各業都有。據一項統計，族
譜中註明身份者的人數如下表：[95]

身份	人數
商人	39
地主	1
國學生、童生、秀才、佾生	61
外士	3
貢生	8
舉人	1
塾師	5
官吏鄉紳（任職官吏、有品銜或鄉欽大賓）	11
士兵、義民	3
店員	1
和尚	1

94　朱景英，《海東札記》，臺文叢19，頁28－29。
95　莊為璣、王連茂編，《閩臺關係族譜資料選編》（福建：福建人民出版社，
　　1984），頁12。

醫生	3
華僑（由臺灣出洋）	5

　　表中（只限族譜中註明身份者）顯示國學生、童生、秀才、佾生竟然高居首位，其中不少當是利用臺灣學籍而來的。商人居次，代表臺灣貿易機會較多。當然，依族譜的統計，來斷定各階層移民的比例是危險的，因為能到手的族譜數量太少，而且中國有貧賤不修譜或不敢修譜的現象。但，它至少反映了某些事實的存在。

　　由上可知，士農工商均把臺灣當成發跡的樂園，自然而然，移民像滾雪球般，越滾越大，清廷的禁令也被破壞得形同具文。這可從臺灣人口之劇增看出。據一估計，康熙二十二年（1683）明鄭降清時，臺灣漢人人口約十二萬人，清初由於部分人回鄉，人口有短期性的減少；但約自康熙末期開始，移民又逐漸增加，至乾、嘉之間達到高潮。估計嘉慶十六年（1811），臺灣人口已增至一百九十四萬五千人。[96]這些激增的人口絕非內部的自然增加，而是移民蜂湧而至的結果。一項族譜資料亦顯示，自康熙末期開始，移民日益增加，見下表：[97]

96　(a)李汝和主編，《臺灣省通志》，卷2，人民志，人口篇（臺中：臺灣省文獻會，1972），冊一，頁57。
　　(b)又參看拙文，〈清代臺灣之移民的耕地取得問題及其對土著的影響（上）〉，頁20。府縣志之人口數字常偏低或不正確，但福建巡撫奏報的數字通常較可靠。如乾隆二十九年，奏報人口達666,210口，三十年達666,380。林爽文亂時，清查府城人口達90餘萬；而臺灣縣民冊只列13萬7千口。見莊吉發，〈故宮所藏臺灣開關史檔案簡介〉，頁15，史料引自宮中檔，參考莊文附注。
97　莊為璣、王連茂編，《閩臺關係族譜資料選編》，頁4－5。

遷臺時間	遷臺人數	備註
鄭芝龍	15	
鄭氏政權（西元1661－83）	49	
康雍（西元1683－1735）	180	
乾嘉（西元1735－1820）	1,400	
道光以後（西元1820－95）	1,300	
？	900	無生年者

上表如以年平均移民數字計算，則明鄭時期約2.3人，漸增至康雍時期的約3.7人，再猛增至乾、嘉時期的16.5人，然後略增至道光以後的17.3人。雖然族譜的統計數字與實際移民數字差距甚大，但它似可反映移民潮的一般趨勢。

在乾隆時期「去！去！去！去臺灣！」的環境下，林石之決定離開貧困的故鄉，到臺灣另謀出路，自非不可理解之事。

第二章　曇花一現的小拓殖王國

——林石拓墾事業的展開與夭折

（乾隆十九年至五十三年；1754-1788）

埋骨何須墳墓土　人間到處有青山

　　中部平原是臺灣土壤最肥沃、水資源最豐富的地區，康熙末期至乾隆初期，漢人一波一波侵入這深具發展潛力的農業寶庫。林石以其過人的膽識，在乾隆十九年（1754）冒險選擇大里杙作為拓墾的據點，克勤克儉，竟在短期內建立了鉅大的家業。可見清初移民致富機會之大與林石能力之強。

　　然而，風雲變幻莫測，乾隆五十一至五十三年（1786－1788）爆發了清代臺灣三大亂事之一的林爽文事件。林石以身為族長，不幸被捲入旋渦中，致身繫囹圄、家產抄沒、子孫四散，胼手胝足建立的小拓殖王國一夜之間瓦解了。到底林石與林爽文事件有何種關係呢？頗值探究。

第一節　中部榛狉草萊正是拓荒的理想舞臺

　　林石選擇臺灣中部，即雍正元年（1723）方設治的彰化縣，做為他在臺拓殖事業的基地。何以選擇彰化地區呢？原因之一是在乾隆年間，嘉、南地區已開發殆盡，無何發展餘地。另一也是更重要的原因，恐怕是彰化地區具有雄厚的發展潛力。在此先將林石入墾彰化前臺灣中部的地理、歷史做個簡介。

　　臺灣中部地區因土壤肥沃、水源豐富，宜於農業的發展。[1]《彰化縣志》載「彰化背山面海……地多廣衍膏腴……利賴不在江浙之下」。[2]在漢人移民入墾前，本區原有葛天無懷之民的平埔族巴則海（Pazeh）、拍瀑拉（Papora）及巴布薩（Babuza）等族散居其間。[3]平埔族的生活仍然停留在半耕半獵的階段，生產工具原始，耕作採取粗放的輪作休耕方式。[4]由於人口不多，土著生性自足，土地多任其閒置，因此在十七世紀末年來臺採硫磺的郁永河所見到的景象是「荒土未闢，草深五、六尺，一望千里」。[5]莽莽草原，麋鹿滋生，斯乃取之

1　杉目妙光，《臺中州鄉土地誌》（臺北：盛文社，1934），頁32－42。

2　周璽，《彰化縣志》（臺北：臺灣銀行經濟研究室，臺文叢第156種，1962；1836年原刊），頁290。

3　(a)張耀錡，《平埔族社名對照表》（南投：臺灣省文獻會，1951），頁20－29。
　　(b)李亦園，《臺灣土著民族的社會與文化》（臺北：聯經，1982），頁52－53。

4　周鍾瑄，《諸羅縣志》，臺文叢141，卷8，頁172；王崧興，〈八堡圳與臺灣中部的開發〉，《臺灣文獻》（南投），26：4/27：1（1976.3），頁42。

5　(a)參見拙文，〈清代臺灣之移民的耕地取得問題及其對土地的影響（上）〉，頁27。
　　(b)郁永河，《裨海紀遊》，臺文叢44，頁57。

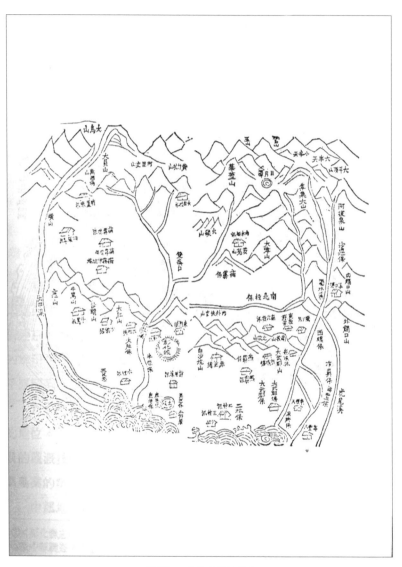

■圖5　彰化縣疆域圖

來源：周璽，《彰化縣志》。

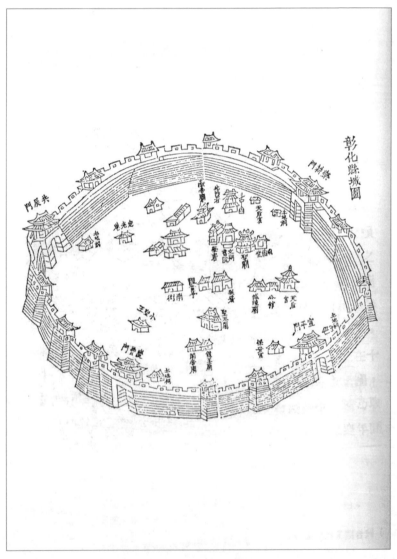

■圖6　彰化縣城圖

來源：周璽，《彰化縣志》

不竭的肉食來源，因此土著男性多以打獵為生。[6]嘉慶年間，竹塹（今新竹）守備黃清泰（鳳山縣人）有一首「觀岸裡社番踏歌」最能描繪這種半耕半獵，歡樂自足的經濟、社會生活的特色：

> 獉獉而遊狉狉處，半耕半獵貪娛嬉。
>
> 冬月獸肥新釀熟，合社飲酒社鬼祠。
>
> 酒半角技呈百戲，琴用口彈簫鼻吹。
>
> 雄者作健試身手，雌者流媚誇腰肢。
>
> 距躍曲踊皆三百，雞冠斷落鴉鬟欹。
>
> 舞罷連臂更踏歌，歌聲詭異雜歡悲。
>
> 乍聞春林呼鶯燕，忽然秋塚鳴狐狸。
>
> 酒缸不空歌不歇，落月已挂西南枝。[7]

　　自康熙中葉（十八世紀初）以後，臺灣中部的大陸漢族移民逐漸增加。此外，臺灣南部的泉人施世榜、楊志申及客家人張達京等墾戶亦北上，向官方申請墾拓中部地區，[8]波濤壯濶的水田化運動於焉展開。移民大體先由彰化、臺中地區之海岸平原開發，並沿著河流向內山丘陵地拓展。[9]

6　溫振華，〈清代臺灣中部開發與社會變遷〉，《師大歷史學報》（臺北），11（1983.6），頁5。

7　黃清泰，〈觀岸裡社番踏歌〉，收於周璽，《彰化縣志》，臺文叢156，頁478。

8　臺中縣調查，〈臺中縣下移住民調查書〉，《臺灣慣習記事》（臺北），2：2（1902.2），頁76。

9　有關中部開發參見洪敏麟，《臺灣舊地名之沿革》，冊二下（臺中：臺灣省文獻會，1984）。

　　在漢人移民作農業性開發臺灣時，水利建設佔有舉足輕重的地位。約於康熙四十年（1701）至乾隆年間，漢人移民將大陸高度發展的灌溉技術引進，導致一次水田化運動，有些學者稱之為臺灣農業的第一次革命。[10]

　　中部地區的水資源極為豐富，不但有溪流（如濁水溪、大甲溪、烏溪等），而且有天然泉水可資利用。《彰化縣志》列舉有四個可資灌溉的泉水，即龍目井（在縣城北十七里）、半壁泉（在內木柵庄畔）、寓鰲頭泉（在寓鰲頭山下）、出水莊泉（在大武郡保出水莊後坑內），灌溉田園面積達數百至數千畝不等。[11]規模較大的灌溉工程，多由有力之家投資建設，著名的大墾戶，如康熙五十八年（1719），施世榜（施長齡墾號）引濁水溪水築施厝圳，灌溉八保田園（故又稱八保圳）。[12]張達京（張振萬墾號）、張承祖等與岸裡社土著合作，引大甲溪水灌溉岸裡、阿里史等社千餘甲田。[13]楊志申開二八圳，又開福馬圳、深圳，灌溉線東、線西二保之田。[14]吳洛（吳伯榮墾號）亦

10　(a)陳秋坤，〈清初臺灣土地的開發〉，《食貨》（臺北），5：8（1978.8），
　　　頁25。
　　(b)森田明，〈清代臺灣中部の水利開發〉，頁506－507。

11　周璽，《彰化縣志》，臺文叢156，頁17－19。

12　周璽，《彰化縣志》，臺文叢156，頁55－56。

13　(a)連橫，《臺灣通史》，臺文叢128，頁809。
　　(b)臺灣銀行經濟研究室編，《臺灣私法物權編》（臺北：臺灣銀行經濟研究
　　　室，臺文叢第150種，1963），頁1283。
　　(c)陳炎正，《神岡鄉土志》（臺中：臺中縣詩學研究會，1982），頁920；
　　　頁5－10載有契字。

14　(a)連橫，《臺灣通史》，臺文叢128，頁807－808。
　　(b)余文儀，《續修臺灣府志》（臺北：臺灣銀行經濟研究室，臺文叢第121
　　　種，1962；原刊年不詳），頁108。

開萬斗六圳，灌溉田園千餘甲。[15]又張、藍、秦三姓墾戶合開貓霧揀圳，引打蘭內山之水灌溉岸裡、阿里史等庄。[16]

除了有力之家獨資開發水利外，資力不足的，另有以合股投資、業佃合築及莊民合築等方式開發水利者。[17]隨著水利的開發，雍正、乾隆年間，旱園迅速水田化，生產力也相對地提高。另一方面，水田化又造成勞力的需求，這對隔海無田可耕的貧民具有莫大的吸引力。於是，移民自康熙末期一波又一波，日益壯大地湧入這個欣欣向榮、充滿生機的中部平原。

荷治時期，本區已有從事獵鹿、貿易的漢人，明鄭時代也有軍隊駐紮於此（北路），及至清初，半線（彰化）成為開發的據點。由於有駐軍防守，農民、商人隨之漸至。康熙五十六年（1717），《諸羅縣志》指出，半線已成為駐軍地、拓墾地及市場區。[18]雍正元年（1723），彰化設縣，人口乃穩定而快速成長，至嘉慶十六年統計，已達35萬人。[19]

移民所建立的村庄數也隨人口之增加而增加。康熙五十六年村庄數目只有1個，乾隆七年增至110個，乾隆二十八年（1763）又增

15　周璽，《彰化縣志》，臺文叢156，頁56；243。

16　周璽，《彰化縣志》，臺文叢156，頁57。

17　參見(a)王世慶，〈從清代臺灣農田水利的開發看農村社會關係〉，《臺灣文獻》（南投），2：36（1985.6），頁111－125。
(b)廖風德，〈清代臺灣農村埤圳制度——清代臺灣農村制度之一〉，《政治大學歷史學報》（臺北），3（1985.3），頁160－161。

18　(a)J. M. Meskill, *A Chinese Pioneer Family: the Lins of Wu-feng Taiwan, 1729-1895*, p.42-43。(b)周鍾瑄，《諸羅縣志》，臺文叢141，頁30，32，117。

19　(a)J. M. Meskill, *A Chinese Pioneer Family: the Lins of Wu-feng Taiwan, 1729-1895*, p.42-43。(b)周鍾瑄，《諸羅縣志》，臺文叢141，頁30，32，117。

至132個。[20]同時，中部百分之七十的鄉堡亦成立於康、雍、乾三代
（1683－1795）。[21]由是觀之，本區在乾隆年代左右，拓墾極為迅速。

開發之迅速，人口之激增，對日用品的需求也日殷，工商業
因而日益擴張。雍正年間，由於大量米、糖輸出大陸，行郊開始出
現、成長，他們掌握了海峽兩岸的貿易。[22]行郊商賈多為內地（即大
陸）殷戶，但本地殷戶則囤積五穀。[23]就本地富人而言，據雍正五年
的官方報告，在府城海邊有一千多家「礱戶」，內地商賈來臺買米，
都經由他們，價格全由其操縱。[24]顯然本地（臺灣）富人為地主或農
品商，行郊則為貿易行，雙方攜手進行臺灣農產品與大陸日常用品的
交易。

本地商人之興起與大陸商人之來臺，臺灣與大陸間的貿易乃日
盛；中部的吞吐口鹿港雖然遲至乾隆四十九年才正式開港，但其實自
康熙中葉後，貿易已相當頻繁。[25]

總之，臺灣中部是個農、商潛力雄厚的地區。在農作收成上，
中部地區較它區為高，因「彰化、淡水田皆近溪，一年兩熟，約計每
一甲可產穀四、五十石至七、八十石不等……嘉義、鳳山田園距溪較

20　J. M. Meskill, *A Chinese Pioneer Family: the Lins of Wu-feng Taiwan*, 1729-1895,
　　p.43。

21　翁佳音，《臺灣漢人武裝抗日史研究》（臺北：臺大出版中心，1986），頁
　　36－38。

22　東嘉生，《臺灣經濟史研究》（臺北：東都書籍臺北支店，1944），頁
　　304－306。

23　周璽，《彰化縣志》，臺文叢156，頁290。

24　《宮中檔雍正朝奏摺》，第八輯（台北故宮，1978），頁298，雍正五年六
　　月四日，福建巡撫毛文銓奏。

25　(a)林東辰，《臺灣貿易史》（1932），頁166－167。
　　(b)劉良璧，《重修福建臺灣府志》（臺北：臺灣銀行經濟研究室，臺文叢第
　　74種，1961；1741年原刊），頁84。

遠，間有單收者，較彰淡次之」。[26]商業的發達，也使中部成為一個
富裕的社會；《縣志》載「每日三餐，富者米飯、貧者食粥及地瓜，
並歲不聞啼饑也。葷菜則稱家之貧富耳……城市宴客好豐……」。[27]
而在乾隆初期，仍有不少土地是榛狉未開的草萊，這正是拓荒者大顯
身手的理想舞臺。

　　林石在十八歲時（乾隆十一年），正確地選擇了中部為立足點，
開啟了這個臺灣重要家族的機運。

第二節　林石在大里杙的經營

（乾隆十九年－乾隆五十三年；1754－1788）

　　林石出生於雍正七年，在乾隆十一年，十八歲（實歲十七）時，
首度與他人結伴來臺。當時臺灣仍為「炎瘴之區」，移民大多選擇
城市居住就業，他卻獨具慧眼，踏勘草萊，備嘗艱險，意圖拓墾定
居。[28]《族譜》未說明他在何處上岸，當時依法只有安平與廈門可以
對渡，如係正式申請來臺，上岸港口自是安平；如係偷渡，可能是中
部。由於偷渡比正式申請方便，推測是偷渡來臺的。

　　乾隆中期左右是移民熱潮時期，中、北部平原是拓殖的目標，
中部尤其是個吸引移民的重心。彰化雖於雍正元年（1723）方設治，

26　原作者不詳，《欽定平定臺灣紀略》（臺北：臺灣銀行經濟研究室，臺文叢
　　第102種，1961；原刊年不詳），頁1042－1044。
27　周璽，《彰化縣志》，臺文叢156，頁289。
28　林獻堂等編，《林氏族譜》，臺文叢298，頁101。

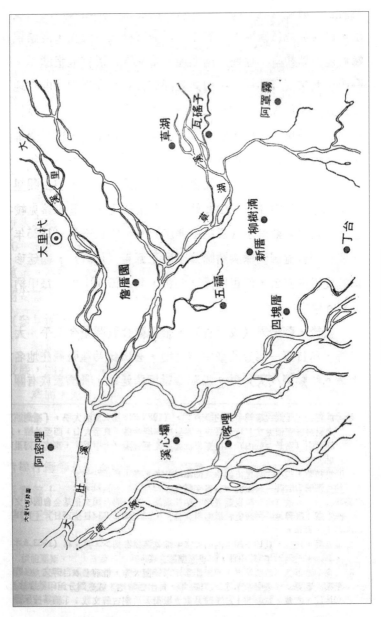

■圖7　大里杙形勢圖

但「願耕於野,願藏於市者,四方紛至」。[29]族譜資料也顯示乾隆時期來臺者特多,不少貧民趁此風潮渡海來臺謀生,悲慘的例子也時有所聞,如有人孤注一擲,將親子抵押作船租以渡海開墾,以人代牛拖犁耕墾。[30]

　　然而,林石的計劃未及實行,即為祖母匆忙召回,[31]不知何故。乾隆十八年,他二十五歲(實歲二十四)時,祖母莊潔娘去世。[32]辦完喪事後,已無後顧之憂,而隔海的泥土芳香陣陣吹來,他決定排除一切困難,冒險來臺創建一個夢寐以求的拓殖王國。當時有人勸他娶親,顯然基於防止「無後」的傳統觀念,他斷然拒絕。乾隆十九年,他囑咐二個弟弟林壽(受)、林總守盧墓,隻身背負著責任心、抱持著希望,冒險來臺闖天下。[33]

　　依據《族譜》,林石首先至彰化城。[34]顯然他想在城市裡找工作,但無資料以了解他作了些什麼。Meskill教授推斷他曾在城裡尋親友之助,擔任雇工以儲錢,因臺灣工資高,很快就有小積蓄以自立。[35]這是可能性極大的推測,一個單身無資的貧民,除在城裡出賣勞力

29　余文儀,《續修臺灣府志》,臺文叢121,頁496。
30　盛清沂,〈國學文獻館藏臺灣族譜所見本島開墾史料〉,頁22-23。所舉桃園「陳氏族譜」以第九子陳祈繼抵船租,數年後方贖回,開墾時乏銀買牛,以二子代牛,可見來臺時,赤貧之窘狀。
31　林獻堂等編,《林氏族譜》,臺文叢298,頁101。
32　林獻堂等編,《林氏族譜》,臺文叢298,頁172。莊氏生卒年為康熙十九年(1680)至乾隆十八年(1753),享年73,族譜曰74,可知依傳統算法。林石於莊氏死前7年來臺,應為乾隆十一年(1746),此時林石虛歲十八而實歲十七。
33　林獻堂等編,《林氏族譜》,臺文叢298,頁101。
34　林獻堂等編,《林氏族譜》,臺文叢298,頁97,林獻堂序。
35　J. M. Meskill, *A Chinese Pioneer Family: the Lins of Wu-feng Taiwan, 1729-1895*, p.58.

外，別無他途。

然而，林石是不會滿意於此低微工作的，他來臺的目的是要建一小墾殖王國，以庇蔭兄弟與子孫。可是，1753年的彰化平原地區已日益開發，人口日多，致富機會越來越小，乾隆年間，臺灣米價之趨升即反應出此種狀況。[36]林石似乎嘗試過幾個工作，也住過幾個地方，最後才定居大里杙（今臺中縣大里鄉）。[37]

林石的選擇是正確的、有眼光的。乾隆十九年時，濱海平原、臺中盆地多已有大墾戶開發，而南臺中盆地，因丘陵起伏、野番出沒，仍有待進一步的拓墾。今臺中市、太平鄉、大里鄉一帶，是丘陵地，原屬岸裡社地，土著依泉水或溪流附近平地而居。清領臺後，漢人開始自鹿港移入。此區最早的開發功臣，以往多認係康熙五十五年（1716），岸裡五社土番阿穆，向諸羅知縣周鍾瑄請墾臺中盆地溪南之地為始。[38]但故宮檔案顯示，康熙四十九年（1710），總兵張國首先認墾今臺中南屯之地，名張鎮庄。他代番人納餉二百四十兩，招墾收租、立戶陞科。但由於生番擾害不已，康熙五十八年，總督覺羅滿保飭令毀棄張鎮庄，逐散佃民，免除課額。[39]康熙六十年（1721），南澳總兵藍廷珍平定朱一貴亂後，鑑於臺灣之富庶，力主開墾。雍正二年（1724），由藍廷珍續典張鎮庄，交管事蔡克峻招墾，於是改名

36　陳秋坤，〈清初臺灣土地的開發〉，頁34。

37　林獻堂等編，《林氏族譜》，臺文叢298，頁97，林獻堂序。

38　(a)洪麗完，〈清代臺灣中部的開發〉，（臺灣開發史研討會，1985），頁32。原契所列地界為「東至大山，西至沙轆，地界大山（應是大肚山），南至大姑婆，北至大溪（大甲溪），東南至阿里史社」。

　　(b)劉枝萬，《臺中彰化史話》（油印本），上卷，頁127－128。

　　(c)廖漢臣編，《臺灣省開闢史料續編》（臺中：臺灣省文獻會，1977），頁71。

39　莊吉發，〈故宮所藏臺灣開闢史檔案簡介〉，頁18。

藍興庄（或藍張興庄）。[40]雍正三年（1725），閩浙總督覺羅滿保奏請歸公；雍正五年，藍廷珍自請將此田園充公，佃租則歸官莊租，共計田491甲，每甲納租6石。[41]

其後，藍聚秀（或天秀）、張嗣徽合資開墾今太平、大里二鄉、烏日鄉一部分及臺中市之地，有曰此乃藍張興庄地名之由來。[42]藍聚（天）秀、張嗣徽疑與藍廷珍、張國家族有關。乾隆五十二年（1787）八月九日，藍元枚帶兵至鹿港時奏稱：「臣族中約有二百餘人，遷居彰化縣屬耕種過活，本年七月十四日有藍啟能等男婦共七十九人並拿行李，自內山漳浦寮前來營盤」。據藍啟能之稟報，這些藍姓族人「住居漳浦寮山頂，離大里杙賊巢四十餘里」。[43]推想藍聚（天）秀極可能是藍廷珍族人。

今臺中市區開發後，漢人自然把目光投到其南的今太平、大里鄉之地。

漢人可能沿大肚溪溯流而上，沿溪設庄開發。大里杙屬洪雅族之地，位於臺中盆地中部，大里溪北岸與旱溪之間，海拔40－50公尺，因可溯大肚溪至此，水陸交通便利，乃成為開發重鎮。據稱，最

40　莊吉發，〈故宮所藏臺灣開闢史檔案簡介〉，頁18。

41　莊吉發，〈故宮所藏臺灣開闢史檔案簡介〉，頁19－20；內引《宮中檔乾隆朝奏摺》，第四輯（臺北：故宮，1983），頁20，乾隆二十一年三月十日，福建巡撫鍾音奏。

42　《臺中沿革誌》載藍聚秀，而伊能嘉矩則稱藍天秀，惟前者取自碑文，也許較正確。參見：《臺中沿革誌》（1932年，無出版時地，據臺灣分館印戳推計），(六)地理，內載，乾隆四十三年四月東大墩街天后廟古碑文載：「猫霧揀保藍興庄田地，原係藍聚秀與張嗣徽今（當為「合」）置業○（缺字）立石藍張興開墾分管。迨後藍姓○田畝奏請充公，張姓產業銀（疑為「報」）陞納課」。伊能嘉矩，《大日本地名辭典－臺灣篇》（東京：富山房，1909），頁70。

43　原作者不詳，《欽定平定臺灣紀略》，臺文叢102，頁483。

早入墾的漢人是康熙末葉漳州平和人林瑞芸與詔安縣人田漢明；[44]其後又有客籍墾戶續墾，建大里杙庄。[45]（參見照片1）

雍正年間，潮州府大埔縣何、曾、巫三姓墾戶，繼續向南發展，創設今霧峰鄉之柳樹湳（今北柳村）與登臺庄。[46]

然而，雍正年間，臺中盆地仍非安全之地。雍正四年，水沙連社（今日月潭一帶）骨宗等稱亂，屢出殺人，至十月方平。[47]雍正五年十二月大甲西社番林武力學生等，結合樸仔籬等八社番為亂，北路洶洶；十年五月，又連結沙轆、吞霄等十餘社反，圍攻彰化縣城，百姓奔逃。六月，福建陸路提督王郡率軍來臺平亂，至十一月五日方平。[48]清廷為加強中部治安之維護，雍正十年（1732），在犁頭店（今臺中市南屯區南屯里）設貓霧捒巡檢署；[49]北路協鎮原設參將於諸羅，在雍正十一年，升設副將，並遷於彰化縣。[50]但是大里、太平一帶，遠離駐防地，仍不免騷亂，如雍正十三年十月，「柳樹湳、登臺庄生番，肆出焚殺」。後經「副將靳光瀚與同知趙奇昂，緝獲眉加臘社番巴里鶴、阿尉等正法」，[51]騷亂方息。可見大里杙鄰近地區仍不安全。

為了強化拓墾前哨的治安力量，乾隆三年二月，總督郝玉麟以「登臺等處迫近深山，接連番社，為生、熟番往來要區」，奏准在登

44　洪敏麟，《臺灣舊地名之沿革》，冊二下，頁104。

45　洪敏麟，《臺灣舊地名之沿革》，冊二下，頁65。

46　洪敏麟，《臺灣舊地名之沿革》，冊二下，頁65。

47　周璽，《彰化縣志》，臺文叢156，頁361－362。臺灣銀行經濟研究室編，《清世宗實錄選輯》，臺文叢167，頁40。

48　周璽，《彰化縣志》，臺文叢156，頁362－363。

49　周璽，《彰化縣志》，臺文叢156，頁38。

50　周璽，《彰化縣志》，臺文叢156，頁191。

51　周璽，《彰化縣志》，臺文叢156，頁363。

台、新莊二處，設立義勝、永勝二寨，每處設鄉勇三十名巡防；同時在柳樹湳莊口建營盤，置汛兵一百名，由貓霧捒與彰化汛各撥五十名駐防。[52]

　　儘管清廷在彰化地區的控制力逐漸增強，但大里杙因離縣治二十餘里，「逼近內山，溪磡圍抱」，至乾隆五十一年，林爽文之亂前夕，仍然是「藏奸其中，吏不能問」的三不管地區，[53]更不必說乾隆初葉。

　　然而，危險地帶往往也是充滿希望與機會之地，林石抱著「不入虎穴，焉得虎子」之心，如《族譜》所言，「成算在握，卜居於捒東堡大里杙庄（今臺中縣大里鄉）」。[54]

　　乾隆年間，入墾大里杙者日增。不少書上提到，林石之前有林江者墾大里杙。伊能嘉矩、安倍明義均言，在乾隆七、八年（1742－43）間，柳樹湳番害漸薄，平和人林江率同族自大里杙進墾阿罩霧。[55]甚至有人指明阿罩霧林家始祖林江居住大里杙，其孫林遜移住阿罩霧。[56]

　　查林江係林石之父，據《族譜》，生卒年為康熙四十七年（1708）

52　臺灣銀行經濟研究室編，《清高宗實錄選輯》，臺文叢186，頁12。

53　周璽，《彰化縣志》，臺文叢156，頁363。

54　林獻堂等編，《林氏族譜》，臺文叢298，頁101。

55　(a)伊能嘉矩，《大日本地名辭典－臺灣篇》，頁82。

　　(b)安倍明義，《臺灣地名研究》（臺北：華語研究會，1938），頁168，安倍當係襲伊能之說。

　　(c)李汝和主編，《臺灣省通志》，卷二，人民志，氏族篇，頁87（a），與廖漢臣，《臺灣省開闢史料續編》，頁25。又襲前二者之說，其他有不少作品，亦如此，不贅。

56　《臺中沿革志》（十）（1932），係日文作品，但作者、出版地不詳，亦無頁碼。

至乾隆三年，享年三十一歲（實三十歲），並未提及他曾來臺。[57]筆者歷訪林家後裔，也從未有人提及林江來臺事，均稱係「石頭公派下」（即林石派下）。可知林江來臺事不確，霧峰林家的開臺祖應是林石無誤。

大里杙一帶溪流交錯，灌溉便利，深具農業潛力，然而外接山地，有土番（泰雅族）盤踞，常有出草殺人事件。按泰雅族在清代號稱是最兇悍的「北番」，或稱「黥面番」（因臉上刺花），漢人聞之色變。然而，林石不畏艱險，同時擔起耕墾與防衛之工作，如《族譜》所言，「負耒枕戈」。[58]這種賣命的拓荒工作必需兼備勇氣、組織能力、勤奮等特質，並加上機運，稍一有缺，全功盡棄。

林石遷居大里杙後，開始他的拓荒生涯——開溝洫，立阡陌，兢兢業業，日夜苦幹，以求改善自己的境遇。當時大里杙一帶漢番衝突仍甚劇烈，林石數度幾遭殺身之禍，但他「堅毅不屈」，墾業終於有成，數年內家境大為改善，拓地日益增廣。[59]

經過三年的奮鬥後，林石已在大里杙建立了某種程度的基業，他想到故鄉的兩個弟弟和照料不到的祖先盧墓，乃於乾隆二十二年動身返鄉展墓。由於臺灣事業已有成，他希望二弟林受（壽）、林總也東遷，並將祖先骸骨也同時奉至臺灣入土。二弟欣然同意。[60]

---

57 林獻堂等編，《林氏族譜》，臺文叢298，頁176－177。
58 林獻堂等編，《林氏族譜》，臺文叢298，頁101，「林石家傳」。謝繼昌先生調查埔裡鎮籃城村，認為該地地緣觀念極強主要由於泰雅族的威脅與水利的需要，而直至1915年前後，人們仍難忘泰雅族之獵首而提心吊膽，見謝繼昌，〈水利和社會文化之適應——籃城村的例子〉，《中央研究院民族學研究所集刊》（臺北），36（1973秋季），頁73。
59 林獻堂等編，《林氏族譜》，臺文叢298，頁102。
60 林獻堂等編，《林氏族譜》，臺文叢298，頁102。

　　依《族譜》載，林石是在臺墾拓三年有成後，才返鄉奉骨的。但林氏子孫，又有一說是，林石於乾隆十九年渡臺時，即決心在臺灣立足，因此攜父母骨骸同來，葬於大里。[61]此說雖有牽強處，但漢人移民中確有不少人攜骨來臺，因此此說也並非全無可能。

　　中國人本有落葉歸根的觀念，出外奮鬥的僑民，總希望歸骨故鄉，早期來臺移民亦然，例子甚多。如彰化《賴氏族譜》載其十一世祖持一，死後「骸骨帶回唐山，葬在滿水塘」。[62]甚至有人惟恐子孫忘記返鄉路程，而在族譜中記明者。[63]反過來說，也有為免廬墓無人祭掃，而將祖先骸骨攜來者，如桃園《黃氏族譜》載，其開台祖渡臺時，叔姪二人「帶三位祖骸」，其族兄弟亦「帶有三位祖骸……，將此六位祖骸合葬……」。[64]

　　以上二種現象，皆源出中國人慎終追遠之心與不敢荒棄祖先廬墓之俗。所不同的是，奉骨臺灣者可能較早認同臺灣這塊土地，通常家境較貧者這種傾向較強。

　　林石父母林江與曾氏骨骸在1902年，改葬於霧峰庄前，目前仍存。[65]前面提及，不少人提到林江先於林石來臺，筆者疑是林石將父

61　1985年7月21日，筆者訪大里鄉仁化村（番仔寮）林重先生。他說：林石來臺時，用布包裹父母骨骸，繫於腰際。當他行至大里時，天已黑，因疲倦將骨骸解下休息，不覺睡去；天亮醒來，發現已成蟻墳，只好將就當作墳墓。以後林石發跡了，人們稱該地風水為螞蟻穴。

62　盛清沂，〈國學文獻館藏臺灣族譜所見本島開闢史料〉，頁28。

63　盛清沂，〈國學文獻館藏臺灣族譜所見本島開闢史料〉，頁27。

64　(a)黃明智編，《黃氏祖譜》（1972年），國學文獻館藏，1307076號。
　　(b)盛清沂，盛清沂，〈國學文獻館藏臺灣族譜所見本島開闢史料〉，頁27－28。又如《玉井蔡公世博家譜》載，蔡世博渡臺時，將黃姓母舅（無嗣）骨骸亦帶來。

65　林獻堂等編，《林氏族譜》，臺文叢298，頁177。此墓在霧峰國光路旁，墓碑有「平和，祖攷林太封翁，妣曾太夫人墓」字，據1985年7月21日訪大里

母骨骸葬於臺灣，以致於被誤為來臺；加以日人調查訪問時，可能言語表達不清或錯誤，因此造成此項誤傳。

安頓父母骨骸後，緊接著的大事是成家傳嗣。乾隆二十五年，林石三十二歲（實三十一歲），娶妻陳氏，少他十四歲。同時，也協助二個弟弟先後成家。[66]當時臺灣男多女少，婚嫁論值之風很盛，聘金高昂，娶妻不易，因財力不足而終生未娶妻的羅漢腳極多。[67]林石能以三十二歲之逾婚中年人娶少妻，又助二弟成家，可證其經濟基礎已相當好。

總之，由於勤儉與善於經營，林石已搖身一變而成為地方上的富豪了。據《林氏族譜》，其收入每年有萬石之多，而且有能力在荒歉時，賑濟他人。[68]他的地位之升高，又可由其出任大里杙林氏族長（或家長）得到證明。[69]族長在傳統社會裡地位崇高，通常須年高德劭有財力。

林石如何能在短期內建立鉅大的財力呢？《林氏族譜》只簡單提到他「購地而耕」，「治溝洫、立阡陌，負耒枕戈，課晴習雨，勤勞莫敢懈」。[70]但是，以他有限的積蓄，即使買土地，面積也不會太

鄉仁化村林重先生，林江夫妻骨骸係日治時代，林獻堂遷葬者。林先生言其他支派均反對，因霧峰風水非上乘，北溝坑叫無頭山，也叫豬仔山，故林氏族人命道變化大。姑且錄存此說。

66　林獻堂等編，《林氏族譜》，臺文叢298，頁101－102。

67　清代史志充滿羅漢腳數量龐大之記錄，此構成治安上的大問題。林文龍，〈草屯李氏族譜及其古文書〉，《臺灣風物》（臺北），35：2（1985.6），頁110，內指出李氏渡臺初期（雍正）人物有8人，其中有四人「無娶」而終，可見不少人失婚。

68　林獻堂等編，《林氏族譜》，臺文叢298，頁102。

69　張葳，〈林爽文案諸犯供詞〉，《臺灣人文》（臺北），3（1978.4），頁98，供詞錄自故宮軍機檔。

70　林獻堂等編，《林氏族譜》，臺文叢298，頁101，「林石家傳」。

大；而僅僅是勤奮自勵、節約開支，也不可能在短期內累積鉅額財富。由於資料不充分，我們只能由當時的環境，做嘗試性的推測。使林石短期內致富的方法可能有三個途徑，即經營農業、經營商業、從事放貸業，而經營農業可能是財富雪球翻滾的原始核心。

　　經營農業應是林石累積資本的首要方法。第一步他可能購入或租贌小塊土地以謀生計。然而，如果要致富，顯然非有另外的手段不可。由於乾隆初葉，大里杙仍是開發前哨，四周多為土著所有的草地，推想林石可能佔墾不少「番地」。「佔墾番地」在清代臺灣開發史上是件相當普遍的事，規模或大或小，方式或公開或秘密，可說是史不絕書。[71]雍正四年，閩浙總督高其倬即指出，臺灣自施琅征臺後，文武官員多有認佔，豪強之戶也任意報佔，招佃墾耕；佃戶又招佃人，而佃戶以下多欺隱；佃戶下之佃人又有偷開；以致業戶不知佃戶之田數、人數，佃戶亦不知其下小佃人之田數，因此家家有欺隱之產，人人皆偷開之戶。[72]乾隆二十三年，巡臺御史楊景素巡視北路時指出：「自內地渡臺者日益眾多，奸良雜處，於是南北兩路番地，多被豪民智取勢佔」。[73]乾隆三十一年十一月二十八日（1767年初）閩浙總督覺羅滿保亦奏稱，不少漢人鑽營進入番社，「侵漁肥己，致令番社之地，盡為漢人佔去」。[74]

　　由於林石經濟不寬裕，他與一般移民相同，有可能偷墾、佔墾

71　參見伊能嘉矩，《臺灣蕃政志》（臺北：臺灣總督府民政部殖產局，1904），頁285－288。又拙著，〈清代臺灣之移民的耕地取得問題及其對土著的影響（下）〉，《食貨月刊》（臺北），11：2（1981.5），頁26－28。

72　《宮中檔雍正朝奏摺》，第十一輯，頁831，雍正四年十一月八日摺。

73　余文儀，《續修臺灣府志》，臺文叢121，頁813。

74　周璽，《彰化縣志》，臺文叢156，頁393。「請設鹿港理番同知疏」。惟此時總督系周昌，見《清高宗實錄選輯》，臺文叢186，頁150，待考確認。

番地。事實上，當時清廷法令空疏，無力管轄邊區，而土著之地停留於部落或氏族所有的階段，大片草原任其閒置，欲免於亟需土地之漢人的覬覦，是相當困難的。林石後裔亦言，當時地大，無人管制，見地即佔耕，無需購買；[75]也有說，土著不願與漢人同住，漢人一來，他們就遷走，因此不需訂約購買即可得地。[76]凡此種種，大致可推想林石當佔墾不少番地。《家譜》言「負耒枕戈」、「番害猶烈，幾瀕於險」，[77]多少亦透露箇中消息。顯然，如係明訂契約購地，何至於須日夜武裝從事開墾，而且數度危及生命。

然而，一人力耕，不可能拓墾大片田園。推想，林石必然採用中國的傳統的經營法，即僱佃農耕種以收取田租，並進而擴大耕地面積，如雪球般越滾越大，方可能有萬石田租的收入。「林石家傳」載「數年家漸裕，拓地亦愈廣」。[78]「林遜家傳」言，當林石在大里杙之野拓墾時，「田疇日廣，居人日繁」，而長子林遜協助他「撫字佃農」，[79]可見林石是以招佃墾耕的方式來拓地的。換言之，他具有地主身份。

清代臺灣土地所有制盛行大小租制，即大租戶、小租戶、現耕佃人三級制，到底林石是大租戶（業戶）或小租戶呢？

依據研判，林石應當是小租戶。清代大租戶的土地經營法可分成三類，一是申請墾照，獲得大片土地之開墾權，然後招佃戶，由其

75　1985年7月21日，訪番子寮（仁化村）林重先生。

76　1985年7月21日，訪柳樹湳（北柳村）林源茂先生。

77　林獻堂等編，《林氏族譜》，臺文叢298，頁101，林石家傳。（按新近史料證明林石越界私墾，見拙著《霧峰林家的重振》。）

78　林獻堂等編，《林氏族譜》，臺文叢298，頁101。

79　林獻堂等編，《林氏族譜》，臺文叢298，頁104。

自備工本開墾，坐收大租。[80]其次，有一種是將自己所墾熟之田園，招佃承耕，收回所費之工本（犁頭銀），每甲約一、二百兩，往後每年收取每甲6至8石之大租。[81]又有一種是因實際開墾的佃戶，不諳稅則，請城市裡的殷實之家充當業戶，亦即開墾者聘請熟知稅務或與官府關係良好者出名負責納稅事務，每年收取數石田租，稱為「田面租」。[82]一般說，大租戶（業戶）並不實際經營農耕，因此多居於生活條件較好的城市，此即所謂不在地地主或遙領地主。他們有的住縣城或府城，甚至住在大陸，至「打租」（收租）時，方帶人下鄉收租。[83]林石親自在開墾前線大里杙經營，絕非大租戶，自可斷言，而其上之大租戶可能就是第三類型，即由城市殷戶充業主管納稅之事。林爽文亂後，官府清理叛產時，即指出叛案之田，「雖係業戶出名，而實歸佃戶承管」，[84]故林石當為強力之小租戶。

　　第二，《族譜》載林遜「撫字佃農」，即親自領導佃農，從事耕墾，很明顯，是一種在地地主，因此，應是小租戶。通常佃戶（小租戶）承耕後，又僱人代耕，「牛犁種仔悉係工人自備」，即現耕佃農須自備農具種子耕種，每年每甲收取數十石的「田底租」，即小租。[85]

　　第三，林爽文亂後抄封叛產，林石之田產也在內，官方報告指

80　土地契字中，此類例子極多，參見臺灣銀行經濟研究室編，《清代臺灣大租調查書》（臺北：臺灣銀行經濟研究室，臺文叢第152種，1963；1904年原刊）。

81　原作者不詳，《欽定平定臺灣紀略》，臺文叢102，頁1041，乾隆五十三年十二月八日徐嗣曾、奎林同奏。

82　原作者不詳，《欽定平定臺灣紀略》，臺文叢102，頁1041。

83　周鍾瑄，《諸羅縣志》，臺文叢141，頁84－85，漢俗考，「庄主多僑居郡治，借客之力，聽供其租」。

84　原作者不詳，《欽定平定臺灣紀略》，臺文叢102，頁1041。

85　原作者不詳，《欽定平定臺灣紀略》，臺文叢102，頁1041。

出，以往叛產多係業戶所有，而「此案……迥不相同，……佃戶從賊者多，業戶從賊者少」，[86]可知林石田產當是佃戶（即小租戶）之產。

第四，林石在短短六、七年由一貧窮移民而有年入萬石之穀，除非墾地非常大，否則只有小租才有如此高所得。依東嘉生氏之研究，在道光二十三年（1843）實施銀納制以前，[87]大租戶的稅後純所得為每甲田2.242－5.26石，園0.284－3.92石間；而小租戶扣除大租後的純所得為田12－24石，園6－18石。[88]彰化地區之田因有溪流灌溉，一年兩熟，每甲年產穀四、五十石至七、八十石之多；豐年時，上田有收至百餘石者，比嘉義、鳳山、臺灣等縣高。小租多係抽分制，收入也水漲船高。[89]據估計，彰化地區的小租每甲年約數十石，[90]如暫以每甲20石計，則500甲地即有萬石之租；但如以大租每甲五石計，則須有地2000甲之多，以一人之力，在短期內墾上千甲之地，是相當困難的。

到底林石開墾多少土地呢？Meskill教授據大里鄉公所官員與林家後裔之估計，推論約墾有70－100甲之地。[91]但100甲以內土地，絕不可能有萬石之租。筆者訪問林石一後裔，言：「石頭公（即林石）

---

86 原作者不詳，《欽定平定臺灣紀略》，臺文叢102，頁1041。

87 以後臺灣田賦乃由納實物即納穀子，改為納銀，每石折2元，而市價僅1元，實乃變相加稅。

88 東嘉生，〈清代臺灣之地租關係〉，收入《臺灣經濟史第二集》（臺北：臺灣銀行經濟研究室，臺研叢32，1955），頁66、68。

89 通常大租行定額租，小租行活租或抽的租，即按收成比例收租。

90 原作者不詳，《欽定平定臺灣紀略》，臺文叢102，頁1041。

91 J. M. Meskill, *A Chinese Pioneer Family: the Lins of Wu-feng Taiwan, 1729-1895*, p.73。

在大里杙墾地368甲，頂橋仔頭[92]開墾49甲多」。[93]如此說可靠，則共計墾田417甲多，此數倒與上述推論之500甲地相當接近，也許400甲左右之地是可信的。

　　林石另一致富之道乃經營商業。自康熙中葉後，福建漳州、泉州二府日益仰賴臺米之接濟。二府在豐年時，只足食半年，荒歉時，十分之六賴臺米；甚至浙江、廣東有時也採購臺米以補不足。臺米多而廉，自然促使大陸商人往來興販。雍正二年（1724），每年臺灣碾米五萬石至漳、泉平糶。[94]雍正四年七月一日，上諭中言，「福州、興化、漳州、泉州四府人多田少，皆仰給臺灣之米」，再准運臺米十萬石貯於海邊；並許臺灣商販至福、泉等府貿易。[95]雍正八年（1730）三月九日，又准於每年春、冬撥臺粟十六萬六千餘石赴廈門。[96]乾隆二年（1737）閏九月十二日，又准廣州、潮州府來臺買米。[97]可見大陸需臺米之日殷。

　　由於彰化地區平原廣大，水源充足，因此迅速發展為重要米

92　今臺中市東區頂峰、東橋二里及忠孝里一部分，並包括南區之中南、南門、德義、積善、江川等里。因在旱溪上架有渡橋，本地位於橋頭而得名，乾隆末期成莊，地當南走大里杙、阿罩霧之渡津。參見洪敏麟，《臺灣舊地名之沿革》，冊二下，頁38。

93　1985年7月21日，訪番仔寮（大里鄉仁化村）林重先生。據〈林鶴年地契〉，雉5，2之1，有嘉慶五年一月鬮書，內言「林爐……買過林石一項田業」，在詹厝園，不知是否即本書之林石，或同姓同名？又據〈土地申告書〉，2冊之內，第一號〈臺中廳藍興堡大里杙街〉亦載有林石之地三處，不知是否即本書之林石？（見頁53；297；308）。由於「土地申告書」在數年前已銷燬（僅保留新竹廳部分），無從查對原件。筆者手中持有的是Meskill教授提供的，而又由於只是明細表，而無原件，難以進一步查考。

94　莊吉發，〈故宮博物院所藏臺灣開關檔案簡介〉，頁27－28。

95　臺灣銀行經濟研究室編，《清世宗實錄選輯》，臺文叢167，頁15。

96　臺灣銀行經濟研究室編，《清世宗實錄選輯》，臺文叢167，頁32。

97　臺灣銀行經濟研究室編，《清高宗實錄選輯》，臺文叢186，頁20。

倉，所謂臺米主要為中部米。為因應米的出口，鹿港竄升為西岸重要港口，在康熙末年，鹿港已發展成為西岸重要商港與漁港。雍正年間，閩人許佑德入墾鹿港海埔厝；[98]雍正九年（1731）二月，鹿仔港設巡檢。[99]至乾隆十年（1745）左右，鹿港已成為中部米穀集散地及出口港，市況繁盛。[100]《彰化縣志》指出，鹿港較鹿耳門、八里坌與大陸來往便捷，郊商富饒，船戶爭趨。[101]

中部的開發不僅意味米出口之增加，亦導致對大陸民生用品需求之日殷，因此，一方面有貿易商港之蓬勃發展，亦有供應民生用品之內陸商業市鎮之興起。大里杙乃大肚溪航運的要站，土產的出口與日用品的入口在此集散，乃逐漸形成一商業市鎮，在乾隆十五年（1750），已成一大街衢。[102]

林石移民臺灣的動機可說是純經濟導向的，[103]面對著大里杙日增的商業機會，他是否有反應呢？《林氏族譜》提及林石長子林遜「招徠商旅，首立鄉約，一方賴之以安」。[104]顯然有商業活動。然而，文字太簡略，無從了解其含意與內容。林石一後裔稱未曾開店經商、貿易；[105]也許林石父子只是以地方頭人身份鼓勵商人來大里杙。但也有可能建店舖出租或售予商人經商。無論如何，林石既然年有萬石租穀

---

98 洪敏麟，《臺灣舊地名之沿革》，冊二下，頁285。

99 臺灣銀行經濟研究室編，《清世宗實錄選輯》，臺文叢167，頁36。

100 洪敏麟，《臺灣舊地名之沿革》，冊二下，頁245。

101 周璽，《彰化縣志》，臺文叢156，頁202。

102 洪敏麟，《臺灣舊地名之沿革》，冊二下，頁103。

103 漢人移民臺灣的動機主要是經濟導向，臺灣居民較大陸各省人可能更重財富。《諸羅縣志》稱諸羅民俗「功利誇詐近於齊，高富下貧」，充分顯示出移民的功利取向。

104 林獻堂等編，《林氏族譜》，臺文叢298，頁104。

105 1985年7月21日訪林重先生於番子寮（仁化村）。

的收入，餘糧勢必與中部其它地區一樣，經由商業管道輸往大陸。《彰化縣志》載：「行郊皆內地殷戶之人」，而「在本地囤積五穀者，半屬土著殷戶」。[106]因此，林石以地主身份積穀與鹿港郊商貿易是極為可能的。在臺灣漳、泉原本不和，但林家（漳人）一直與泉人大本營的鹿港有密切關係，推想惟有共同的經濟利害關係才可能突破地域歧視。

林石另一致富之道也許是放貸業。傳統中國社會，地主與富商往往兼營放貸業，貸款予急需現金者，從中牟利。[107]由於無資料，難以肯定林石是否也兼營放貸業，但有一事透露此種可能性。當林爽文兵敗被捕後，林石在鹿港被檢舉入獄，據稱「里有何傲者，無賴也，常告貸，雖與之而意不足」，因此出首告發林石藏身處。[108]無賴敲詐富翁固然是屢見不鮮的事，但林石或許平時即有放貸之事，也未可知。事實上，在傳統社會，貧人緊急時，除向富人告貸外，很少有其他選擇，因此地主、富商有意無意地，均會走向放貸業。

也許透過上述三種方式的巧妙經營，林石的事業出奇地順利。不過，要經營偌大的產業，能幹的助理是不可或缺的。林石長子林遜扮演其左右手的角色，如「撫字佃農，招徠商旅」，並首立大里鄉約，[109]以維持地方治安。拓殖日廣，事務日繁，如無出色又同心的助

---

106 周璽，《彰化縣志》，臺文叢156，頁290。

107 J. M. Meskill, *A Chinese Pioneer Family: the Lins of Wu-feng Taiwan, 1729-1895*, p.61。

108 林獻堂等編，《林氏族譜》，臺文叢298，頁102－103。

109 林獻堂等編，《林氏族譜》，臺文叢298，頁104。清政府官力不足，地方治安常須依賴自力，於是有鄉規禁約之出現，有時是官府頒佈，有時是地方人士自訂，如竹塹地區，道光十二年，閩粵械鬥後，官府即頒一「莊規禁約」，莊人主動負起治安之責，見陳培桂，《淡水廳志》（臺北：臺灣銀行經濟研究室，臺文叢第172種，1963；1871年原刊），頁388－391。林遜所

手，是難以經營的。

由於具有獨到的眼光、優越的經營能力、克勤克儉的精神，以及當時彰化地區的雄厚潛力，林石在短短幾年內成功地建立了一小拓殖王國，當年他冒險犯難、移民臺灣的目的可說完全達成了。

此外，對兄弟，他也盡了長兄之責。二個弟弟在其協助下移居臺灣，並且成家立業。中國人最重視的子孫之繁延，他也充分實現了。在乾隆二十七年至四十一年間（1762至1776）生有遜、水、瀨、棣、大、陸等六子，但不知是否有女。二弟林壽亦生有富光、添二子，三弟林總生有天厚。[110]

《族譜》對二弟支派著墨甚少，主因當然是林家在臺基業乃林石一手締造的。再者，二弟壽命亦較短。林壽生於雍正十年，卒於乾隆五十一年，享年五十四歲；林總生於雍正十二年（1734），卒於乾隆四十四年，因「被水漂流，不知去處」，享年僅四十五歲。[111]

第三節　林爽文之役與林石拓殖事業的瓦解

當林石父子拓殖事業正進入順境時，厄運開始降臨了。乾隆中葉以後，彰化地區治安日益惡化，更不幸的是爆發了一場大動亂——林爽文之役，以致辛苦建立的基業一夜之間瓦解。

一、臺灣中部治安之惡化與林石父子之反應

雍正、乾隆年間，中部平原迅速開發，一方面使它成為重要谷

立鄉約者當類此。
110　林獻堂等編，《林氏族譜》，臺文叢298，頁177－179。
111　林獻堂等編，《林氏族譜》，臺文叢298，頁178－179。

倉，另一方面，也造成人口的激增，生存競爭日趨激烈化。以往移民面對的是「番害」問題，現在則主要是漢人移民本身的內鬥，此即困擾清代臺灣的嚴重問題——械鬥。

有幾個原因使漢人間的械鬥激烈化。[112]一是由於臺灣謀生較易，不少大陸上的不良分子聞風而來，這些無妻子、田產的「羅漢腳」好勇鬥狠，遇事生風，動輒毆鬥，以致治安漸壞。[113]另一點是，移民大多為單身漢，在異域多依同鄉聚居，以互相扶助，《彰化縣志》載，「流寓者無期功強近之親，同鄉井如骨肉矣。疾病相扶，死喪相助」。[114]但有利也有弊，一旦不同祖籍的人發生衝突，往往把不相干的同鄉也捲入是非之中。當仇恨之火燃燒時，往往不分青紅皂白，燒殺擄掠，非置對方於死地不可。再者，移民喜愛拜把結盟，個人間的細微爭執也可能引起群鬥。[115]

使情況進一步惡化的是清代臺灣吏治不佳、兵政敗壞，以致公道不易伸張，治安難以維護。乾隆五十二年十二月十七日，上諭即指出：臺灣「民情刁悍，無籍奸徒，往往藉端生事，皆由地方官吏任意侵蝕，累民歛怨」。同諭又說：「臺灣地土豐饒」，每當道、府、廳、

---

112 關於械鬥問題，參看(a)樊信源，〈清代臺灣民間械鬥之研究〉，《臺灣文獻》（臺中），25：4（1974.12）。
　　(b)Harry J. Lamley, "Subethnic Rivalry in the Ch'ing Period", E. M. Ahern, H. Gates ed., *The Anthropology of Taiwanese Society*（Stanford Univ. Press, 1981）。

113 參看劉妮玲，《清代臺灣民變研究》，頁89－94。

114 周璽，《彰化縣志》，臺文叢156，頁291。

115 (a)莊吉發，〈清代臺灣秘密會黨探討〉，《臺灣風物》（臺北），36：1（1986.3），頁25。
　　(b)雍正七年八月二日署福建總督奏：「泉漳及臺灣府屬地方，民間向有結盟拜把之風，內地則有桃園會名色，臺灣則有子龍會名色，皆專重力，以角逐鬥勝為能」。《宮中檔雍正朝奏摺》，第十四輯，頁77。

縣有缺，上司往往以其私人親信調補，「俾得侵漁肥橐」，而「所調各員不以涉險為虞，轉以調美缺為喜」；到任後則「利其津益，貪黷無厭」；對地方案件只知「將究（就？）完結」，以致「奸民無所忌憚」而釀成大案。[116]官箴不佳，公權力無權威，治安自然不易維持。

營兵尤其是招惹民怨之源，乾隆四十八年（1783）福建水師提督黃仕簡奏稱：

> 彰邑城內兵民雜處，兵悍民強，各不相下，由來已久；而小本經紀之人，歷被營兵短價勒買，遂各聯同類，藉以抵制。[117]

為了對抗營兵之騷擾，彰化縣屬居民組織小刀會，入會者各帶小刀，互相援護，對抗營兵。乾隆三十七年正月大墩街（今臺中市）民林達被汛兵強買毆辱，乃組織小刀會，此後有大小不等的小刀會出現，兵民衝突極為嚴重，屢構血案。[118]彰化多駐兵丁原為維持治安，反而因兵民雜處，造成營兵之勒索欺壓百姓，「強買強賣」、「打毀房屋」，甚至「放鎗凶鬥」，導致十餘年來，民間小刀會黨之紛起。[119]

由於民間有會黨組織、有武器，極易引起衝突，各式各樣的械鬥事件乃在各地普遍發生，但論頻率與激烈程度似以彰化平原地區為最高，自閩粵鬥、漳泉鬥，以至姓氏之鬥均有。

道光年間彰化縣令李廷璧所撰「捐修聖廟禮樂器序」指出：「夫

---

116 原作者不詳，《欽定平定臺灣紀略》，臺文叢102，頁509。
117 《宮中檔》，44722號，乾隆四十八年四月二十九日，黃仕簡奏。
118 (a)莊吉發，〈清代臺灣秘密會黨探討〉，頁24-25。
　　 (b)莊吉發，《清代天地會源流考》，頁23-26，內容略同。
119 《軍機檔》，33320號，乾隆四十八年七月一日永瑢奏。

彰之民好武也，釁起睚眦，而分類鬥爭；其相怨相仇，亦幾沿為風俗」。[120]

據目前所知資料，首度引起閩粵械鬥的是康熙六十年的朱一貴之亂。南路客籍民組義民協助清軍，閩、粵民自此藉故相殺。[121]清廷也常利用不同籍移民的矛盾，以協助平定亂事，[122]使械鬥染上政治色彩，問題更加複雜。

三籍移民的分佈情形，大體泉州人多居於彰化市、員林鎮、埔心鄉以西平野，漳州人則多在彰化市以東沿山地區，客人（潮州人，福佬客）則集中在永靖、埔心二鄉及鄰近地區。泉人最多，故漳客常結合以對抗。[123]

彰化地區第一次漳泉大械鬥爆發於乾隆四十七年（1782）。此次械鬥也把大里杙的大姓——林姓——捲入，其經過大致如下。乾隆四十七年八月廿三日，莿桐腳演戲，有漳人在庄開賭場，三塊厝小刀會內漳人黃添與泉人賭，泉人輸，因所出番錢銀色低而爭吵。黃添子黃璇糾眾毆死秀水庄泉人廖老，案子報到縣衙。但凶犯並未被拘拏，泉人不服，於廿六日毆搶黃添家，漳泉遂結仇互攻，雙方各集同籍村莊相援。黃添因泉人較多，於是私約大里杙林姓於八月廿九日出庄，連攻泉民之番仔溝、過溝子、新庄子、鹿仔港等庄。當漳泉仇

120　周璽，《彰化縣志》，臺文叢156，頁421。
　　按李廷璧在道光六年十二月至九年六月與道光十年七月至十四年十月，兩度出任彰化縣令。見周璽，《彰化縣志》，臺文叢156，頁80。
121　陳國瑛等纂，《臺灣采訪冊》（臺北：臺灣銀行經濟研究室，臺文叢第55種，1959；1830年原刊），頁38。
122　如朱一貴、林爽文之亂事，清軍均用義民平亂。
123　許嘉明，〈彰化平原福佬客的地域組織〉，《中央研究院民族學研究所集刊》（臺北），36（1973秋季），頁169。

恨之火燃起後，《縣志》載：「人心惶惑，凡（漳、泉）交界之處，
互相焚殺。官為勸解不息，彈壓不安。當擾攘之際，雖無睚眥之怨
者，亦如不共戴天之仇」。[124]

　　眼看治安惡化，林石、林遜雖曾設法化解，但情緒之魔既出，
理性之神退隱，少數人難擋排山倒海而來之怒潮。眼看生命財產受威
脅，家道良好者紛紛避難，林石、林遜父子也苦思對策。林遜建議
「三窟」之計，臺灣的產業是可貴的，但為防萬一，轉移部分資產回
平和故鄉置產。於是林遜獨自攜資回鄉，從事置地建屋工作，「營繕
百方，不遑寧處」。但不幸，乾隆四十八年十月五日，遜突然病死，
享年廿二，葬於故鄉莆坪社時銀塘狗欄崑。[125]由於《族譜》辭句簡
略，無法知道他營置房地產情形，突然病死的情形也語焉不詳。[126]總
之，由於林遜之去世，家鄉置產的計畫夭折。

　　更不幸的事又降臨這拓殖者頭上，幾乎使他亡族亡產，此即臺

124　(a)周璽，《彰化縣志》，臺文叢156，頁363。
　　　(b)莊吉發，《清高宗十全武功研究》（臺北：故宮博物院，1982）頁198-
　　　199。
　　　(c)莊吉發，《清代天地會源流考》，頁26；〈清代臺灣秘密會黨探討〉，頁
　　　26。
125　林獻堂等編，《林氏族譜》，臺文叢298，頁104。
　　　乾隆四十七年械鬥案善後有一項善後事宜「因窮佃以蘇民困」，內稱「上有
　　　匪徒聚眾焚殺，莊民紛紛逃避，殷實之戶大都挾貲而去，中人之產，亦負載
　　　而行」，可見逃避災難的人不只林石一家。見臺灣銀行經濟研究室編，《臺
　　　案彙錄己集》（臺北：臺灣銀行經濟研究室，臺文叢第191種，1964），頁
　　　290-291。
126　林獻堂等編，《林氏族譜》，臺文叢298，頁102，言：「方相地築屋」，顯
　　　然未建成。「林遜家傳」，《林比族譜》，頁104，言：「營繕百方」也未
　　　指明已建成。
　　　Meskill教授言 "Sun（林遜）bought land and a house in Ping-ho"，可能誤解
　　　文意。

灣歸清以來的第二件大動亂──林爽文之亂。

二、林爽文之役與林石拓殖事業的瓦解

　　乾隆五十一年至五十三年間，林石在臺事業基地的大里杙成了一次清代大亂事──林爽文之亂的中心。

　　林爽文，漳州平和人，乾隆三十八年（1773），隨父林勸來臺，趕車度日。[127]據《彰化縣志》，他年輕時曾當過「縣捕」，後來離職，「結交亡命，行劫掠為民害」。[128]目前未有資料確認其擔任縣捕與結交亡命時間。推測他可能在乾隆四十七年漳泉械鬥時，開始結納亡命，因在當年八月廿九日大里杙林姓曾出庄攻打鹿仔港、番仔溝等庄，是分類械鬥中的要角。福建水師提督黃仕簡於乾隆四十七年抵達彰化縣城時，認為大里杙林姓族大丁多，首先攻庄，是起事主犯，力主嚴懲。[129]林爽文住大里杙，可能參加此次漳泉械鬥，而由於官方似乎站在泉人一方，因此與漳人亡命之徒開始結會，以自力對抗泉人。乾隆五十一年一月，天地會要犯楊振國供稱：「林爽文住居彰化大里杙庄，恃其山路險僻，丁族眾多，平日窩賊搶竊，擾害居民」，其後由於害怕官府緝拿，乃結天地會，以「共相幫護」。[130]可見林爽文在加入天地會之前已結有小幫派。

　　至於林爽文勢力之壯大與爆發亂事，則是在他加入天地會之後

127　林爽文於乾隆三十三年，被捕後供詞，見張蔵，〈林爽文案諸犯供詞〉，頁98。

128　周璽，《彰化縣志》，臺文叢156，頁363。

129　莊吉發，〈清代臺灣秘密會黨的探討〉，頁26。
　　　引《宮中檔》，43698號，乾隆四十七年十二月二十八日，黃仕簡奏。

130　(a)《宮中檔》，頁49859，乾隆五十二年一月六日常青奏。
　　　(b)莊吉發，〈清代臺灣秘密會黨的探討〉，頁21。

的事。天地會的淵源與性質至今眾說紛紜，有謂係反清復明組織，有謂乃民間自保組織。茲簡述其淵源。

將天地會傳入臺灣的是嚴煙。他被捕後供稱，他亦名莊煙，又名嚴若海，但對天地會來由亦不清，只聽說創自四川朱姓或李姓者，其後有馬九龍糾集有四十八名和尚傳教，但只剩十三人四處傳教，在廣東起會的是萬和尚，俗名涂喜。又有趙明德、陳丕、陳彪自廣東惠州府至漳州府詔安、雲霄傳教。乾隆四十八年，陳彪借行醫之名至平和縣，傳其入會。嚴煙又供說，傳聞陳丕也到過臺灣傳會，但已回內地。[131]如傳聞屬實，陳丕更早於嚴煙來臺傳會。

嚴煙在乾隆四十八年，以賣布為名來臺。乾隆四十九年（1784）在溪底阿密里莊（今臺中縣烏日鄉光明村）傳授天地會。同年三月十五日，林爽文「聞知會內人眾，便於糾搶，即聽從嚴煙而入會」。[132]至乾隆五十一年八月，林爽文又與其平日好友林泮（漢人）、林水返、林領、何有志、張田、王芬、陳奉先、林里生等人，在車輪埔（今臺中縣太平鄉車籠埔）飲酒、拜盟起會，約會各處村莊，互相傳習。[133]可見林爽文入會，一方面是為搶劫勒索；一方面也為組織一個對抗泉庄的械鬥團體。

由於乾隆末年，治安漸壞，中部人口日多，兵民衝突嚴重，天地會黨迅速膨脹。各地黨徒原本孤立，如今透過天地會，互通聲氣，勢力更大，凡不入會者，任予搶劫，「稍有身家及負販營生者」，

---

131 原作者不詳，《欽定平定臺灣紀略》，臺文叢102，頁927－928。
132 原作者不詳，《欽定平定臺灣紀略》，臺文叢102，頁927。
133 (a)張葳，〈林爽文案諸犯供詞〉，頁98。
　　(b)原作者不詳，《欽定平定臺灣紀略》，臺文叢102，頁927。

只得加入。因此黨徒數目猛增，動輒抗官拒捕，以致不可收拾。[134]

　　林爽文事件的導火線是諸羅縣的添弟會與雷公會械鬥事件，而官府處置失當。

　　乾隆五十一年，諸羅九芎林地方，捐職州同楊文麟之螟蛉長子楊光勳與親子楊媽世間，因分產起衝突。因楊文麟祖護親子，使光勳分居於數里外的石溜班，每年只給有限銀、穀。楊光勳以所得不足用，經常爭吵，於六月間，帶人潛入楊文麟屋，欲搬財物，楊媽世發覺，率眾趕走。楊光勳乃與夥伴結添弟會，欲搶割稻穀；而楊媽世亦結成雷公會對抗。[135]雙方械鬥日益激烈。

　　乾隆五十一年閏七月，諸羅縣同知董啟埏查拏會黨，楊光勳率眾殺石溜汛把總陳和，於是，官府加緊緝拿黨徒，先後拏獲各犯八十九人。楊光勳係重犯，在彰化被捕後，於閏七月廿九日正法；餘犯或斬首或充軍。[136]逃逸者紛紛入匿大里杙，於是添弟會、雷公會與天地會結合，情況益發難以控制。

　　由於官府辦案失當，衙役肆虐，藉機勒索，凡有拏獲即行杖斃，以致人心惶惶。林爽文被捕後供稱：

　　　　後來斗六門地方，有楊光勳弟兄，因分家起釁，立會招人入
　　　　夥，被人告發，並牽連我們，一齊呈告。彰化文武官員，差人
　　　　各處查辦，衙彼等從中勒索，無視好人歹人，紛紛亂拏，以

---

134 原作者不詳，《欽定平定臺灣紀略》，臺文叢102，頁926。
135 莊吉發，《清代天地會源流考》，頁27，引自《明清史料戊編》，第三本，頁227－228，黃仕簡奏。
136 同上，頁227－228。引自《明清史料戊編》，第三本，兵部「為內閣抄出福建水師提督黃仕簡奏」。
　　同書，刑部「為內閣抄出福建小師提督黃仕簡奏」。

致各村莊俱被滋擾。那時林泮等房屋已被官兵燒燬,他同王
芬、陳奉先、林領、林水返、陳傳、賴子玉、蔡被、李七、劉
升,起意召集各庄民人,抗拒官兵,就來邀我。[137]

據此供,由於林泮受牽連,房屋被燬,乃糾集黨徒,欲對抗官
兵,乃招請其結拜好友林爽文起事,亂局乃成。

乾隆五十一年,林爽文欲起事時,族長林石與林繞等曾設法阻
止,「家傳」載:

（林石）大驚,嘆曰『此滅族事,胡可為!』,但爽文不
聽,林石誘勸曰:『人生欲得富貴爾,吾今幸得溫飽,終不忍
視汝及禍;能從吾言,毋妄動,願割產之半俾汝,且以一子為
汝子。』聲淚俱下。爽文意動,願解眾而眾不從,乃竄於深
山,然亂勢事已成,終莫遏。[138]

林石勸阻林爽文確有其事,他在被捕後供稱,曾再三勸阻,將
他「藏匿山內糞箕湖地方,不許出來」。官方稱「質之賊首、賊目,
供亦相符」。[139]

林爽文也供稱:「我的家長林繞、林石、林湖、林全等將我藏匿
山內,不許出來。後來林泮又來逼迫,不得已才跟他到了彰化」。[140]

---

137 張蔵,〈林爽文案諸犯供詞〉,頁98。
138 林獻堂等編,《林氏族譜》,臺文叢298,頁102。
139 原作者不詳,《欽定平定臺灣紀略》,臺文叢102,頁994。
140 (a)張蔵,〈林爽文案諸犯供詞〉,頁98。
　　(b)《軍機檔》,638807號。

（參見「文書契字」1）

另一勸阻林爽文的族長林繞供：「林爽文是我的族姪，……我曾同族長林石等，將他藏到山內，不許出來」。[141]

《欽定平定臺灣紀略》也記載：「林泮、王芬、林領、林里生等起意拒捕，招林爽文入夥，經伊族長林繞、林石等勸阻，將林爽文藏匿山內糞箕湖地方。林泮後來糾約，遂決意聚眾謀逆」。[142]糞箕湖可能在今霧峰鄉吉峰村。[143]

林爽文經不起拜盟好友的慫恿，終於在茄荖山（草屯東北）豎旗起事。乾隆五十一年十一月十六日，游擊耿世文，知府孫景燧至彰化緝治會黨。耿世文等於十一月十六日至二十日箚營於大墩，知縣俞峻飭令獻出逃犯與林爽文，威脅「燒庄剿洗」。十一月廿七日夜四更，林爽文糾集黨徒與莊民千餘人劫大墩，耿世文、俞峻等所領軍隊全軍覆沒。但因族長不欲林爽文正式出名，乃由劉升掛名為首。其後小刀會亦加入叛清陣營，如住鄰村的林爽文同族林阿騫，亂事乃蔓延。[144]

林石見禍亂已形成，為免被累，欲回內地，於是命媳婦回娘家向父母辭行。長媳黃氏，父為鹿港海防同知書辦，以女婿早歿，女兒又要遠去，不同意，乃「入稟同知，禁出港」。林石又打算從南北路

141　張葳，〈林爽文案諸犯供詞〉，頁100。

142　原作者不詳，《欽定平定臺灣紀略》，臺文叢102，頁859。乾隆53年2月5日福康安、海蘭察同奏。

143　據1986年8月12日訪林高岳先生，言在草湖溪旁之山凹。此地為距大里杙甚近之山區，研判可能性極大。又〈正澍契〉，宙13，有「萬斗六番社後糞箕湖」字眼，不知是否即指此地。

144　莊吉發，《清代天地會源流考》，頁40。

渡海，然而，亂事已成，難以通行，只好潛匿鹿港。[145]

由於林爽文之亂，久平不定，乾隆五十二年，清廷任命福康安為大將軍，海蘭察為參贊來臺平亂。十月底，大軍在鹿港登岸。當時林爽文正圍攻諸羅，紮營於其北七里之牛欄山上，福康安大軍乃攻大里杙。爽文分其黨回救大里杙，並離牛欄山，北退二十餘里，結寨於大埔林。[146]

乾隆五十二年十一月四日，清軍開始攻彰化八卦山，敗林爽文黨。五日，攻大里杙。六日，南下救援諸羅。八日，在笨港三崙仔頂，又敗林黨，林爽文受傷。官軍一路勢如破竹，直抵牛欄山林爽文大寨，又敗之，至夜，入諸羅城。[147]

十一月十八日，官軍攻斗六門。二十一日，攻破竹圍，克復斗六門。二十四日，大軍抵平（丁？）臺莊，圍攻大里杙。

「大里杙高壘土城、列巨礮，內設木柵兩層，外溪礮重疊」，防禦極為堅強。福康安揮軍迫近溪礮，在礮火中躍馬先渡，至暮列隊於溪礮旁。二十五日，福康安率隊分二路攻入，殺林素、林成、林快等二百餘人，爽文挈妻孥，翻越火燄山而逃，乃剷平大里杙，計擄獲大小槍砲數百件、穀數千石，牛八百餘隻[148]。另一說「剷平大里杙城塹，燬其巢，獲大小礮一百六十餘位，槍二百二十餘桿，稻谷數千石，牛八百餘頭，其餘器械不可勝計」。[149]（參看照片2與3，清軍克斗六門與大里杙圖）

145　林獻堂等編，《林氏族譜》，臺文叢298，頁102。

146　周璽，《彰化縣志》，臺文叢156，頁211，「福康安傳」。

147　周璽，《彰化縣志》，臺文叢156，頁211－212。

148　周璽，《彰化縣志》，臺文叢156，頁213－214。

149　林繩武等著，臺灣銀行經濟研究室編，《海濱大事記》（臺北：臺灣銀行經濟研究室，臺文叢第213種，1965），頁67。

　　十二月四日，清軍又攻破集集埔，捕獲林爽文父母與其妻若弟，林爽文逃匿埔裡社山中。[150]乾隆五十三年一月四日，義民高振出告林爽文行蹤，翁果爾海與之追擊，在老衢崎捕獲林爽文、陳傳、何有志、林琴、吳萬宗、賴其壠等。[151]另一亂首莊大田也於二月五日在瑯（恆春）就捕[152]，亂事漸近尾聲。

　　查清代律例，「謀反大逆，但共謀者，不分首從，皆凌遲處死；祖父、父、子、孫、兄弟同居之人，不分異姓及伯叔、兄弟之子，不限籍之同異，年十六以上，不論篤疾廢疾皆斬。其男十五以下，及正犯之母女妻妾姊妹若子之妻妾，給付功臣之家為奴」。[153]但有時在臺犯罪者，其內地親人可加恩免受累，如雍正元年「臺灣叛賊鄭文遠」之例。[154]無論如何，犯案者在臺之親人難逃連坐。中國人為血親報仇觀念很強，為防後患，刑法常基於「斬草除根」思想。因此，一涉及政治案件，全家遭殃。

　　清廷為恐死灰復燃或報復，屢次嚴令追捕首逆家屬與餘黨。乾

150 周璽，《彰化縣志》，臺文叢156，頁214。
　　又，據聞林爽文藏匿在南投鎮東南方的中寮鄉龍眼林，故今有爽文路、爽文國小等名稱。見林衡道，〈龍眼林爽文路的風光〉，《臺灣勝蹟採訪冊》，冊四（南投：臺灣省文獻會，1979），頁125。
151 (a)原作者不詳，《欽定平定臺灣紀略》，臺文叢102，頁849。
　　(b)王先謙纂，臺灣銀行經濟研究室編，《東華續錄選輯》（臺北：臺灣銀行經濟研究室，臺文叢第273種，1968），頁111。
　　(c)臺灣銀行經濟研究室編，《清史稿臺灣資料集輯》（臺北：臺灣銀行經濟研究室，臺文叢第243種，1968），頁691。
152 李恒纂，臺灣銀行經濟研究室編，《清耆獻類徵選編》（臺北：臺灣銀行經濟研究室，臺文叢第230種，1967），頁1136。
153 臺灣銀行經濟研究室編，《臺案彙錄庚集》（臺北：臺灣銀行經濟研究室，臺文叢第200種，1964），頁87。
154 臺灣銀行經濟研究室編，《清會典臺灣事例》（臺北：臺灣銀行經濟研究室，臺文叢第226種，1966；1899年原刊），頁173。

隆五十三年二月五日，福康安報稱，林爽文二弟耀興已在竹塹山坑內搜獲解送。又據爽文父林勸供稱：「原住平和縣小溪火燒樓地方，父母葬在義塚」，乃報請查勘，刨挖其祖墳，惟乾隆批示不必殃及祖先墳墓[155]。

捕獲之黨徒則押解北京審訊。不少人犯中途患病，先行處決，三月五日，閩鄂元奏稱：「押解臺匪內林耀興一名，在閩省南平縣地方，因病重先行正法。其林候、林棍、林桀、劉德（林德龍）、張回、賴子王、林水、林玉、賴敖、黃富等十名，於二月廿六日解到吳江之橫江溪地方，林棍一犯患病沉重，即飭令梟司康基因馳往驗明，凌遲處死」。[156]

乾隆五十三年三月九日，大學士等奏稱何有志、林澆（應為「繞」）因病已先行正法，並奏准首犯林爽文與部屬陳傳凌遲處死，梟首示眾，而何有志、陳傳等人家屬也依例緣坐。[157]

三月十四日，常青、徐嗣曾奏言：「莊大田解至郡，病重，綁赴市曹，凌遲梟示」。而林勇（爽文之弟）、林漢、莊大麥、莊大韮等八名，則解送北京。[158]林勇係被捕於大武壠山內，而莊大田及其母被捕於瑯，又其子莊天義、莊天勇、孫莊阿英、婿楊由、妻董氏、婿莊陳氏、女楊莊氏……皆在南潭底、灰窯窟被捕。[159]乾隆帝本不擬處死

---

155 原作者不詳，《欽定平定臺灣紀略》，臺文叢102，頁864。
156 (a)原作者不詳，《欽定平定臺灣紀略》，臺文叢102，頁892。
　　(b)臺灣銀行經濟研究室編，《臺案彙錄庚集》，臺文叢200，頁83。
157 王先謙纂，臺灣銀行經濟研究室編，《東華續錄選輯》，臺文叢273，頁117。
158 原作者不詳，《欽定平定臺灣紀略》，臺文叢102，頁897-898。
159 原作者不詳，《欽定平定臺灣紀略》，臺文叢102，頁902。乾隆五十三年三月二十一日福康安奏。

林爽文之父林勸，但審訊後，因「林勸曾與爽文商量計策，並派人守卡抗拒官兵」，亦按律正法。[160]

專制時代最忌的是政治事件，尤其是向統治者挑戰的謀反事件，處置極嚴酷，株連極密，因此林石也在通緝名冊之列。乾隆五十三年三月廿一日，福康安、海蘭察、鄂輝仍奏稱：「據林勸等供出，林爽文之族長林石亦尚無下落」，乃著福康安等嚴密查拏。[161]但六月三日，福康安與徐嗣曾卻奏稱：「上年十二月內，拏獲該犯到營」。[162]事情實有點蹺蹊，不知是否另有內情。茲接受此說，即林石在爽文被捕之前已被緝獲，即乾隆五十二年十二月間。

據《林氏族譜》，林石原可逃過一劫，但被大里杙同鄉人何傲出賣。據「家傳」，何傲是個無賴，「常告貸，雖與之而意不足」，在探知林石藏身處後，報告衙胥，煽惑說「林某與爽文同宗，擁資厚可得而利也」，因此林石被捕。他被捕後，不禁仰天嘆道：「豎子（爽文）誤我，吾固知有今日也」。[163]

到底林石與林爽文有何血緣關係呢？「家傳」曰同宗，意指同姓或有更近的關係，意思不明朗。林爽文供詞曾稱「我的家長林繞、林石、林湖、林全等」，[164]「家長」也許意味有更親密的關係，但仍不清；且家長在四人以上，林石只是其中之一，仍未證明有血統關係。乾隆五十三年六月三日，福康安、徐嗣曾奏摺上說：「林石係

---

160 原作者不詳，《欽定平定臺灣紀略》，臺文叢102，頁945。乾隆五十三年四月二十八日上諭。
161 原作者不詳，《欽定平定臺灣紀略》，臺文叢102，頁912。
162 原作者不詳，《欽定平定臺灣紀略》，臺文叢102，頁994。
163 林獻堂等編，《林氏族譜》，臺文叢298，頁102－103。
164 張菼，〈林爽文案諸犯供詞〉，頁98。

林爽文族長」，「林石……究係林姓族長」。[165]此處言林石既是林姓族長，因此亦須連坐。如此，即使有血緣關係，也非太近。Meskill教授則以為有親戚關係，而《家譜》有意隱瞞真相而排除他。[166]惟據筆者之重新調查，林氏後代無人能確認其間的關係。據戶部則例，「凡聚族而居，人口眾者，准推族中有名望者一人，立為族正。該族良莠，責令查舉」。[167]官府也常諭令各姓選出族長，發給諭戳，以約束子弟。[168]清廷對大族，利用官給諭戳，設族長以協助維持治安，可說是保甲制外以宗族協助統治之連坐辦法，一旦有族人參加亂事，族長勢必負相當責任。可見，由「族長」兩字，恐難推斷林石與爽文之血緣關係；而在大里杙，各系林姓都有，尤難斷言其必有關係。

惟林爽文供詞又有「家長」字眼，此是否即「族長」？或另有更進一步之含意，有待查考。

據《族譜》，林石入獄後，十四歲的五子林大極孝順，入獄中「侍左右，奉飲食，號泣旻天，願以身代。未數月病卒，葬於鹿港埔」。[169]

乾隆五十三年一月四日，林爽文被捕，黨人被解至郡城。據《族譜》載，在審訊時，福康安問林爽文：「汝一匹夫，敢謀大逆！豈無有阻汝者乎？」，爽文答：「眾皆欲我為王，博富貴；唯族人某力諫

---

165 原作者不詳，《欽定平定臺灣紀略》，臺文叢102，頁994。

166 J. M. Meskill, *A Chinese Pioneer Family: the Lins of Wu-feng Taiwan, 1729-1895*, p.65－66。Meskill言林家後人說是younger brother, nephew或generic cousin。

167 《戶部則例》，卷三，保甲，轉引自戴炎輝，《清代臺灣之鄉治》（臺北：聯經出版，1979）頁228。

168 戴炎輝，《清代臺灣之鄉治》，頁228，引自《淡新檔案》，有實例多條。

169 林獻堂等編，《林氏族譜》，臺文叢298，頁103。

不可」。福康安讚揚林石「誠善人也」,「命赦之,且與六品軍功」。[170]

以上文字正確性如何呢?

第一,勸阻林爽文事,如前所述是可靠的。(參考前節),但是否有此福康安與林爽文對話,則難以確定,雖然情理上推斷是可能的。

第二,「下令赦放」一事則頗有疑問。據乾隆五十三年六月六日福康安之摺曰:

> 林石係林爽文族長,居住阿罩霧莊。王芬等招同林爽文拒捕時,林石再三勸阻,將林爽文藏匿山內糞箕湖地方,不許滋事。匪黨等復來糾約,遂決意聚眾謀逆。林石年逾六旬,總在本庄居住,並未從賊打仗,得受偽職。上年十二月內,挐獲該犯到營,嚴行訊問;並將所供情節,質之賊首、賊目等,供亦相符。臣復查該犯林石雖與林爽文各莊居住,未曾從賊打仗,又有勸阻謀逆之事;但究係林姓族長未便輕貸,應從重歸入緣坐人犯中辦理。[171]

由此段文字,可知福康安將林石列入緣坐人犯,從重辦理,絕無赦免之意。但奇特的是,此後無林石消息;而同為族長的林繞,在解往京師途中因病重,先行正法。[172]林石是否真如族譜所說的被釋放

---

170 林獻堂等編,《林氏族譜》,臺文叢298,頁103。

171 原作者不詳,《欽定平定臺灣紀略》,臺文叢102,頁994。

172 (a)王先謙纂,臺灣銀行經濟研究室編,《東華續錄選輯》,臺文叢273,頁117。

　　(b)張蔵,〈林爽文案諸犯供詞〉,頁100。

呢？據《族譜》載：「出獄之日，病卒旅邸，權葬於郡治之郊」。[173]
這未免巧合得令人難以置信，《族譜》或許有諱筆。[174]據《族譜》，
林石死於五月廿一日未時，[175]在福康安奏摺呈清帝前已去世，故林石
當是死於獄中，而非被赦免。

Meskill教授疑林石賄賂方能出獄。[176]如林石果真被釋放，則行
賄當是合理的推測。但，目前資料實無法肯定他是否無罪赦免。而如
前所述，林案犯人有不少因病重或其他理由，先行正法，則林石病逝
獄中的可能性最大。

此外，官方資料也有疑點，福康安奏文稱，「林石，……居住阿
罩霧庄，……年逾六旬，總在本庄居住……」。就目前所知資料，林
石家住大里杙，何以說是阿罩霧？並說一直住在那裡；而林石至乾隆
五十三年方達虛歲六旬，並非年逾六旬。是林石有虛報或行賄，官員
為其造假資料？內中頗有玄機，啟人疑竇。

第三，「且與六品軍功」事，似不可靠。林石既為族長，依清
律，死罪能免已是萬幸，如何可能給予「六品軍功」？能得軍功者通
常是義民首或捐餉助軍者，甚至二者兼有。義民在林爽文亂中發揮極
大的作用，因此，清廷論功行賞。[177]義民首通常有官方證明文件，下
為林爽文之役義民首證之一例，雙面墨書：「諸羅縣正堂陳，給半天

---

173 林獻堂等編，《林氏族譜》，臺文叢298，頁103。

174 鄭喜夫，《林朝棟傳》亦疑此。

175 林獻堂等編，《林氏族譜》，臺文叢298，頁103。

176 J. M. Meskill, *A Chinese Pioneer Family: the Lins of Wu-feng Taiwan, 1729-1895*,
p.68。

177 (a)陳慧兒，〈林爽文事變中的義民〉，《臺南文化》（臺南），4：1
（1954.9），頁3-19。
(b)劉妮玲，〈清代臺灣民變事件中的義民問題〉，《臺灣風物》（臺北），
32：3（1982.9）。

寮庄義民首林連招,年三十六歲,無鬚,原籍詔安縣」。[178]

筆者查林爽文案中,因功獲賞者計有義首李安善、楊振文、曾大源、林振嵩、王松、張源勳、林文湊、林文會、林文濬、張明義、張源志、張植槐等十二人;獲賞六品頂戴者有羅作經、陳大用、魏廷文、張源耀、翁玉輝、施同世、吳篇、張源度、張高飛等九人;又獲賞七品頂戴者有張士、劉立等十二人[179],並未見有林石之名,可知獲「六品軍功」之事不確。

有趣的是,另一支平和林氏也有類似的記載,言林簪於乾隆十年遷臺,居旱溪庄,性勤儉、善積蓄,不數年,小康,娶學田庄望族陳氏。乾隆五十一年,勸林爽文勿反,並集子弟拒守。事平,當道欲賞,而他已於乾隆五十三年死於家,年五十九。當道哀其為人,追贈六品軍功銜。[180]同樣,林簪之名也未出現於獲賞者名單中。

依清律,謀逆者的財產須抄封歸官。據乾隆五十三年二月二十九日之報告,林爽文案抄封之叛產,查出者共有田一千八百七十餘甲,園一千二百一十餘甲;但仍未盡,陸續追查。[181]林石之田產也在抄封之列。如以此數為總額,林石被沒之地(四百餘甲),所佔比例相當高。參與林爽文案者多為小租戶(佃戶),但仍一併抄封,叛

---

178 黃典權,〈清林爽文之變中的義民首證〉《臺灣風物》(臺北),16:3(1966.9),頁28。
  黃文考證:正堂陳指陳良翼,義民首證,係於乾隆五十二年(1787)發給的。此證為黃教授向一嘉義學生林清松借閱者。
179 周璽,《彰化縣志》,臺文叢156,頁252-253。
180 見:《平和板仔銅壺林氏族譜》(臺中,1983)
181 臺灣銀行經濟研究室編,《臺案彙錄甲集》(臺北:臺灣銀行經濟研究室,臺文叢第31種,1959),頁182-183,乾隆五十三年十二月二十九日:大學士阿桂等奏,「臺灣叛產入官酌定章程摺」。

產之官租亦不抽給業戶。[182]至於林案叛產租息所得,則賞給戍兵,每
名每月四錢,名「加餉」。[183]

林石遷臺的主要甚至惟一目的是改善經濟狀況,勤儉累積的財
產被沒收自是一件不甘之事。據「家傳」載,林石死後,後人因其罪
已被赦,請求歸還田產,但「官中索金萬元,時方經喪亂,力薄不足
以賄」,而且四房林棣也不同意,說「既旌我父之功,豈有復抄我產
之理!」,結果並未取回被沒產業。[184]

總之,林石在臺灣營造的小拓殖王國一夜之間瓦解了,真是「眼
看他起高樓,眼看他樓倒了」,人生命運確是難測。中國傳統社會採
行連坐法,固然官府可以嚴緊地、方便地達成社會控制的目的,但也
有不少人因「禍從天降」而無辜遭殃,不能不說是天下至不公、不人
道之事。

這位林家開臺祖未及身享受其成果,死得也不明不白。他生於
雍正七年二月二十四日巳時,卒於乾隆五十三年五月廿一日未時,享
年六十(實歲五十九),號樸植,生有六子:遜、水、瀨、棣、大、
陸。[185]

《族譜》載,林石骨骸原葬郡治(臺南)之郊,「越數年,歸葬
於貓羅堡阿罩霧莊之後山」。[186]但訪談林石後人,有言原葬彰化鹿港
埔,亦有言葬於大里,日治時,方遷霧峰。[187]林石雖不能肯定原葬何

---

182 臺灣銀行經濟研究室編,《臺案彙錄甲集》,臺文叢31,頁183。
183 唐贊袞,《臺陽見聞錄》(臺北:臺灣銀行經濟研究室,臺文叢第30種,
    1958;1891年原刊),頁55。
184 林獻堂等編,《林氏族譜》,臺文叢298,頁103。
185 林獻堂等編,《林氏族譜》,臺文叢298,頁103。
186 林獻堂等編,《林氏族譜》,臺文叢298,頁103。
187 1985年7月22日,林陽江先生言先葬在彰化埔;而鹿港林添丁言在大里,林

處，但在1918年遷葬於霧峰是可肯定的。其墓在今明台中學對面小山坡上，碑文有「大正戊午年重修六大房眾孫」之文，查戊午年乃1918年。

高岳、林重等先生均如此說。

第三章　林家之再出發
——霧峰祖林甲寅至林定邦

（乾隆五十三年至道光三十年；1788-1850）

打斷手骨顛倒勇（折斷胳膊，反而更強壯有力）

——臺灣俗語

　　林爽文事件後，林石財產被抄沒，子孫四散逃生，備歷艱險。其中長子林遜這一支尤為不幸，因林遜早卒，遺孀黃氏帶著兩個幼兒流離失所，無以為生。最後，黃氏被迫遷居阿罩霧這個漢人與先住民接界的險地，未料反而開啟了新機運。原來林遜次子林甲寅相當能幹，由經商而燒炭、墾田，林家再度站立起來；而且，林甲寅長子定邦與次子奠國也克紹箕裘，甚至更上一層樓，奠定了霧峰林家的穩固基礎，兩人也因而被尊為下厝系祖與頂厝系祖。

第一節　林石後代之星散：往邊區發展

　　乾隆五十二年十二月，林石被捕入獄，財產抄沒，大里杙也被清軍燒殺，家人四散逃生。乾隆五十三年亂平後，林石後代無家可歸，於是遷居塗城。林石夫人陳益娘，雖逢家破人亡的大變故，但毫不喪志，仍然「督勵諸子，以光復舊業為念」，塗城、太平諸宗受其蔭甚大。[1]

　　林石後代何以會移往塗城呢？主要的理由當是乾隆末年中部平原已開發殆盡。當初林石移入大里杙時，四周仍多荒土，但由於移民的猛增，如今欲求片地以謀生也不易，一夜暴富的美景已可遇不可求了。中部平原是乾隆年間開發最迅速的地區，土地的拓墾與水利的興建以此區最盛。自乾隆初年以後，彰化縣報陞課稅的田園特別多，也特別頻繁，充分顯示其拓墾的迅速。乾隆二年，歸彰化縣之田園只有314.275甲，徵粟778.846石，至嘉慶九年，徵粟增至37,789.407石，[2]在六十七年內，增幅達49.5倍強。何況，未報稅的隱田數量更大。[3]人口的激增與未墾平原的減少，使中部地區謀生就業日益困難。

　　如欲在拓墾上有所成，勢必向東邊的內山推進，即向大肚山邊與東方山地發展。林石的後代之所以選擇塗城，原因當由於此。

　　塗城在今臺中縣大里鄉塗城村，在大里街區東南東方約3.5公里處，位於臺中盆地東緣之竹仔坑口外，海拔60－70公尺。雍正年間，臺中盆地中部，柳樹湳、丁臺以東地區，泰雅族仍然經常出沒；塗城

1　林獻堂等編，《林氏族譜》，臺文叢298，頁103。
2　周璽，《彰化縣志》，臺文叢156，頁164－169。
3　第二章已論及。

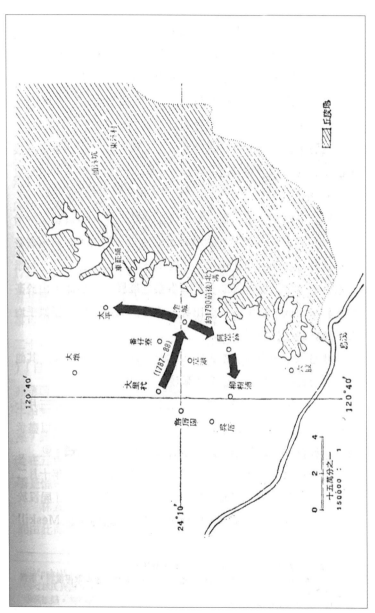

■圖8　林家遷移路線圖

位於竹仔坑口,為其必經要口,乃築土牆以防禦,因而得名。[4]按閩南音,塗與土通用。

然而,丘陵地區地勢較高而乾、土壤較差,可耕地也有限,欲求如林石般之驟富已不可期了,後代子孫只能胼手胝足以謀生。

除務農外,欲求致富只有發展工商業一途。由於移民的增加,市場擴大,經商致富的機會也增多了。然而,經商須有資本與能力,林石之諸子似未具備此種條件。另一途徑是考科舉,取得功名與地位,以助益經濟事業之推展。[5]然而,由於臺灣文教水準低,經由科舉圖出身並非易事,這兩種途徑似乎均未為林石諸子採行。

林石六子的命運各不相同,如前所述,長子遜早卒,其他五子之命運簡述如下(依卒年順序):

五子林大(乾隆四十年四月二十一至乾隆五十三年三月十七日;1775－1788),在林石入獄時,親自服侍以盡孝道,死於獄中;因無嗣,以四子林棣之長子芳碧入繼。[6]

次子林水(乾隆三十一年一月二十日至乾隆六十年十月二十一日;1766－1795),乘船往內地時沉船,「屍沒於海中」,得年僅三十,無子,以林棣之子容山繼嗣。[7]Meskill教授推測林水可能經商而死於海峽,[8]惜無資料以佐證。

三子林瀨(乾隆三十二年七月二十八日至嘉慶十五年六月四日;

4　洪敏麟,《臺灣舊地名之沿革》,冊二下,頁109。

5　清代臺灣士人考取功名,多未出仕或僅短暫;多以其地位協助取得權利,而擴張財富。

6　林獻堂等編,《林氏族譜》,臺文叢298,頁182－183。

7　林獻堂等編,《林氏族譜》,臺文叢298,頁180。

8　J. M. Meskill, *A Chinese Pioneer Family: the Lins of Wu-feng Taiwan, 1729-1895*, p.74。

1767－1810），與六子林陸（乾隆四十一年八月七日至嘉慶十一年六月二十一日，1776－1806），顯然均在塗城務農。[9]其子孫有部份遷往番子寮，即今臺中縣大里鄉仁化、健民二村。番子寮在乾隆五十三年實施屯番制時，其附近一帶為徵收屯租之界外埔地（車籠埔、黃竹坑），可能由此形成聚落。[10]

林石諸子中，除霧峰系外，成就最大的當推四子林棣這一系（乾隆三十七年十一月十五日至道光十年二月九日；1772－1830）。Meskill教授推測林棣在1820年代前可能已有某種經濟基礎，自其延請塾師教育五子志芳（即林五香）之事可看出。[11]但查族譜〈志芳公家傳〉言，五香（志芳）（嘉慶二十年二月十九日至光緒十一年三月十日；1815－1885）「自少岐嶷，入塾異常童，文字粗通時，即棄之」，[12]似乎並非請西席授課，而是入塾受教。惟林棣可能經濟情況較好，五子中有長子芳碧、次子容山分別嗣五房與二房，繼承他們的產業，此或許有助於增強其財力。但林棣這一房的主要財富似乎是在五香手中發展出的，《林氏族譜》上列有家傳者中，林五香（志芳）是惟一非霧峰系者。

林五香很有經營才幹與領導能力。他曾加入林文察軍，可能由此而奠定其事業基礎。其「家傳」載：「中歲，好殖產、墾荒蕪，多歷年所；艱難險阻，莫不備嘗」。[13]但此為同治年間以後之事。

9　林獻堂等編，《林氏族譜》，臺文叢298，頁181、183。

10　洪敏麟，《臺灣舊地名之沿革》，冊二下，頁108。

11　J. M. Meskill, *A Chinese Pioneer Family: the Lins of Wu-feng Taiwan, 1729-1895*, p.74。

12　林獻堂等編，《林氏族譜》，臺文叢298，頁121。

13　林獻堂等編，《林氏族譜》，臺文叢298，頁121－122。又，1985年7月21日訪林重先生，言林五香原甚貧，夫妻共穿三條褲，霧峰某土匪與林文察有

總之，林石後諸子似乎境遇不佳，生活相當艱難，直至約一世紀後，方有少數較富之地主出現，此可由納妾情形判斷。[14]

第二節　林黃端娘之遷居阿罩霧（今霧峰）

在林石基業土崩瓦解、子孫淪落之際，新的轉機出現了，那就是長子林遜遺孀黃端娘之攜子移居阿罩霧（今霧峰），開啟了這一臺灣最具影響力之家族的新機運。

如前已述，林遜於乾隆四十八年，返大陸而病逝平和故鄉，留下年方二十二歲（實歲二十一）的寡婦黃端娘（乾隆二十七年——道光十五年；1762－1835）與二個年幼孤兒，即四歲的瓊瑤（實三歲，乾隆四十五年生），與二歲的甲寅（實一歲，乾隆四十七年生）。更不幸的是，乾隆五十一至五十三年的林爽文之亂，林石以同族之故無端被株連，以致家毀產沒，子孫四散。在大亂時，年輕而意志堅定的黃端娘，帶著二個稚子與一女婢四處逃生，靠採野菜、掘地瓜以充飢，飲溪水以解渴；棲風宿露，跋涉山壑，以致鞋破而足生繭，只好以月桃葉裹腳；加上女婢中途倒斃，一切都落在黃端娘一人肩上。在兵荒馬亂的時代裡，一個弱女子帶著二個未能行走的幼兒逃生，其所經歷的艱苦與危險，實非後人所能想像，其能歷劫餘生，誠如《林氏族譜》所言「蓋九死一生耳」。[15]

怨，託其求情，願予土地為酬，五香因而暴富，林文察也得到不少。不知此是否為戴亂時清查叛產之事。

14　J. M. Meskill, *A Chinese Pioneer Family: the Lins of Wu-feng Taiwan, 1729-1895*, p.74。

15　林獻堂等編，《林氏族譜》，臺文叢298，頁104。

　　林爽文亂平靜後，林黃端娘返回大里杙，但故鄉已面目全非了。做為亂事大本營的大里杙，早被清軍大肆焚掠，屋毀產沒，無法居住與生活，她只好投靠遷居塗城的叔叔們。諸叔見黃氏守節撫孤，而當時谷口溪濱漏報的田地很多，於是將粗溪仔之三十石田租給予母子做生活費。[16]

　　黃端娘在塗城的日子似乎不好過，婆婆陳益娘對她頗不諒解。據稱當林爽文亂時，林石欲自鹿港回鄉避難，黃端娘之父請求同知禁止出港（鹿港），以致林石一家人未能返回故鄉，避此浩劫。據說，陳氏因此立下重誓，不許林氏與黃氏通婚。[17]

　　陳氏之所以憎惡黃端娘純因其父請求「禁港」之故嗎？Meskill教授認為兩人早已有爭執，方導致黃父之不許女兒離臺。至於爭論何事，未有說明。[18]婆媳之爭是傳統中國的古老問題，原因也很複雜，有婆婆疑兒子婚後移愛而不孝之情緒性因素，也有迷信因素，疑家中發生的不幸乃媳婦帶來的厄運，如兒子早卒可能歸咎媳婦剋夫等。

　　根據筆者的訪談，林家對黃家不滿的原因另有一說。據稱林爽文之亂時，林家曾將部分地契委託黃氏娘家保管；但亂平後，黃氏兄弟卻霸佔不還，於是黃端娘本人立誓子孫不得與黃氏通婚。[19]

　　此說與前說不同的是：一、林、黃結怨之因是田產被吞沒；

16　林獻堂等編，《林氏族譜》，臺文叢298，頁104－105。

17　林獻堂等編，《林氏族譜》，臺文叢298，頁105。J. M. Meskill, *A Chinese Pioneer Family: the Lins of Wu-feng Taiwan, 1729-1895*, p.72。其註釋中言，係根據與林氏後人交談所得。

18　J. M. Meskill, *A Chinese Pioneer Family: the Lins of Wu-feng Taiwan, 1729-1895*, p.72。

19　1985年7月21日，訪問林培英夫人及其子林中堅先生。7月22日，訪林陽江，稱：黃媽攜子往討亦不還。8月3日，林壽峰先生稱，當是黃氏立誓較正確。又，林高岳、林助先生亦如此說。

二、立誓不許與黃氏通婚是黃端娘本人，而非婆婆陳益娘。如果此說屬實，林、黃結怨較能作合理的解釋。由於亂後，林石後人生計困難，尤其是黃端娘母子，對黃家之不退回地契自然深惡痛絕。

由於林遜是長子，又是協助林石建立產業的最有力助手，在遭逢大劫時，林家將財產託付予親家是極可能之事。如接受此種假定，也許可再問何時委交地契予黃家？第一個可能性當是在乾隆五十一年林爽文亂起，林石命媳婦們辭別娘家時。第二個可能性是，如果黃端娘帶二子逃難的目的地是鹿港娘家，則可能在此時託付地契。但《族譜》對黃端娘逃難時的行止未曾說明，故此種可能暫時存疑。第三個可能是林石匿居鹿港時（也許住在黃家），也許在危急時將財物託付親家。

如林家託付地契之事屬實，則財產被霸占之說有可信性。事實上舅佔甥產，在臺灣民間是屢見不鮮的事。施、黃、許是鹿港三大姓，地方勢力極大，黃端娘生父又是官府書辦，可能趁林家無力時吞沒財產。可惜缺乏具體資料以證明或否定。

無論如何，林家對黃家是極度不滿的，因此立誓不與黃姓通婚，立誓者可能是林石夫人陳氏，也可能是黃端娘本人。今日林石後代異口同聲說子孫遵此誓言，但筆者查驗《族譜》，發現不盡然。例如林石之長子林遜之孫（瓊瑤之子）清結娶妻黃蜜娘；[20]三子林瀨之孫（林溪之過房五子）再我（拱立）娶妻黃圓娘；[21]四子林棣之孫（林讚生長子）振標娶妻黃謹娘，[22]又一孫振漢（林讚生次子）亦娶黃氏

20　林獻堂等編，《林氏族譜》，臺文叢298，頁197。

21　林獻堂等編，《林氏族譜》，臺文叢298，頁206。

22　林獻堂等編，《林氏族譜》，臺文叢298，頁218。

（號金昱）；[23]六子林陸之次子攀桂娶妻黃岡娘。[24]由此可見誓言並未被徹底執行。

　　黃端娘在塗城日子難過的原因，除了婆婆不諒外，另一原因是「他人又時有煩言」。[25]「家傳」未明言何人有何種煩言，但推想妯娌的不和可能性較大，原因可能是吃白飯。

　　由於在塗城諸叔家受婆婆之嫉視與妯娌之白眼冷語，剛強的林黃端娘，決心另闢新天地。「家傳」未言何時，推測當在乾隆五十四年（1789）前後，黃氏帶著年幼稚兒遷居阿罩霧庄。

　　阿罩霧庄在今臺中縣霧峰鄉內，位於臺中盆地東部，介於草湖溪與烏溪間，東部為大橫屏山之山麓丘陵地，西部為平地。此名稱源自阿罩霧社（Attabu），原稱貓羅新庄，後設阿罩霧庄。[26]本庄在雍正年間，隸屬於彰化縣半線堡；至乾隆年間，自半線堡分出為貓羅堡；光緒十三年，臺灣建省劃分行政區，改隸於臺灣府臺灣縣貓羅堡；1896年，隸於臺中縣臺中辦務署貓羅堡；1901年，改屬臺中廳貓羅堡；1920年，又改屬臺中州大屯郡霧峰庄；民國三十四年（1945），隸臺中縣大屯區霧峰鄉；民國三十九年（1950），改為臺中縣霧峰鄉。[27]據連雅堂之說，劉銘傳在某年巡視中部時，夜宿此地，嫌名稱不雅而改為霧峰。[28]不過，早在同治年間，丁曰健之奏摺與信函已一

23　林獻堂等編，《林氏族譜》，臺文叢298，頁219。

24　林獻堂等編，《林氏族譜》，臺文叢298，頁197。

25　林獻堂等編，《林氏族譜》，臺文叢298，頁105。
　　又，Meskill教授將此句譯為"Others too had harsh words for her at the time"，at the time應改為every now and then方是。

26　洪敏麟，《臺灣舊地名之沿革》，冊二下，頁110。

27　洪敏麟，《臺灣舊地名之沿革》，冊二下，頁111。

28　連橫，《雅堂文集》（臺北：臺灣銀行經濟研究室，臺文叢第208種，1964；原刊年不詳），頁220。

再稱「霧山」。[29]由於漢語為單音的方塊字，一個字無法分辨，三個字以上發音不便，而且書寫麻煩費時，因此地名大多用二個字。因阿罩霧在山邊，可能因此改名稱為二個字的漢名「霧山」[30]或「霧峰」。惟此二名僅係文人之雅稱，民間甚至官方地名仍用阿罩霧，直至1920年方有霧峰庄之正式地名。

至雍正年間，阿罩霧仍屬泰雅族眉加臘社之地。其拓墾始自西端之南勢、吳厝莊、柳樹湳等地。[31]據伊能嘉矩，在雍正年間，有潮州人入墾柳樹湳、丁臺等莊，但眉加臘番仍然騷擾墾民。雍正十三年（1735）十月，曾「肆出焚毀」，清軍捕拏巴里鶴阿尉正法，而設柳樹湳隘，番害方漸消除。[32]

由於番害漸減，乾隆年間墾民繼續移入，除擴大原有墾地外，又向東拓墾至阿罩霧與北溝，向南拓至萬斗六。[33]

不少書記載林石之父林江於乾隆七、八年間由大里杙入墾阿罩霧，如第二章第二節所論，此說當不可靠。

29　(a)如同治三年之「稟制軍左宮保季高」，稱「……（林文察）安坐家園霧山」。

　　(b)丁曰健，《治臺必告錄》（臺北：臺灣銀行經濟研究室，臺文叢第17種，1959；1867年原刊），頁568。

　　(c)同治三年五月六日，「會攻小埔心生擒偽西王陳啞狗弄、張三顯等懲辦摺」，見《軍機檔》，9786號；或丁曰健，《治臺必告錄》，臺文叢17，頁468。

30　如「鄆」加一縣字為鄆縣。三個字以上，則漸改為二個字在臺灣地名中極多，如大里杙→大里；內新庄→內新，有些甚至完全放棄原名，如葫蘆墩→豐原。

31　洪敏麟，《臺灣舊地名之沿革》，冊二下，頁110－111。

32　伊能嘉矩，《大日本地名辭典—臺灣篇》，頁82。又參考：本書第三章第二節。

33　洪敏麟，《臺灣舊地名之沿革》，冊二下，頁111。

　　洪敏麟先生據當地族譜資料，言乾隆初葉，有漳州南靖縣人徐充入墾；此外，又有平和縣人曾必慶、林黃端，南靖縣張水生等閩籍人及廣東梅縣梁承達，福建汀州永定縣盧清傑等客籍人入墾。[34]由於洪氏未註明資料來源，無從稽考。不過作者收集到的地契，確有徐姓開墾柳樹湳之記錄。根據嘉慶二年（1797）十一月，彰化縣所發給之土地執照上載：

> 徐君能稟稱……祖父徐相福於乾隆五年用銀五十兩向業主潘給墾柳樹湳庄東埔成田，東至河底，西至庄後，南至邱廷芸田，北至李碧玉田。……乾隆二十二年……明丈五甲二分，歸入充公項內供課。[35]

　　由此可知乾隆五年已有徐相福者向潘姓業主（可能是岸裡社潘家）給墾柳樹湳埔地，但不知徐相福是否即洪氏所提到的徐充，或是否有親族關係。再者，由上亦看出，有邱、李等姓人在此墾田。乾隆二十七年，《彰化縣志》首次出現柳樹湳庄報陞的紀錄，計有二筆中則園上稅，一筆有18頃65畝6分，另一筆有61畝6分。[36]通常開墾甚或偷墾在先，上稅再報，可推斷乾隆中葉，柳樹湳已開發至相當程度了。

　　萬斗六庄在乾隆三十年（1765）也報陞下則田15頃64畝6分2釐3毫5絲。[37]可見此地也已開發至某種程度。

34　洪敏麟，《臺灣舊地名之沿革》，冊二下，頁112。

35　〈正澍契〉，天47，5之1。

36　周璽，《彰化縣志》，臺文叢156，頁166。

37　周璽，《彰化縣志》，臺文叢156，頁167。

　　大墾戶吳洛以「吳伯榮」為墾號，築萬斗六圳，灌田千餘甲。[38]
乾隆三十二年，吳氏報陞溪心壩、阿密里、吳厝莊下則田園共11頃66
畝9分9釐；乾隆四十三年（1768）又報陞阿密里、溪心壩等莊下則園
6頃14畝9分8釐8毫。[39]

　　由於水利之興修，乾隆年間，今霧峰鄉之地迅速開發。墾民由
西向東，由南向北拓展，到達阿罩霧（今霧峰街）與萬斗六地區。

　　乾隆五十三年實施屯番制，萬斗六埔地撥充為北投小屯，即貓
羅社與東螺大屯大武郡社、大突社、半線社之屯弁養贍地。而原貓
羅等社之平埔族有感於原居地之日益局促，也遷入萬斗六而形成舊
社、萬斗六等聚落。[40]

　　由於霧峰地區灌溉用水取自烏溪，而烏溪流經本鄉南緣，阿罩
霧（今霧峰市區一帶）位置偏北而又近山，灌溉不便，又有番害，因
此初期墾民似乎較稀少。然而，阿罩霧是有潛力的，因土地相當平坦
廣闊，一旦取得水源，即可闢為良田；而且近山林木茂盛，可供伐木
以取薪燒炭，提供另一種生計。林黃端娘也許為情勢所逼，也許秉承
公公林石的精神，冒險入危地以開拓新機運。

　　耐人尋味的是，如前所引述，乾隆五十三年六月六日福康安奏
稱：「林石……居住阿罩霧庄。……總在本庄居住」。[41]如果不是林石
謊報或其他原因，則可能林石在阿罩霧有某些產業。再者，林石曾將
林爽文藏於阿罩霧之糞箕湖，是否在其地有田舍呢？可惜由於資料太
少，在此只能存疑。但如林石在此真有某種產業，則林黃端娘之遷居

38　周璽，《彰化縣志》，臺文叢156，頁56。

39　周璽，《彰化縣志》，臺文叢156，頁167-168。

40　洪敏麟，《臺灣舊地名之沿革》，冊二下，頁111。

41　原作者不詳，《欽定平定臺灣紀略》，臺文叢102，頁994。

阿罩霧就不是那麼突兀而令人費解了。

　　由於清代臺灣治安不佳，居住環境極不安全，居民常須構築某種障蔽物以保護身家財產。最普遍的障蔽物是竹圍，即在住家或聚落四周環植臺灣盛產的莿竹。莿竹幹高、葉密，易於藏身，又由於刺多而尖利，是極良好的防禦物。[42]竹圍可用於防衛城池，如雍正至嘉慶年間的彰化城。[43]竹圍也可用於防護一村落，同治二年（1863）左宗棠奏稱：「每村輒築土圍，栽植篾（莿）竹，日久根株盤亙，有碉堡之固而無修築之勞；槍礮彈丸不能飛入，縱火不能延燒」。[44]阿罩霧逼近內山，易遭番害，較他地更需要安全防護，因此墾民大多聚居於竹圍內。

　　據聞，阿罩霧最早有三個竹圍，隨墾民之增加，竹圍陸續增設。林黃端娘移居地乃當時新建的第三個竹圍，土名頂竹圍，今名甲寅村，取自霧峰系祖即林遜次子林甲寅之名，位於今霧峰鄉北端。按理說，後來者往往只能選條件較差的地方拓墾，但也許由於日後林家子孫飛黃騰達，人們乃說黃端娘選對了地方，因風水好而庇蔭子孫。[45]事實上，此處乃險地，因近山，土著出草時，首當其衝；而

42　周璽，《彰化縣志》，臺文叢156，頁327，載：「莿竹，高四、五丈，旁枝橫生，多刺堅利。環植屋外為圍，茅屋或取以為椽桷，其用甚廣」。

43　周璽，《彰化縣志》，臺文叢156，頁446。

44　「嘉義粵勇潰散，請將貽誤之護提督革職拏問摺」，見左宗棠，《左文襄公奏牘》（臺北：臺灣銀行經濟研究室，臺文叢第88種，1960；1890年原刊），頁5。

45　(a)J. M. Meskill, *A Chinese Pioneer Family: the Lins of Wu-feng Taiwan, 1729-1895*, p.76。
　　(b)又霧峰鄉民、林氏族人均有此一說。如1985年7月22日訪曾樹旺先生；8月11日訪賴火先生；8月13日訪陳飲清先生，均如此回答。陳先生指出三竹圍是過溝仔有一個，甲寅村一個，叫頂竹圍，另一個可能在瓦磘仔。

且地勢稍高，灌溉也不易。（參見照片4，林甲寅舊厝；照片5，番社巷）

當林黃端娘移居時，母子三人「築草廬以蔽風雨；孤苦伶仃，忍饑寒」，過著極端艱辛的日子。[46]孤兒寡婦在一個邊陲村莊謀生的確是件冒險而又困難的事。由於《族譜》語焉不詳，無從了解其謀生方法。猜想她遷居於阿罩霧後，諸叔給予之三十石穀可能已喪失，在毫無憑藉之下，恐怕只能作人幫傭，賺取微薄收入養家。然而，林氏後人也有一說，稱黃氏日後曾向其兄弟討回部分地契，但不知可靠否。[47]再者，此地是漳州村，平和人很多，林姓又是大姓，甚至林石可能有遠親或朋友在此，而當時移民對同鄉人是頗為照顧的，也許獲得某種協助也未可知。

無論如何，母子的生活是艱辛的，但總算堅強地撐下去了，最後甚至於開啟了林家上升的新途徑，危機竟變成轉機，故林獻堂先生頌黃氏曰：「忍饑寒以成復興之業，斯則我霧峰一系所當鑄金而事者也」。[48]的確，相對於林石後代之其他支派，霧峰系的表現真是一枝獨秀，若非黃端娘當年毅然離開塗城，遷居阿罩霧，是否能有此成就，確屬未定之數。

第三節　霧峰林家創業祖──林甲寅之事業

林遜有二子，即瓊瑤與甲寅。林瓊瑤（乾隆四十五年－道光三十年；1780－1850）是長子，貧困的家庭，尤其是孤兒寡婦，長

46　林獻堂等編，《林氏族譜》，臺文叢298，頁105。
47　1985年7月21日－22日訪林中堅等人。
48　林獻堂等編，《林氏族譜》，臺文叢298，頁105。

子通常早熟，且多負起父兄的責任。然而，《族譜》除載其生卒、婚姻、子嗣外，並無家傳，其理由除了修譜者乃林甲寅後代外，當是瓊瑤無何出色表現。據聞，林瓊瑤嗜食鴉片，無何事業雄心。[49]不知日後兩兄弟分產是因各自成家的自然結果，還是兩人間有爭執，例如吸食鴉片影響家庭收支問題。

林瓊瑤在分產後遷居柳樹湳，據〈林甲寅家傳〉載，「各建其業，兄弟友愛，時相往來。每念幼年時事，未嘗不淚涔涔下也」。[50]但事實是否如此呢？可能不盡然，因二人並無林遜或林石之公嘗（祭祀公業）以連繫二支脈，甲寅之子孫似乎也不重視與瓊瑤系的關係。[51]

林甲寅的成就遠蓋過兄長，「家傳」載，他「稍長習賈，懋遷有無」，但因無資本，大概只能當個小販，賺蠅頭小利，所得「僅足供衣食」。[52]至於他如何發跡呢？林氏族人有一段傳說。據說某夜，土地公託夢林甲寅說：「吾嘉汝孝行而性純樸，吾座下有金十二，將以賜汝，汝其勉力為之」。次晨，在他往大里杙途中，見一土地廟，拜謁，果然得金，以此為本錢經商，無往不利。[53]由於事涉迷信，難以稽考，我們寧可相信這是林甲寅本人或其子孫的美化之詞。[54]此外林氏族人又有一大同小異之說法。據說林甲寅某夜赴大里杙賭博，輸得

49　1985月7月21日，與林助先生採訪林瓊瑤派下之林源茂先生所得。林先生並說當瓊瑤與甲寅兩兄弟分產時，瓊瑤說只要給三千兩銀子即可。

50　林獻堂等編，《林氏族譜》，臺文叢298，頁105－106。

51　J. M. Meskill, *A Chinese Pioneer Family: the Lins of Wu-feng Taiwan, 1729-1895*, p.76-77。

52　林獻堂等編，《林氏族譜》，臺文叢298，頁105。

53　林獻堂等編，《林氏族譜》，臺文叢298，頁105。

54　傳統中國，對開國之君，常有神話美化其祖先；貧人暴富也不例外。板橋林本源家族亦有。

精光，在歸途中因腹疼解便，之後才注意到是在土地廟後，自以為瀆
神，於是叩拜求恕，結果發現土地公像座下有銅錢六枚（一說十二
枚），因此取去當賭本，居然連連大贏。其後，他以此為本錢經商，
竟一帆風順，從此發跡。[55]此說較近情理，但也缺乏具體證據，姑錄
之存查。據稱此土地廟位於清代阿罩霧往草湖的竹筒仔橋邊。（見照
片6）

　　總而言之，「小富由儉，大富由天」，也許上天真的眷顧林甲
寅，賜予起家小本錢；也許他因某種緣故暴得一筆小錢，做為發展事
業、累積財富的原始資本。然而，僅僅這點偶然因素並不能解釋他的
成功。林甲寅的經營能力與眼光也的確卓越，繼承了乃祖、乃父的遺
傳，因此家運日昌。他的致富手段包括經商、墾田、伐木燒炭等。

經商起家

　　林甲寅的經商能力很出色，據稱「無往不利」，地點在大里杙。
最初可能當小販，其後規模擴大。[56]可惜，「家傳」文字簡略，無從
得知作何生意。清代臺灣的商業大致是以行郊為中心而運作，也就是
說本島農產品的出口與日常用品的入口均經由西部商港的行郊而進
行。大里杙在乾隆年間已發展為重要市鎮，又有大肚溪可通舟楫，位
於水陸交通之要衝；東邊有不少拓墾前哨站（如阿罩霧、柳樹湳等）
為腹地，自然成為商品的集散地，經商的機會相當多。林甲寅可能做
大里杙與阿罩霧間商品流通買賣的工作。「家傳」言「近山一帶出產

55　1985年7月12日霧峰宮保第訪林助先生。

56　林獻堂等編，《林氏族譜》，臺文叢298，頁105，「林甲寅家傳」。

盛」，[57]清代臺灣山產極多，阿罩霧山區又產一種特別的野生山筍。[58]他可能將家鄉特產運送至大里杙市場出售，可能也將日用品由大里杙街運販於阿罩霧，這是清代鄉間小販的功能。此外，林氏後人亦有言林甲寅亦「配米到大陸」。[59]如此說可靠，則林甲寅已躋身行郊之列或至少是米的批發商。

經營農業，擴張財富

林甲寅經營農業亦與一般中國人相同，投資土地，當是商業資本累積至某種程度再轉至土地。此顯示時代環境之變遷，當年林石可以直接拓墾致富，如今須先在商業方面累積資本後，方能購地成為地主，可知可耕地已開發殆盡了。「家傳」上載：「當是時，阿罩霧尚為土番之地，土厚而腴；然番愚且惰，不能耕，原田膴膴，委於草萊。乃購其地而墾之，歲入稍多」。[60]耕墾成果相當可觀，每年有穀四千石之收入，[61]此雖比不上林石之萬石收入，但以乾隆末年生存競爭之激烈化，能有此成果，堪稱不易，甚至於需要付出更多的心血與智慧。

到底林甲寅擁有多大的田園呢？他是大租戶或小租戶呢？

林甲寅年有四千石收入，以小租谷每甲二十石計算，[62]則當有

---

57 林獻堂等編，《林氏族譜》，臺文叢298，頁105。

58 這種野生筍與一般筍不同，食用部分非筍頭，而是高聳入天的筍尖，清涼爽口，盛產於夏季。它又名剉（砍）頭筍，傳說入山採摘要冒被生番砍頭的危險而得名。

59 1985年8月12日，霧峰林壽永先生言其聽聞。

60 林獻堂等編，《林氏族譜》，臺文叢298，頁105。

61 林獻堂等編，《林氏族譜》，臺文叢298，頁106。

62 霧峰地區土地初開，每甲田租當低於大里杙地區，暫以每甲20石計。

200甲地;如以大租計算,面積更在數倍以上。推測大部份當是小租地,林氏後人稱他雇有長工耕種。[63]長工通常為小租戶所雇,有時較富之自耕農也雇有長工。

筆者搜集到的林家地契,與林甲寅有關者極有限。二百甲地非小數目,按理說應有大量契字才是,何以如此少呢?一個可能是保存不全,如遺失、損壞,甚至燒毀。[64]

據現存之資料,林甲寅購入之地包括有購自土著的大租地與漢人之小租地。小租地通常在漢人間買賣,茲將現存有關林甲寅買賣之地契列舉如下,以窺其一斑。

(1) 嘉慶十一年(1806)十月與房叔林疆位、胞叔林第向黃竹坑隘丁承墾埔地,嘉慶十三年(1808)二月全部承墾:原來柴坑社黃竹坑設有一隘,隘丁首鄭萬祿與隘丁苗秀、斗目、班目嘓等二十五人,因「隘番把守隘口,無暇親耕」,乃將黃竹坑烏樹林埔地一所給墾。此埔地與阿罩霧番埔地交界,東至山腳,西至溪,南至阿罩霧番埔地,北至溪。嘉慶十一年十月,由林位、林第、林寅承墾,價銀三百大圓,年納大租銀六大圓,以為福德公祭祀之資。內亦言,若有番漢爭租,官府往來及衙門什費,由隘番自理。[65](參見「文書契字」2與3)

林位、林第、林寅是何人呢?嘉慶十三年二月,林位、林第又將其份賣斷予林寅時,立契人是房叔林疆位、胞叔林第

---

63 1985年7月21日,訪林源茂先生。

64 林氏後人有曰因腐爛而燒燬者。

65 〈正澍契〉,天64,2之1(白契)。

與林甲寅，價錢是220大元。[66]可見林寅即林甲寅，而林第係親叔，當即林石第四子林棣無疑，他就是太平系林志芳（五香）之父。林位即林疆位，是林甲寅的房叔；但查族譜，其房叔有林富光、林添、林天厚，並無林疆位之名。

　　查林甲寅生於乾隆四十七年，在嘉慶十一年只是虛歲廿五的青年，可見他在二十歲前後已累積某種程度的資金。他之敢承墾位居內山、有番害的黃竹坑隘丁埔地，又顯示其具備乃祖林石的冒險精神。可惜，資料未說明埔地面積，也不知利用的方式，是墾成田園，或燒炭？

(2) 嘉慶二十年（公元1815）十月向林強典入之田：地點在詹厝園庄北勢，面積0.4甲，田中有莿竹一圍。此田年配納業主蔡大租粟2.8石，有圳水灌溉，原係林強自置明給墾過田園。典價為佛面銀五百大員，規定不拘年限，一旦備足銀兩，田即歸還。[67]蔡大租者查係業主蔡長澔之大租。[68]

(3) 嘉慶二十年十月，向林強買入之田：此田之甲數、四至、地價等所載與前契(2)完全相同。[69]唯一不同的是此張為買契，而契(2)為典契。如係同地，何以在同時間立一典一賣之契呢？令人大惑不解。

(4) 原在嘉慶二十年間年間與林春向林強合典之田，道光六年（1826）四月再將林春部分也轉典：原來在嘉慶二十年間，他與林春各出銀235圓，共470圓，向林強典入詹厝園庄北勢

66　〈正澍契〉，天64，2之2（白契）。

67　〈鶴年契〉，（年）11，13之8。但黃52，5之1同地却為賣契。

68　〈鶴年契〉，黃10，1之1。

69　〈鶴年契〉，　52，5之1。

田園一段，帶竹圍與餘埔。因道光元年（1821），此田被水沖崩，餘存無幾，而林春因「乏銀別創」，乃於道光六年四月，將另一半也轉典予林甲寅。[70]筆者找不到上手合典契，故此田之甲數、界址、租粟、水租額等，均無從得知。此田原來可能與上一塊田同時典入，但並非同一地。

(5) 道光八年（1828）十月向林天從買入水田：地點在阿罩霧庄前，土名過溪仔。大小址坵0.5甲，東至曾家園，西至大溝與林澤田，南至林潭田，北至林家自己公田；帶納正供粟1.04石，納餘租銀0.54兩，報銀0.052兩；買價為280大圓。此為紅契，道光九年（1829）一月彰化縣予布字第4149號契尾，價銀204.4兩，稅銀6.132兩。[71]

(6) 道光九年十一月向林光選買入之田：地點在貓羅堡阿罩霧庄北勢，面積三甲四分，「東西直透，大小坵數不等。東至山腳車路為界，西至溪坎大岸為界，南至賴家田為界，北至自己田為界」。此田年須納番業主大租13石6斗；並帶水份八分，有圳水灌溉，年納業主林水租粟8石1斗6升。田價為佛面銀1140圓。此項買賣於道光十年二月經彰化縣登記給予契尾，編號布字4636號，乃一紅契，價銀832.2兩，稅24.966兩。[72]

由此契可知此地原為番人之地，故須納番大租；又有水

70　〈鶴年契〉，（年）11，13之9。

71　〈正澍契〉，天2□，之2。

72　〈中堅契〉，天1，6之2。紅契係經營官方勘定登記，並有契尾，具完全法律效力。另有白契乃民間私訂者，理論上說，不具法律效力，但官方似未完全否定其習慣效力。

圳通流灌溉，故納水租。又，其中言「北至自己田」，顯示林甲寅在此應另有田產，也證明目前所存地契不完整。

(7) 道光十六年（1836）十月向林潤泮買入水田：地點詹厝園庄北勢，面積0.1409甲，帶水灌溉，納業主戴大租粟0.917石。界址東至大岸竹苞，西至林家田，北至同買主（林甲寅）田；地價為296圓。此乃紅契，彰化縣給編號為布字30199號，十三年十月；價銀207.2兩、稅銀6.276兩。[73]此田北接林甲寅原有之田，也許即前二契之田。

(8) 林甲寅子定邦在道光二十八年（1848）二月，曾出售吳厝庄新埔仔三塊溪埔地，計面積「原丈五分」，上書明「承父遺下兄弟鬮分應得」，很明顯是承自父林甲寅的田業。[74]

除購買佃權（小租權）外，林甲寅也曾購入大租權，在現存地契中，只看到一例。道光十年十一月，他向阿束社業戶權山豆力購入大租權，價錢為佛銀五〇元。此田在阿罩霧庄北勢，他原已買入小租權為田主，年納番租粟13.6石。[75]將此契與前契(6)對照，應為同一塊田，即在道光九年十一月向林光選買入小租權，本年又向番業戶買入大租權而成為土地的完全所有者。

日治之初，日人舉辦土地調查，在阿罩霧庄，林甲寅名下之地有二處，推測當是祭祀公業。一處是田5.4016甲，日人實測為6.416

73　〈鶴年契〉，黃7，2之2，此契曾刊於J. M. Meskill, *A Chinese Pioneer Family: the Lins of Wu-feng Taiwan, 1729-1895*, p.78，但契尾未刊出。

74　〈正澍契〉，圖45（a），2之1。

75　〈中堅契〉，天1，6之3。

甲；[76]另一處是建地，日人實測為2.0005甲。[77]但我們無法肯定此即霧峰林家之林甲寅；如是，則其名下所有之田比上列之數目為大，更證明目前之契字並不完全。

總之，雖然契字並不完整，但林甲寅之致力於農業經營由此可窺一斑。

開發山林資源，創造新財源

林甲寅於經商務農而漸富後，又進一步開發山林資源，即「伐木燒炭」，大獲其利。[78]推測當是利用山區的天然林木燒炭或取薪，以供應市場，如大里杙街。

嘉慶年間，中部平地多已開發，憑力耕致富較為困難，伐木燒炭則只須投資人力，可說是本小利溥的暴利行業。然而，伐木燒炭是危險的，因為侵犯了土著的生活圈，隨時都會招來殺身之禍。《彰化縣志》載：「抽籐、吊鹿、做料、燒炭之人，大半皆為匪類。或名民壯，或號屯丁，各帶刀鎗鹿銃入山，遇番則與格鬥，輕性命若鴻毛，惟趨利之如鶩。徒黨嘯聚，多或數百人，少亦數十人」。[79]由於燒炭伐木須要人力，也須賣命，因此林甲寅手下可能有一批工人，其中當有羅漢腳或亡命之徒在內。由於入山常引起命案，清政府屢出告示禁止侵入山地伐木、採棕、抽藤、吊鹿、燒製鱗炭、挖掘薯節等項，以免招致番害。[80]可是，越冒險的行業，利潤越大，林甲寅可能

---

76 Dr. J. Meskill提供，〈土地申告書〉，頁7，參考三冊之內第一號，臺中廳貓羅堡阿罩霧庄（臨時臺灣土地調查局），頁44，內註明丈單1，約字1。

77 同上，頁99，內註明紅契1。

78 林獻堂等編，《林氏族譜》，臺文叢298，頁105。

79 周璽，《彰化縣志》，臺文叢156，頁198。

80 如乾隆五十六年三月二十八日，發銅鑼灣庄曉諭，即警告稱「愛惜身命，毋

因此獲利甚豐。

　　奠定霧峰林家經濟基礎後，甲寅是否有更上一層樓的打算呢？根據「家傳」，他似乎有社會領袖的傾向，「樂善不倦，鄉里之人靡不稱之」。[81]一般人致富後通常設法在鄉里取得社會領袖地位（頭人），方法是做慈善救濟工作，如造橋、舖路、濟貧等，惜「家傳」未陳明。至今筆者只找到一件林甲寅擔任分產公親人之闊書。此件是道光十二年（1832）六月林有土、有財兄弟分產時所立的闊書，內言將內新庄、公館庄、舊庄仔之田厝均分，「公親人」為「族叔祖林甲寅」，[82]但不知當事人與林甲寅除同姓外，是否有血緣關係？通常任族內公親人須德高望重，具有信服力者，可知在林氏族內，甲寅當有某種地位。不過，他似乎未曾有正式頭人地位，也未積極教育子弟，以考取功名而進一步地作上升社會流動，也許與大多數移民一樣，經濟取向壓倒政治或文化取向。

　　道光十七年（1837）十月，林甲寅事先安排身後事，「命諸子各立家業，以衍宗支」[83]。在傳統社會，通常父死方分家；死前分產常表示家中有問題或欲防範問題之發生，例如諸子婚後要求獨立、防止日後爭產等。至少，有一事顯示三個親生子似乎排斥第四子（螟蛉子）四吉，因甲寅公嘗（祭祀公業）無四吉之份。[84]當然，也有可能是由於甲寅期望子孫早日獨立發展，早年他即與大哥分產而得以全心

　　　貪小利，越入深山伐木……」見〈臺灣中部地方文獻資料〉，《臺灣文獻》（南投），34：1（1983.3），頁104。

81　林獻堂等編，《林氏族譜》，臺文叢298，頁106。

82　〈正謝契〉日9，6之4。

83　林獻堂等編，《林氏族譜》，臺文叢298，頁106。

84　J. M. Meskill, *A Chinese Pioneer Family: the Lins of Wu-feng Taiwan, 1729-1895*, p.79。

全力發展自己的事業。

　　林甲寅有三個親生子，即定邦、奠國、振祥，及一螟蛉子四吉。今日所謂霧峰林家只指定邦、奠國二系之子孫；振祥似乎較不受重視，不知何故？四子由於是螟蛉，甚至被排出於甲寅公嘗之外。

　　「家傳」言，林甲寅「素持勤儉，布衣蔬食，樂善不倦，鄉里之人靡不稱之」。[85]Meskill教授疑為過分美化，她以為甲寅可能娶妾，因為他收有一螟蛉子，而螟蛉子通常用以在老父死後照顧守寡的妾，而三親生子可能不承認此妾的地位，乃將四子排斥於公嘗之外。[86]由於缺乏資料，筆者無從論斷此事。再者，即使娶妾，與是否勤儉也不必然有關聯。傳統社會，富人娶幾房是常事，生活依舊「布衣蔬食」者亦非少見。

　　林甲寅卒於道光十八年十二月十六日（當在1839年初），距生年乾隆四十七年（1782年）九月十四日，享年五十七歲。《族譜》言，葬於「阿罩霧之阡」，但林氏後人言遷葬過。由於其孫文察之功，追封為資政大夫，誥贈振威將軍。[87]查清代封階制度，「資政大夫」屬文職正三品，「振威將軍」屬武職從一品，[88]品位極高，堪稱死後殊榮。夫人董悅，號淑慎，生於乾隆五十六年十二月廿三日（1792），卒於咸豐十一年（1861）九月廿三日，享年虛歲七十一，葬於阿罩霧，晉贈恭人，誥封一品夫人。[89]

85　林獻堂等編，《林氏族譜》，臺文叢298，頁106。

86　J. M. Meskill, *A Chinese Pioneer Family: the Lins of Wu-feng Taiwan, 1729-1895*, p.79。

87　林獻堂等編，《林氏族譜》，臺文叢298，頁106。

88　《清朝文獻通考》，卷90，職官14，考5645。

89　林獻堂等編，《林氏族譜》，臺文叢298，頁106。

第四節　下厝林定邦與頂厝林奠國之拓展事業

中國傳統社會一向重視功名，一般人致富後，大多教育子弟考科舉以圖出身，但臺灣是個新開發的邊疆社會，其價值取向與內地不盡相同。一者經濟取向較高；二者即使求官職也不盡由文教科舉。有相當多數的人似乎將致富列為人生第一目標，由此逐漸提升為地方頭人，並與官府打交道，而取得社會地位或官職。林甲寅子孫似乎亦由此途徑發展，三親子中以長子定邦、次子奠國最有成就，並成為今日霧峰林家下厝與頂厝二支派之祖。三子振洋與四子螟蛉子四吉無家傳，亦無任何資料可稽。作者發現一地契，上記道光九年一月，林四吉向阿里史社番馬里也把都，以佛銀60元為磧地銀，贌入旱溝東勢十份內之園一塊耕種六年；[90]至道光十五年十月，再加40元而典此園，立約耕種15年。[91]但查林四吉在道光九年時方才四歲多，似不可能訂約贌田。[92]因此除非林甲寅以四吉名義訂約，否則當是同姓名者。

一、下厝林定邦的事業（1808－1850）

林定邦諱開泰，生於嘉慶十三年六月二十日，卒於道光三十年八月二十五日（1808－1850），享年43歲[93]。與父親相同，林定邦仍走經濟取向的路線，農業經營是最主要的活動，一者繼承林甲寅的產業，二者有本身的發展。

90　〈正澍契〉，元10，6/14。

91　〈正澍契〉，元10，8/14。

92　林四吉生於道光四年六月十一日，林獻堂等編，《林氏族譜》，臺文叢298，頁201。

93　林獻堂等編，《林氏族譜》，臺文叢298，頁198。

　　由於道光十七年林甲寅生前即已分家，因此林定邦、奠國可能在此時遷出祖厝（甲寅村）分居，但他們的住所是否即今日林宅的所在地則是個謎。據林氏後代言，原先遷住「草厝」（今宮保第右側）。[94]（參見圖9與照片7）何以選擇此地呢？按常情，當是分產所配得。此處近山，在清代生番常出入，有「番社巷」地名，[95]筆者疑此地原為林甲寅燒炭之地。

　　林定邦究竟分得多少田宅，欠缺資料查考。筆者只在林家地契中找到一件有關鬮分田產的紀錄。道光二十八年二月，林開泰（定邦）有三塊溪埔地田園，共計「原丈五分」，在吳厝莊新埔仔，因「水沖靡定」，出售予族弟林海瑞。契內言明係「承父遺下，兄弟鬮分應得」，自然是林甲寅所遺下之產。又，三段田中有二段均稱其北界為溪墘（邊），南界為自己田，顯然，林定邦只出售溪墩之田園而保留其南之田園，而這些田園或許也是分得之產業。[96]

　　由於林甲寅有地數百甲，林定邦分得之產業應有相當數目，可惜除上述一例外，無其它資料以得知其數目與座落。除分得之產外，林定邦也陸續添購田園，有幾件地契可以印證。

　　(1)道光二十七（1847）年一月，與林明得合買阿罩霧庄南勢水汴之水田二段連同厝、竹園等：此田由李安然售予林開泰（定邦）和林明得，內稱是三兄弟鬮分應得之份，外帶竹園、厝□□（原契

94　林高岳先生言，咸豐時林文察擴建宅第，兄弟住新宅，「草厝」成為公媽廳。後來，有某一姨太太建一「青樓」當其面，有害地理，乃將公媽牌位移於「花廳」，以致「花廳」被誤以為林氏祠堂。另一說是草厝公媽廳因牌位增多，無法容納，乃漸遷置於「花廳」。

95　生番出草或劫掠的出入通道，位於天主堂邊。

96　〈正贌契〉，圖45⑩，1/2，內亦言，年納許大租粟2石，原帶水流灌足，故最早墾戶可能為許姓。

破損，疑為地基一所），並帶樹林果子，價銀四十元。[97]契內言明甲聲、水份載於上手契。查此上手契係道光八年八月所訂，劉建生售予李寶琳（當係李安然兄弟之父），水田甲數為4.17甲（溢額），應納大租33.28石，水租11石；另帶茅厝、牛欄、竹圍、果園、禾埕等，價銀900元。[98]由此推計，李安然所售水田甲數依三分之一計，當為1.39甲，按成本計，應為300元，但只售240元，不知何故？由於是二人合買，故林定邦分買之田應為0.695甲；但竹圍、厝地與林明得如何分法，不得而知。（參見「文書契字」4）

(2)買入(a)阿罩霧庄水汴頭尾竹圍前水田，(b)柳樹湳庄後東畔水田：二處水田均係與林明得（或德）合買。(a)處係於道光二十七年十一月，向林劉氏與其子林起祥買入的，面積1.917甲，業主大租照甲聲分配，帶圳水水份5分；又帶厝、竹圍、魚池、果子，價銀一百八十元。[99](b)處係於道光二十九年（1849）十一月，向嘉義打貓保火燒庄社林朝頂、蓮蒲、朝柱與林朝佑、朝熙、朝佐兄弟買入的，面積5.28甲，帶供課租粟與番租5.352石，圳水足，價佛銀440元。[100]此田乃賣主之祖所遺下，查其祖當係林玉麟，上手契載明乃於嘉慶二年十二月他向徐君列、君寧、君湘兄弟與其姪瑞經購入者。[101]這兩塊田、厝地在同治四年（1865）六月，林明得歿後，其子允固、允恭、允黎、允照、允美，因遭亂（戴潮春），兄弟流落別處分住，

97　〈正澍契〉，天48，3/3，契中又言明，定契日先收置（定）銀30元，2月28日銀契繳交明白。至限期，如無銀，置銀訖消；反之，如田主子受契，銀主加作十倍賠償。由此可見定契之慎重。

98　〈正澍契〉，天48，2/3。

99　〈正澍契〉，天47@，3/5。

100　〈正澍契〉，天47@，4/5。

101　〈正澍契〉，天47@，1/5。

乃將所合買之田厝售予林本堂（林開泰之戶下），價銀310元。[102]原來合買之二地共銀620元，售價310元，正合成本。

(3)道光二十九年一月，與林明得合買貓羅東堡柳樹湳庄東畔茅厝：原來嘉慶二年林玉騏以240元向徐君寧、君列、君湘兄弟買入其祖父遺下之茅屋12間，[103]道光二十九年一月，林玉麒孫林朝頂、蓮蒲、朝柱、朝佐、朝熙、朝佑等將其中一間以20元賣與林開泰與林明得，其屋帶門窗、樹林、果園等。[104]

以上田、厝均係林定邦與林明得合買，部份由林明得之子允照等轉售林本堂。但同治九年（1870），發生林文明被彰化縣令誘殺案，林允照控林文明霸產，至光緒七年（1881）七月，方判決田厝仍歸林本堂，但補償找洗銀500元予林允照兄弟。[105]林明得與林定邦當有某種親族關係或是好友，但子孫卻反目，箇中原因容後探索。

由這些有限資料，大致仍可判斷，林定邦是個有相當田產的地主（小租戶），有田租予佃農耕種。[106]由於契字不全，無法得知林定邦田厝數目，筆者訪霧峰耆老，稱林定邦雇有長工五、六位，有田十多甲。[107]十多甲可能低估了，林甲寅有田數百甲，身為長子，似不可能只分得區區十餘甲。

此外，林定邦亦可能在大里杙經商或將店屋租予他人。筆者於

---

102 〈正澍契〉，天47@，5/5，此處首度出現林本堂家號。

103 〈正澍契〉，地54，1/2。

104 〈正澍契〉，地54，2/2。

105 〈正澍契〉，天99，1/1。

106 有一佃農黃水（或土水）稱：「柳樹湳庄人，向種林開泰田畝」。見〈林家訟案(一)〉「咸豐八年臺道裕　咨閩浙總督慶奏銷案件」（此批文書自霧峰宮保第閣樓發現），頁8。

107 1985年7月22日下午4時，訪霧峰老曾樹旺先生。

1985年7月22日訪大里一老店屋，據屋主言係有理仔（林文察）之父（即林定邦）所有。[108]但不知可靠性如何；再者，如可靠，此屋亦有可能是林甲寅遺下之產。

　　林定邦既是個地主，是否在地方上扮演頭人角色或有政治地位呢？

　　〈林定邦家傳〉稱他「性質直，以能排難解紛聞於時；鄉人舉為連莊總理」。[109]鷹取田一郎稱他為「甲首」；[110]連橫則稱為「鄉甲首」。[111]按清代臺灣地方自治組織，原則上，每一里（南部）、保（中、北部）設總理一人，由里、保內耆老、殷戶等舉充。其職權有辦理團練、冬防；編審保甲，給門牌；調處民人之錢穀、戶婚等案等。[112]至於甲長或鄉甲首乃保甲編制，即十家為一牌，設牌頭；十牌為一甲，設甲長；十甲為一保，設保正。[113]因此，甲長或鄉甲首地位低於總理，依編制只管一百家；而總理則管一保以上之戶口，二者不可混為一談。如係總理，則是鄉中重要頭人，如係甲長，則僅為鄰人之首。筆者自林家獲得一珍貴資料「咸豐八年臺道裕咨閩浙總督慶奏銷案件」，內稱道光三十年涉嫌殺害林定邦的是「林媽盛」，「在縣充當練總」；[114]又稱「總理林媽盛」[115]及「林媽盛恃充總理」等。[116]由

108　1985年7月22日下午4時，訪霧峰老曾樹旺先生。按林文察，原名有理，霧峰、大里一帶的人通常稱他「有理仔」。

109　林獻堂等編，《林氏族譜》，臺文叢298，頁115。

110　鷹取田一郎，《林文察傳》，頁6（a）。

111　連橫，《臺灣通史》，臺文叢128，頁894。

112　戴炎輝，《清代臺灣之鄉治》，頁221。

113　戴炎輝，《清代臺灣之鄉治》，頁236。

114　〈林家訟案㈠〉，頁2。

115　〈林家訟案㈠〉，頁6。

116　〈林家訟案㈠〉，頁19。

此可知，不但林定邦未出任總理，反而是涉嫌殺害他的林媽盛才是總理。由於此項「奏銷案件」所述之事頗多疑點（容後論述），筆者未敢盡信，但身份一事應不致造假。因此，林定邦出任連莊總理一事，當係誤傳，他充其量只是甲長或鄉甲首，而此亦無原始資料可佐證。[117]

不過，林定邦無疑地也是一方之小頭人，手下當有族人子弟或長工追隨。當時中、北部新開發地區，因官力不足，百姓多賴自力發展或保護自己權益，地方頭人多有私人武力，甚至結會拜盟，彰化地區居民尤以好事輕生聞名。〈林奠國家傳〉載：「（阿罩霧）莊負山環溪，鄰鄉多巨族，各擁一方，非番害則械鬥，故莊人皆習武，手耒耜，腰刀槍，以相角逐」。[118]大族間每因利害衝突或小糾紛引起械鬥，結為世仇。〈林定邦家傳〉言：「時民俗愚蒙，法網疏濶，強者恣為暴戾，弱者困於憑陵」。[119]在這種環境下，林定邦可能亦是一方雄長，而日後也成了一個犧牲者。

二、頂厝林奠國的早期事業（1814－1880）

林甲寅次子林奠國諱天河，字（或號）景山，生於嘉慶十九年十月二十九日，卒於光緒六年六月六日，享壽67（1814－1880年）。[120]

林奠國早年走的路線與林定邦相同，即拓展經濟事業以提升社會地位。除了分得林甲寅產業外，他也陸續購入田厝，依目前所存之契字，林奠國產業大部分是咸豐四年以後購入的，在道光三十年以

---

117 林壽永先生亦稱，他聽說是定邦之對手才是總理。

118 林獻堂等編，《林氏族譜》，臺文叢298，頁106－107。

119 林獻堂等編，《林氏族譜》，臺文叢298，頁115。

120 林獻堂等編，《林氏族譜》，臺文叢298，頁106；199。

前，只見二件。

一、道光二十六年（1846）一月，向林天爐、景山、水生兄弟以佛銀70元，買入大里杙庄舊街仔尾水田二段：此田有埤水灌溉，一段0.5甲，配納隆恩租粟4石（滿斗）；另一段0.3甲，納隆恩大租銀4.8元，[121]全年應收小租4.8石。[122]但，以上之田似乎是典而非買賣的。第二段0.3甲之田，在咸豐二年（1852）十月找盡田價銀為56元，加上前典銀130元，共費186元。[123]（參見「文書契字」5）

二、道光二十九年十二月，向林有才、有容、有用兄弟（林潤洋子），以佛銀60元，買入阿罩霧庄厝地基一所，其界址為東至林家石釘、西至圳溝，南至水溝巷，北至大路。此地，1901年（明治34年）2月4日，登記為臺中貓羅堡阿罩霧庄189番戶，第18號，內載地基一所，「土造草葺平眾建三棟、間口15間4尺，奧行（深）5間1尺」。[124]

咸豐四年後，林奠國投資田產房屋的活動逐漸增加，可知經濟活動是關心的主要目標。此容後再述。

道光三十年以前，林奠國似非有正式地位的地方頭人，不能與林定邦比，但可能已擁有某種地方力量，〈林奠國家傳〉言，當時番害、械鬥厲害，「莊人皆習武，手耒耜、腰刀槍，以相角逐。而先祖考（奠國）能御之，里黨子弟咸就勒焉」。[125]但不知這股地方勢力是林定邦死後方繼承或產生的，或與林定邦勢力並存。

121　〈鶴年契〉，字12，4/5。\
122　〈鶴年契〉，字12，3/5。
123　〈鶴年契〉，字12，5/5。
124　〈鶴年契〉，天29，1/1。查此地今為林松齡、鶴年兄弟所有。
125　林獻堂等編，《林氏族譜》，臺文叢298，頁107。連橫，《臺灣通史》，臺文叢128，頁897，「林奠國列傳」所述略同。

第四章　林定邦命案與林家之復仇

（道光三十年至咸豐九年；1850-1859）

> 父之仇，弗與共戴天
>
> ——禮記

　　道光三十年林定邦遭人銃殺，引來林家之強烈報復，並產生冤冤相報的連鎖反應，而林文察也在這種背景中脫穎而出，因此這一命案與復仇過程對林家發展史有極其深遠的影響。然而，由於可靠史料的欠缺，此事的前因、後果與過程，至今仍撲朔迷離、傳說紛紜，莫衷一是。因此，筆者嘗試各種不同途徑，設法重建一接近真相的史實。

第一節　林定邦命案（道光三十年八月二十五日）

至今為止，所有作品均稱林定邦為草湖庄林和尚所殺害，但對其原因與過程的描述則有詳略之分，甚或有差異。最早敘述此命案的是1918年連橫《臺灣通史》的「林文察列傳」、1919年鷹取田一郎的《林文察傳》及1935年的《西河林氏族譜》（臺銀本改稱《臺灣霧峰林氏族譜》）。茲將三書的記載簡介如下。

連橫「林文察列傳」載：

> 林和尚者，草湖莊人，為一方雄；群不逞之徒出入其門，椎人越貨，莫敢攖。曾擄林連招，索重金。連招為定邦族人，遣使請歸不聽，且拘焉，定邦率季子文明往諭，遂忿爭。和尚召其徒，列械待。定邦突圍出，中彈，反身激鬥，被殺，文明亦殊傷。[1]

日人鷹取田一郎所寫《林文察傳》則有相當詳細而生動的描述。其說法略譯如下：

> 道光二十八年八月，草湖莊土豪林和尚，擄禁勒贖，無惡不作。他平日即勾結匪徒，煽惑良家子弟，歃血為盟，自稱關爺會會首，有不軌之陰謀。遠近無賴受其蠱惑，聞風皆應，其勢蔓延。定邦知悉後，曉以大義，諭以危言，勸悔罪改非，勿釀巨案，和尚因而挾恨。適有鄉民林連招被和尚擄禁勒贖，定邦

1　連橫，《臺灣通史》，臺文叢128，頁894。

身為甲首，出面理論。他先派親丁林番往和尚家要求釋放，和尚不僅不聽，反將林番綑留，意圖挾持。定邦乃親往理論而彼此忿爭。和尚鳳深恨之，以為機不可失，暗中指使黨羽開鎗，定邦當場中鎗倒斃，伴隨的次子文明，也被毒毆重傷。[2]

至於林幼春所寫的〈林定邦家傳〉只簡單記載：

道光二十八年八月某日，草湖莊土豪林和尚擄人勒贖；我曾祖考（即定邦）往諭之，反為所戕。[3]

以上三種記錄所述之基本事實大同小異，或有詳有略，然而均未註明資料來源，以致可信度不確定。不過，鷹取田一郎在其書之「凡例」中言除採訪外，也根據同治年間在臺灣府任職之國史館編修趙新之資料。[4]趙新是何許人呢？查林豪《東瀛紀事》曾載：「（同治二年）六月……分巡臺澎兵備道兼提督學政洪毓琛卒於任。……巡撫徐宗幹奏請從優議，……鄉宦左贊善趙新、主事施瓊芳等僉呈，……於城內建專祠……」。[5]但據《福建通紀》載

趙新，字又銘，侯官人，……咸豐壬子進士。六年，……充國史館協修。九年，……賞加侍讀銜，充己未科江西鄉試副

2　鷹取田一郎，《林文察傳》，頁6a－7a。
3　林獻堂等編，《林氏族譜》，臺文叢298，頁115。
4　鷹取田一郎，《林文察傳》，凡例1。
5　林豪，《東瀛紀事》（臺北：臺灣銀行經濟研究室，臺文叢第8種，1957；1870年原刊），頁11。

考官。同治元年，京察一等，充壬戌科廣西鄉試副考官。三
年，……記名遇有道員缺出簡放……。四年，充冊封琉球國王
正使，[7]升授詹事府右春坊右贊善。五年，轉左贊善。[6]

由上可知，趙新除了奉派短期至外地擔任指定任務外，一直在國史
館任職；而出任左贊善是在同治五年（1866），非林豪所稱之同治二
年。趙新雖未任職於臺灣府，不過，由於身任修史之職，又籍隸福建
省，也許掌握不少福建或臺灣的資料。可惜的是，鷹取田一郎之書未
說明趙新提供何種資料，以資評估其價值。至於其它較晚近作品均取
材自此三書，在此不贅。

　　為了重建此段歷史之真象，筆者設法搜集各類資料，並進行無
數次採訪，總算略有所得，澄清了幾個問題。茲分析如下。

（一）林定邦遇害時間

　　連橫未提及，鷹取田一郎說是道光二十八年八月，林幼春也說
是道光二十八年八月某日。此說顯然有誤，證據之一是《族譜》明白
記著林定邦「卒於清道光三十年（庚戌）八月二十五日未時，享壽
四十三歲」。[7]證據之二是筆者搜集到之〈咸豐八年臺道裕　咨閩浙總
督慶奏銷案件〉（以下簡稱〈奏銷案件〉），亦明確指出案發於「道光
三十年八月二十五日」。[8]因此，遇害時間為道光三十年八月二十五日

6　(a)福建通志局編纂，《福建通紀》（臺北：大通書局，1968年翻印；據福建
　　通志局刊本，1922），卷31，列傳，清八，頁54；總頁2333。
　　(b)陳衍，《閩侯縣志》（1933年）。卷69，列傳五下，頁32－33。
7　林獻堂等編，《林氏族譜》，臺文叢298，頁198。
8　〈林家訟案㈠〉，頁12，林王氏供；頁15，黃鍊供；頁18，林香飲供；頁
　　19，林有理（即林文察）供；均如此說。

當無問題，鷹取田一郎與林幼春之記述應改正。

（二）林和尚本名是林媽盛

三書均稱殺害林定邦者是草湖庄人林和尚。但，「和尚」是臺灣常用的綽號，當非本名，至今，霧峰耆老仍稱他「大和尚」。[9]據筆者搜集到之林家與故宮軍機檔的資料，在咸豐年間，與林文察因林定邦命案而訴訟者名為林媽盛，可斷定林和尚的本名為林媽盛。[10]（細節下述）

（三）林媽盛（和尚）與林定邦的關係

霧峰耆老曾樹旺先生言：「林定邦與林和尚各有十多甲地，都請有五、六位長工，常互相支援，這邊做完，做那邊」。[11]如此說可靠，則二人關係必相當親近。

曾先生又言：「林和尚與有理仔（林文察）是叔侄」。[12]那麼，林定邦當是林和尚之兄，但不知是否有血緣關係？據〈奏銷案件〉，涉及訟案的兩造均稱兩人「同姓不同宗」[13]，可見兩人至多只是同姓林而已。是否曾結拜為兄弟，則不得而知。

9　1985年7月22日與林高岳先生等訪曾樹旺先生，老先生抱病接受訪談。

10　〈林家訟案㈠〉頁1；3；4等均如此稱呼。又《軍機檔》，87490，「林媽盛呈詞」。

11　1985年7月22日訪於甲寅村。

12　1985年7月22日訪於甲寅村。

13　〈林家訟案㈠〉，頁12，林媽盛妻林王氏供，「同姓不宗」；頁14、17，頁19，林養、林香飲、林文察皆如此供。

（四）林和尚（媽盛）何處人

　　三書均稱林和尚是草湖庄人，惟鷹取田一郎又指出他前為魚月鄉之人（前魚月鄉の人ナリ）。[14]筆者無法找到魚月鄉這個地名，但南投有魚池鄉，是否此地？抑或，誤解「魚肉鄉人（或民）」為魚月鄉之人。查草湖庄今屬大里鄉，以草湖溪與霧峰為界，但據曾樹旺先生言：「大和尚住瓦磘仔，在草湖溪之南，今屬霧峰鄉」。[15]如所說屬實，林和尚住處號稱是「草湖庄」，地理位置上實屬今霧峰鄉。

　　然而，再依據〈奏銷案件〉之供詞，有廖阿撻、魏象、林蟯、林智、林盆等五人均供稱：「寄居彰化縣柳樹湳庄」，而「京控原告林媽盛（和尚）也是村鄰素識」。[16]「村鄰」之意當是同村鄰人，如此，則林媽盛當也是柳樹湳庄人，而非草湖庄人。如果「村鄰」可以解釋為本村之鄰地，則上述之「瓦磘仔」當是可信的。按今霧峰市街，清代地方人士稱前厝庄，[17]柳樹湳庄一帶可能稱為後厝庄，兩個林家之鬥被稱為前後厝庄林姓之鬥。（詳情見本節與第七章戴潮春之役）瓦磘仔介於兩地之間，也有可能因此被稱為「村鄰」。為了解二林之鬥的地緣關係，筆者在1985年曾二度探訪「瓦磘仔」，希望能探出林和尚及其後代的線索，但無功。據稱救林文明性命的瓦磘庄頭人林泉（瓦磘仔泉）有墓在此，一當地居民稱為屋前有一大墓，每年清明時，掃墓的人很多，直至前幾年方遷墓，今已為為一大三角形的

14　鷹取田一郎，《林文察傳》，頁6a。
15　1985年7月22日與林高岳先生等訪曾樹旺老先生，言此地在日治時另建於新橋以前，是通草湖大里之要道，有一竹筒仔橋相接。也許草湖開發較早，此地居民與草湖來往較密，故依附其他。
16　〈林家訟案（一）頁22；24；26—27；28—29；31。
17　林文察供詞即自稱是「彰化縣前厝庄人」，見〈林家訟案（一）〉，頁19。

水田。[18]查林泉家居瓦磘庄是有根據的。同治二年三月五日，林文明咨報督辦臺灣北路軍務福建候補道區天民之文中稱，他在同治元年（1862）十月二日「帶勇三百攻柳樹湳，股首林泉等由瓦磘庄橫出截打，勇丁未能前進」。[19]可知林泉確實住在瓦磘庄，而他能及時救林文明，免死於林和尚之手，顯然兩家距離必不遠，可判斷林和尚當住在瓦磘庄或不遠之地。1986年，三訪瓦磘仔，據當地一位謝先生之指認，林和尚家在昔日通往草湖之竹筒仔橋左側，林泉家在右側。[20]此說當可接受。（參見照片8與9，原林和尚、林泉厝）

又據林媽盛遺孀王氏之供，稱「寄居彰化鄉大肚村」；林養亦供「寄居彰化縣大肚村，……向在本村林媽盛家傭工度活」。[21]如此，則林媽盛應住大肚村方是。但有一可能是，林文察展開復仇行動時，林媽盛為避禍方遷此的。由於大肚村位於大肚溪下游，距離阿罩霧有相當長的距離，以地緣而言，發生家族間衝突的可能性極小，當不可能是林媽盛的原住地。筆者暫下的結論是林媽盛（和尚）家住柳樹湳庄或其鄰近之竹圍瓦磘仔，可能在咸豐元年（1851）遷居大肚村。

（五）關於林和尚的身份

三書均認定其為魚肉鄉民之土豪惡霸，殺人勒索、無惡不作。連雅堂稱林和尚「為一方雄，群不逞之徒出入其門，椎人越貨，莫敢攖」。鷹取田一郎又進一步說，他平日即勾結匪徒，煽惑良家子弟，

18　曾樹旺先生言「瓦磘仔泉」有墓在當地，故往訪。惟1985年夏季，訪大里時，記事簿遺失，因此訪瓦磘仔的日期無法確定。

19　〈宮保文書〉「督辦臺灣北路軍務福建候補道區復　林文明」。

20　1986年8月12日，筆者與林富雄先生訪瓦磘仔，當地一位熟悉掌故的謝先生熱心協助指認。

21　〈林家訟案(一)〉，頁12、14。

組織關爺會，自稱會首，可說是一幫會首腦。目前所有記載大多如此說，但據〈軍機檔〉與〈奏銷案件〉，林媽盛（和尚）反倒是地方頭人，在其京控呈詞上自稱「蒙縣諭舉團練局總理」，[22]京控呈詞所報之本人身份大致不敢造假。此外，訴訟對手林定邦夫人戴氏、揀東下保地保林慶芳、彰化縣令高鴻飛等亦稱「總理林媽盛」，[23]林文察亦供稱「林媽盛恃充總理，出頭幫訟」。[24]可見林媽盛的地位是團練局總理無誤。又由於清代團練通常由鄉莊總理承辦，林媽盛應當也是莊總理。[25]如果屬實，則《族譜》以及其它各書所載，林定邦為連莊總理完全錯誤，而且相反地，林媽盛（和尚）才是。

如果林媽盛（和尚）確是莊總理（或練總），按理他不可能如各書所言，是幫會領袖，無惡不作。不過，清代臺灣治安不佳，出任總理者往往是擁有地方實力者，藉此職權而欺壓鄉民，也非不可能之事。《東瀛紀事》指出「總理即該地耆老，官給戳記，使理一鄉之事，多係土豪為之」。[26]

此外，筆者搜集一份道光四年（1824）七月所立的水圳合約書，上稱林錐等人合開一水圳灌溉詹厝園庄口南勢一帶之田，本年（道光四年）七月，「林艷嫂倚子林和尚，著名案匪。……鳩把錐等埤圳強

22　《軍機檔》，087490。
23　〈林家訟案㈠〉，頁6－8。
24　〈林家訟案㈠〉，頁19，林壽永亦稱：他聽說林和 是總理。
25　(a)戴炎輝，《清代臺灣之鄉治》，頁245。
　　(b)姚瑩，《中復堂選集》（臺北：臺灣銀行經濟研究室，臺文叢第83種，1960；1850年原刊），頁187－189。
　　(c)蔡淵洯，〈清代臺灣基層政治體系中非正式結構之發展〉，《師大歷史學報》（臺北），11（1983.6），頁97－107。《東溟文外集》，卷二「諭嘉彰二縣總理董事」。
26　林豪，《東瀛紀事》，臺文叢8，頁4。

破灌溉，甚至斷絕水源，希圖勒索」。[27]未知所稱之林和尚是否即各書所言之林和尚。

以上分析如無誤，則林和尚的身分是：正名為林媽盛，原住柳樹湳庄或瓦磘庄（今霧峰鄉），任職團練局總理或兼莊總理，乃地方上重要頭人。

（六）林定邦命案發生的原因

連橫稱林定邦因族人林連招被林和尚擄去，索重金，派人要求送回，反而被拘。林定邦率次子文明前往理論，雙方忿爭。林和尚召黨徒持械對抗，林定邦突圍時，中彈，回頭激鬥而被殺，林文明也受重傷。[28]

鷹取田一郎則舉出二個原因，第一是林和尚組織關爺會，為會首，有不軌陰謀，遠近聞風響應，林定邦勸他悔改，却反而結怨。第二是，林定邦鄉民林連招被林和尚擄禁勒贖，他身為甲首，出面理論，先派親丁林番往求，反被拘禁，乃親往交涉。林和尚欲復仇，暗中使黨徒開鎗，定邦當場倒斃，子林文明亦被毒毆重傷。[29]

二人之說法，以鷹取田一郎較詳細，但均不外指明林和尚素行不良，拘禁林定邦族人或鄉人林連招，定邦出面理論，而終導致此一悲劇。然而，如上所述，林和尚（媽盛）是總理，是否敢於無故擄人勒贖，實有疑點。據筆者搜集之〈奏銷案件〉的呈詞，事情則全然兩樣。

據道光三十年（1850年）八月二十六日彰化縣令高鴻飛任內之

27　〈鶴年契〉，黃5，4/5。

28　連橫，《臺灣通史》，臺文叢128，頁894。

29　鷹取田一郎，《林文察傳》，頁6a－7a。

案卷，揀東下保地保林慶芳曾稟報稱：

> 據民婦林戴氏（即定邦妻）投稱：「本（八）月二十五日，總
> 理林媽盛之胞姪林嬰與林連招，因妬姦起釁，互相爭毆，適伊
> 夫林開泰（定邦）路過勸解，被林媽盛之庄丁點放竹銃，致傷
> 伊夫林開泰肚腹倒地，登時斃命。」
> 並據總理林媽盛投稱：「本月二十五日，匪徒林連招等截搶溪
> 州庄不識姓名過客。伊聞喊，督同庄丁圍捕，當獲林連招、林
> 顏先二名，被林開泰糾眾攻庄，奪犯而逸；喊眾堵拿，不知何
> 人點放竹銃，致傷林開泰肚腹，斃命。」[30]

案發後，縣令高鴻飛差拘役、刑仵到達命案現場，將屍體抬放
平明地面檢驗。仵作（驗屍員）葉慶唱報驗屍結果曰：

> 已死林開泰，問年四十二歲，屍身量長五尺一寸，髮辮
> （辮）長一尺八寸，驗得仰面致命，肚腹銃傷一處，圍圓八
> 分，砂子透內火焦，色餘俱無，故委係生前受傷身死，親驗無
> 異，填格具結，屍令棺歛，封交地保看守。[31]

依據驗屍報告，林定邦確係生前被銃傷肚腹而死。然而，原
告、被告兩造對發生命案之原因則有全然不同的說詞。林定邦妻戴
氏言，係林媽盛姪兒林嬰與林連招因妬姦起衝突，林定邦勸架而被誤

30　〈林家訟案㈠〉，頁6-7。
31　〈林家訟案㈠〉，頁7。

殺。訪問耆老亦有類似說法，言：

> 林定邦長工沾污林和尚的婢嬋，婢嬋告知林和尚。林和尚捕獲
> 此長工，置於粟桶，拉出長髮，用木頭繫住。定邦聞報，責問
> 和尚，和尚答稱只是讓他吃點苦頭。三月二十一日，大里杙拜
> 拜，定邦與文明父子前往看戲，順道求情。但，林和尚長工造
> 謠說林定邦帶一夥人沿途咒罵而來，和尚一怒之下，當定邦進
> 入大埕時，命長工發銃，子彈穿透定邦肚腹，立斃。子林文明
> 亦被毆重傷，但為瓦磘仔泉所救。[32]

由於傳統社會重女性貞操，由此起衝突，非無可能。

反之，林媽盛則稱是因捉拏槍犯林連招與林顏先送官，被林定
邦奪走犯人，庄丁乃開銃而傷斃。

兩造說法全然不同，不易分辨真偽。其後，由於林文察等人為
父報仇，（容後述）林媽盛又在府、道、臬司（按察使司）、撫、督
連番控訴；並於咸豐二年間，遣抱柯連芳京控，其京控呈詞言：

> 竊（林媽盛）蒙縣諭舉團練局總理，守法奉公。緣有著匪林連
> 招等倡立小刀會，糾黨強派，焚搶擄勒，閭閻受害，嗟莫勝
> 言。道光三十年八月，縣主訪聞飭拿，當獲會首林連招一名解
> 辦，適有督憲劉訪拏要犯，林開泰黨搶拒捕。泰被鄉勇當場格
> 斃稟驗，欲梟示眾，該匪家長求懇願埋。[33]

32　1985年7月22日，訪甲寅村曾樹旺老先生。1985年7月21日，與林助訪林源茂
　　先生（瓊瑤系），說法與上略同。

33　(a)《軍機檔》，87490。林媽盛呈詞上未列年代，但據其文中有關年代之敘

　　如所述可靠，則林連招是小刀會會首，而林定邦可能是成員之一。此說與所有各書記載全然不同，甚至相反，簡直難以置信。到底真相如何，頗費猜疑。

　　按理說，林媽盛身為鄉莊總理，應不敢捏報，然而，鄉莊總理既然有不少土豪充任，挾仇捏報亦非不可能。筆者比較林媽盛在道光三十年八月二十六日（案發次日）之稟報與咸豐二年京控之呈詞，似有差異，頗啟人疑竇。

道光三十年八月二十六日之稟	咸豐二年京控呈詞
(1)匪徒林連招等截搶溪州庄不識姓名過客。	(1)著匪林連招等倡立小刀會，糾黨強派，焚搶擄掠⋯⋯。
(2)伊聞喊，督同庄丁圍捕，當獲林連招、林顏先二名。	(2)縣主訪聞飭拏，當獲會首林連招一名解辦。
(3)林開泰糾眾攻庄，奪犯而逃逸；喊眾堵拿，不知何人點放竹銃，致傷林開泰肚腹，斃命。	(3)適有督憲劉訪拿要犯，林開泰黨搶拒捕，泰被鄉勇當場格斃。

由於前後說詞不一，疑林媽盛有假借總理地位謊報之嫌。總理通常是地方上最有實力的頭人，手下有練勇，與官方關係良好，為自己庄丁迴護，非不可能之事。[34]咸豐七年（1857）間，林有理（文察）之供詞指控：「林媽盛恃充總理，出頭幫訟」，[35]或許有其事，而因此招來

　　述，係咸豐二年間無疑。

　　(b)〈奏銷案件〉，頁2。所述相同，但簡化，惟林連招寫成「林立招」。

34　鷹取田一郎，《林文察傳》，頁7a，言：林和 砌多端，反向高（鴻飛）縣令誣告。

35　〈林家訟案㈠〉，頁19。

林家之激烈報復。

此京控案發交臺灣道審辦，再責成彰化縣偵訊。據彰化縣令秋曰觀呈給知府孔昭慈之報告中，有曰：「差查林立（連）招，並無其人，亦無倡立小刀會案據」。[36]顯然，林媽盛之控詞不被官府採信。

兩造對死因之說詞如此矛盾，又缺其它確實佐證，頗難論斷。不過，林定邦死後，弟林添和（即林奠國）查出開銃者乃林媽盛工人林概，赴縣控告，但緝拿林概無獲。[37]咸豐七年，據臺灣道之偵訊，林媽盛妻王氏供稱：

> 道光三十年八月二十五日，夫姪林嬰與林開泰族人林連招，因妬姦起衅，互相爭毆，適林開泰路過勸解，林嬰疑是幫護，用言斥罵，林開泰氣忿，舉拳向毆，林嬰逃跑，林開泰追趕。林嬰喊救時，我家工人林概在附近山上打雀，聞聲趕護，順點裝便竹銃，打傷林開泰肚腹倒地，經林香飲路過看見，喝阻無及，登時斃命。[38]

見證人林香飲等人供亦同上。[39]林有理（文察）所供亦略同：

> ……父親（林開泰）追趕，林嬰喊救，被林媽盛工人林概銃傷肚腹倒地，旋即身死。當日母親林戴氏投保，因不知林概是正兇，報作林媽盛庄丁銃斃。蒙前縣主詣驗，林媽盛恃充總

---

36 〈林家訟案㈠〉，頁5－6。
37 〈林家訟案㈠〉，頁7－8。
38 〈林家訟案㈠〉，頁12－13。
39 〈林家訟案㈠〉，頁17－18；與頁14－17。

理，出頭幫訟，就以過客被搶，當場挐獲匪犯林連招，林顏先
二名，因父親糾眾奪犯，不知被何人銃斃等詞捏訴。後經叔子
林添和查出，父親林開泰是林媽盛工人林概銃斃，有林香飲見
證，赴縣控告，緝拿林概未獲。[40]

因此，官方判決，命案之原因與經過乃是：道光三十年八月二十五日
林媽盛姪兒林嬰與林定邦族人林連招因妬姦起釁，互相爭毆，林定邦
（開泰）路過勸解起衝突，定邦追趕林嬰，被在山上打雀的林媽盛工
人林概開銃擊中腹部，倒地而死。[41]

第二節　林家之復仇

　　林定邦遇害後，林氏族人展開激烈的報復行動，並由此引發長
年的訟案。由於資料不足，傳聞過多，對此一連串事件有細加剖析的
必要。

一、林文察早年歷史（道光八年至三十年；1828－1850）

　　林文察的事蹟至咸豐八年（1858）後方明朗化，三十歲以前的
歷史充滿謎團，而目前有限的記錄中，頗多傳聞與揣測的成份，需以
更確實的資料予以更正或補充。

40　〈林家訟案(一)〉，頁19－20。
41　〈林家訟案(一)〉，頁34。惟Meskill教授疑定邦、和 可能有經濟利害衝突，
　　如爭水、地，見J. M. Meskill, *A Chinese Pioneer Family: the Lins of Wu-feng
　　Taiwan, 1729-1895*, p.94. 其依據是民間傳說長工因爭水引起械鬥，見李獻
　　璋，《臺灣民間文學集》（臺中：臺灣新文學社，1935），頁236。又，林
　　壽永亦言確有此一說。但曾樹旺先生堅持與爭水無關。

據聞林文察出生時即有奇瑞，母親戴氏假寐時，夢見一個巨人，手持金鼇入室，猛然驚醒而生下一子，即文察，時為道光八年正月十九日寅時。戴氏隱密此事，不輕易告訴他人。林文察相當早熟，在嬰兒時期即能將魚骨挑除而下咽。[42]

林文察初離襁褓時，即常有驚人之語。四、五歲時，他就喜歡與鄰童玩戰爭的遊戲，時常砌石為堡壘，剪紙為旗幟，他高坐堡壘上指揮遊伴出入。十二歲時能詩文，受業於彰化城孝廉楊廷鼇。[43]林幼春撰〈先伯祖剛愍公家傳〉也有類似而詳略有異之描述，言文察幼年極為聰明，為父定邦所鍾愛，見他相貌斯文，不像武夫，十四歲時送他到彰化縣城宿儒楊廷鼇就學。[44]但林文察天性不愛讀書與作八股文，而喜歡聽古今治亂興亡的大道理，以及忠臣義士報國盡節的壯烈事蹟。每逢茶肆中有擅長談論漢朝關羽、宋朝岳飛故事者，他常廢寢忘食地跟著聽。有時被同舍的學生譏笑荒誕，他冷然回答說，「你們欣慕的是考上秀才，我心願並不在此」。[45]

如以上紀錄無何大錯，可知林文察幼年時相當聰明伶俐，相貌

42　(a)鷹取田一郎，《林文察傳》，頁5a。此為當時所採得資料，不知可靠性如何？(b)J. M. Meskill, *A Chinese Pioneer Family: the Lins of Wu-feng Taiwan, 1729-1895*, p.94，乃取自前者。

43　(a)鷹取田一郎，《林文察傳》，頁5a。(b)J. M. Meskill, *A Chinese Pioneer Family: the Lins of Wu-feng Taiwan, 1729-1895*, p.95。

44　(a)林獻堂等編，《林氏族譜》，臺文叢298，頁116。(b)J. M. Meskill, *A Chinese Pioneer Family: the Lins of Wu-feng Taiwan, 1729-1895*, p.95亦引此。但文中言「甲寅為其愛孫選擇宦途（Chia-Yin has chosen an official career for his favorite grandson），當有誤。按原文「為曾祖考所鍾愛」。撰者林幼春之曾祖乃定邦（定邦－文明－朝選－幼春），若指文察之曾祖則是林遜，亦不可能是林甲寅。又，此處言十四歲，而鷹取田一郎言十二歲，可能是因國人以虛歲算。

45　林獻堂等編，《林氏族譜》，臺文叢298，頁116。

斯文，生來就一副童子臉，這可自其神像得到證實。林家後人也說林文察個子瘦小，與弟弟文明之粗壯形成對比。[46]但他雖聰明，卻不喜讀書，崇拜的是武將關羽、岳飛等英雄，而不是秀才等科舉中人，顯示從小就有強烈的軍事政治傾向。

也許因為志不在此，林文察未考秀才進官學。「家傳」稱他「不應童子試而歸」；[47]鷹取田一郎則言，他在十五歲應童子試，縣考、府考都過，而院考（道考）未過。[48]一個說是未參加秀才考試，一個說是三次考試最後一關沒通過。到底是未考還是考不取而不讀，無從判斷。

林文察雖然放棄科舉之途，但對兵書的研讀卻極為專注，在課暇，必讀《金湯借箸》、《韜鈐輯要》等兵書，並常置於案頭，以備隨時翻閱。他也專心操練鎗法、刀法，尤其擅長操砲。據云，他能注目瞄準，百發百中，絲毫不爽。[49]日後臺勇以擅長火繩槍聞名，當與此有關。他曾說，有文事者必須有武備，大丈夫欲立功於千里之外，能文不能武，怎可稱為一世之雄？[50]

他從小素性英明剛直，不為威武所屈，自然很容易與人衝突。然而，他對父母卻極為順服，每有爭鬥，一經父母諭止，立即忘去宿怨，故族人鄉親均盛讚他的孝行。[51]

46　林高岳先生及其他林家後代均說，文察瘦小、有腦筋，文明則體格壯健有力，兄弟感情好，互助合作。

47　林獻堂等編，《林氏族譜》，臺文叢298，頁116。

48　鷹取田一郎，《林文察傳》，頁5a。

49　鷹取田一郎，《林文察傳》，頁5a。

50　鷹取田一郎，《林文察傳》，頁5a－5b。

51　鷹取田一郎，《林文察傳》，頁5b。

二、林家之復仇行動

　　道光三十年八月二十五日，林定邦遇害的消息傳來，對素性剛直、強悍好鬥，又特重孝道的林文察而言，無異是晴天霹靂。當時林文察已二十三歲（實歲二十二），[52]反應非常激烈，據說呼天搶地，死而復甦者數次。[53]傳統倫理觀念強調孝道，主張殺父之仇不共戴天，因為「父者子之天，殺己之父，與共戴天，非孝子也」。[54]林文察等林家人此後即採取激烈的復仇行動。

　　到底林家如何復仇呢？傳聞與出版物的記載也有歧異之處，有加以分辨之必要。使事情更複雜化的是，筆者得一資料，即「咸豐八年台道裕總督慶奏銷案件」，乃是有關林定邦遇害、林家復仇至結案的訴訟紀錄，所述與以往的記載大相逕庭。[55]筆者為此困惑甚久，原已寫成的篇章一再改易，難以定稿。

　　此案情節可說是曲折複雜，其中涉及前厝、後厝二林家間長達七年半的仇殺事件與訟案，由道光三十年八月二十六日起至咸豐八年二月十六日方結案，由總督慶瑞上奏，咸豐九年九月二日，「硃批刑部知道」。[56]其間林媽盛（林和尚）甚至派人（柯連芳）京控，咸豐三年（1853）四月二十二日，此案由臺灣道交下臺灣府孔昭慈查

52　林文察生於道光八年（1828），故實歲二十二。其它記載均稱十九歲，不確。〈林文察家傳〉曰：「年十九，丁家難」，見林獻堂等編，《林氏族譜》，臺文叢298，頁H6。《臺灣通史》曰：「文察年十九」，見連橫，《臺灣通史》，臺文叢128，頁894。

53　鷹取田一郎，《林文察傳》，頁6b。

54　禮記（十三經注疏本，臺北，藝文），曲禮，卷二，頁10(a)。

55　〈林家訟案㈠〉，係1985年臺大歷史系與土木系合作進行之霧峰林家研究計劃時，一工讀生在宮保第所發現，由林高岳、林富雄等先生送至臺北。

56　〈林家訟案㈠〉，頁6、45、47、49。

辦。[57]據遣抱人柯連芳稱：林媽盛在臺灣府控告一次，臺灣道控告六次，在臬司（福建按察使司）、巡撫、總督衙門各控告二次、總兵衙門控告一次。又，另一位控訴人林太（泰）稱：在臺灣府控告五次，臺灣道控告八次，臬司、巡撫、總督衙門各控告二次，均不曾親提訊問。[58]可見案情必然很複雜。

以下即依據現有的說法與此「奏銷案件」的說法論析此案的原委。

林家之復仇行動

目前已刊資料中，敘述林家復仇情最詳細的是林幼春所撰之〈林文察家傳〉。關於林文察之決心復仇，有如下的敘述：

> 十九歲（應為二十三歲）丁家難。報至，伯祖躍而起，擘鎗將赴之。時曾祖妣戴太夫人在堂，持之曰：「汝父屍未歸，汝弟猶居俎上，胡可造次！」伯祖哭而跪曰：「謹受教」，乃使人以巨金贖先祖，而輿襯以迎曾祖考之喪。[59]

連橫與鷹取田一郎之說法大致相同，言先將父屍與弟文明贖回。[60]但據林媽盛（林和尚）之說法，在林定邦拒捕被殺後，本欲臬

---

57 〈林家訟案㈠〉，頁1。

58 〈林家訟案㈠〉，頁3。

59 (a)林獻堂等編，《林氏族譜》，臺文叢298，頁116。
　(b)J. M. Meskill, *A Chinese Pioneer Family: the Lins of Wu-feng Taiwan, 1729-1895*, p.96-97。

60 連橫，《臺灣通史》，臺文叢128，頁894。

首示眾,其家長「求懇領埋」。[61]可證請求領回父屍事當可靠,雖然對死因兩造有不同說詞。

其後,林文察展開報復行動。依《族譜》記載,林文察立即行動。他將父屍大斂後,未及下葬,即召鄉里父兄子弟言其父為救他人反受害。此仇不共戴天,請求協助;眾人答應,並願生擒林和尚。某夜殺牛宴客,穿戴孝服進行復仇工作。[62]

但《臺灣通史》則稱先投訴於彰化知縣,「知縣受賄不理」,文察乃立誓「不報此仇,非人也」。[63]鷹取田一郎則說,林文察先贖回林文明醫治,再到彰化縣擊鼓鳴冤,提出控訴,領回父屍安葬;但林和尚反而捏控誣告,縣令高鴻飛不察,移牒防營,會拏林文察。林文察乃逃避山中,臥薪嘗膽,待機復仇。[64]

中國傳統孝道認為「父仇不共戴天」,而邊疆社會,公權力未伸,百姓多以自力解決問題。一場慘烈的前、後厝二林間的仇殺行動於焉開始,而其後冤冤相報,累世不解。[65]

根據《族譜》所載,當林家欲報仇時,林和尚「亦已集死士,築堅堡」以對抗。由於林文察兄弟攻擊甚猛,林和尚恐懼,不敢定居一處,貓羅堡數十里間設有十幾個居處,食宿不定地,以免被偵知。文察兄弟四處跟蹤追逐,誓欲生擒,前後在路上邀擊者四次,在

61　鷹取田一郎,《林文察傳》,頁72。
62　(a)《軍機檔》,87490號,林媽盛呈詞。
　　(b)林獻堂等編,《林氏族譜》,臺文叢298,頁116。
63　連橫,《臺灣通史》,臺文叢128,頁894。
64　鷹取田一郎,《林文察傳》,頁7a-7b。
65　報私仇在古代社會或國家權力不發達的地區是很普遍的,甚至寬容被害者自己尋求補償,參見瞿同祖,《中國法律與中國社會》(臺北:里仁,1984),頁85-87。

戲場、賭館攻擊者二次，雙方傷亡達數十人之多。經三十四個月之追殺後，終於攻破牆壁生擒了林和尚。墓祭之日，族人里人都到，林文察親手殺林和尚以祭告其父，眾人哭聲震野。[66]

連橫敘述較略，但言祭墳時，「剖心以祭」[67]則為「家傳」所未提。鷹取田一郎則指明係在文察二十四歲時，咸豐元年六月，途遇林和尚，擒獻於父親墳前，剜肉割心以祭。[68]

以上說法有小異，卻大致相同。然而，依據〈奏銷案件〉與「林媽盛呈詞」，說法有相當大的差異。在林定邦（開泰）死後不久，弟林添和（奠國）查出開鎗殺害其兄者是林媽盛（和尚）的工人林概，並有林香飲見證。因此至縣府控訴，緝拿林概，但未捕獲。[69]據此，則赴縣控訴者乃林奠國，而非《族譜》所說的林文察。

也許縣府認為林定邦罪有應得，或如其它記載所言，收受林和尚賄賂，因而未認真偵辦，林文察、文明兄弟與叔奠國乃採取激烈的手段報復。據林媽盛呈詞，言林開泰（定邦）被銃斃後，其子「林有理（文察）、林有田（文明）、弟林天和（奠國），不知斂迹，膽糾會首林顏先、林老成、林海瑞等，率夥攻莊，焚搶擄殺，報復前讎。稟縣彈壓，諭令暫移避禍」。[70]徵之已出版紀錄與傳說，此段當可靠，

66　(a)林獻堂等編，《林氏族譜》，臺文叢298，頁116。
　　(b)J. M. Meskill, *A Chinese Pioneer Family: the Lins of Wu-feng Taiwan, 1729-1895*, p.96-97。

67　連橫，《臺灣通史》，臺文叢128，頁894。

68　鷹取田一郎，《林文察傳》，頁7(b)。傳統倫理歌頌手刃仇人為大孝，歷史上出現不少以仇人之頭或心肝祭靈的悲壯故事，如魏時的韓暨、唐朝的王君，而官府與輿情頗憐憫甚至讚揚復仇者。參見瞿同祖，《中國法律與中國社會》，頁92-93。

69　〈林家訟案(一)〉，頁7-8。

70　《軍機檔》，87490號。

甚至傳聞誤殺了布商八人（一說十八人）。[71]

　　據林媽盛在咸豐六年二月十二日投訴，言由於林家窮追不捨，「屢次謀殺報復」，「無奈，本（咸豐元年二）月十日，雇工搬眷逃避」；但「林有理（文察）糾集二百餘人，將工人林概、林彥、劉屘、黃添來等四人擄去伊父林開泰墳前殺斃，將屍焚燬」。[72]另據林媽盛咸豐二年之京控呈詞，情形大同小異，言：

> 上（咸豐元）年二月間，（林媽盛）雇工挈眷，匪等偵知，招
> 集會匪林傑、林屘、林希等百餘猛，預伏瑞（林海瑞）等巢
> 穴，突出亂銃齊發，拼工林彥、林概、劉屘、黃天來四人逃走
> 不及，均被擄在理（文察）之墓前，斬首分形，令黃江水等堆
> 柴燒屍滅迹。[73]

此處最值得注意的是，以往記載均稱捕獲林和尚在林定邦墳前殺斃祭獻。但，據林和尚（媽盛）自己所呈詞，顯然，他本人並未被殺，而是他的四名工人。是否因輾轉傳聞而發生張冠李戴之事？實令人困惑。

　　案發後，彰化縣令高鴻飛因案情撲朔迷離而到地查勘，但未找到燒屍形迹，乃勒令拿辦林有理（文察）。咸豐元年六月，高鴻飛逮獲黃水、廖阿撻二人訊究。[74]

71　J. M. Meskill, *A Chinese Pioneer Family: the Lins of Wu-feng Taiwan, 1729-1895*, p.97，作八人，林高岳先生言十八人。

72　〈奏銷案件〉，頁8－10。

73　《軍機檔》，87490號。

74　〈林家訟案㈠〉，頁8。

據黃水與廖阿撻二人之口供稱：

> 柳樹湳庄人，向種林開泰田畝。已死林概、林彥、劉屘、黃添
> 來四人，係咸豐元年二月初十日，林開泰之弟林添和來向伊討
> 取租欠中途，撞遇林添和。因林概係鎗斃伊兄林開泰兇手，
> 欲投保送縣，林彥等不依，爭鬥，用強毆打。林添和氣忿，
> 令伊邀同在逃之魏象、林硿、林智、林盆、林離，將林概等
> 扭住看管，自赴投保。時因地保張合和外出，致將林概、林
> 彥、劉屘、黃添來，一併關禁林盆草寮內睡臥，將俟次早再
> 投保交送。各自走散。不料，是夜鄰人吳才家失火，燒及林
> 盆草寮，致林概等燒死。林盆畏累，撿骨攜赴內山掩埋，落後
> （臺語「後來」）林媽盛如何將林有理等控告，伊不知曉。[75]

據此，林概等四人乃因被林奠國捕獲，拘禁於草寮，夜間失火致
死。此與它書記載全然不同。

據此口供，縣令高鴻飛往勘失火之草寮，但四周土牆已倒塌，
空院內多被水沖變為沙礫，找不到任何屍跡，因此只能「勘畢繪圖，
飭拏各犯」。[76]

不久，馬慶釗接任彰化縣令，在押人犯黃水也病故。林媽盛與
林泰（死者林彥之叔）又往上告，即向臺灣府、道及省方各級衙門控
訴，官府則札飭拏捕各犯。[77]由於未有具體結果，林媽盛於咸豐二年

75　〈林家訟案㈠〉，頁8－9。
76　〈林家訟案㈠〉，頁9－10。
77　〈林家訟案㈠〉，頁10。

間雇人頂替林泰，並遣抱柯連芳赴北京都察院控訴。[78]京控呈詞中增加了新的指控：

第一、林文察等抗官：控詞中言「理（林有理，即文察）等如虎負嵎，兵役畏威，莫之敢攖」。

第二、鄉勇又被殺：控詞中言「……巡捕黃、北投汛沈，於（咸豐元年）五月二十八日，帶同兵役鄉勇，馳往下南勢莊圍拏。林連招等抗拒，黨林勇等殺傷兵丁陳玉成，搶去軍械，橫將鄉勇張慈、洪明、沈和三人，擄割耳鼻，捆拋落水溺斃」。[79]

第三，林二埤等包庇林文察，官府未拏獲要犯：控詞言「……蒙道憲委員張，會同文武，帶兵赴阿罩霧莊，圍獲林有理等，遭林二埤等把持包庇，騙限捆送，致文武空回，僅獲燒屍之黃江水等訊認，起出林彥、林概等碎骨交領確據。其劉尪、黃天來二屍，未蒙起驗，兇要杳無一獲」。[80]據此，林文察原已被圍獲，但林二埤包庇他，騙官府限期捆送，實際上，並沒有。林二埤是何人呢？民間傳說，有半平厝（在今臺中市南區）林總理者，勸說林文察接受北路副將曾玉明之招撫，疑與林二埤為同一人。[81]

第四、林文察對生命、財產的威脅：控詞又說「（文察）藉埤（林二埤）等包庇，愍不畏法，猖獗日甚，製造火藥，砲台遍插禾稻，稱作糧食，攻莊搶擄，男女驚逃，田屋盡遭遷佔。節叩各上憲，均批嚴緝。無如縣主畏威縮首，兇匪欺控莫何，愈肆荼毒，復

78　(a)〈林家訟案㈠〉，頁10。
　　(b)《軍機檔》，87490號。
79　《軍機檔》，87490號。
80　《軍機檔》，87490號。
81　「壽至公堂」，見李獻璋，《臺灣民間文學集》，p.233。

行攻搶局勇謝祺、黃山等店屋財物,叩縣勘追未追。可憐盛(林媽盛)及局中鄉勇有田莫耕,棲身無地,生死銜冤,不得已,萬里上叩」。[82]

　　如果林媽盛之指控屬實,林文察之報復手段確實很激烈,而且手下之黨徒勢力必定相當大,敢於對抗官府,甚至於製造火藥、設砲台、攻搶林媽盛的團練局,威脅到局中鄉勇之生命、財產,而官府畏威而莫可奈何。如此嚴重的罪行,按理說,地方官應不敢延宕不處理,正如都察院之奏摺所稱「案關會匪結黨焚搶、斃命毀屍,復拒捕殺傷兵勇,不法已極,若不速行嚴辦,恐致釀成巨案」。[83]其所以拖延未辦,可能是林媽盛控詞未盡是事實,或另有其它因素,頗費推敲。

　　奇特的是訟案紀錄未有一語涉及殺林和尚,而目前所有出版物卻言之鑿鑿。一個可能是林概等四人草寮焚死事件,張冠李戴,誤傳為殺林和尚復仇,另一個可能是,在此案件後,林文察進一步又殺林和尚(媽盛),但由於某些因素,不提此事(下面將分析)。

　　林文察報仇後的舉動,據《林氏族譜》說法,由於官府查辦罪首,舉莊不安,林文察乃主動投案,縣令知其內情,暫緩判刑。[84]鷹取田一郎則述,報仇後,文察哭辭母親、伯叔昆弟,赴縣署自白,而高縣令亦已知和尚為地方惡魁,且文察乃人子報父仇,援「故殺例置」之法,懸而未辦。[85]但據筆者之訪談,皆言兩兄弟逃入內山,官

82　《軍機檔》,87490號。
83　〈林家訟案(一)〉,頁5。
84　(a)林獻堂等編,《林氏族譜》,臺文叢298,頁117。
　　(b)連橫,《臺灣通史》,臺文叢128,頁894,敘述較略。
85　鷹取田一郎,《林文察傳》,頁7b－8a。

兵緝捕不獲。[86]總之，林文察或在逃或入獄，但似乎未被正式判決處刑。

林媽盛京控案之審決

上述林媽盛之京控案於咸豐三年發交臺灣府審訊。但此案一波三折，延而未決，而情勢的發展對他卻越來越不利。

原來咸豐三年有林供之亂，其後各種亂事頻生，以致此案被擱。至咸豐六年三月二十八日，何恆接任彰化縣令，方積極查辦。[87]

何縣令據黃水之供詞，認定林概等人之死係失火燒斃，而且查知被派拏犯之兵丁陳玉成，久已回營，而鄉勇張慈、洪明、沈和三人是否被殺喪命，則仍無證據，於是查拏有關各犯。咸豐六年七、八月與七年二、三月，何恆督兵役逮獲魏象、林蟯、林智、林盆四名，提訊之口供與黃水大致相同。何恆並帶仵作（驗屍員）與林盆至內山，飭令林盆指出葬骨之處，結果掘得破藍布包一個，霉爛不堪，碎骨已經與土結成塊，無法驗辨，仍令掩埋。[88]

咸豐七年四月十一日，彰化縣將魏象等四名人犯解赴臺灣府。知府孔昭慈報稱，正在傳原告解赴省城審訊時，京控案原告林媽盛之妻王氏及四名被害者之屍親林養（林概之弟）、林泰（林彥之胞叔）、劉李氏（劉尼之妻）、黃鍊（黃添來之胞叔），赴府請求在臺訊結，[89]理由是：

86　林高岳、曾樹旺兩先生亦如此敘述，甚至繪影繪形，言躲入一山洞，逢山崩，巨石將落，林文明孔武有力，以雙手托住，先讓文察逃出。

87　〈林家訟案㈠〉，頁11、43。

88　〈林家訟案㈠〉，頁11。

89　〈林家訟案㈠〉，頁4。原告身份，見頁12－15，五人之口供。

> 林媽盛現已病故，前次起意京控，實際林媽盛一人主使，控
> 情多有不實。現在林王氏、劉李氏，青年孀婦；黃鍊年老多
> 病；林養、林泰，家道赤貧，力難內渡。[90]

於是，孔知府提訊各犯。林王氏供：

> 林開泰（定邦）實被林概銃斃，有林香飲可證。其兵丁陳玉成
> 聞已回營；張慈、洪明、沈和三人，係伊鄰人，並非鄉勇，聞
> 往鹿港海口生理，遭風落水漂流，查無下落，有同船遇救得生
> 之洪汀渚，係洪明族人，回家報知，可以質訊。當日伊夫林媽
> 盛赴京控告，因何牽砌，伊不知情。[91]

其他屍親林養等所供略同。

孔昭慈稱此案係「奏交要件，例應解省審辦，未便在臺訊結詳
銷」，但由於林王氏一再叩求免解，情詞懇切；加上被告、證人等，
一聽解省審訊，均躲入內山，難期逮獲歸案，於是准予在臺審訊。同
時，他又催令彰化縣差捉人卷，補提重要證人林香飲、洪汀渚，並令
其剴切示諭被告、證人，赴府投訊。[92]

咸豐七年十一月四日，彰化縣令秋曰覲傳到證人洪汀渚，訊
明：「張慈等三人實因往鹿港海口生理，遭風落水，不知下落」；「林
立招，並無其人，亦無倡立小刀會案據，無憑檢送，隨將縣卷申解到
府」；「見證林香飲，要被（重要被告人）林有理（文察）自行投案，

90　〈林家訟案㈠〉，頁4。
91　〈林家訟案㈠〉，頁4－5。
92　〈林家訟案㈠〉，頁5。

發縣分別保管」。[93]

　　至此案情單純化，原本「案關會匪結黨焚搶，斃命毀屍，復拒捕、殺傷兵勇」的大案，降低為兩個林家間的恩仇。由於原告、被告、證人多已到案，其中林有理（文察）投案後，「在押患病，飭醫調治」，據臺灣縣稟報，已痊癒，於是全案移往臺灣道臺偵審研鞫。[94]審訊時間當在咸豐七年十一月至八年二月間。[95]

　　所有的口供均不利林媽盛，供詞也大同小異，林媽盛妻王氏供詞如下：

> 年三十歲，原籍漳州府，寄居彰化縣大肚村，已故京控原告林媽盛是小婦人丈夫，和已死林開泰同姓不宗。這列案的林有理是林開泰的兒子。道光三十年八月二十五日，夫姪林嬰和林開泰族人林連招，因妬姦起釁；互相爭毆。適林開泰路過解勸，林嬰疑是幫護，用言斥罵。林開泰氣忿，舉拳向毆。林嬰跑逃，林開泰追趕。林嬰喊救時，我家工人林概在附近山上打雀，聞聲趕護，順點裝便竹銃打傷林開泰肚腹倒地，經林香飲路過看見，喝阻無及，登時斃命。這小婦人是曉得。
>
> 咸豐元年二月初十日，丈夫林媽盛雇林概同林彥、劉屘、黃添來赴山上工作，與林開泰弟，即林添和路過，要投保送縣，關禁林盆草寮內，以致失火燒死。丈夫因那草寮與林開泰墳墓相

93　〈林家訟案㈠〉，頁5－6。
94　〈林家訟案㈠〉，頁12。
95　〈林家訟案㈠〉，頁44－45。臺灣道咨報審案過程日為期咸豐八年二月十六日。林文察供詞言「年三十一歲」，他生於道光八年，故按虛歲計，當為咸豐八年。

近，疑是林有理欲復父仇，就以林概們被林有理糾眾截獲，
挲到伊父坟前斬首燒屍滅跡等詞，邀各屍親控，蒙前聽主詣
勘，派撥兵役查挲。後來丈夫林媽盛如何把兵丁陳玉成並張
慈、洪明、沈和當作鄉勇，被林有理們殘割綑溺致斃，並糾
會匪擾害等詞，雇不識姓名人頂替林泰姓名，並遣抱柯連芳到
京，分詞呈控，小婦人就不知道。

前蒙府案下提訊，業經供明。今蒙研訊，林開泰資是林概銃
斃。林概與林彥（們）四人委被關禁後失火燒死，與林有理無
干，兵丁陳玉成早經回營，那張慈們三名並非鄉勇，實回往鹿
仔港海口生理，遭風落水漂流，查無下落，並且被投，現有
洪汀渚切結可證。至京控解回病故的林泰，實是丈夫雇人替
往，並非林彥的叔子林泰正身。如今林有理與廖阿撻們，均已
到案，只求公斷，小婦人願甘具結是實。[96]

本案四名死者親人身份是：

1. 林養：56歲，原籍漳州平和縣，寄居彰化縣大肚村，乃死者
   林概之胞弟，在本村林媽盛家傭工度活，與林有理同姓不同
   宗。[97]

2. 林泰：56歲，原籍南靖，寄居彰化縣大肚村，死者林彥之胞
   叔，平日傭趁度活，與林有理同姓不同宗。[98]

3. 劉李氏：46歲，原籍廣東，在臺生長，不知縣分，死者劉屘

96　〈林家訟案㈠〉，頁12－14。
97　〈林家訟案㈠〉，頁14。
98　〈林家訟案㈠〉，頁15。

之妻，平素傭趁度活。[99]

4. 黃鍊：76歲，原籍平和縣，寄居彰化縣大肚村，死者黃添來胞叔，平日肩挑度活。[100]

四人之供詞與林王氏相同，不贅。[101]

見證人林香飲供：

> 年四十二歲，原籍平和縣，寄居彰化縣大肚村，已死林概是小的無服族姪，和林媽盛、林開泰都是同姓不同宗。……道光三十年八月二十五日，林媽盛胞姪林嬰和林開泰族人林連招因妒姦起釁，互相事毆，適林開泰路過勸解。……（中略，與林王氏所述同）……林媽盛工人林概……竹銃打傷林開泰肚腹倒地。經小的路過看見，喝阻無及，登時斃命，小的當即走回。後經林添和（奠國）查出控告，差拏林概無獲。……據實供明，別的事不知道，是實，願具結。[102]

林有理（文察）供：

> 年三十歲，彰化縣前厝庄人，……和林媽盛同姓不同宗。道光三十年八月二十五日，……（中略）。……父親林開泰……被林媽盛工人林概銃傷肚腹倒地，旋即身死。當日母親林戴氏投保，因不知林概是正兇，報作林媽盛庄丁銃斃。蒙前聽主詣

---

99 〈林家訟案(一)〉，頁15。
100 〈林家訟案(一)〉，頁15。
101 〈林家訟案(一)〉，頁15-17。
102 〈林家訟案(一)〉，頁17-18。

驗。林媽威恃充總理，出來幫訟，就以過客被搶，當場拏獲匪犯林連招、林顏先二名，因父親糾眾奪犯，不知被何人銃斃等詞控訴。後經叔子林添和查出，父親林開泰是林媽盛工人林概銃斃，有林香飲見證，越縣控告，緝拿林概未獲。[103]

　　至此，原告、被告、證人均陳明命案原因乃林媽盛姪林嬰與林定邦族人林連招，因妬姦起衝突，林定邦勸解，被林媽盛工人林概銃斃，錯在林媽盛這一方。

　　至於因林文察家人的報復，而發生的林概、林彥、劉屘、黃添來之四人命案，林文察之供與黃水相同，言係失火燒死於草寮，並供稱：

>　……那知林媽盛和林概們各屍親，就以小的報復父仇，擄殺滅屍；並添敘小的將兵丁陳玉成鄉勇張慈等，殘割綑溺致斃，並糾會匪擾害等詞赴縣府，暨各憲衙門，並赴京控。小的與叔子林添和害怕，逃入內山，分路躲避。後聞林媽盛的妻子林王氏與屍親林養們供出，小的父親林開泰實被林概銃斃，林概們四人是關禁後，失火燒死，與小的們無干。札飭縣主提解，並令剴切亦諭赴府投訊，故此小的具呈投到的。前蒙府案下提訊，業經供明。今蒙研訊，小的父親實是林概銃斃，林概與林彥們四人，委被叔子林添和央令廖阿撻們關禁後，失火燒死，林盆檢骨掩埋，並非小的主使，擄投燒屍滅跡。小的叔子

103　〈林家訟案㈠〉，頁19－20。

林添和現逃何處，不知道，如今只求公斷就是 。[104]

　　導致林概等四人命案有關的人，最重要的是林添和（奠國），在逃未到案。其餘的是奉命參與者，其中黃水已死，林離在逃，到案的四名嫌犯身份是：

1. 廖阿撻：38歲，原籍廣東，寄居彰化縣柳樹湳庄，父母俱亡，無兄弟妻子，耕種度日，與林開泰家佃戶黃水同村居住，與京控原告林媽盛也是村鄰素識。[105]

2. 魏象：31歲，原籍南靖縣，寄籍柳樹湳庄，父亡，母陳氏現年61歲，無兄弟，娶妻王氏，耕種度日。[106]

3. 林蟯：31歲，原籍南靖縣，寄居柳樹湳庄，父林憚，母亡，無兄弟妻子，傭趁度日。[107]

4. 林智：30歲，原籍漳州府，寄居柳樹湳庄，父亡，母陳氏，無兄弟，娶妻楊氏，未生子女，耕作度活。[108]

　　以上四人與已死的林開泰之佃戶黃水都是住在柳樹湳庄的同庄人，與林媽盛也都是村鄰素識。他們的供詞與黃水相同，均稱不知道林概銃斃林開泰之事，但承認在咸豐六年二月十日與黃水、林盆、林離七人，將林概等四人綑在林盆草寮內，至於當天晚上，鄰人吳才家失火，燒死四人之事，則表示不知。[109]

　　另一嫌犯林盆，37歲，原籍平和縣，父母俱亡，娶妻劉氏，無

104　〈林家訟案㈠〉，頁20－22。
105　〈林家訟案㈠〉，頁22。
106　〈林家訟案㈠〉，頁24。
107　〈林家訟案㈠〉，頁26。
108　〈林家訟案㈠〉，頁28－29。
109　〈林家訟案㈠〉，頁22－24、24－26、26－28、28－30。

子女，耕種度日，亦住柳樹湳庄，供詞與上述四人相同，但加述失火之事。他供稱：

> ……不料那夜二更時候，鄰人吳才家失火，燒及小的草寮。小的聞喊，糾眾往救時，值風狂煙迷，不能上前，以致草蓋焚壓倒地，林概們被壓燒死。次早，小的爬開灰爐，檢出燒殘碎骨多塊，大小不等，辨不出是何人骨骸，也不知道是何部位。小的恐怕報官受審，起意私埋，遂用破藍布包裹，獨自攜赴內山空地，挖坑埋葬，向林添和、黃水報知。落後（臺語，後來）林媽盛如何把林有理們控告，小的就不知道。[110]

按察使司銜分巡臺澎兵備道兼提督學政裕鐸於是下判決：

(1)「林媽盛京控林有理（文察）等擄禁工人林概等四人，斬首分身，燒屍滅跡，並拒殺兵丁陳玉成，殘割鄉勇張慈等綑溺淹斃，及糾匪擾害各情，如所控得實，林有理罪應凌遲。今審係虛誣，自應照例反坐，林媽盛，即林馬盛，應如該府所擬，合依『誣告人死罪未決，杖一百，流三千里，加徒役三年律』杖一百，流三千里，加徒役三年；業已病故，應無庸議」。[111]

(2)「林盆始則聽從林添和，將林概等扭縛關禁，繼因失火燒斃，畏累撿骨私埋；亦應如府擬，林盆除聽從扭縛關禁輕罪不議外，合依『地界內有死人，不申報官司檢驗而輒埋藏

---

110 〈林家訟案㈠〉，頁31－33。

111 〈林家訟案㈠〉，頁40－41。

者，杖八十律』，擬杖八十」。

　　「廖阿撻、魏象、林嶢、林智，訊係聽從扭縛關禁，應於首犯杖八十律上，為從減一等，照『不應輕律』，笞四十。該犯等事犯在咸豐二年四月初三日恩詔以前所得杖笞罪名，均准援免，應免發落」。[112]

(3)「屍親林養、林開泰、劉李氏、黃鍊呈控各情，訊係林媽盛主使，並非有心誣告；在途病故之林太，係林媽盛雇情頂替，均請免議。京控報告柯連芳不知控情，前蒙飭發福州府收審，應請由省提釋。兵丁陳玉成久已回營，張慈、洪明、沈和，訊非鄉勇，因往海口生理，遭風落水，查無下落。應與訊屬無干之林有理，並林媽盛之妻林王氏，均無庸議。林概等屍骨無憑檢驗，請免驗報。黃水即黃江水，在押病故，看役人等經縣訊，無凌虐情弊，亦無庸議，屍棺由縣飭埋，無干省釋」。[113]

(4)「未到人證免提省累，逸犯林添和、林離，失火之吳才事犯在恩詔以前，均免緝拿」。[114]

　　咸豐八年二月十六日，臺澎道將此案之審決經過咨提福建等處提刑按察使司，請求核轉上奏。[115]

　　閩浙總督慶端乃上一摺奏明審決情形，咸豐九年九月初二日硃批，大體照臺澎道所擬，但有二點不同：廖阿撻、魏象、林嶢、林智、黃水、林盆之擬杖八十罪，原擬因事犯在咸豐二年四月三日恩詔

112　〈林家訟案(一)〉，頁41－42。
113　〈林家訟案(一)〉，頁42。
114　〈林家訟案(一)〉，頁42－43。
115　〈林家訟案(一)〉，頁43；45。

以前，予以援免。但內閣議定，因人犯到案在後，不准援免；林添和、吳才在逃，原擬免予追緝，但內閣裁決，均須「嚴緝務獲，另結案」。[116]

此項京控裁決於九月七日抄至刑部，於咸豐十年（1860）二月四日行文至閩浙總督慶端；二月初九日，總督再箚付福建按察司，促其轉移臺灣道辦理，即嚴緝林添和與吳才等到案。[117]

據此項判決，除了林奠國仍被通緝外，林文察被判無罪。這可說是個重要的勝訴，因林文察此時正逐步走向宦途，如此一重大案不了結，終是一絆腳石。

不過，姑不論二林之間恩怨之事實如何，此案的判決時間正是林文察立功即將被撥補為游擊分發福建任用之時，是否含有政治性判決之意味，實啟人疑竇。

最奇特的一點莫過於林文察未曾殺害林媽盛（和尚）一節。如林媽盛（和尚）果係病死，何以《林氏族譜》反而承認林文察有此罪行？殊不可解。而且，林家後代以及各種記載與傳聞均如此描繪，難道所有這些均係誤會、誤記嗎？最合理的解釋當是，此乃倫理性與政治性判決。就倫理性而言，既然殺父之仇不共戴天被承認是孝道，法律不應予以制裁，殺孝子更被認為是逆天之罪，歷史上這些復仇者多被赦免或減刑，如唐太宗赦免為父報仇的孝女魏無忌。[118]明清法律規定，凡祖父母、父母被殺，子孫痛忿，登時殺死兇手者可免罪，惟如事後稍遲方殺，則不適用此律，須杖六十。[119]清代為了解決法律與倫

116　〈林家訟案㈠〉，頁47－49。

117　同上，頁49－50。

118　〈林家訟案㈠〉，《中國法律與中國社會》，頁93－95。

119　《明律例》，十，刑律二，鬥毆，「父祖被毆」；《清律例》，二八，刑

理的矛盾及扼止復仇事件，定有「移鄉避仇」之法，亦即強制被報復的對象離鄉他往，迴避其仇人。[120]據前述林媽盛之呈詞，彰化縣也曾採取此法，諭令林媽盛「轉移避禍」。[121]可見清律對報殺父之仇的罪行並無積極的條文予以制裁。

就政治性而言，咸豐年間，因太平軍起，大陸與臺灣均亂事紛起，亟須地方力量協助官府維治安甚至平亂。林文察勇猛能幹，又富資產，乃成為官府爭取的對象。事實上，咸豐四年，他已募勇協助平定閩南小刀會犯臺之役。咸豐八年又獲任命為遊擊，奉命赴大陸參加平定太平軍之役，（下章論述）因此需將其刑案處理清楚，以免影響其作戰精神。

如何證明這點呢？據《清史》「孔昭慈傳」載，孔氏重林文察材略，於是向上司報告其為父復仇之孝行，可寬赦而讓他戴罪立功。傳曰：

> （孔氏）尤愛才。重林文察材略，白其復父讎，可宥而薦之；殺賊立功，官至提督。[122]

又其「墓誌銘」亦曰：

> 君愛才，……而重林君文察材略，白其「復父讎」而薦之，殺

律，鬥毆下，「父祖被毆」。
120 瞿同祖，《中國法律與中國社會》，頁90－91。
121 《軍機檔》，87490號。
122 (a)臺灣銀行經濟研究室編，《清史稿臺灣資料集輯》，臺文叢243，頁948。
    (b)《清史》（國防研究院版），卷489，「孔昭慈傳」，頁5315。

賊復故土，後累功至提軍，人謂滕公薦韓、李生薦郭，不是過也。[123]

由上可見，林文察的確已殺害對方報父仇，否則孔昭慈何須「白其復父仇」？

孔氏何以會「宥而薦之」呢？據上所言，是因孔氏愛才，而林文察材略出眾，可薦舉効勞於正逢內憂外患的清廷。此外，另有一因素亦不可忽視，即傳統社會以為父報復乃孝行的觀念。而孔氏乃孔子七十一代裔孫，[124]自以維護聖教為己任，難免受傳統「百善孝為先」觀念的影響，對林文察持同情甚至讚賞的態度。

因此，我們雖可以肯定林文察當已殺害仇敵報仇，只是殺害的對象是林和尚本人或林概等人，尚待進一步探究。至於孔昭慈所擬的判決很明顯地是倫理性與政治性的判決。

---

123 宗穆辰，「孔昭慈墓誌銘」，見臺灣銀行經濟研究室編，《續碑傳選集》（臺北：臺灣銀行經濟研究室，臺文叢第223種，1966），頁99。

124 臺灣銀行經濟研究室編，《續碑傳選集》，臺文叢223，頁97。

第五章　轉捩點上的林家

——林文察鋒芒初露

（道光三十年至咸豐八年；1850-1858）

　　林定邦命案發生後，林家因復仇而捲入長達七年半的纏訟中，林文察與叔林天河也因而被通緝。表面上，這是一段黯淡的歲月，實質上，卻是林文察脫胎換骨的契機。在經濟面，我們看到財富的擴張繼續進行著，成為林家進行向上社會流動的憑藉之一。在政治面，林文察因緣際會，參加臺灣亂事的平定工作，憑其能力與捐餉的適當配合，逐漸打入官僚（軍官）階層。這八年的時間（1850－1858）可說是林文察甚至整個霧峰林家的轉捩點。

　　以下即分經濟面與政治面來探討林文察（或林家）之步步走上成功坦途。

第一節　咸豐年間林文察的經濟活動

　　清代臺灣是個移民社會，居民原本具有強烈的經濟價值取向；而且，本地人改變社會政治地位的重要依據也是經濟力，因此，社會上趨利之風甚盛，林家亦不例外。林定邦去世後，林家雖然遭逢不少問題，但經濟活動依然積極進行著。財富正是林文察用以改善自己地位的憑藉之一。

　　據目前有限的資料，林文察的經濟活動仍以土地經營為主。林定邦去世後，林文察兄弟一反林甲寅生前即分產的作法，成立林本堂家號，兄弟不分產。其所以如此，有幾個可能原因，一是在邊疆社會需要大家族的力量方足以生存或進一步擴張。這個主意可能出自精明能幹的戴氏，她在林家的幾次危難時機，表現出驚人的勇氣、毅力及智慧，渡過難關。據聞，當林定邦遇害的消息傳來，林文察立即欲前往與林和尚拼命，遭喪夫之痛的戴氏居然能冷靜地衡量利害，阻止其子的莽撞，另圖妥善的報復之策。[1]丈夫死時，文察、文明仍年輕，最需要的是團結、合作，以對抗外敵，更需要集中可運用的龐大經濟力，以增進其家族利益，她自然會盡可能維持原有產業。當然，也有可能出自林文察的意思，動機當類似。另一可能原因是林文察、文明兄弟感情和睦，不願分產。其後，在軍事生涯中，兩人也常形影不離。無論出自何人意思、動機為何，其後林文察之能在適當時機捐餉提升自己地位，實應歸功於其背後的深厚經濟力量。

　　除了以林本堂家號維持林定邦原有產業外，林文察（或以林本堂之名）又繼續擴張經濟力。依目前的資料，林家的經濟活動，主要

1　林獻堂等編，《林氏族譜》，臺文叢298，頁116。

仍為土地經營，在咸豐年間，陸續購入土地，以增加收益。

1. 咸豐三年十月向李安守買入柳樹湳庄東勢大份尾水田1.7甲：
   界址為東至阿罩霧溪，西至圳溝西邊另一坵，南至蘇家田，
   北至林家田。年納正供穀3.536石，餘租銀1.836兩，耗銀
   0.1768兩；又帶隘租谷1.7425石。此田帶埤圳水份以灌溉，但
   因被水沖失，只售佛銀60元；[2]而李安守父李　琳買入時價銀
   共900元。[3]此田在嘉慶九年十二月之契中，地名為柳樹湳庄
   頭營汛背雙大分埔尾，[4]可知原來接近汛兵駐防地。（參見「文
   書契字」6）

2. 咸豐三年十二月林本堂向蘇枝鳳買入柳樹湳庄東南勢洋（土
   名營盤邊）水田1.6甲：界址東至蘇枝鳳應份田，西至營盤前
   大路，南與北均至林家田。年納正供谷3.328石，餘租銀1.728
   兩，耗銀0.16604兩；又配番租粟1.6416石。價銀600元（庫平
   銀420兩）。[5]（參見「文書契字」7）

3. 咸豐四年（1854）七月，林有理（文察）買入林矮、林玖乾、
   林石城兄弟水田0.81甲：價銀180元。界址東至戴桂秦，西至
   抄封田，南至石崁，北至水溝。全年應納業主藍大租粟0.36
   甲與大肚番租0.45甲。[6]

4. 咸豐五年（1855）十月，林文察向林福春、寬裕、清飄、得
   我等人買入柳樹湳庄南勢洋水田1.1甲：計有正供田0.3甲，潘

2　〈壽永契〉，地19，6/6。
3　〈壽永契〉，地19，道光十一年十月立杜賣盡根契，價700元，但道光15年8
　月，又增找200元，共計900元。
4　〈壽永契〉，地19，1/6。
5　〈壽永契〉，地56，4/4。
6　〈正澍契〉，日10，6/6。

田0.6甲，福德爺0.2甲。界址東至車路，西至溪，南至葉家田，北至魏家田，有水流灌溉。此田價銀僅118元，契字上寫明賣與族親林文察[7]，是因親戚關係，或因林文察地位升高欲攀附。賣者祖父林五常買入此田時價銀高達770元。[8]

5. 咸豐八年十一月，林密卿老（文察）向李拱水買入阿罩霧庄前水田1.75甲，價銀90元：此田賣主李拱水乃草鞋墩庄（今草屯）人，其父李寶林，契字上言是三十張犁庄人，在道光八年八月向劉連生買入3.5甲水田時，價銀800元。[9]以其半數計算，1.75甲亦應值400員，卻只售90元，疑為一種變相贈送，契字上尊稱林密卿老多少可印證。

6. 咸豐九年六月林本堂向林楊氏轉典田厝，座落於涼傘樹庄北勢（土名湳裡南畔）：計田0.4甲，有水灌溉；帶庄內茅瓦厝4間並地基，及禾埕四分之一。典價銀為60元，以租抵利，不拘年限。[10]此田厝原為林楊氏於咸豐5年7月自徐登國以60元典入的。[11]

7. 咸豐十年十月，林本堂向林楊氏轉典田厝：地點同上，但為另一地，土名湳裡東畔。田0.4甲，帶茅瓦屋5間並地基及禾埕四分之一。典價銀亦60元，以租抵利，不拘年限。[12]此田厝，與6.相同，原係林楊氏在咸豐五年典入的，價銀60元，

7　〈正澍契〉，地22，6/6。
8　〈正澍契〉，地22，5/6。
9　〈正澍契〉，天27，1/3與3/3。
10　〈正澍契〉，日6，3/4。
11　〈正澍契〉，日6，1/4。
12　〈正澍契〉，日6，4/4。

出典人為徐光抱。[13]

8. 咸豐十年十月，林本堂買入內新庄北勢車路上水田1.7558甲：計為藍大租田0.4484甲與番租田0.827甲，有水灌溉。價銀200元。[14]

9. 咸豐十年十一月，林本堂向林海瑞買入柳樹湳庄東勢水田2.5甲：價銀510元。配納正供、餘耗、隘租，有水流灌。[15]

10. 咸豐十一年十月，林本堂向林年丁等兄弟買入四塊厝庄前水田二段：價銀147元。有水流灌，納魏大租。[16]又，向同人同時買入四塊厝庄洋田園2段1甲：價銀190元，有水流灌，納魏大租谷8石。[17]

11. 咸豐十一年十月，林年丁、年海、年蒲等以四塊厝水田一段向林本堂胎借147元，每元每年貼利谷6斗。[18]又，同年同人向林本堂轉胎借銀373員，年貼利穀6斗，水田在四塊厝庄及登台庄，土名北門仔外，有2段。[19]又，同年同人將四塊厝東勢田園0.95甲賣予林本堂，價銀163元，納魏大租6石，正供穀0.316石。[20]

12. 咸豐十一年十月，林本堂向王廷傑、萬、泰、國、寬兄弟買入內新庄東畔水田四段，共5.1甲，帶魚池四口、竹圍一

13 〈正澍契〉，日6，2/4。
14 〈正澍契〉，日2，3/3。
15 〈正澍契〉，地64 (b)，4/6。
16 〈中堅契〉，天2，2/4。
17 〈中堅契〉，天2，3/4。
18 〈中堅契〉，天1，4/6。〈中堅契〉，天1，4/6。
19 〈中堅契〉，天1，5/6。
20 〈中堅契〉，天1，6/6。

所、樹木、菜園、瓦茅屋間數不計：價銀1000元。有圳水流灌，年配納大肚隘丁口糧大租穀40石，番租8斗。[21]

13. 咸豐十一年十一月，林本堂向林海瑞轉典入柳樹湳庄北勢福德廟邊水田共0.74甲：內為課租田0.3甲與業主大租田0.44甲，有圳水，加厝地基並禾埕一所，價銀750元。[22]

14. 咸豐十一年十一月，林海瑞向林本堂轉胎借入銀250元，以柳樹湳土地公廟邊水田0.3甲，帶厝地基一所，交銀主收租抵利與完大租，原田主為黃水永。[23]

15. 咸豐十一年十一月，林本堂向林海瑞、林合吉買入柳樹湳庄福德廟邊北勢第三坵水田一段（正供田甲、線西課田0.30066甲、業主吳田0.28034甲）：有水流灌溉，帶納隘租粟0.21石，價銀120元。[24]

16. 咸豐十一年十一月，林本堂向林江水轉典入柳樹湳庄北勢（土地公廟）水田一段0.448甲：典價銀85元，期限至丙子年收成為止。查丙子年為光緒二年（1876），典期長達十五年。此田圳水足，納業主大租粟1.2石與車工穀0.18石。此田原田主為蘇枝盛、枝茂、枝芳兄弟，道光二十三年十月出典予陳力華；咸豐八年十一月，又轉典予林萬得（文鳳）兄弟；咸豐十年十二月再轉典予林江水。[25]

17. 咸豐十一年十二月，林本堂向林海瑞先轉典，後買入柳樹湳

21　〈正澍契〉，日4，11/11。
22　〈正澍契〉，地2(a)，4/5。
23　〈正澍契〉，地5，4/4與2/4。
24　〈正澍契〉，地12，7/7。
25　〈正澍契〉，地23(a)，7/7；4/7；5/7；6/7。

庄土名牛埔頭石壆水田二段0.8甲：此田帶埤水，納正供谷
1.38石，價銀100元（庫秤70兩）。[26]

18. 咸豐十一年十二月，林本堂向林海瑞買入柳樹湳庄東柵門壞
厝地基一所，價銀16元。[27]

19. 咸豐十二年十二月，林本堂向林年丁、蓮蒲、衛，買入登台
庄東勢洋水田一段0.75甲：此田帶圳水，年納大租谷6.3石，
價銀94元。[28]

以上是目前僅存之咸豐年間林定邦後代（尤其是林文察）之
土地經營活動。雖然資料不全，但可看出林文察之積極經營土地投
資。臺灣總兵邵連科、道臺裕鐸在奏報咸豐四年平雞籠小刀會之役
時，稱「義首林文察……不惜重資募勇，紆道兜捕」，[29]可知在咸豐
四年時林文察經濟力必相當雄厚，據聞手下有鄉勇二百名，此決非一
般人所能供養得起。[30]清代臺灣本地人社會上升流動的方式高度仰賴
經濟力，林家厚集之資本，提供了林文察發展的基礎。

第二節　林文察之崛起——將星初現

傳統中國是個泛政治文化的社會，任何人如不能取得政治地
位，其社會價值是有限的，其安全性也是無保障的。因此天下智士群
趨科舉以圖一官半職。此外，非正途者亦以各種方式換取官職或至少

26　〈正謝契〉，地11，9/9；5/9。

27　〈正謝契〉，地27，4/4。

28　〈中堅契〉，天2，4/4。

29　《月摺檔》，咸豐八年六月六日，邵連科、裕鐸奏「剿捕分類案首從匪徒在
事出力文武員弁」。

30　林獻堂等編，《林氏族譜》，臺文叢298，頁117。

與官府建立某種正式關係,例如,憑軍功、憑捐餉等。林文察因未考或未考取秀才,無法由正途取得政治地位,只能求之於特殊管道,而命運之神的確也眷顧了他。

如前所述,林文察早年雖然從事有限的經濟活動,充其量只是個小地主;況且因報父仇而逃亡被通緝、訟案纏身,顯然人生前途極為黯淡。然而,時來運轉,由於咸豐、同治年間中國大陸與臺灣新情勢的發展,一個默默無聞的邊疆豪強,突然竄升為清帝國的一顆熠熠發光的將星,堪稱臺灣歷史上的異數。

一、道光、咸豐年間清帝國的危機與紓解之道

道光年間,由於鴉片的走私入口,造成白銀大量外流,國計民生日困。鴉片戰爭後,由於賠款、洋商入侵及外患日亟,清帝國國勢益衰、財政益窘,至道光三十年左右,國庫歲入突降至三千萬兩以下,簡直無法維持正常政府的運作;連年災歉又進一步造成民不聊生。更嚴重的是,道光三十年六月間,爆發了一場幾乎傾覆帝國的長期內戰——太平天國之役,[31]財源、兵源均成為困擾清廷的嚴重問題。

財源之開闢是首要問題,為此,各種措施紛紛推行,例如文武官俸之扣成發給、裁勇、以捐票抵充欠餉及實施厘金制等。[32]然而,由於太平軍勢力之蔓延,軍費支出大增而稅源反而減縮,財政仍是捉襟見肘。為了解決急難,清廷大力倡行捐納制,獎勵富人捐官以助餉。

---

31 何烈,《厘金制度新探》(臺北:私立東吳大學中國學術著作獎助委員會,1972),頁17。

32 何烈,《厘金制度新探》,頁17-18。

　　捐官遠在明代景泰年間（1450－1457）已有其例，清順治六年（1649）也定有捐納貢生、監生的條例，康熙十四年（1675）又開始有捐實官之例。[33]此後，陸續有新捐例的創設。捐納依其性質可分為四種，一是軍需、二是河工（即河道工程）、三是賑災、四是營田（捐款墾荒成田）。[34]依捐納條例，捐官又有實官、虛銜之分，以應當時的需要。大體上在道光、咸豐之交以前，捐官頗有節制；此後，由於太平軍興，餉需孔急，捐納力流於浮濫。[35]

　　咸豐元年，為籌措太平天國之役的軍費，清廷特開「籌餉事例」；次年又頒「寬籌軍餉章程」，進一步放鬆捐納條件。[36]原定收納捐款之期限為一年，即自咸豐元年十一月至二年十二月十八日，分三卯，每卯四月。但因各省軍費、糧餉極缺，又延展三卯，每卯三月，由咸豐三年三月六日至十二月六日止。但至年底，又以餉乏，再續行九個月；而且此後，按年奏請、繼續收捐而成為常例。[37]由於捐例屢開，民力日匱，各省捐納推展日艱，乃改採勒派方式，以大戶為對象，強制派捐。不過，也有些權勢之家，不易就範，如曾國荃有百畝田，屬上戶，地方官不敢勒派。[38]

　　儘管開闢財源的措施不斷推出，清廷財政依舊窘困。咸豐三年六月十六日，上諭云：

33　參見許大齡，《清代捐納制度》（臺北：文海書局印；據燕京大學，哈佛燕京學社，1950），頁3、24、24－25、13－22。
34　許大齡，《清代捐納制度》，頁13－22。
35　許大齡，《清代捐納制度》，頁61。
36　何烈，《厘金制度新探》，頁47。
37　許大齡，《清代捐納制度》，頁60。
38　何烈，《厘金制度新探》，頁48。

度支萬分緊迫，軍餉無款可籌，……自道光二十年後，即已日形短絀，近復軍興三載，糜餉已至兩千九百六十三萬兩，……稅課僅存虛名，……現在部庫僅存正項待支銀二十二萬七千餘兩，七月份應發兵餉（僅指京營額兵），尚多不敷。[39]

可見由於太平軍勢力的壯大，一者半壁江山淪陷，稅源無著，二者支出浩繁，清廷財政面臨空前困難。一個龐大帝國庫存銀竟然僅存正項待支銀廿二萬七千兩，連京師防兵之月餉也不足。

除了財政困窘外，綠營兵制亦日壞。太平軍興起後，營兵幾乎無法作戰，清廷乃日益依賴地方武力，如團練、義民等，以補正規軍之不足。臺灣營兵亦不例外，而且比大陸有過之而無不及。戍臺班兵，平日惡行萬端，如包娼、放債、開鴉片館、經營當舖、設賭場、設局詐欺、械鬥，甚至犯上劫財，[40]有事則戰鬥不力，甚至一潰而散，如康熙六十年四月朱一貴之役、乾隆五十一年林爽文之役等。[41]歷年稍大亂事均需自大陸調兵遣將以及號召組織臺灣義民壯勇方能鎮壓。如今，由於太平天國之壯大，欲由大陸調兵支援臺灣是不可能的，事實上，反而需要從臺灣募勇協助大陸之平亂工作。

咸豐年間是清廷內憂外患交織的時代，內有太平天國之蹂躪

39　何烈，《厘金制度新探》，頁43。《清史稿》，志99，食貨5，錢法。

40　(a)參見許雪姬，〈班兵與臺灣的治安〉，《臺灣風物》（臺北），32：4（1982.12），頁48－50。
　　(b)石萬壽，〈營兵與臺灣的防務——以臺南府城為中心（下）〉，《臺灣風物》（臺北），35：2（1985.6），頁34－35。

41　參見石萬壽，〈營兵與臺灣的防務——以臺南府城為中心（下）〉，頁45、57－61。

半壁江山，外有英法聯軍之騷擾沿海，而亂世正是地方領袖一展長才、嶄露頭角的良機，曾國藩、左宗棠等因緣際會成為清帝國的名將重臣，林文察也在此環境下趕上時代列車而得以留名青史。

二、咸豐初年臺灣之動盪不安

道、咸之交，臺灣動亂亦加劇，可能由於大陸太平軍之刺激與內部發展的壓力。亂事包括有豎旗起事與械鬥等，咸豐三年六月十一日閩浙總督王懿德奏稱「臺地民情浮動，滋事之案，無歲蔑有」。[42]道光三十年，嘉義尖山保人王湧「布散邪言，勾結游匪，……糾黨攻搶」，知縣丁曰健前往查辦，捕獲王湧等數十人。[43]咸豐元年十月二日，由於地方辦理保甲清庄，羅漢腳林鬧（一名林漏）與洪紀無地容身，於是提議趁秋收時，豎旗搶劫，然後攻城，眾人以林鬧為總大哥，洪紀為總股首。十月六日，林鬧起事，攻嘉義縣六甲、官佃等地索銀派飯。臺灣總兵葉紹春率勇往拿，數日後，黨人全部落網。[44]

自道光十二年至咸豐三年間臺灣亂事計有十五案，論規模之大，以林恭（或林供）案為最。咸豐三年三月，太平軍攻陷南京，鳳山縣人林恭，估計清廷無力東顧，乃與臺灣、彰化、嘉義諸縣的王汶愛、賴棕、張古、曾家角、羅阿沙等人密謀舉事。四月二十八日，林恭在蕃薯寮（高雄縣旗山）豎旗，攻入縣城埤頭（高雄縣鳳山市），殺縣令王廷幹，南路營參將曾元福（一說是遊擊曾玉明）退守火藥庫。同日，中部王汶愛、李石與北路賴棕等人亦起事，臺灣知縣高鴻

42　《月摺檔》，咸豐三年六月十一日摺。
43　(a)劉妮玲，《清代臺灣民變研究》，頁217。
　　(b)《宮中檔》86648，咸豐朝。
44　劉妮玲，《清代臺灣民變研究》，頁218。

飛為李石所殺，隨後鹽水港張古、彰化曾眾再亦響應。[45]

由於太平軍之役，清廷無力撥餉派兵支援平亂，而海峽又「盜艇充斥，水程梗阻」，不少臺人暗中依附亂黨，自郡城至鳳山縣六十里，「樹逆旗至數萬家」，而府城守兵不滿三千[46]，情況萬分危急。然而，臺灣道臺徐宗幹卻冒險親督少數兵勇，帶一日之糧出城。未料一出城後，各鄉紛紛備糧迎接，一路勢如破竹，攻抵鳳山縣城。[47]在營兵與義勇之聯合圍攻下，六月七日攻克埤頭；七月二十七日，水底寮義首林萬掌擒林恭來獻。卸任的淡水同知史密與卸任的鹿港同知孔昭慈亦募壯勇來援府城，北路各地乃陸續平定。由於在北路查獲「大昌國去清復明天德王大元帥」之黃紙封條，推想當是附會或響應太平軍，[48]不過未見有雙方直接連繫之證據。

林恭事件擾害程度似乎比一般史料所陳述的要大得多，竹塹林占梅有一詩歌「癸丑（咸豐三年）歲暮苦苦行」描述道：

> 苦苦苦，頻年苦，頻年未有今年苦。兵燹紛紛百事乖，道途梗塞財源杜。公私逼窘年已殘，借貸何從覓阿堵！食指計千空兩拳，巧婦難為無米糒。[49]

除林恭等亂事外，分類械鬥又加深亂局，而其頻率之繁，互相

---

45 劉妮玲，《清代臺灣民變研究》，頁219－221。

46 徐宗幹，「雪夜探營圖自記」，收入徐宗幹，《斯未信齋文編》（臺北：臺灣銀行經濟研究室，臺文叢第87種，1960；原刊年不詳），頁23。

47 劉妮玲，《清代臺灣民變研究》，頁23－24。

48 劉妮玲，《清代臺灣民變研究》，頁221－222。

49 林占梅，《潛園琴餘草簡編》（臺北：臺灣銀行經濟研究室，臺文叢第202種，1964；原刊年不詳），頁41。

焚殺劫掠之慘，比之亂事有過之而無不及。道光二十七年至咸豐四年之道臺徐宗幹屢有對械鬥之敘述與告誡。他在道光二十七年在安平登岸時，即聞「郡城兵丁械鬥，白晝於城市殺人如草」。嚴重時閉城達三日之久。[50]咸豐三年，林恭亂平後，又有「萬巒（疑為「戀」）等庄與閩、潮挾嫌互鬥」。[51]各類大小械鬥可說年年有之，但規模較大、為害較烈的兩次是彰化之漳泉械鬥與淡水廳之閩粵械鬥。咸豐三年十二月間，彰化有漳泉人械鬥焚搶，路途梗塞。四年正月間，淡水廳屬又有閩粵械鬥焚搶，後經鎮道督兵彈壓，曉諭解散，並痛剿淡水拒捕之匪徒，擎獲首從各犯二百八十名。[52]林占梅有詩描繪械鬥之慘烈與無理性，曰：

　　吳越紛爭火燭天，問渠何事竟茫然（各無宿嫌，猝然分類）！可憐鄉社成焦土，困極監門繪不全。[53]

　　島內頻頻動亂外，自大陸而來的侵擾有如火上添油。咸豐四年，福建小刀會船隊開始侵擾臺灣南北海港，造成當局莫大的威脅。由於太平軍之役，臺灣再也不能如以往那般，倚恃福建或中央派軍支援。[54]甚至於有時反過來要調臺灣兵弁回大陸協助平亂，例如咸豐三年五月十九日，清廷一度諭令臺灣道徐宗幹帶兵內渡，協同剿辦

50　徐宗幹，「上廖儀卿師書」，收入徐宗幹，《斯未信齋文編》，臺文叢87，頁40。
51　徐宗幹，《斯未信齋文編》，臺文叢87，頁22，「雪夜探營圖自記」。
52　臺灣銀行經濟研究室編，《清文宗實錄選輯》（臺北：臺灣銀行經濟研究室，臺文叢第189種，1964），頁47。
53　林占梅，《潛園琴餘草簡編》，臺文叢202，頁37。
54　林豪，《東瀛紀事》，臺文叢8，頁94。

漳州、泉州之小刀會黨亂事。[55]在此情況下，臺灣當局須倚賴自力平亂，而由於營兵戰力不佳，政府又缺餉，於是推出以本地之捐餉與民勇平亂的辦法。臺灣道徐宗幹即主張「力勸富戶認真辦團練，實力捐輸，以本地之捐項作本地之軍需，以本地之義勇捕本地之盜賊」。[56]御史陳慶鏞也薦舉地方士紳鄭用錫、施瓊芳、林國華、林占梅辦理團練與勸捐事宜。咸豐三年七月十六日，清廷嘉許這種以本地之義勇與捐輸安定地方秩序的辦法，認為「較諸轉餉調兵，事半功倍」。[57]的確，由內地調兵曠費時日，而運餉不但負擔重，而且押解也麻煩、不安全，除海濤之險外，常有被海賊劫掠之虞，如約咸豐三年七月間，福建派員押解餉銀赴臺灣、澎湖等處，在海壇鎮萬安汛澳內泊船候風，突有匪艇搜劫商船，幸好餉銀未失。[58]

為了鼓勵民間踴躍輸將，咸豐三年八月二十九日，清廷下旨兼署閩浙總督之福州將軍有鳳，曰：「臺地軍餉甚屬緊要，既能設法通融妥辦，甚好。捐數多者，速即奏請施恩」。[59]由此可見清廷需款之孔急。不過，捐輸過度，民力似有不堪，上述為御史推薦辦理團練勸捐者之一的林占梅有詩詠此：

戎裝日日上城巔，餉窘兵孱械未全；披甲營徒張赤幟，買刀家盡賣烏犍；人敲刁斗殘更月，官括荒城富室錢；如此年時如此

55　臺灣銀行經濟研究室編，《清文宗實錄選輯》，臺文叢189，頁23。
56　(a)《宮中檔》，咸豐朝，4661號。
　　(b)劉妮玲，《清代臺灣民變研究》，頁221。
57　臺灣銀行經濟研究室編，《清文宗實錄選輯》，臺文叢189，頁28。
58　臺灣銀行經濟研究室編，《清文宗實錄選輯》，臺文叢189，頁30，咸豐三年八月十九日上諭，推測當為七月間之事。
59　臺灣銀行經濟研究室編，《清文宗實錄選輯》，臺文叢189，頁30。

況，樂輸爭奈奮空拳。[60]

　　總而言之，由於咸豐年間清廷財政困難，兵源有限，乃依賴民間捐餉與出力，協助平定亂局，林文察可說是這種背景下脫穎而出的邊疆英豪，與大陸的湘、淮軍將領一般，因戰亂而得躋身功臣榜。

　　決定林文察邁向成功之路的關鍵性戰役是咸豐四年福建小刀會船侵臺之役。

三、閩南小刀會之犯臺

　　咸豐三年，太平軍自武昌東下，長江下游震動，各地幫會趁機舉事，福建小刀會亦響應。[61]以廈門為中心的閩南地區小刀會勢力相當大，咸豐元年，會首王泉等五十餘人被捕重懲後，聲勢稍挫。[62]然而，兩年後小刀會又猖獗。原來有海澄縣民江源者，自南洋帶回洋小刀數百把，致贈友好而結成一小刀會，由他與弟江發任會首。適有同安人黃德美（或稱得美）因其龍溪縣的田產，屢為強佃抗租，而地方官不理其越境控追，因此與族叔（姪？）黃位（或黃威）加入此一小刀會，以對抗強佃，小刀會勢力遂壯大。不久，海澄知縣捕江源兄弟處決，黃德美激憤，與黃位密謀起事，為江源兄弟復仇。[63]

　　咸豐三年四月六日夜，小刀會趁知縣王世清出外縣，突入海澄

60　林占梅，《潛園琴餘草簡編》，臺文叢202，頁37。

61　莊吉發，《清代天地會源流考》，頁126。

62　黃嘉謨，〈英人與廈門小刀會事件〉，《近代史研究所集刊》（臺北），7（1978.6），頁329。

63　黃嘉謨，〈英人與廈門小刀會事件〉，頁329。文中言黃位乃黃得美族叔或養子。但據丁紹儀，《東瀛識略》（臺北：臺灣銀行經濟研究室，臺文叢第2種，1957；1872年原刊），頁94，言係姪。

縣，焚燒衙署；十一日陷廈門，十一、十二日，戕害漳州鎮、道；十二日，攻陷安溪；十五日夜，再陷永安；二十九日，撲延平府；各縣小刀會聞風響應。[64]一時福建擾攘不安，清廷一度甚至欲調臺灣道臺徐宗幹帶兵弁回漳、泉助剿。[65]據英國人巴克好（John Backhouse）之報告，小刀會佔領廈門次日（即四月十二日），即派遣數千人分赴泉州、臺灣，期與該地小刀會黨徒聯合行動，但他認為此會與太平軍無關，因首腦人物是出生新加坡的中國人。[66]

黃德美佔領廈門後，四月二十日以「漢大明統兵大元帥黃」名義出告示，約定章程；四月二十五日、六月二十七日陸續出告示，定約禁與稅則等，[67]儼然一政權。

小刀會黨猖獗的消息報至北京後，清廷責備地方官疏忽職責。總督王懿德乃調派各地官兵與地方民勇剿辦，臺灣道徐宗幹亦一度奉命帶兵弁赴漳、泉助剿，惟因林恭之亂起，留臺剿辦。[68]四月二十二日後，清軍發動數次攻勢，企圖奪回廈門，但均未成；直至九月十日，方迫使小刀會黨退入廈門城內；十月三日，水陸軍圍攻廈門；十月十一日黎明，會黨棄城，擁上大小船隻，離港而去。[69]黃德美逃至同安縣烏嶼橋，地方紳耆縛送官府，連同家屬被處極刑。但黃位、黃盧等四十餘人未獲，原來他們乘船出廈門港後，即分股竄奔於新加

64　(a)黃嘉謨，〈英人與廈門小刀會事件〉，頁329－330。

　　(b)莊吉發，《清代天地會源流考》，頁126。

65　臺灣銀行經濟研究室編，《清文宗實錄選輯》，臺文叢189，頁23。

66　黃嘉謨，〈英人與廈門小刀會事件〉，頁331。

67　黃嘉謨，〈英人與廈門小刀會事件〉，頁332、334。

68　(a)黃嘉謨，〈英人與廈門小刀會事件〉，頁337。

　　(b)臺灣銀行經濟研究室編，《清文宗實錄選輯》，臺文叢189，頁23。

69　黃嘉謨，〈英人與廈門小刀會事件〉，頁338－347。

坡、臺灣、香港等地。[70]

　　小刀會船中有一股在黃位的率領下竄擾臺灣沿岸各港口。前述，黃德美佔廈門後曾遣人來臺，林恭等人之亂事可能與此有關。由於臺灣米糧豐富，自為會黨所垂涎，又孤懸海外，忙於平太平軍的清廷難於兼顧，因此，會黨船隻分批犯臺。《淡水廳志》載：

> （小刀）會匪黃得（德）美率黨黃位陷同安、海澄、廈門。得美誅，位竄大雞籠口，逸竹塹港，同知丁曰健平之。[71]

《東瀛識略》亦載：

> ……內地上下游匪燄亦漸平，惟黃德美之姪位率黨遁入海。（咸豐四年）閏七月，竄擾淡水屬之雞籠口。……曰健方權廳事，疾約曾副將玉明馳往攻擊，燬賊舟九，位等逃出外洋自沉。[72]

　　由此可知竄擾臺灣的小刀會黨乃廈門小刀會首黃位所率的餘黨。

　　以上兩種有關黃位小刀會黨騷擾臺灣的紀錄過於簡略，並有若干錯誤，茲據故宮檔案重建其史實如下。

　　咸豐三年，廈門小刀會黨被官兵擊敗後，下海潛逃。咸豐四年五月十日，「小刀會匪船九隻在香山（位於今新竹）港口遊弈」。[73]據

70　黃嘉謨，〈英人與廈門小刀會事件〉，頁348-9。
71　陳培桂，《淡水廳志》，臺文叢172，頁366。
72　丁紹儀，《東瀛識略》，臺文叢2，頁94-95。
73　《月摺檔》，咸豐八年六月六日，臺灣鎮邵連科、臺灣道裕鐸「剿小刀會匪

此可知，小刀會船開始犯臺的日期是咸豐四年五月十日，而非閏七月，首先出沒的地點是香山港，而非雞籠。

臺灣鎮總兵邵連科接到淡水廳（同知乃丁曰健）之報告時，正在內山「搜剿粵匪」，立即移師至中港，親率署澎湖協副將黃進平、護臺協都司祝延齡，帶隊馳抵香山；並且督同署淡水廳同知丁曰健等所帶兵勇，奮力轟擊小刀會船。小刀會船也回擊，經兵勇「鎗砲聯絡環攻」，毀船一隻，殺敵無數，其餘船隻敗逃。[74]

邵連科在辦完咸豐三年十月彰化漳泉與咸豐四年一月淡水廳閩粵械鬥二案之善後工作回府城後，又接到淡水廳艋舺營報告稱，小刀會船聚集十餘隻，竄至雞籠（基隆）洋面，窺侍行劫。同知丁曰健率義勇會合陸營官兵，由旱路前進，於六月四日，馳抵雞籠，艋舺營代理參將李朝安帶營哨，並由廳（今新竹市）僱商船，添配弁兵，由水路馳往。兩方約定於六月七日，水陸夾攻。但因風期不順，舟師誤期，小刀會船已逃；李朝安追捕，八日敗之於煉仔寮外洋。不久小刀會船又駛至雞籠口外，丁曰健會同陸路守備陳光輝在口邊砲臺擊退。[75]六月、七月，小刀會船或一、二隻，或三、五隻，或十餘隻不等，駛至蘇澳龜山大坑罟等處遊奕，行蹤不定，甚至登岸貼告示，意圖佔蘇澳為巢穴；但為地地方兵勇所逐退。[76]

小刀會船隊在噶瑪蘭敗退後，決定大舉進攻雞籠，率船十八

船擒獲首從各犯審明定擬，並繕清單」摺。

74 《月摺檔》，咸豐八年六月六日，臺灣鎮邵連科，臺灣道裕鐸「剿小刀會匪船擒獲首從各犯審明定擬，並繕清單」摺。

75 《月摺檔》，咸豐八年六月六日，臺灣鎮邵連科，臺灣道裕鐸「剿小刀會匪船擒獲首從各犯審明定擬，並繕清單」摺。

76 《月摺檔》，咸豐八年六月六日，臺灣鎮邵連科，臺灣道裕鐸「剿小刀會匪船擒獲首從各犯審明定擬，並繕清單」摺。

隻，「於閏七月二十四日，由蘇澳竄入雞籠口內，與烏舨船暗通，並勾結蘭屬土匪，登岸滋擾」，進而張貼告示，煽惑民心；甚至謠傳有進兵噶瑪蘭報復與覬覦艋舺、竹塹之企圖，以致「人心惶惶，勢甚猖獗」。[77]

由此可見小刀會並非只滿足於劫掠，他們甚至有攻城掠地，長久踞守之意，聲勢頗為浩大。由於大陸有太平軍，小刀會有可能與之呼應，臺灣當局自然憂心忡忡。如前所述，臺灣的兵、餉俱不足以平亂；而自太平軍興，清廷也獎勵以地方之兵勇與地方之財力平地方之亂事，不少臺灣士紳豪強，或自願或被迫，捲入無休止的捐納與募勇，以協助政府的浪潮中，淡水廳林占梅、板橋林本源家均如此。其中林文察在雞籠小刀會之役中率鄉勇立功，而跨入官僚之門檻。

林文察因報殺父之仇，有罪在身而被通緝，如何能帶勇助官平亂呢？

《林氏族譜》言：

> ……閩南小刀會匪竄雞籠，擾臺灣沿海，蹤跡如飄風，官兵無如之何。北路協副曾玉明力言於鎮、道，請使伯祖（文察）立功自贖。[78]

《臺灣通史》載：

> 北路協曾玉明以（文察）為勇士，出諸獄，命著鄉勇隨征，有

77　《月摺檔》，咸豐八年六月六日，臺灣鎮邵連科，臺灣道裕鐸「剿小刀會匪船擒獲首從各犯審明定擬，並繕清單」摺。

78　林獻堂等編，《林氏族譜》，臺文叢298，頁117。

功。[79]

又載：

> 小刀會黃位……陷雞籠。（丁）曰健集紳民，籌戰守，以彰化
> 林文察率鄉勇二百攻之。位敗走。[80]

鷹取田一郎《林文察傳》亦稱：當事者知文察英略，飭募勇，隨北路
協副將曾玉明征剿。[81]另有一說是，林文察、文明逃亡時，聞官方懸
賞募勇平亂，出而應徵；又有說在半平厝林總理（也許是前述之林二
埤）的勸說認保下方應曾玉明之召。[82]

那麼，《林氏族譜》與《臺灣通史》所說由於曾玉明之故，方能
立功贖罪是否有根據呢？目前雖然無直接證據指出曾玉明將其自獄中
保出，但林文察參加雞籠之役，確是在曾玉明指揮之下的，顯然是曾
玉明所募的義勇首。而且林文察日後與曾玉明關係良好，可旁證其有
此段淵源。

在小刀會盤踞雞籠時，總兵邵連科傳檄，委護北路協副將曾玉
明就近督帶隊伍，星夜馳往，會合淡水廳營及臺協艋舺、鹿港各營師
船，水陸夾攻。當時署臺灣知府朱材哲尚駐彰化，「分辦捐撫事宜」，

79　連橫，《臺灣通史》，臺文叢128，頁894。
80　連橫，《臺灣通史》，臺文叢128，頁896，「丁曰健傳」。
81　鷹取田一郎，《林文察傳》，頁86。*J. M. Meskill, A Chinese Pioneer Family: the Lins of Wu-feng Taiwan, 1729-1895*，取自上述資料。
82　李獻璋，《臺灣民間文學集》，頁333。又林家後代林高岳先生、曾樹旺先生等均如比說。

臺灣道裕鐸札飭其添募壯勇，相機接應，同時籌措口糧就近接濟。[83]
林文察極可能是在此時應朱希哲或（或與）曾玉明之徵召而隨軍出
征。

《族譜》又說曾玉明「力言於鎮、道」，薦舉林文察，此事可靠
嗎？目前亦無曾玉明「力言」之證據，但旁證卻頗有利。原來曾玉明
的上司邵連科確曾重用並保舉林文察。

邵連科，福建閩縣人，咸豐元年任澎湖水師副將；咸豐三年九
月，帶兵來臺助剿林恭之亂；咸豐四年三月，平噶瑪蘭亂事。咸豐四
年五月他與臺灣道徐宗幹、臺灣鎮恆裕勸捐濟糧，又與知府裕鐸赴北
路彰化、淡水一帶查辦械鬥案件，接著補海壇鎮總兵。咸豐四年七月
四日，署臺灣總兵。[84]咸豐五年十二月九日，正式調為臺灣總兵，接
替去世之呂大陞。[85]

據《福建通志》載：

> 時臺疆不靖，聚黨橫行者甚夥，其魁桀咸受約束於土豪林文
> 察。連科廉知林文察之才可大用，遂羅致麾下，推心置腹。文
> 察感知遇，力圖報稱；歷任剿撫，所向有功，連科乃錄其功而
> 力薦於朝，奉特旨以參遊用。……當咸豐七年，粵匪猖獗，朝

83　《月摺檔》，咸豐八年六月六日邵連科、裕鐸奏。

84　「邵連科列傳稿」2146－4。又，傳稿4736，「邵連科列傳」。

85　劉妮玲，《清代臺灣民變研究》，頁219－220。氏引唐庶「鄭邑侯克復鳳山
　　縣碑記」，言參將曾元福守火藥庫，見盧德嘉，《鳳山縣采訪冊》（臺北：
　　臺灣銀行經濟研究室，臺文叢第73種，1960；1894年原刊），頁413。然據
　　御史陳慶鏞之奏，言「現在鳳山縣有遊擊曾玉明守住火藥局，被賊圍困」，
　　見臺灣銀行經濟研究室編，《清文宗實錄選輯》，臺文叢189，頁28。未知
　　何者為是，曾玉明，元福被臺人稱為大曾、小曾，是否因此而混淆，待查。

廷以連科知兵，特簡福建水師提督。[86]

如此項記錄可靠，則林文察在民間的勢力必非常大，方能約束會黨頭目。也許有可能是在報父仇時，抱必死之心加上他的足智多謀，各方黨徒因而畏服。可惜無進一步的史料以證明或否定這一點。

以上資料雖未明言邵連科何時重用林文察，但由於咸豐四年九月邵連科已署臺灣總兵，也許如《林氏族譜》所言，是由北路協副將曾玉明之「力言」，而與當時臺灣道裕鐸允許林文察立功自贖。

林文察受重用後，感恩圖報，募鄉勇參加雞籠之役。《林氏族譜》載，林文察被釋後，極為感奮，於是「率鄉勇二百人為前鋒；與賊戰於雞籠，破之。他日又縛大筏，架火器，逐之於海中；燒賊船二，餘賊逃去。事平，以遊擊錄用」。[87]

鷹取田一郎亦稱，當事者知文察英略，飭募勇。隨北路協副將曾玉明隨剿。他奮不顧身，突入賊巢，斃賊目二名，復雞籠城，共刈首級七。臺灣鎮道其狀敘功，乃奉旨，林文察著「賞給六品頂戴並賞藍翎」。[88]

然而，連橫亦稱丁曰健「以林文察率鄉勇二百」擊敗黃位。[89]

據以上資料，又見有二說，一是林文察隨曾玉明出征，一是淡水同知丁曰健任用林文察。何者為確？

的確，丁曰健在咸豐四到六年間任淡水廳同知，也參加平小刀

86　陳衍，《福建通志列傳選》（臺北：臺灣銀行經濟研究室，臺文叢第195種，1964），頁279，「邵連科」。

87　林獻堂等編，《林氏族譜》，臺文叢298，頁117。

88　(a)鷹取田一郎，《林文察傳》，頁86。
　　(b)丁曰健，《治臺必告錄》，臺文叢17，頁582，「稟督憲左宮保季高」。

89　連橫，《臺灣通史》，臺文叢128，「丁曰健傳」，頁896。

會之役，有可能與林文察有接觸。日後丁、林交惡，同治三年，丁曰
健予閩浙總督左宗棠之函中曾稱「至職道（指丁）與林署提督（文察）
本係舊識之人，因其前在職道署理淡水廳任內充當義勇，並由職道保
舉有案」。[90]

　　但此項「保舉」當是因戰場在雞籠，屬於丁曰健轄區，在職權
內依例保舉，並不一定可證明丁曰健曾推薦林文察，連橫的說法必須
予以保留。

　　至於林文察隨曾玉明出征之事則可從故宮檔案中獲得證實。據
護理北路協副將曾玉明、署同知丁曰健向臺灣鎮邵連科、臺灣道裕鐸
的報告中，言：

> （小刀會）匪盤踞雞籠，逼脅人民入夥，肆行搶掠；並於雞籠
> 之南添築石圍，安砲固守，希圖久遠。復遣夥黨赴金包里、馬
> 鍊等莊勒派銀米，經該副將等先後督率兵勇截擊，斃匪數十
> 人，斬首五級，該匪黨退守獅毬嶺。該文武率同義首人等，於
> 九月初七日，分兵五路進攻。護副將曾玉明親統大隊，督帶義
> 首林文察、總理論（謝？）希周、紳士林國善等，由大路獅毬
> 嶺仰攻而進。同知丁曰健，督同職員廩生潘永清……，由大武
> 崙攻入……。匪突見大兵漫山遍野，倉忙拒守，憑高開放鎗砲
> 拒敵。我軍勇氣百倍，攻破石圍，各路官兵紳士義勇超越而
> 進。該匪猶抵死抗拒，義首林文察、壯勇謝旺，首先擊斃執旂
> 賊目二名，義首范義亭等帶勇由海埔涉水殺入，亦殺斃賊目一
> 名，賊眾始驚惶潰散。我軍鎗砲環攻，刀砍矛刺，斃賊二百

90　丁曰健，《治臺必告錄》，臺文叢17，頁582，「稟督憲左宮保季高」。

餘人，陣擒吳齊等三十二名，斬首級九十七顆。各匪奔竄回
船，又在海坡截殺百餘名，擁擠落海死者八、九十名，奪獲
旂幟八面，大砲四門，鳥鎗二十一桿，刀械五十八枝，大獲勝
仗，隨將雞籠收復……。初九日，復用小舟暗裝引火之物，燒
燬匪船二隻，李朝安等駕坐兵船由外夾攻，牽獲匪船四隻，起
獲大砲七門，生擒匪犯鄭發等六名，擊斃淹斃無算，其餘匪船
逃至嘉義縣屬下湖洋面窺伺。[91]

以上是雞籠之役的詳細報告，可知林文察是曾玉明屬下之義首，並非
丁曰健所指令的。至於「保舉」，當是他與曾玉明連合向鎮、道所做
之稟報，似與推薦無關。

四、林文察步上宦途

在雞籠戰役中，林文察也的確立下首功。他率勇仰攻獅毬嶺，
與謝旺首先殺執旂賊目二名，使敵方陣腳大亂，奠定勝利之基。臺灣
鎮、道邵連科、裕鐸特別推崇林文察之功，奏報：

該義首（林文察）聞會匪滋擾，不惜重資募勇，紆道兜捕，斬
獲首級五顆，該匪潰亂。我軍得以乘勝攻擊，登時收復。該義
首之力居多，實屬急公，勇往可嘉，應請賞給六品翎頂。[92]

91　《月摺檔》，咸豐八年六月六日摺。
92　《月摺檔》，咸豐八年六月六日摺，邵連科、裕鐸「剿捕分類等五案首從匪
　　徒在事出力文武員弁」。又，曾樹旺先生言雞籠之役後，林文察先任把總，
　　再升千總。此話不完全正確，但有其根據，依清制，門千總、營千總屬正六
　　品，衛千總屬從六品。不過，林文察所得者似乎只是六品翎頂，而非實缺。
　　參見《清朝文獻通考》，卷89，職官13，考5642。

　　由檔案可證《林氏族譜》等書對此段史實的敘述，雖嫌太簡略，但大致是正確的。不過，「率鄉勇二百人」之事則未見檔案，不知是否因官方檔案無法記錄過多細節，或人數不確。但保奏文中言「不惜重資募勇」，人數當不少。

　　雞籠之役事平後，閩南小刀會對臺灣的擾害逐漸解除，林占梅有「雞籠事平撤防喜賦」詠此：

　　　蛟害欣聞仗劍除，喜看寰海鏡清如；孤軍扼險當關虎，小醜跳梁詠釜魚。兵氣全銷吟望愜，饒歌高唱凱旋徐；旌旗煥彩鞭絲軟，整策花驄返草廬。[93]

　　林文察因平小刀會立下大功，獲六品軍功，官運逐漸亨通。提拔重用他的人，除邵連科、曾玉明外，孔昭慈亦其中之一。孔氏在咸豐四年出任臺灣知府，咸豐八年三月，出任臺澎兵備道；同治元年，死於戴潮春之亂。[94]如前所述孔昭慈任知府期間，因「重文察材略，白其復父讎，可宥而薦之，殺賊立功，官至提督」。[95]但何以《林氏族譜》未曾提及呢？令人迷惑。

　　林文察跨入官僚門檻的關鍵性的一著是升任游擊，其後在大陸轉戰，而升官至提督。據「林文察列傳」載：

　　　咸豐八年，由軍功隨剿臺灣淡水廳等處匪徒，並小刀會匪

93　林占梅，《潛園琴餘草簡編》，臺文叢202，頁65。

94　生平見《清史》（國防研究院），卷489，頁531－15。《曲阜縣志》（成文，據民國23年鉛本，中國方志叢書華北地方19），頁446。

95　《清史》（國防研究院），卷489，頁5315。

船，及斗六、岡山匪，均在案出力，賞給六品頂翎，復捐銀助
餉，以遊擊分發福建補用。[96]

如以上記載可靠，林文察之功不限於助剿小刀會之役，他也協助平定
其他亂事。在小刀會犯臺前的臺灣亂事有，咸豐三年十二月間彰化漳
泉械鬥；咸豐四年正月間的淡水廳閩、粵械鬥；之後，有咸豐五年七
月間斗六門林房等戕官之役；十月間，鳳山縣岡山地方王辦等之豎旗
舉事，而知府孔昭慈在鳳山縣之役中有功，賞鹽道使銜。[97]換言之，
林文察是因有多項功績才獲六品翎頂。[98]不過，在奏摺中未見有此記
述。

此外，林文察在咸豐七年九月，又捐助餉銀，經臺灣總兵邵連
科奏請「以遊擊分發福建，歸籌餉例補用」。[99]

那麼，他捐的是何種餉呢？據咸豐八年六月二日總兵邵連科上
達清廷的奏片，似乎指的是咸豐三年底、四年初間的彰化縣與淡水廳
的械鬥事件的善後工作。邵氏在奏片中言，當時「適值逆匪甫平，
府庫空虛，餉項支絀，所有兵勇口糧，難民賑，無米為炊，實難措

---

96 (a)〈林文察列傳稿〉，頁1-2。
    (b)臺灣銀行經濟研究室編，《清史列傳選》（臺北：臺灣銀行經濟研究室，
    臺文叢第274種，1968），頁290-291。
    兩者略同，前者較詳細。

97 臺灣銀行經濟研究室編，《清文宗實錄選輯》，臺文叢189，頁47-48。有
    關清代臺灣團練，可參閱林聖芬，〈清代臺灣之團練制度〉（臺北：國立臺
    灣大學歷史學系碩士論文，1978）。

98 《上諭檔》，咸豐八年六月六日，上諭「義首（林文察）著賞給六品翎
    頂」，勞績包括在籠統的項目下，即臺灣淡水廳、彰化縣匪徒，並小刀會匪
    及斗六岡山匪眾。不知文察參加所有戰役，或只是一部分。

99 「林文察傳包」2800-7，「兵部覆林文察事蹟，同治五年七月三十日」。

手」；於是「督同地方文武勸諭紳富人等竭力輸將」。統計募捐之銀有113,320兩，其中合乎捐例規定，可以請求獎敘者計57,812兩。請獎名單第一位即為林文察，內稱「俊秀林文察捐請以遊擊分發福建，歸籌餉例補用」。[100]此奏片依發出與收到時間差距，推計當是在咸豐八年四、五月間發出，惟片中言捐銀事「前經恭摺奏明在案」[101]，或許即在咸豐七年九月。[102]

咸豐八年六月六日，清廷正式諭准「俊秀林文察著以遊擊分發福建，歸籌餉例補用」。[103]此項任命開啟了林文察的官運。

由以上可知，在咸豐四年至八年間，由於臺灣的動亂，清軍忙於大陸戰事，只好藉助地方力量；文察乃得以利用此難再之機竄升，打入官僚階層。Meskill教授推測他手下兵勇數目由數十人增至數百人，漸壓倒其他土豪；並可能在此時自北（頂）竹圍，移入今日之頂、下厝以容納大量兵勇。[104]據筆者之研究與訪談，林定邦、林奠國在道光十七年在分產時已遷居今頂、下厝，絕非此時遷入。不過，住宅的擴大確是自此時。（下將論及）

林文察招募兵勇的地盤也擴大至貓羅、揀東保，包括族人、鄰人。咸豐五年，曾捐款大里媽祖廟（福興官），當係為取得當地人的

---

100 (a)《長本上諭檔》，咸豐八年六月六日，邵連科、裕鐸奏「臺灣紳民捐資助餉開單請獎」。
　　(b)《月摺檔》，咸豐八年六月二日邵連科等片，附「謹將臺灣淡水、彰化等府廳縣分類案內，捐輸人員、姓名請報官或等差開列清單」。

101 同上。

102 此摺未尋獲，故無法肯定。

103 《長本上諭檔》，咸豐八年六月六日奉上諭。

104 據 J. M. Meskill, *A Chinese Pioneer Family: the Lins of Wu-feng Taiwan, 1729-1895*, p.98 推測；前引書。

支持，並可能聯合當地林石其它支派後代。[105]如筆者之訪談可靠，林定邦在廟前街買有店屋數間，因此林家可能有某種經濟影響力。他可能也招募太平系林石後代，林文察自然成了林氏的領袖，而林氏勢力的擴大也使他能壓倒其他豪族而漸呈一枝獨秀之局。[106]

傳統史家對土豪評價甚低，但Meskill教授認為土豪有其一定的功能，即維持某種水準的社會秩序，否則邊陲地帶將成混亂世界。[107]事實上，清廷對地方豪強常加籠絡利用，化阻力為助力，協助官府維持治安，例如土豪之任鄉莊總理。官府與土豪有某種微妙的關係存在，官府一方面需要其助力，一方面怕尾大不掉。反之，土豪亦然，一方面需要官府的公權力以提升其地位，一方面也怕為官府所制。相互間的友敵關係因時因地而變幻不定。

無論如何，在咸豐年間，由於環境的需要，林文察建立了與官方的良好關係，不但由此得以步步高升，而且對林家地位的提升、經濟力的壯大有重大的影響。林文察、文明、奠國之納妾反映其財富、聲勢之大增。[108]可能在此時，林文察擴建其宅第。據聞林定邦原先移住之地是草厝，屋宇狹小簡陋，如今林文察已獲有職位，自然需較寬敞的住屋以陪襯其地位。因此建造今宮保第第一進的三合院與二十八間（駐兵房）；至於今宮保第第五落大厝全部規模乃林朝棟時代

105 J. M. Meskill, *A Chinese Pioneer Family: the Lins of Wu-feng Taiwan, 1729-1895*, p.98。

106 J. M. Meskill, *A Chinese Pioneer Family: the Lins of Wu-feng Taiwan, 1729-1895*, p.99。

107 J. M. Meskill, *A Chinese Pioneer Family: the Lins of Wu-feng Taiwan, 1729-1895*, p.102。

108 J. M. Meskill, *A Chinese Pioneer Family: the Lins of Wu-feng Taiwan, 1729-1895*, p.102。

完成的。[109]此三合院與二十八間，一說是林文察平小刀會亂後所建，一說是在林文察接聖旨時所建。[110]但到底何年？林文察又在何時得聖旨？卻無從查證。如果是在被任命為游擊之時，當在咸豐八年。這點倒有相當大可能性，因筆者獲有一地契，上言林上膺於咸豐八年正月，將阿罩霧莊前厝地帶後面菜園與前面禾埕一處售予林文察。契內言明：

> 因族親林文察要起蓋大厝，欠用厝地一隅。托中相商，將厝地
> 一所、厝拾貳間拆平，又帶樹木、石腳，換察（林文察）起蓋
> 大厝。察（林文察）將南勢自置厝地基貳段，又貼佛圓銀陸拾
> 圓、塗結（土坯、泥磚）貳仟塊，以為再起厝之資。[111]（參見
> 「文書契字」8）

也就是說林文察以相當代價換取一塊地建屋。契上雖未言明面積，但由於有屋十二間，加上菜園、禾埕，當不在小。此塊地極可能就是今日宮保第現址的一部分，如果是，新屋是在咸豐八年所建，大致無誤。

　　新屋為三合院式，位於今宮保弟的第一、二進，其左接鄰草厝（舊屋），右之二其十八間為兵房、馬廄，其間空地可能為操兵場。（參看圖9）

109　訪林高岳等先生，均如此說。

110　訪霧峰林家十一姑所得。

111　〈正澍契〉，雜62。

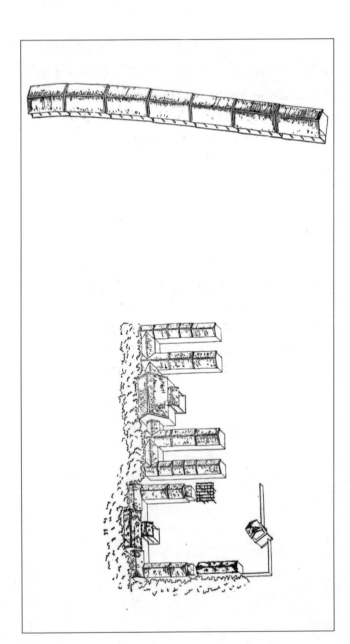

■圖9　草厝與新建之三合院、二十八間透視圖（賴志彰繪）

說明：(1)左為草厝，當係道光十七年林定邦、奠國、四吉兄弟遷往之地。

(2)中為新大厝，右為二十八間，當係咸豐八年林文察添建者。

第六章　太平天國之役與林文察之遠征大陸

（咸豐九年至同治二年；1859-1863）

　　咸豐末期，由於臺灣大局尚安，而大陸太平軍聲勢仍大，清廷乃有調募臺勇赴大陸協助平亂之舉，這可說是清廷對臺軍政之一大轉變。以往禁止或限制臺人入伍；如今迫於需要，屢調臺勇內渡。在此背景下，林文察乃能由地方初級軍官高升為帝國將領。（參看圖10，林文察轉戰閩浙圖）

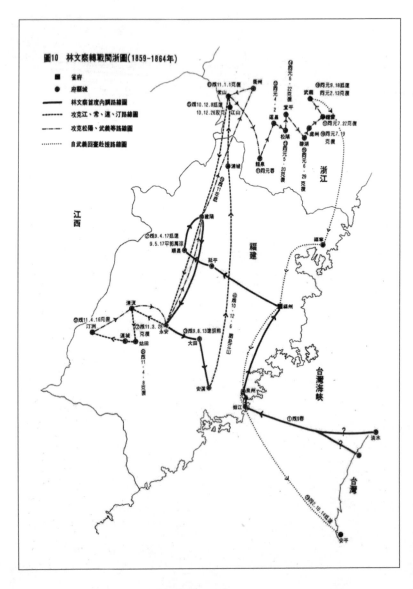

■圖10　林文察轉戰閩浙圖（1859－1864年）

第一節　閩西之役

《林氏族譜》載：

> 「咸豐九年，閩中大盜郭萬淙陷麻沙，攻建陽，聲勢洶洶，人情危懼。閩浙總督檄伯祖（文察）募二千人內渡，伯祖遂以先祖（文明）為先鋒，轉戰閩浙間。」[1]

這段記載的基本事實是可信的，但仍有小錯須訂正、缺漏須補充。

查檄調林文察募勇赴大陸的閩浙總督是王懿德，[2]原因是閩中亂局嚴重。自咸豐七年後，太平軍入閩，擾及邵武、延平、汀州等府及龍巖州，各地會匪響應，全閩震動，其中以九瓏山之長髮股匪郭萬淙與汀州、龍巖州股匪胡熊最頑強。[3]據咸豐八年六月二十三日之上諭，閩浙總督王懿德與福建巡撫慶端曾上奏稱統兵大員趙印川因抵禦麻沙之「逆匪」，力戰陣亡，建陽危急，建寧府城受威脅，請求派

1　林獻堂等編，《林氏族譜》，臺文叢298，頁117。

2　(a)臺灣銀行經濟研究室編，《清史列傳選》，臺文叢274，頁291，「林文察」。
　　(b)〈林文察列傳稿〉（故宮，林文察傳包2800－3），頁1－2。按此為清史「林文察傳」，即本註(a)的原稿。此稿屬較冗雜，但內容豐富，保留不少原始資料，故本文多採用此版本。惟本稿缺本註(a)之最後一段。
　　(c)連橫，《臺灣通史》，臺文叢128，頁894。
　　(d)鷹取田一郎，《林文察傳》，頁9a，只稱「閩浙總督王某」。

3　(a)許雪姬，〈林文察與臺灣——臺勇內調之初探〉，「近代中國區域史研討會」（中央研究院近代史研究所主辦，1986.8），頁4。
　　(b)《咸豐朝宮中檔》，12082號。

援軍入閩。[4]據鷹取田一郎之說，此因有一豪俠郭萬淙組織小刀會，
佔書坊山倡亂，攻陷麻沙，直通建陽，臺灣鎮總兵邵連科奉檄募臺
勇。林文察乃應募率臺勇赴援建陽，時間當在咸豐八年年底，總督王
懿德於咸豐九年正月奉旨以遊擊任用林文察。[5]於是，林文察率臺勇
赴閩。

林文察初次招募前往福建的臺勇有四百二十名（一說四百五十
名）[6]，《林氏族譜》所說的二千人恐有誤。不過，日後陸續添募臺
勇，達數千人。（以下將論及）

茲據故宮檔案與有關資料，敘述林文察在閩西之後的戰績。

旗開得勝──順昌、建陽之役

林文察在咸豐八年下半年與咸豐九年初之間奉檄募臺勇赴大
陸。約於咸豐九年三、四月間內渡，帶臺勇420名（或450名），可能
溯閩江口而上，至延平郡。閩浙總督王懿德、福建巡撫慶端命其赴建
陽，會合建寧府委員張塈，協同守備游紹芳馳往剿辦。[7]

咸豐九年四月十七日，林文察率臺勇抵達泉墩頭地方，沿途剿
捕，擊斃多人，並將「賊廠」一律焚燬。四月二十日，臺勇進柴洋
墩（順昌縣北），隔著順陽江與敵對峙，當敵軍涉溪而來，企圖劫營
時，林文察督署把總陳捷元等，分帶臺勇，「鳧水攻擊，槍礮齊施」，

4　臺灣銀行經濟研究室編，《清文宗實錄選輯》，臺文叢189，頁54。

5　鷹取田一郎，《林文察傳》，頁9a。按原文「臺灣鎮道邵某」，鎮、道不可
　　能同一人名，查當時總兵乃邵連科，道臺乃裕鐸。

6　(a)據《咸豐朝宮中檔》，12318與12297號。
　　(b)許雪姬，〈林文察與臺灣──臺勇內調之初探〉，頁4。然據〈林文察列
　　傳稿〉，頁1，則稱450名。

7　〈林文察列傳稿〉，頁1-2。

轟斃無數敵兵。敵軍且拒且逃，隨後游擊周斌等齊至追殺，計生擒四十多人，在陣前正法。其中有「黃馬褂賊目蕭棟仔一名」，解赴按察使司裕鐸軍營訊明正法，奪獲刀矛旗幟多件，本軍兵勇受傷十餘人。[8]

咸豐九年四月二十八日，林文察等人探知餘黨竄聚外墩、茶舖各鄉，乃約會各軍三路進剿，敵分軍迎拒。林文察揮令各勇，全力進攻，槍礮刀矛並用，擊斃敵目夏連升等二百餘名，「生擒夏連生之弟並偽軍師各一名，長髮賊一百餘名，救回被擄難民多名，奪獲礮械旗幟，不計其數」。林文察督率臺勇追剿八十餘里才收兵。[9]

林文察在大陸初試牛刀，果然不負其薦舉人邵連科的期望，旗開得勝。水師提督邵連科與按察使裕鐸咨稟總督王懿德、巡撫慶端上摺請求嘉獎，摺中言：

> ……查此股逆匪，游擊林文察統帶臺勇會剿，迭次掃蕩，陣斬及生擒匪首數多名。此次會合各軍併力兜剿，用礮轟斃逆首夏連升等二百餘名，擒獲一百餘名，林文察親冒矢石，所向披靡，戰功卓著。……懇請恩施鼓勵。[10]

但是，咸豐九年九月六日清廷諭示「每勝必保，殊非覈實之道」，江、皖諸軍須「克復城邑或斬馘數千」方能薦舉，因此，「著斬（暫）

8　《月摺檔》，咸豐九年六月七日，閩浙總督王懿德，福建巡撫慶端奏，據水師提督邵連科、臬司裕鐸咨稟。

9　《月摺檔》，咸豐九年六月七日，閩浙總督王懿德，福建巡撫慶端奏，據水師提督邵連科、臬司裕鐸咨稟。

10　《月摺檔》，咸豐九年六月七日同上摺。

行存記，俟首夥全殲，地方一律肅清，方准酌保數人」。[11]林文察初次戰功雖蒙長官贊許，但尚未獲朝廷恩賞，只暫予記功。

其後，林文察軍繼續北上，與建寧府委員張堃、守備游紹芳諸軍，一齊抵達麻沙地方（建陽縣），協剿佔據圳下葉坊一帶之長髮軍。林文察約同各軍進兵，他「率臺勇首先衝入賊隊，槍礮齊施，自辰至午，轟斃賊三、四百名，生擒長髮逆匪十九名，奪獲礮械旗幟偽印號掛等多件，救出被擄男婦十餘名，餘匪紛紛竄逃。」[12]

邵武、寧洋、永安之役

郭萬淙敗後逃遁，林文察緊追搜捕，後探知其匿集於邵武縣之上山坊山內，即隨軍登山圍捕，槍礮齊發，郭萬淙勢窮投誠，隨軍剿辦騷擾永安、寧洋土匪胡熊黨夥。胡熊經張啟烜督臺勇、湘勇等進剿後，率眾匿於大田縣轄之東坂鄉山寨，其地處萬山中，形勢險要。林文察隨大軍晝夜環攻，焚燬敵寨，至八月十三日，胡熊及其黨八十餘名為其手下綑綁來降，經審訊後凌遲正法。餘黨李興竄至安溪，亦被捕，亂平。[13]

由於林文察勇敢善戰，多立戰功，閩浙總督慶端與福建巡撫瑞璸上疏為其請功，言「文察遇賊接仗，身先士卒，涉險窮追，先後擒斬長髮要犯七百餘名，勇冠全軍，所向皆捷」；又稱「此次剿辦郭萬淙等各股匪得以迅奏膚功，實賴文察之力，請以參將留閩補用，並

11　《月摺檔》，咸豐九年六月七日同上摺。
12　〈林文察列傳稿〉，頁1－2。
13　(a)〈林文察列傳稿〉，頁2－4。
　　(b)臺灣銀行經濟研究室編，《清史列傳選》，臺文叢274，頁291。
　　(c)許雪姬，〈林文察與臺灣——臺勇內調之初探〉，頁5。

請勇號花翎」。[14]督、撫對林文察可說推崇備至，極保舉擢用之力。咸豐十年十一月二十一日，獲准升參將，留於福建補用，並賞換花翎，賞給固勇巴圖魯名號。[15]

林文察可能非常感念清廷之恩寵，不久以「閩省頻歲軍興，需餉浩繁，捐票錢五萬串」，因而又賞加副將頭銜。[16]

第二節 援浙之役

咸豐八年，清軍步步迫近南京；九年，清軍掘長濠圍困南京。太平軍眼看情況危急，乃採取圍魏救趙戰略，即分兵攻清軍兵餉所在的杭州、蘇州、江西、福建，以解紓南京之圍。咸豐十年正月，忠王李秀成與李世賢帶兵七千，自蕪湖經寧國、廣德等地，星夜馳攻杭州。二月十七日，太平軍陷武康縣；二十七，攻破杭州。清軍江南大營派精兵救杭州，三月三日，李秀成與李世賢退出杭州，回師南京，破江南大營，李世賢因功封侍王。總督慶端原已檄閩兵援浙，因杭州復得而中止。[17]

洪秀全又命李秀成乘勝攻取常州、蘇州。咸豐十年，三月

14　〈林文察列傳稿〉，頁4－5。
15　(a)臺灣銀行經濟研究室編，《清文宗實錄選輯》，臺文叢189，頁65。
　　(b)〈林文察列傳稿〉，頁2700－7。
　　(c)〈林文察列傳稿〉，頁5。
　　(d)臺灣銀行經濟研究室編，《清史列傳選》，臺文叢274，頁291。
16　〈林文察列傳稿〉，頁5。
17　(a)羅爾綱，《太平天國史稿》，頁327。「李秀成傳」，頁364，「李世賢傳」。
　　(b)許雪姬，〈林文察與臺灣——臺勇內調之初探〉，頁6。
　　(c)《欽定剿平粵匪方略》(七)，卷235，頁8；總頁4024。

二十七日，一股太平軍迫近閩浙交界重鎮——浦城。四月六日，李秀成陷常州，十三日陷蘇州，清兵向杭州敗退；二十六日陷嘉興，五月三日陷松江，進攻上海。由於浙情緊急，慶端催促曾玉明率勇飛渡浙江，並調派自建陽撤防之林文察、陳捷元部迅速援浙。[18]

八月十三、二十五日，徽、甯失守，一股太平軍竄入涼安迫近衢州。九月二十五日，曾玉明抵衢州救援。十一月二十八日，李秀成陷常山縣城；十二月六日，再陷江山縣城。李世賢部也先後攻陷金華、湯溪、溫州、台州、慶州等地，杭州成為孤城。[19]

垂危的太平軍勢力之再起使清廷大為震恐，江、浙又是財賦重心，絕不能聽任太平軍佔有，於是急調各路兵馬入援江浙。為了統一指揮權，清廷只好重用一度遭忌受謗的曾國藩。咸豐十年五月，清廷任命曾國藩署理兩江總督以取代失職喪土的何桂清；二個月後，實授其職，並任命為欽差大臣督辦江南軍務，全權節制大江南北水陸各軍，以解除當前之危。[20]

克復江山、常山縣城

約在咸豐十年十二月四日，由於踞守常山之太平軍出掠江山縣西鄉之大陳、北鄉之林角山等地，然後仍回踞常州。當時參將林文察正奉檄統軍進剿，忽江山縣知縣赴衢州稟告縣城已於十二月六日淪陷，於是道臺與知府諮商總兵曾玉明，改派林文察率臺勇赴江山縣攻

18　(a)李守孔，《中國現代史》（臺北：三民書局，1964），頁229－230。
　　(b)許雪姬，〈林文察與臺灣——臺勇內調之初探〉，頁6。
19　(a)李守孔，《中國現代史》，頁231。
　　(b)許雪姬，〈林文察與臺灣——臺勇內調之初探〉，頁7。
20　郭廷以，《近代中國史綱》（香港：香港中文大學，1980），頁118－119。

剿、周萬遠一軍赴常山。[21]十二月九日，林文察軍拔隊行抵江山縣後溪街一帶紮營。[22]

當時佔據江山縣之太平軍每日率黨至大溪灘一帶擄掠。[23]十二月十日黎明，林文察督率兵勇冒雨進攻，馳至大溪灘，逢太平軍正在劫掠，於是槍礮齊施，奮力進攻，生擒一人，殺死數十人，斬獲首級六顆，落水者無數。[24]太平軍大敗，向東南一帶逃竄，因「天色已晚，雨雪淋漓」，林文察乃收兵，駐紮於大溪灘，等候雪止再攻縣城。[25]

咸豐十年十二月十一日，林文察督隊齊抵江山城下，施放槍礮環攻，並令張培荃管帶礮船沿江截擊。太平軍由西、北兩門突出數千人欲圖包抄，並由東門擁出數千人，向砲船拋擲火包。林文察分隊迎敵，令勇首林舜英、賴得福率帶臺勇，把總吳定國率帶同安兵勇，迎剿西北兩門之太平軍，自己則帶各隊在西北兩門衝殺。賴得福奮勇爭先，砍倒太平軍執旗官一名，臺勇奮勇直前，與太平軍作殊死戰。同時發射連環大砲，水勇也連放大砲，鏖戰四時之久，太平軍被擊及落水而死者不計其數，總計生擒太平軍三名，割取首級七顆、髮辮六十二副，勇首黃騰鳳中砲殉職，並陣亡臺勇六名、水勇二名。[26]

十二月十三日林文察又派隊攻城，太平軍分股出拒。林文察派

21　(a)《月摺檔》，咸豐十一年一月十二日，杭州將軍瑞昌、浙江巡撫王有齡奏。
　　(b)《月摺檔》，咸豐十一年二月二十一日，閩浙總督慶端奏。
22　《月摺檔》，咸豐十一年二月二十一日，閩浙總督慶端奏。
23　《月摺檔》，咸豐十一年一月十二日，杭州將軍瑞昌、浙江巡撫王有齡奏。
24　《月摺檔》，咸豐十一年二月二十一日，閩浙總督慶端奏。
25　《月摺檔》，咸豐十一年一月十二日，杭州將軍瑞昌、浙江巡撫王有齡奏。
26　(a)《月摺檔》，咸豐十一年二月二十一日閩浙總督慶端奏。
　　(b)《宮中檔小方上諭檔》，咸豐十一年二月十一日有：「總兵曾玉明派參將林文察督兵進攻江山……。」

令勇首林舜英帶隊攻其右，江山縣知縣高斗南帶領民團攻其左，另分一軍抄襲其後。結果踏毀敵營二座，士氣大振，爭先衝殺，砍斃穿馬褂騎馬官一名，兵十餘名。常山之太平軍見江山城危急，分兵來救援，與文察對抗。[27]

十二月二十二日林文察移營進逼，擊退抄襲之太平軍。常山太平軍來援敵軍，包圍營盤，經林文察率兵血戰三晝夜，斬馘甚多，方擊敗入城。曾玉明又添派漳州兵丁二百名，參將惠壽挑選撤回之閩兵五百人前往江山助剿，其它各路兵馬也陸續向江山、常山二地進發。江山太平軍本已受創，清兵又四面環攻，只能死守城壘[28]。

十二月二十五日三更時分，林文察督帶臺灣兵勇，會同各路兵勇民團馳往攻城。清軍施放火箭，繼以火毯，先將城外營壘十二座燒燬，太平軍紛紛逃竄，自相踐踏，死者不計其數。林文察揮令各路兵勇進撲，將火器拋入城內，四面吶喊，並與惠壽挑選精銳，分頭埋伏，城內太平軍驚惶，往西、北兩門四散竄逃，埋伏之軍節節追剿，斬獲首級410顆，並生擒太平軍160名，奪獲驟馬64匹。[29]

十二月二十六日，攻下江山縣城，李定太與林文察各率隊伍趁勝跟剿。咸豐十一年正月二日，又克服常山縣城。[30]

咸豐十一年二月，杭州將軍瑞昌、浙江巡撫王有齡奏言，文察孤軍二千困重圍，終能以少勝多，轉敗為勝，首先克復江山城，勇不

---

27 (a)《月摺檔》，咸豐十一年二月二十一日閩浙總督慶端奏。
  (b)《宮中檔小方上諭檔》，咸豐十一年二月十一日有：「總兵曾玉明派參將林文察督帶兵進攻江山……。」
28 《月摺檔》，咸豐十一年二月二十一日，閩浙總督慶端奏。
29 (a)《月摺檔》，咸豐十一年二月二十一日，閩浙總督慶端奏。
  (b)《小方上諭檔》，咸豐十一年二月十一日。
30 《月摺檔》，咸豐十一年二月二十一日，閩浙總督慶端奏。

可及。[31]咸豐十一年二月十一日，清廷降諭：福寧鎮總兵曾玉明著賞加提督銜；副將銜儘先參將林文察著免補本班，以副將儘先補用，並賞烏訥思齊巴圖魯名號。[32]

第三節　回閩援剿閩西之役

連城、汀洲之役

咸豐十一年太平軍彭大順部趁上一年度攻下汀州之餘威，於一月二十四日陷連城。連城乃漳、泉門戶，慶端急調各軍赴剿，曾玉明、林文察奉命自永安、清流、上杭進兵，以為主力。慶端親赴延平調度督戰。[33]

咸豐十一年三月九日，曾玉明林文察於駐地湖口擊退來攻之太平軍。三月二十八日，林文察攻克姑田，進紮金雞嶺。經文察督率各軍連日攻剿，殺敵甚多。四月七日，文察又傳令，三更造飯四更出隊，由亨子堡進攻，自率臺勇小隊先往江防埋伏，令勇首廖得全等帶勇馳赴亨子堡誘敵。守軍傾巢出追，城內又衝出大股包圍，廖得全等且戰且走，行至坡頭，伏兵齊出，太平軍猝不及防，自相踐踏。林文察率勇由江防截擊，殺敵無算，勇首賴得福、林文明、把總陳兆熊首先登城，而將連城克復。此役林文察「親冒矢石，勇敢異常」。[34]

31　〈林文察列傳稿〉，頁10。
32　《小方上諭檔》，咸豐十一年二月十一日。
33　(a)臺灣銀行經濟研究室編，《清史列傳選》，臺文叢274，頁291，「林文察」。原文言「四月」推計應為「三月」。
　　(b)許雪姬，〈林文察與臺灣——臺勇內調之初探〉，頁7－8。
34　(a)〈林文察列傳稿〉，頁11－12。
　　(b)許雪姬，〈林文察與臺灣——臺勇內調之初探〉，頁7－8。

　　咸豐十一年四月九日，總兵曾玉明、道員張啟烜等率兵進攻汀州府城，林文察亦帶兵支援。當時太平軍在城外遍紮營盤，意圖久佔。[35]

　　咸豐十一年四月十四日，清軍各路人馬進攻汀州府城，包括林文察軍。太平軍無力對抗，敗退入城，清軍乘勝圍攻，張啟烜等督催各軍將火包、火罐拋入城內，隨即攻東門，殺悍兵二百多人，太平軍由西門逃竄。四月十六日，汀州府城宣告克復。[36]

　　汀州之役雖未特別敘述林文察戰功，但顯然表現相當出色，總督慶端上奏請獎「尤為出力」人員，包括有張啟烜、張銓慶、林文察等人。據五月二十六日與五月二十八日的上諭，「副將林文察著交軍機處記名，遇有總兵出缺，請旨簡放」；福寧鎮總兵曾玉明也因「調度合宜，戰功卓著」，交軍機處，「遇有提督缺出提」。[37]

　　總督慶端在另一「克復汀州、武平、連城郡縣城池」之請獎摺中，列有丁曰健、林文明，如下：

> 福建候補道丁曰健，該員等督催各委員，隨帶親勇馳赴軍前，會合進剿，克復汀州郡城，兼辦延郡團防，地方賴以保固。督剿洋順土匪，擒獲首夥多名，畫夜辛勤，勞績懋著，洵屬尤為出力，擬請以道員留閩遇缺即補。……管帶臺勇彰化縣

35　(a)《長本上諭檔》，咸豐十一年五月二十六日，慶端奏「克復汀州府城」。
　　(b)《小方上諭檔》，咸豐十一年五月二十八日，記載相同。
36　(a)《長本上諭檔》，咸豐十一年五月二十六日，慶端奏「克復汀州府城」。
　　(b)《小方上諭檔》，咸豐十一年五月二十八日，記載相同。
37　(a)《長本上諭檔》，咸豐十一年五月二十六日，慶端奏「克復汀州府城」。
　　《小方上諭檔》，咸豐十一年五月二十八日，記載相同。
　　(b)〈林文察列傳稿〉，頁138。

廩生曾雲鋒……、臺灣勇首賴得福、武生林文明，該生等帶
勇進剿，連克兩城，擬請將曾雲鋒、謝夢齡均賞戴藍翎，賴得
福、林文明均以千總留閩儘先補用。[38]

可知丁曰健在汀州之役亦立功，同時林文明也頗著功蹟，而得以千總
留閩儘先補用。日後丁、林一惡，據聞是在此役「有愆」，[39]但目前
史料只顯示二人均參與此役，並無衝突或爭功的記載。惟推測可能性
是有的。

　　汀州之役後，林文察又奉命帶兵援浙，並沿途剿辦沙縣與長汀
土匪。

　　約於咸豐十一年六月，林文察由汀州撤隊，帶臺勇屯丁赴沙縣
剿辦土匪。有三花廟一股竄至桂岩鄉，在鄉外築營壘二座。林文察用
計，命大隊臺勇由上坑大路進攻，自帶小隊由上坑後路策應。當二軍
酣戰時，林文察自後攻襲，毀二座營壘，土匪越山奔逃。[40]

　　又有「花旗股匪」仍盤踞騷擾長汀縣，林文察率勇進剿在硫崍
地方，殲滅股匪數十名。[41]

第四節　再度援浙

　　在林文察回閩援剿時，浙江的局面又有新的變化。自咸豐十年
至十一年，湘軍包圍戰略要地的安慶，與太平軍進行殊死戰。湘軍幾

38　《月摺檔》，咸豐十一年八月二十二日，閩浙總督慶端奏。
39　連橫，《臺灣通史》，臺文叢128，頁897，「丁曰健傳」。
40　〈林文察列傳稿〉，頁14－16。
41　〈林文察列傳稿〉，頁16。

瀕於危，幸而左宗棠敗李世賢於樂平，方轉危為安。八月一日，攻克
安慶。[42]

　　李秀成預知安慶難保，乃轉而執行他奪取杭州，以鞏固東南根
據地的策略，浙江的太平軍勢力又蔓延。[43]咸豐十一年五月底，處
州、遂昌、松陽、永康先後淪陷。杭州將軍瑞昌以上次林文察「克
復江山、常山，聲威頗著」，奏請統帶兵勇北上援剿。[44]但總督慶端
卻上奏稱「汀州兵燹之餘，地方殘破，小民驚魂未定，尤須勁旅分
紮」，而要求將「總兵曾玉明、副將林文察所統臺灣兵勇一千八百餘
名」，以及代理汀州知府張銓慶所統興贛兵勇一千五百名，全部留紮
汀州要隘，以堵太平軍由瑞金回竄之路。[45]此外，林文察和曾玉明所
統率的臺勇因長時期的轉戰，耗損不少，不少人思鄉，紛紛請假回
臺。閩浙總督和福建巡撫上奏曰：「總兵曾玉明、林文察所統臺灣兵
勇，除陣亡病故及陸續撤回，現各止五百餘名，實形單薄。先因浦城
防務緊要並順昌、沙縣土匪復熾，飭令曾玉明等分帶剿防，勢難援
浙⋯⋯。茲已飭據林文察派弁陳玉麟等馳赴臺灣另行選募精壯勇丁
二、三千人，容俟續募勇丁到省，再行酌覈調度」。[46]但清廷仍命曾
玉明、林文察於剿順昌土匪後，赴浦城北上援浙。[47]

42　郭廷以，《近代中國史綱》，頁158。
43　郭廷以，《近代中國史綱》，頁158。
44　(a)〈林文察列傳稿〉，頁13－14。
　　(b)許雪姬，〈林文察與臺灣──臺勇內調之初探〉，頁8。
45　《月摺檔》，咸豐十一年六月三日，閩浙總督慶端奏。
46　《月摺檔》，咸豐十一年八月二十二日；閩浙總督慶端、福建巡撫瑞璸奏。
47　《欽定平定粵匪方略》(七)，卷267，頁24，總頁4548。

解衢州郡城、常山縣城之圍

　　咸豐十一年八月，太平軍忠王李秀成率軍二十餘萬，由江西攻浙江。二十一日，一股太平軍攻陷常山，進而圍攻衢州府城，浙江局勢急速惡化。閩浙總督慶端調派李元度率安越軍八千，總兵林文察率臺勇二千援衢；並命林文察由「間道馳抵杭州，先顧根本」。清廷並命林文察與曾玉明所帶兵勇悉歸左宗棠節制。[48]林文察乃帶兵北上赴浦城，由江山攻金華。[49]

　　由於衢州郡城被太平軍四面包圍，林文察奉命帶臺勇星夜馳援，重圍立解，並克復常山縣城。[50]當時援衢軍有總兵李定太八千人、李元度安越軍八千人，皆不能戰，惟林文察所率臺勇二千人最精，屢立戰功。[51]由於李秀成與李世賢軍全力攻紹興下游，浙江軍情愈緊，林文察奉命由衢州前進，偵察敵蹤，合各軍進剿。[52]但當他正欲由衢州軍營追攻紹興下游侍王李世賢太平軍時，傳來祖母董氏去世的訃聞，依例應回籍守制以盡孝。[53]但總督慶端以江浙軍情緊急，奏稱「該員（文察）素來尚稱謀勇，此時赴援溫、處剿賊」，請准予仍

48　(a)許雪姬，〈林文察與臺灣──臺勇內調之初探〉，頁8。
　　(b)臺灣銀行經濟研究室編，《清穆宗實錄選輯》（臺北：臺灣銀行經濟研究室，臺文叢第190種，1963），頁4，咸豐十一年十月二十三日。
49　〈林文察列傳稿〉，頁18。
50　〈林文察列傳稿〉，頁20-21。
51　朱孔彰，《中興將帥別傳》（文海影印），卷十九，頁352-353。
52　朱孔彰，《中興將帥別傳》，頁21。
53　(a)〈林文察列傳稿〉，頁21。
　　(b)鄭喜夫，《林朝棟傳》，頁8。
　　(c)按林甲寅夫人董氏，生於乾隆五十六年十二月二十三日，卒於咸豐十一年九月二十三日，享年七十一歲，見林獻堂等編，《林氏族譜》，臺文叢298，頁106。

「留營帶兵，以期得力，俟軍務稍□（當係「緩」字），再行回籍終制」。[54]此際繼續留營，使林文察能再建功績，更上一層樓。

咸豐十一年九月，李秀成率軍破餘杭，包圍杭州。十一月二十八日，城破，巡撫王有齡自縊，杭州將軍瑞昌投水，浙江陷入太平軍之手。[55]慶端因此而革職，但在粵撫耆齡抵浙接任前，仍規劃攻杭州，乃於十二月二日抵建寧。此時林文明所募臺勇已抵龍泉，候林文察由衢州趕到，合軍攻杭州。[56]但在年底，慶端以李元度一軍已拔隊赴杭州，而曾元福所募臺勇尚未到營，因此奏請先調林文察所部臺勇攻慶州，以兼顧慶州、衢州兩地。[57]

克復遂昌

同治元年春，林文察與參將林文明合隊進紮龍泉，計劃先克遂昌，再由松陽直攻處州府城。然而，遂昌有太平軍二、三萬人，有由龍泉出松溪犯閩之虞，處州、松陽太平軍也上竄，而佈防於龍泉、松溪、政和之官軍僅有林文察等軍四千七百名，慶端於二月十七日抵浦城後，調曾元福部援處州。但三月二日，曾元福為李世賢阻於江山。[58]

當時處州太平軍屯兵於碧湖與大港頭，互相連營，阻礙進軍。

54　《上諭檔》，同治一年一月二十八日。

55　李守孔，《中國現代史》，頁231。

56　(a)臺灣銀行經濟研究室編，《清穆宗實錄選輯》，臺文叢190，頁4，咸豐十一年十二月二十九日諭。
　　(b)許雪姬，〈林文察與臺灣——臺勇內調之初探〉，頁9。
　　(c)《欽定剿平粵匪方略》(八)，頁4917。

57　〈林文察列傳稿〉，頁19–20。

58　(a)許雪姬，〈林文察與臺灣——臺勇內調之初探〉，頁10。
　　(b)〈林文察列傳稿〉，頁23。

三月九日，林文察派林文明、都司陳慶善、把總林廷棟等分軍夜襲大港頭敵營，太平軍敗退至碧湖，大港頭告克復。[59]

三月二十四日，林文察偵知太平軍分踞遂昌之饅頭嶺、石練、大柘等處搜山焚擄，乃連絡民團共起攻擊，頗有斬獲。[60]

三月二十五日，太平軍攻陷潘村及遂昌縣治，糾合松陽一股，約共四、五萬人。林文察督隊進紮石練，接據探報，太平軍偵知文察軍逼近，侍王李世賢率軍隊往援，企圖切斷後路。[61]

三月二十九日林文察派參將林文明、都司陳慶善等帶領臺勇一千五百名伏於大柘之大廟，千總陳兆熊等管帶臺勇五百名伏於石練之後山，把總謝朝典等管帶臺勇五百名伏於百步嶺，守備方國恩等管帶臺勇五百名紮於石練之前山，分三路來襲，由大廟而來之軍約有一萬餘人，林文明揮軍，以槍砲環轟，擊斃五、六名，其餘敗竄。其百步嶺及石練之後山兩處伏兵，遙望太平軍至，各向前迎擊，太平軍不支。林文察督率方國恩等分路接應，斃敵四、五名，其餘敗逃；隨即派隊設伏，以防劫營。當夜，太平軍果然來襲，林文明令教諭陳經等在林口用奪獲之太平軍旗幟暗招，太平軍誤認是己方旗幟，爭先擁入，林文明等伏兵四起，槍礮齊施，刀矛並舉，太平軍奔竄，自相踐踏，共計擊斃黃衣頭目七名，紅衣頭目二十六名，士兵七、八百

59　(a)〈林文察列傳稿〉，頁23－24。
　　(b)陳鍾英等纂，《平浙紀略》（臺北：文海出版社影印，1968；據浙江書局刊本影印，1873），卷八，頁264。
60　《月摺檔》，四月下，同治元年四月二十四日諭，革職暫留本任閩浙總督慶端奏。
61　(a)月摺檔》，四月下，同治元年四月二十四日諭，革職暫留本任閩浙總督慶端奏。。
　　(b)陳鍾英等纂，《平浙紀略》，卷八，頁265。

名，生擒騎馬頭目四十二名，奪獲騾馬七十三匹，旗幟不計其數，救出難民一千餘人。[62]

同治元年四月二日，林文察令林文明、陳慶善等進攻潘村，並號召民團協助。當時據守潘村之太平軍有二萬餘人。大軍行抵排前，與太平軍鏖戰多時，敗之而追至潘村，燒毀其營寨，直抵遂昌，破柵而入，斃敵數千。同時，賴安邦等亦合攻太平軍於王村口，太平軍遁回松陽。[63]遂昌太平軍全告肅清。

慶端上奏稱林文察「以三千之軍，剿數萬之賊，所向克捷」，清廷嘉許林文察「勇敢善戰」，諭慶端「妥為調遣」。[64]

松陽、宣平之役

慶端令林文察乘勝進攻，並令曾元福進扼遂昌以為策應。當時踞守松陽之太平軍分五股，號稱十餘萬人，築壘數百，將遂昌、龍泉、雲和進兵要路掘斷，牽制楚軍後路，並將乘虛窺伺福建。林文察乃率軍從中橫截。[65]

同治元年四月十六日，林文察遣林文明紮營於松陽之界首，偵知舊市有敵營二十餘座，於村口擁眾數千，列陣相向。林文明軍出擊，斃二十餘敵兵。[66]

62　(a)《月摺檔》，四月下，同治元年四月二十四日諭，總督慶端奏。
　　(b)陳鍾英等纂，《平浙紀略》，卷八，頁265－266。
　　(c)朱孔彰，《中興將帥別傳》，卷十九（下），頁353。
63　(a)陳鍾英等纂，《平浙紀略》，卷八，頁266－267。
　　(b)〈林文察列傳稿〉，頁26－28，有更詳盡之描繪。
64　〈林文察列傳稿〉，頁28－29。
65　陳鍾英等纂，《平浙紀略》，卷八，頁275－276。
66　陳鍾英等纂，《平浙紀略》，頁276。

四月二十日，林文察令民團引路，進攻馬埠。四月二十一日，林文明從徑路襲馬埠，雙方戰鬥逾時，太平軍退踞橫岡。[67]

四月二十三、二十四日，林文明力攻洋溪、馬埠太平軍，殺傷無算，踏毀敵壘十七座，但太平軍在舊市添築營壘十二。[68]

四月二十五日，林文察約袁氏由南路進兵，並調民團助戰，曾元福領隊會剿。林文明率把總林廷棟、李有福等以一隊誘敵，三隊伏於舊市之右。山中太平軍數萬擁出，林廷棟率隊轉戰，林文明等伏兵突起，鎗無虛發，文察率軍衝殺，陣斬黃衣騎馬軍官十人，紅衣騎馬軍官三十三人，共斃太平軍三、四千，大獲全勝。太平軍乃向松陽縣城逃竄，曾元福從徑路截殺，復斃敵數百。[69]

四月二十六日，林文察等分路進剿，正欲乘勝攻城，但太平軍宣平援兵到，乃收隊還營。[70]其後，支援松陽的太平軍由湯溪、武義絡繹而來，屯踞舊市附近各村。林文察率隊由上源口截擊，副將曾元福由平塔夾攻，都司陳慶善由舊市正中進剿，署處州府知府李澍帶民團分兩路扼堵，但太平軍伏而不出。林文察令各隊佯作收軍，太平軍三路來包，其由右壘出擊者約二萬餘，蜂擁包裹，官軍奮戰，民團亦出助戰。鏖戰逾時，太平軍紛紛擲械退竄，官軍追殺四、五里，焚燬敵壘二十餘座，斃敵千餘。五月十六日又親督各勇隊埋伏，先令曾元福之勇偽作民團，誘敵出戰，伏兵四起，又斃敵三、四百名。[71]

67　陳鍾英等纂，《平浙紀略》，頁276。
68　陳鍾英等纂，《平浙紀略》，頁276。
69　陳鍾英等纂，《平浙紀略》，頁276-277。
70　陳鍾英等纂，《平浙紀略》，卷八，頁277。
71　(a)〈林文察列傳稿〉，頁29-31。列傳稿記載為6月，可疑。
　　(b)陳鍾英等纂，《平浙紀略》，卷八，頁283。引文中（16日）即據此而附入。

由於松陽一隅關係大局，防守松陽及其附近地區之太平軍多達十餘萬，「連營百餘里，負固七十餘日，（清軍）屢攻未下」，[72]而林文察等所部之臺灣兵勇雖「精熟用鎗，發必洞中」，為閩軍之冠，然而「遠道運糧，日不得飽」，慶端慮其因饑餓而軍心渙散，一面由浦城購米運濟，並密令文察等勉以忠義，以維持士氣，對敵軍則暗襲明攻，更番迭進，使其應接不暇，氣奪心搖，以便一鼓而克。[73]再經過一番佈置之後，官軍於六月間展開一連串的攻擊。

同治元年六月五日，林文察、曾元福分軍出隊，太平軍伏守柵門，開放鎗砲，官軍不能進逼。當夜，偵知太平軍五、六百在上方焚掠，林文察派隊截擊，傷斃甚多，生擒六人。[74]

六月六日後，雙方展開持續性的戰鬥，由於臺勇善用槍砲，每戰輒勝，殺敵無數，並燬不少敵營。

六月十九日，一場決定性的戰役展開了。

林文察親率林廷棟、教諭陳經、千總陳兆熊、賴安邦、把總鄭蔡生等，督隊攻擊舊市以下各大壘；令縣丞八十四、千總楊崇生等帶勇策應；千總林國安、把總李成基等分軍伏於左；把總蔡得標分軍伏於右；曾元福親率把總梁清芳、外委郭德高等督隊衝擊葉川頭大壘；令同知潘恭贊等帶勇策應，吳興隆分軍設伏。部隊前進時俱用獨輪車三十輛，前掛濕棉，排推而進，以蔽鎗砲。舊市敵營約出八、九千人迎戰，官軍力戰兩時辰，斃敵數百。太平軍敗走，而伏兵予以邀

72　陳鍾英等纂，《平浙紀略》，卷八，頁287，此頁中亦有較詳細的佈置說明。

73　陳鍾英等纂，《平浙紀略》，頁288。亦可參考〈林文察列傳稿〉，頁32－33。

74　(a)陳鍾英等纂，《平浙紀略》，頁289。
　　(b)可參見〈林文察列傳稿〉，頁33。

擊，又斃二百餘人。

當葉川頭之太平軍出壘作戰時，曾元福軍齊上，伏兵起而夾擊，斃敵六、七百人。

十九日夜，林文察復襲擊敵壘，太平軍終告不支，分別向宣平、湯溪逃竄。林文察令各軍逼近松陽城，袁艮一軍與松陽、遂昌民團從東、南兩路馳至，太平軍驚惶無措，自相踐踏，民團乘機進剿。於是在二十日黎明，克復松陽縣城。共斃敵千餘，生擒二百一十七，奪獲騾馬五千匹，槍砲四十一件，大旗四百餘桿，救出難民三千餘人，官軍只陣亡十九人，受傷六十七人，[75]可說是一場大勝仗。從此楚軍之後路已無顧慮，而閩疆之安全亦得保障。[76]林文察於克復松陽後，另抽派臺勇二千與白瑛所部，均由大港頭而進，夾攻郡城。松陽三都民團見逃兵狼狽，赴林文察營請借號衣旗幟，並給發軍火，跟蹤追擊。文察檄令宣平知縣郭光儀等傳集民團，扼守太平軍由宣平下竄處州之路，仍給借衣、旂、火藥，一面遣軍繼進。竄逃太平軍甫入壘，喘息未定，民團即揚旂馳赴，太平軍驚潰，斬獲甚眾，即於二十二日收復宣平縣城。[77]

七月五日，上諭四川建昌鎮總兵官，由林文察補授。[78]

75　(a)陳鍾英等纂，《平浙紀略》，卷八，頁290－292。
　　(b)〈林文察列傳稿〉，頁34－37。
　　(c)《小方壺輿論檔》，同治元年七月二十八日，攻克松陽之日載為二十二日。
76　〈林文察列傳稿〉，頁36－37。
77　陳鍾英等纂，《平浙紀略》，卷八，頁294－295。
78　(a)《小方壺輿論檔》，同治元年七月二十八日。
　　(b)臺灣銀行經濟研究室編，《清穆宗實錄選輯》，臺文叢190，頁26。

處州之役

同治元年七月間林文察率臺勇自松陽進攻處州郡城，先紮營於碧湖城。當時太平軍分股往四都割取田稻，文察飭千總何貴英率臺勇馳赴邀擊，力戰時許，轟斃執旗頭目一名，其餘奔潰。

林文察又約會守備侯定貴等及兵勇團丁，分兩路攻城，適逢大雨。候雨稍停，林文察揮軍進攻蘇埠敵壘，斃敵二十餘人，生擒十四人。此後連續攻蘇埠，進紮白口，又擊潰蘭埠、太坪敵軍，進紮蘭埠，然後進攻處州郡城。[79]

攻克松陽、宣平後，處州郡城太平軍勢愈孤。慶端檄各軍進取，並撥楊鳳元、徐榮生兩軍歸廖王彥調遣，以固遂昌後路；仍令林文察就近兼顧。會太平軍復竄入處州府屬之縉雲縣境內，台州紳士蘇境蓉調仙居民團馳往防剿，文察乃得專意進攻至處州城東南，連戰皆捷。秦如虎亦率軍會剿，雖身受砲傷，督戰自若。太平軍傷斃無算，開門逃竄，遂於七月十九日克復處州府城。又於二十二日克復縉雲縣城。[80]

由於林文察松陽、宣平之役的優越表現，慶端上摺請獎。七月二十八日，上諭：「……其宣平縣城，昨據慶端另摺奏報於六月二十二日克伏，福建總兵林文察首先加提督銜，以示鼓勵」。[81]

---

79 〈林文察列傳稿〉，頁40-44。
80 陳鍾英等纂，《平浙紀略》，卷八，頁295。
81 (a)臺灣銀行經濟研究室編，《清穆宗實錄選輯》，臺文叢190，頁30。
  (b)《小方上諭檔》，同治元年七月二十八日。
  (c)〈林文察列傳稿〉，頁37-38。

進攻武義

　　慶端因杭州淪陷被革總督職，調任福州將軍，由廣東巡撫耆齡接任總督。耆齡重廣勇而輕閩勇，於八月間抵浦城即裁慶端所部閩軍大半，代以粵勇。當時左宗棠將進攻龍遊，約援浙軍合攻湯溪，耆齡欲調林文察等臺勇六千與康國器廣勇共一萬，配合左宗棠，但慶端不允。其後耆齡請旨除去慶端之掣肘，但對閩勇仍不重用。耆齡派康國器與左宗棠部合攻湯溪，而林文察則攻武義。[82]

　　同治元年九月間，林文察因縉雲境內業已無敵蹤，率臺勇及游擊白瑛、李朝安兩營取道金勾嶺進攻武義。九月十八日，前隊紮李村，旋因遇伏退回，文察即率大隊馳援，太平軍始敗退，文察督全軍進駐李村，但太平軍極夥，負嵎抵抗。[83]於是林文察由李村，步步為營，穩紮穩打，以剿作堵，攻向武義。

　　十一月，駐守紹興之太平軍擁眾十萬人擬經金華援湯溪，似欲取道武義、縉雲。十一月十四日，太平軍分竄至武義縣城及王村、徐村嶺、下陽一帶，一路撲李村營盤，一路撲黃山頭游擊白瑛營盤。林文察即令知縣謝穎蘇等率弁勇迎擊，自行督隊策應，槍砲齊施，刀矛並刺。力戰時許，林文察抽隊由東路抄出，橫衝敵陣，立斬黃衣頭目一名，悍兵八名，餘眾潰亂，各營拼力追殺。官軍甫經回營，俟敵兵撲近濠邊，始開鎗砲，太平軍連撲十餘次，均經擊退。時李村敗回之太平軍，由北路來攻，以致兩面受敵，白瑛擇勇分股堵禦，文察派勇首林其中等馳至，內外夾攻，太平軍敗潰。生擒十四名，斬獲首級

82　許雪姬，〈林文察與臺灣——臺勇內調之初探〉，頁11。

83　(a)許雪姬，〈林文察與臺灣——臺勇內調之初探〉，頁11。
　　(b)〈林文察列傳稿〉，頁45－46。

二十一顆，耳記153件，奪獲器械213件」。[84]

十一月十七日，林文察又派游擊白瑛等率隊攻嶺下陽敵營，施放火箭，焚燒其街前敵壘二座，敵人敗遁街後巢穴。林文察復飭白瑛等進攻嶺下陽街後巢穴，先以小隊誘敵出營，左右伏兵齊起，三路夾擊，太平軍大潰，向徐村、王村逃遁。[85]

林文察自掃蕩嶺下陽敵壘後，王村、徐村之太平軍亦退往距武義縣城十里之三角店圍村築壘，以阻進兵之路。林文察夜令勇首林其中等帶三成隊伍會合后樹嶺等局民團前往襲劫。敵軍拒壘相持，勇團佯敗，敵軍追擊，官軍回擊，團丁田小路包抄，斬獲均多，太平軍棄巢逃竄回城。十一月二十七日，武義城敵軍旋以千餘人竄至后樹嶺，企圖邀擊官軍歸路，復經擊敗。[86]

此後，太平軍堅伏不出，於東門外潛谿地方添設哨卡。同治二年一月十一、十二日，左宗棠軍攻下湯溪、龍遊，武義勢孤。林文察密令游擊李朝安督所部臺勇並該處民團夜入潛谿，斬柵衝入，太平軍在睡夢中驚散奔逃，斬獲更多。另外派游擊白瑛逼城攻擊，復率團勇協助，施放火箭噴筒，燒燬敵柵，太平軍往金華一帶逃竄，一月十三日將武義城克復。由是浦城等處太平軍畏官軍聲勢，俱奔竄渡江。[87]

同治二年正月，左宗棠已督諸將攻克龍游、湯溪、蘭谿、金華等城，太平軍竄諸暨、浦江，正當欲分軍進剿，合攻諸暨時，總兵林

84 許雪姬，〈林文察與臺灣──臺勇內調之初探〉，頁12－13。
85 許雪姬，〈林文察與臺灣──臺勇內調之初探〉，頁13。
　〈林文察列傳稿〉，頁48。
86 許雪姬，〈林文察與臺灣──臺勇內調之初探〉，頁13。
　(b)〈林文察列傳稿〉，頁49－51。
87 許雪姬，〈林文察與臺灣──臺勇內調之初探〉，頁13。
　(b)〈林文察列傳稿〉，頁49－51。

文察與署永康縣知縣程陶成馳報，武義、永康之太平軍已在正月十三日遁走，林文察督軍追殺，克武義，程陶成率民團克復永康。[88]

隨後，左宗棠移軍蘭谿，督諸將攻紹興、桐廬之太平軍。[89]當時閩浙總督亦飭林文察與康國器各軍由義烏、東陽進攻，會同浙師攻紹興，[90]這可說是林文察再立大功的良機。然而，左宗棠會商耆齡，將派來援剿之康國器一軍及閩粵各軍暫令駐紮東陽、縉雲一帶，暫緩前進，以為浙師後路聲援。另一理由是「粵勇與洋兵構隙已深」，恐康國器所領粵勇會與攻紹興之洋兵衝突。[91]不久，又據報，紹興城已攻克，蕭山之太平軍也逃往徽州，浙東肅清，各軍無需前進，林文察一軍奉命仍然駐於武義，以壯紹興府之聲勢，鞏固台州、慶州之藩籬。[92]

同治二年初，由於浙江太平軍宣告肅清，為節省餉需，各地援浙軍逐漸撤離。同治二年三月十八日，清廷降諭改調閩浙總督耆齡為福州將軍，由左宗棠接任總督職與閩浙兩省防剿之責。[93]四月八日，左宗棠在嚴州軍營接到諭旨。[94]耆齡在卸任前，已將林文察所部臺勇

88　楊書霖編，《左文襄公全集》（臺北：文海，1979），奏稿，卷四，頁190。
　　左宗棠，「連後武義、永康等縣城見籌布置情形摺」，同治二年正月二十七日會銜（與兩江總督曾國藩、閩浙總督耆齡）。
89　楊書霖編，《左文襄公全集》，奏稿，卷4，頁191，同治二年一月二十七日會銜奏。
90　〈林文察列傳稿〉，頁51。
91　楊書霖編，《左文襄公全集》，卷4，頁191。
92　〈林文察列傳稿〉，頁57-58。
93　臺灣銀行經濟研究室編，《清穆宗實錄選輯》，臺文叢190，頁4。
94　左宗棠，《左文襄公奏牘》，臺文叢88，頁1。「覆陳裁汰閩軍並臺灣等處軍情片」（同治二年四月二十八日上奏）。

撤遣，由林文察帶回福建，候船配渡回臺。[95]同時，林文察也往赴其福甯鎮總兵之職。[96]按同治元年十二月二十一日清廷下旨將曾玉明調補臺灣鎮總兵，所遺福建福甯鎮總兵官由四川建昌鎮總兵官林文察調補。[97]林文察大陸遠征工作至此順利完成。

第五節　林文察遠征大陸的評估

　　林文察自咸豐九年一月帶領臺勇轉戰閩、浙，至此雖僅四年多，然而戰果輝煌，清廷與民間對林文察與臺勇的評價相當高。閩浙總督慶端屢次表揚其戰功，尤其推崇其能以少勝多，如遂昌之役，稱其「以三千之軍，剿數萬之賊，所向克捷」，清廷也嘉許其「勇敢善戰」。[98]咸豐十一年底之救援衢州之圍諸軍中，論者也稱「惟公（文察）軍最精」。[99]欽差大臣協辦大學士兩江總督曾國藩於同治元年間，也上疏稱：「閩中健將，群推文察為最」。[100]耆齡接任總督後，雖偏袒廣勇，但對林文察仍重用。清廷也稱「林文察打仗，頗能奮勇，……廓清溫、慶，秦如虎、林文察之力居首」，並警告耆齡不可過於偏袒廣勇。[101]左宗棠亦稱林文察「尚稱能戰」。[102]

　　由於有優越的表現，林文察升遷迅速，短短四年多，他由一分

95　左宗棠，《左文襄公奏牘》，臺文叢88，頁2。

96　《軍機檔》，92144號，同治二年十月二十五日上諭。

97　臺灣銀行經濟研究室編，《清穆宗實錄選輯》，臺文叢190，頁40。

98　〈林文察列傳稿〉，頁28。

99　朱孔彰，《中興將帥別傳》，頁353。（參考前節）

100　〈林文察列傳稿〉，頁26。

101　臺灣銀行經濟研究室編，《清穆宗實錄選輯》，臺文叢190，頁34。

102　〈林文察列傳稿〉，頁53。

發福建補用的游擊，升為參將、副將、總兵，並署提督銜，真是一顆光芒四射的熠熠將星。何以林文察會有如此優異的表現呢？原因有幾個。

第一、作戰勇敢：戰爭本是玩命的遊戲，惟勇者能得心應手。林文察狀貌並不高大，但自小即對戰爭有興趣，故能全心全力投入，勇敢、兇猛、不畏死。他為父報仇時所表現的決心、毅力、勇氣，早已顯示出這種軍人特性了。在閩浙各戰役中，他經常身先士卒，親冒矢火，走在第一線；也常行險以出奇制勝，例如咸豐九年麻沙之役圍捕郭萬淙，登險惡山區，緊追不捨。[103] 又如咸豐十一年江山之役，林文察以孤軍深入而陷於太平軍重圍中，然而勇猛力戰，居然以少勝多，轉敗為勝。[104] 故咸豐十一年，杭州將軍瑞昌盛讚他「驍勇無敵」，而指名援浙。[105]

第二、頗擅謀略：林文察從小喜讀兵書，深通戰法，作戰時常有奇策，「防剿有方」；[106] 總督慶端稱其「素稱謀勇」。[107] 最常見的是埋伏之計、誘敵之計等，如同治元年松陽之役，誘敵出戰，而伏兵四起，擊敗太平軍之援軍。[108] 其後在平臺之役中也用過此計，如同治二年斗六之役。（參看第八章）

第三、戰技優越：林文察自幼即勤練武術，戰技純熟，據稱能「聳身離地十餘丈」，「驍勇絕倫」。[109] 再者，林文察自幼即善用

103　〈林文察列傳稿〉，頁3-4。參考前節。
104　〈林文察列傳稿〉，頁11。
105　《欽定平定粵匪方略》(七)，頁4548。
106　胡壽海，《遂昌縣志》（臺北：成文，1970），頁614。
107　〈林文察列傳稿〉，頁21。
108　〈林文察列傳稿〉，30-31。
109　胡壽海，《遂昌縣志》，頁614。

槍砲,據聞極精準,每發必中。(參考前章)在作戰時,他也高度發揮了這個特點,以優越武器制服對手。〈林文察家傳〉指出「於時清兵、太平軍均用刀斧,我臺勇獨用火繩槍,射法素精」。[110]《平浙紀略》亦稱「林文察軍所部臺灣兵勇,精熟用鎗,發必洞中,實為閩軍之冠」。[111]《中興將帥別傳》在述松陽之役時,也稱他「所部臺灣勇丁,精熟火器,能臥地以趾駕鎗燃擊,無虛發,故賊畏之」。[112]用腳趾架槍扣扳機而彈無虛發確實不是件易事,這可能是林文察訓練出的戰法。據稱阿罩霧逼近內山,為防番,居民精熟火器。銃具是自製的,長約一丈多,「腹大而輕,善受鉛藥,兼能極遠」。[113]射術精準加上武器良好,故能以少勝多。難怪,浙江民團會假用文察軍號衣旗幟以驚退太平軍。

此外,臺勇擅長山地作戰。慶端曾奏稱:「延平山深菁密,非臺勇不能歷險穿幽,痛加剿洗」。[114]

第四、榮譽心強:林文察自幼即有立功疆場之大志,如今以一邊疆武夫,得以回內地效命立功,乃有一股強烈的榮譽心,以證明其能力。如松陽之役,與太平軍纏鬥七十餘日,臺勇因「遠道運糧,日不得飽」,情況危急,林文察「勉以忠義」,兵勇「忍饑荷戈」,繼續作戰,終於獲致勝利。[115]

此外,林文察所募臺勇大多來自彰化地區,甚至自親族,這種

---

110 胡壽海,《遂昌縣志》,頁117。

111 陳鍾英等纂,《平浙紀略》,頁288。

112 朱孔彰,《中興將帥別傳》,卷19下,頁353。

113 陳鍾英等纂,《平浙紀略》,頁288。

114 (a)許雪姬,〈林文察與臺灣——臺勇內調之初探〉,頁5-6。

　　(b)《咸豐宮中檔》,11983號。

115 〈林文察列傳稿〉,頁32。

鄉土性、血緣性使其產生同生死、共榮辱之心。〈林文察家傳〉亦載:「臺勇……名心尤熾;形勢在絕地求生之際,將士有布衣昆弟之歡,故能以少克眾,所向有功」。[116]如林其中、林廷棟等人與霧峰林家均有某種社會、經濟關係。[117]甚至有更親近的林氏家族的親人,如林文明是胞弟,經常並肩作戰,其它如林文通、林成功、林拔英等均係近親。[118]

這種榮譽心可能也促使林文察既能奮勇殺敵,卻又愛民如子,深頗民心。[119]因此,在援浙戰後中,多得民團之助,創造了以少勝多的特殊戰果。

不過,臺勇也有些問題。由於兵勇來自招募,又係渡海到異地作戰,對身家生活所依的餉銀自然很在意,一旦有缺,極易滋事。至少發生過兩個案件,引起當局之注意。

一、安家銀事件:由於當局未依約將臺勇所保留的安家銀發放予在臺親人,因而有鬧營事件。(此事下章將論及)

二、索詐事件:同治元年春,浙江戰局漸平,總督耆齡轉任福州將軍,乃撤遣閩勇,包括臺勇,因而發生臺勇在省城鬧事案件。據巡撫徐宗幹奏:「福建遣散臺勇,於省城地方因索詐不遂,輒敢聚眾搶貨、槍斃鋪民。……近來軍營撤退兵勇,管帶官兵往往不甚鈐束,以致沿途滋事。該管文武各官但求其出境,不復深究,鄉民更隱

---

116 〈林氏家傳〉,頁117。
117 林其中為勇首,(參考本章所述),同治二年,隨軍返臺平亂,解甲歸鄉,置田產,並建摘星山莊於今臺中縣潭子鄉,乃今日極具藝術美之民宅。參見《摘星山莊》(臺北:臺北建築師公會,1984),頁9,「歷史沿革」。
118 許雪姬,〈林文察與臺灣——臺勇內調之初探〉,頁21。
119 胡壽海,《遂昌縣志》,頁614,言「尤愛民」。

忍而不敢言，實為地方之害」。[120]雖然遣散之勇鬧事非限於臺勇，但林文察因此有個被抨擊的把柄，對其政治、軍事生命造成某種程度的傷害。

---

120 臺灣銀行經濟研究室編，《清穆宗實錄選輯》，臺文叢190，頁33。

第七章　戴潮春事件與霧峰林家

（同治元年至同治二年；1862-1863）

　　戴潮春（或稱戴萬生）之亂是清代臺灣繼朱一貴、林爽文之亂後的大動亂，直接受害的地區北至大甲，南至嘉義，自同治元年至四年，歷時三年方逐漸平定，其為害之大，比前二亂事，有過之而無不及。[1]雖然史家為方便起見，名之為戴潮春之亂，實際上參加此役的勢力有數股，例如四塊厝林日成（或林憨晟）、北勢湳洪欉以及小埔心陳弄等。他們都是地方豪族，有其基本地盤與一定實力，這種鄉土性是其力量不易壯大的原因，但也成為撲滅困難的理由。加以太平軍仍未平定，清廷缺兵缺餉，難以兼顧臺灣，亂局乃久久不能平。

　　戴亂爆發的導火線是地方官取締會黨而引起的抗官行動。會黨何以如此猖獗呢？第一、清代臺灣吏治不上軌道，公權力無法保障身家性命、財產的安全，民間乃傾向結會以自力救濟。第二、官府常藉地方力量協助維持治安，會黨或土豪勢力因而壯大。第三、戍臺班兵素質不佳，欺壓百姓，民間惟有加入幫會方足以對抗。第四、臺灣無產無室的羅漢腳極多，因互助與社交的需要而結會拜盟的風氣很

1　蔡青筠，《戴案紀略》（臺北：臺灣銀行經濟研究室，臺文叢第206種，1964；1923年原刊），頁1。

盛,使會黨有源源不斷的人力供應。[2]因此,每一有風吹草動,全島即陷入混亂局面中。

戴亂之形成除了抗官之因外,另一因素是中部家族間的仇怨與利害衝突。由於清廷對臺灣的控制力並非很強,強宗巨族往往各佔地盤,甚至養私勇以維護或擴張其利益,豪族的動向對社會治安有決定性的影響力。戴亂之爆發即涉及豪族間的衝突,而與霧峰林家關係最深,頗值得探討。

由於戴亂蔓延甚廣、歷時甚久,清廷屢派兵將,終無法平定,霧峰林家於公於私,均期望早日解決,因此林文察、林文明、林奠國等人在平亂中扮演要角。

以下分戴潮春之亂與林家的關係、林文明之返臺平亂,及林文察之奉命平臺,論述此事件的來龍去脈。

2　這些問題參見以下諸作:
　　(a)劉妮玲,《清代臺灣民變研究》,頁36－100。
　　(b)許雪姬,〈班兵與臺灣的治安〉。

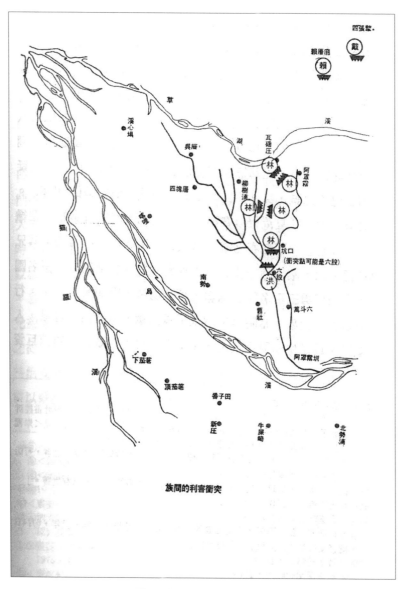

四張犁

賴厝廟

草

溪心埧

湖

溪

瓦磘庄

吳厝

林

四塊厝

阿罩霧

柳樹湳

林

林

林

坑口

（衝突點可能是六股）

六股

南勢

洪

烏

萬斗六

霸社

下茄荖

阿罩霧圳

頂茄荖

溪

番子田

新圧

牛屎崎

北勢湳

族間的利害衝突

■圖11　林家與鄰近巨族對峙圖

■圖12　草屯洪姓各派遷移路線圖（洪敏麟繪）

第一節　戴潮春事件與林家的關係

一、戴家與林家的恩怨

戴潮春小名萬生，祖父戴神保，道光年間《彰化縣志》則稱天定。[3]據《縣志》載：

> 戴天定，字爾厚。少失怙，母江氏，勤儉持家，督其力學成
> 名。嗣因屢蹶童子試，援例入貢，以慰親心焉。生平秉性恬
> 和，慷慨好義，處族黨間，雍雍如也。遇有困苦者，輒加惠不
> 少吝。邑建聖廟，獨首捐銀一千兩；修義倉，復先捐粟三百
> 石，以為諸殷戶倡。又慎筦篰，凡聖廟之經費捐款，皆賴司其
> 出入，此尤其大彰明較著也。歲壬辰（道光十二年），嘉義
> 賊匪猖獗（即張丙之役），將蔓及境，天定傾資募集義民，
> 近護莊堡，以軍功蒙賞八品頂戴。卒年六十。子長松江，次明
> 海，皆綽有父風，能繼先志。識者多之。[4]

可見戴潮春之祖戴天定在道光年間已是地方頭人。他雖未考取童子
試，但也捐為例貢生，向學心頗強；經濟上也很富裕，[5]常施財救
濟，捐銀助建聖廟；善算術而為人甚公正，乃受託管理財務。在道光
十二年張丙之亂時，他曾捐資招集義民，保護地方，而因此獲賞八品

3　林豪，《東瀛紀事》，臺文叢8，頁53。
4　周璽，《彰化縣志》，臺文叢156，頁261。
5　1930年左右，賴慶氏、宮島氏調查，戴家是自曾祖三代有勳位的望族，及擁
　　有財產一萬石之富豪與書香門第。見宮島虎雄，《鄉土誌》（臺中：北屯公
　　學校，1932），頁33。

軍功。[6]戴天定也以「軍功八品銜貢生」身份，與地方名人參與道光
初年纂修《彰化縣志》的工作，可見他在文教界也具有某種地位。[7]

《彰化縣志》載戴天定有二子，松江與明海；但〈東瀛紀事〉卻
說「生子四人」。長子松江生子七人，潮春為季子，[8]萬生是潮春之字
或小名，[9]原籍漳州龍溪縣，住彰化揀東堡四張犁（位於臺中市北屯
區）[10]，「家巨富」，世代為北路協稿識（稿書）。[11]可見戴家乃地方
上的富豪，在臺灣也算得上是書香門第，又在官府任職，與公家關係
極密切。

由於當時盜賊多，戴萬生長兄戴萬桂曾組織土地公會以自保。
其後又倡立八卦會，乃與張水（渾號五股水）招集殷戶組成的，立約
有事相援。立會之因是與人爭田租，據稱田租為阿罩霧人所佔。[12]當
時臺灣治安差，官力不及，豪族互爭雄長，弱肉強食，毫無忌憚；事

---

6 周璽，《彰化縣志》，臺文叢156，頁255，載有：「軍功……戴天定（例
貢）……以上六名，咨賞八品頂戴」。

7 周璽，《彰化縣志》，臺文叢156，序例，頁27。本書當修於道光十一年
後，刊於道光十六年，因書中言及「珊琳……道光十五年十二月任」（頁
205），可見成書於此年之後。

8 林豪，《東瀛紀事》，臺文叢8，頁1。

9 林豪，《東瀛紀事》，臺文叢8，頁1。但吳德功、蔡青筠說是小名，見吳
德功，《戴施兩案紀略》（臺北：臺灣銀行經濟研究室，臺文叢第47種，
1959；原刊年不詳），頁1與蔡青筠，《戴案紀略》，臺文叢206，頁1。

10 四張犁在今臺中市北屯區仁美、四民、仁和、仁愛等里，道光初年已形成街
肆，見洪敏麟，《臺灣舊地名之沿革》，冊二下，頁56－57。

11 (a)林豪，《東瀛紀事》，臺文叢8，頁1。
(b)蔡青筠，《戴案紀略》，臺文叢206，頁1。
(c)吳德功，《戴施兩案紀略》，臺文叢47，頁3。

12 (a)林豪，《東瀛紀事》，臺文叢8，頁1。
(b)蔡青筠，《戴案紀略》，臺文叢206，頁1。
(c)吳德功，《戴施兩案紀略》，臺文叢47，頁3。

關經濟利益的爭水佔田之事相當普遍。臺灣又為新近開發的邊疆此會，未報稅的不合法的隱田極多。地主稍一疏忽，可能會喪失土地所有權；在收租時，也常有豪強搶先收租之事。[13]

與戴萬桂有田租糾紛的阿罩霧人是誰呢？原來是林天河（奠國），即林文察之叔，亦即頂厝系祖。[14]〈林奠國家傳〉曾透露消息稱「（阿罩霧）莊負山環溪，鄰鄉多巨族，各擁有一方，非番害則械鬥，故莊人皆習武；手耒耜，腰刀槍，以相角逐。而先祖考（奠國）能御之，里黨子弟咸就勒焉」。[15]咸豐末年，林家勢力已壯大，爭田租佔到上風是可能之事。

當時，戴潮春任職北路協稿識，並未加入戴萬桂所組的八卦會。咸豐十一年冬，彰化知縣高廷鏡下鄉辦事，潮春逮捕莊棍以獻，北路協副將夏汝賢（四川人，武進士），猜疑他對自己不忠誠，又「索賄不從」，乃革退他的職位（伍籍）。[16]另有一說是「夏汝賢以貪酷聞」，查知潮春家境富裕，羅織罪名，肆意勒索；潮春乃辭稿識（書）職回家。[17]當時，其兄萬桂已去世，潮春進一步組織天地會，

13　(a)林豪，《東瀛紀事》，臺文叢8，頁8。
　　(b)〈岸裡社文書〉有不少這類佔地爭租紀錄，如嘉慶十三年九月，岸裡社番控訴管德盛等人偽造契字、恃強霸耕，吞收租谷；甚至將田轉贌他人。見〈岸裡社文書〉（張耀焜贈，臺大總圖書館藏）718與719號。
　　(c)據陳炎正先生言，清代常有「翻（變）田根」（即改變所有權）之事，可能因遺失地契或械鬥失敗等因素。
14　蔡青筠，《戴案紀略》，臺文叢206，頁11，載「戴逆之兄萬桂嘗與林奠國爭田租，夙有仇讐。」
15　林獻堂等編，《林氏族譜》，臺文叢298，頁106－107。
16　(a)林豪，《東瀛紀事》，臺文叢8，頁1－2。
　　夏汝賢應非北路協副將，而是嘉義營參將。見《月摺檔》，同治元年六月四日，總督慶端奏「再臺灣彰化縣轄會匪滋事」。
17　(a)蔡青筠，《戴案紀略》，臺文叢206，頁1。

並請縣令給戳，假名團練，自備鄉勇三百名隨官捕盜，頗著功績，因而豪右斂手，行旅與百姓均受惠。當時因內地太平軍猖獗，臺灣治安也亂，人心惶惶，為了生命財產安全，不少人入會，以致富戶須挾巨資方能入會。[18]戴潮春之所以組會，除了上述之豪強互爭水源田土外，另外，因戴氏在四張犁是孤姓（該地大多姓林），由於官力不足，為防他姓之欺壓，只有強化自己的力量。[19]

天地會自乾隆初年嚴煙傳入臺灣後，漸成民間會黨的一大勢力。林爽文亂後，天地會勢力時消時長，但不絕如縷。[20]戴潮春因學識較高，他所組成的天地會較合於正統的規矩，有隆重複雜的入會儀式與較嚴密的組織，堪稱為天地會在臺灣發展的集大成者。[21]

入會者每名納半元，稱過香。過香之法是環竹為城，城分四門，城中設香案三層，曰花亭，上奉五祖，亦曰洪英。在北門外立一香案，書「戴潮春長生祿位」，冠以「奉天承運天命大元帥」等稱號。旁設一几，奉朱一貴、林爽文為先賢。入會時，由「舊香」（會員）數十人執禮，「新香」（新入會者）以數十人為一行，披髮跣足，首裹紅巾，叩行而入，跪於案前，教以冊內禁約，斬雞為盟，執香默

(b)吳德功，《戴施兩案紀略》，臺文叢47，頁1。

18　(a)林豪，《東瀛紀事》，臺文叢8，頁1。
　　(b)蔡青筠，《戴案紀略》，臺文叢206，頁1。
　　(c)吳德功，《戴施兩案紀略》，臺文叢47，頁3。

19　據1930年左右，賴慶氏、宮島氏之調查，見宮島虎雄，《鄉土誌》，頁33。

20　林豪，《東瀛紀事》，臺文叢8，頁1。

21　(a)劉妮玲，〈秘密結會與清代臺灣民變〉，《臺灣風物》（臺北），33：4（1983.12）頁34。
　　(b)張菼，〈臺灣反清民變的不同性質暨其分類〉，《臺灣銀行季刊》（臺北），27：3（1976.9），頁315。

禱，有天地香、父母香、兄弟香等名目。[22]因儀式緊，組織密，團結力強，南北路不逞之徒，紛紛加入，列名之黨徒，多至十餘萬人。由於戴潮春維持治安有績效，同治元年春，高廷鏡卸任彰化縣令，雷以鎮接任時，仍然被任用。但會黨擴張太快，以致龍蛇雜處，不少黨徒仗勢橫行，甚至白晝搶殺，潮春竟無法控制，以致最後騎虎難下，釀成大禍。[23]

二、林晟（日成、憨虎晟）加入戴潮春陣容──前、後厝之爭

由於各地「添弟會」（天地會）日益猖獗，臺灣總兵、道臺、知府乃派員查拏，辦理清莊聯甲與出示曉諭，首先拏捕斗六地方匪犯數名。同治元年三月五日，道臺孔昭慈調募兵勇六百，援例春巡，順道至彰化辦理會匪。[24]

同治元年三月九日，孔昭慈抵彰化，捕殺總理洪某，並召淡水同知秋曰覲來彰化協辦會黨。同知馬慶釗也懸賞拏捕會首，天地會黨人乃欲謀反。秋曰覲曾任彰化縣令，因官府兵力有限，乃募鄉勇支援。金萬安總理林明謙（林大狗）保舉林晟帶勇四百人，林奠國（林天和、林天河）帶勇六百人，隨秋曰覲剿會黨。[25]

不料，林日成倒戈兵變。林日成兵變日期、地點，各書記載不一。據當時嘉義營外委鄭連陞帶勇內渡在泉州向署陸路提督石棟所作

22　林豪，《東瀛紀事》，臺文叢8，頁20。
23　(a)林豪，《東瀛紀事》，臺文叢8，頁2-3。
　　(b)蔡青筠，《戴案紀略》，臺文叢206，頁2。
　　(c)吳德功，《戴施兩案紀略》，臺文叢47，頁4。
24　《月摺檔》，同治元年六月四日，閩浙總督慶端奏「再臺灣彰化縣轄會匪滋事」。
25　林豪，《東瀛紀事》，臺文叢8，頁4。

的報告稱：

> 孔昭慈督帶兵勇馳赴彰化剿捕，並令紳士林鳳成等募勇助
> 戰。三月十七日遇賊於黎頭店，我軍連獲勝仗，詎林鳳成之勇
> 內變，官兵均被殺害。彰化縣旋於二十日失守，孔昭慈不知下
> 落；前署北路協副將夏汝賢、淡水同知秋日覲等，並在城文武
> 均各殉難。[26]

其後，臺灣文武官員報告總督慶端稱：

> 孔昭慈……飭令署淡水同知帶勇協剿。十七日，署北路協副將
> 林得成、署臺灣協中營遊擊游紹芳、署彰化縣知縣雷以鎮、秋
> 日覲等督軍分路進攻。行至大墩地方，遇賊數千，我軍接仗獲
> 勝，詎職員林晟所募之勇內變（原文「受」），兵勇傷亡甚
> 多，秋日覲、游紹芳均被戕害。

又糾正上次報告之錯誤，言內變之勇乃「林晟所募，非林鳳成」。[27]

　　綜合上述報告，可知三月十七日官軍在今臺中地方（大墩或黎
頭店）與戴潮春黨人交戰，勇首林晟反戈，殺秋日覲等人。不過，其
他著作有曰，秋日覲十七日行至烏日庄，林晟之勇反戈，十八日遇

26　《月摺檔》，同治元月四月二十四日，閩浙統督慶端奏「臺灣彰化縣轄會匪
　　滋事，遴委大員馳赴督剿摺」。

27　《月摺檔》，同治元年六月四日，閩浙總督慶端奏「再臺灣彰化縣轄會匪滋
　　事」。

害；[28]有曰，十五日，行至東大墩，與戴黨戰，林晟反戈；十六日，秋曰覲遇害。[29]秋曰覲遇害情形，亦有曰，當林晟應召赴彰化縣時，「故與賊通，佯請司馬（秋曰覲）焚書誓師。拜未畢，突砍其首」。[30]

在此暫以官方報告為準，即三月十七日，在大墩官軍與戴黨交戰，林晟反戈，殺秋曰覲。林晟何以會反戈呢？一者因秋曰覲任彰化縣令時，曾捕其入獄，二者因與前厝庄（阿罩霧）林氏有仇，尤其是林奠國。[31]何以二家林氏會結仇呢？原來涉及前、後厝林氏之世仇。道光三十年後厝林和尚曾殺害前厝人（即林定邦），其後為林文察所殺，[32]前、後厝林氏乃結血海世仇。林晟家在四塊厝（今霧峰鄉四德村），亦後厝人，屢次聲言為林和尚復仇，與前厝人常年械鬥。[33]

據稱林晟「兇狠成性，驕傲不能容物」，因此，有仇必報。[34]曾玉明任北路協副將時，曾調解雙方，但終歸無效。[35]可見林文察在訟案中雖勝訴，但與後厝林家之仇卻愈結愈深。

由於林晟反戈，戴萬生黨徒聲勢壯大，林奠國見勢不佳，率勇退入阿罩霧以求自保。[36]

28　林豪，《東瀛紀事》，臺文叢8，頁4。

29　(a)蔡青筠，《戴案紀略》，臺文叢206，頁4。
　　(b)吳德功，《戴施兩案紀略》，臺文叢47，頁4。言十七日，秋曰覲遇害，與原始資料同。

30　丁紹儀，《東瀛識略》，臺文叢2，頁95。

31　林豪，《東瀛紀事》，臺文叢8，頁4。

32　林豪，《東瀛紀事》，臺文叢8，頁7。言為十二歲幼孤所殺，當指林文察，但年歲有誤。

33　林豪，《東瀛紀事》，臺文叢8，頁7。

34　蔡青筠，《戴案紀略》，臺文叢206，頁52。

35　吳德功，《戴施兩案紀略》，臺文叢47，頁15。

36　(a)蔡青筠，《戴案紀略》，臺文叢206，頁3。
　　(b)吳德功，《戴施兩案紀略》，臺文叢47，頁5。

　　林晟反戈戕官後，戴潮春騎在虎背上，不得不發難。同治元年
三月十八、十九兩日，以大股黨徒圍攻彰化縣城。據官方報告：

> 孔昭慈、嘉義營參將夏汝賢、試用通判鈕成標，督帶兵勇登
> 陴固守，槍炮齊施，傷斃賊匪多名。該匪越聚越多，蜂擁
> 登城，鹿港紳董帶勇馳援，與臺灣鎮總兵林向榮所派援師道
> 梗，無由得達。二十日黎明，縣城失陷。孔昭慈巷戰受傷，
> 旋即仰藥殞命，隨帶臺灣道關防搶失。夏汝賢、署千總郭得
> 升、把總郭秉鈞、外委吳國佐同時遇害，此外員弁，不知下
> 落。[37]

　　其它著作有謂，戴潮春見黨人闖禍，頗有悔意，但無奈，於十七日率
眾攻彰化城。黨人佔八卦山，居高臨下，以槍砲轟擊縣城。孔昭慈手
下僅有老弱營兵三、四百名，乃令勇首施九挺赴會鹿港召勇，竟無一
人應徵。十九日，夜裡三更，奸細開城門迎會黨，二十日清晨，城
陷。戴氏身穿黃馬褂，騎馬鼓樂入城。夏汝賢以貪酷激變，全家受辱
而死。數日後，孔昭慈以外援不至，乃仰藥自殺。[38]

三、洪欉加入與亂事之擴大——洪、林之怨

　　彰化城淪陷後，臺灣、鳳山、嘉義等縣黨徒，乘機蜂起，殺汛

37　《月摺檔》，同治元年六月四日督慶端奏「再臺灣彰化會匪滋事」。
38　參看(a)林豪，《東瀛紀事》，臺文叢8，頁4－6。
　　(b)蔡青筠，《戴案紀略》，臺文叢206，頁4－6。
　　(c)吳德功，《戴施兩案紀略》，臺文叢47，頁6－7。

弁，響應戴潮春。[39]重要股首先後有小埔心（今彰化縣埤頭鄉合興村）陳弄、茄投（今臺中縣龍井鄉竹坑、龍東、龍西等村）大姓陳鮐、水沙連股戶洪欉、嘉義嚴辦、賴厝廊（今臺中市北區賴厝、賴村等里）賴矮、鳳山縣許夏老、淡水廳王九螺等。僅彰化縣股首列名者就有六百六十餘人，小頭目不算在內；加上南北路，人數更多。陳弄是小埔心巨族，綽號啞狗弄，性悍而騃，喜納亡命、劇盜，羅漢腳多歸依，自稱大將軍。陳鮐乃茄投大姓，據茄投大肚溪。嚴辦佔據嘉義牛朝山，稱征南大將軍。賴厝廊賴矮（賴阿矮）稱先鋒。洪欉乃水沙連股戶，住北勢湳（今南投縣北勢鄉），戴潮春封他為元帥。[40]

洪家原與官府關係良好。約在乾隆四十年代，洪育德率二子登榜、必祥自漳州漳浦縣移居於新庄（在南投縣草屯鎮）。不久，林爽文亂事發生，洪登榜、必祥兄弟集族中壯丁參加平亂，建有奇功，彰化知縣胡應魁（嘉慶元年十二月任）代授欽賜「虎穴揮戈」一匾，以示獎勵。[41]

洪登榜之第四子洪水浮生有苛、羌、璠、才、西、欉、柔、益八子，其中洪璠、欉、益三人與戴潮春之役有關係，不過，洪欉過繼為洪必祥子攀龍之嗣。[42]八兄弟中以洪璠最聰明能幹，道光年間被舉為草屯四大姓（洪、李、林、簡）總理，清廷封予「濟純」名號。據稱在道光二十六年，他爭取彰化縣撥款修敦煌堂（洪氏家廟），而以餘款建文昌祠以興學。他又與弟洪欉承辦洪攀龍所創辦之萬安局，集

39　《月摺檔》，同治元年六月四日，同37，慶端奏。

40　林豪，《東瀛紀事》，臺文叢8，頁6~7。

41　洪敏麟，〈草屯、茄荖洪姓移殖史〉，《臺灣風物》（臺北），15：1（1965.4），頁6、12。「虎穴揮戈」匾現懸於草屯鎮新庄里芬草路61號育德堂。

42　洪敏麟，〈草屯、茄荖洪姓移殖史〉，頁13。

壯丁辦團練，以維護地方安寧。兩兄弟精通武術，因此又辦萬安鏢
局（保鏢局），承辦大甲溪、西螺溪、鹿港、埔里社之間的貨物護行
與保險工作。[43]據稱他們對外宣稱，「頂通霄、下琅嶠」（上至通霄、
下至屏東），如送貨至北投（草屯鎮）有被搶者，照數賠償。因此，
北投成了一個重要交易中心，其市況之繁榮超過大墩（臺中市）、員
林、豐原。[44]由於北投的商業鼎盛，他也從事多角化經營，如客棧、
酒店、飯館等，因此財力雄厚。據稱其宅第之「石基腳」（礎石）用
的是寸許厚的石板，而非石頭。[45]

　　洪璠在社會上極活躍，登瀛書院（文昌祠）、北投朝陽宮據稱
是他發起創建的，他也捐款修慶安宮。由於經營保鏢局，他參加幫
派，廣結各地「綠林豪傑」。由於為人慷慨，各路兄弟均送禮，故深
受敬愛，無人敢劫他的鏢，因而財源滾滾。[46]

　　洪璠弟洪欉乃洪水浮第六子，綽號洪六頭，過繼隔房叔洪攀龍
為子，因而與洪璠接辦其所創辦之萬安局。[47]萬安局目的原在維護地
方治安，但據說洪欉因抽收保護費，鄉人頗有不滿者。[48]此外，洪欉
可能也在番地從事耕墾並進行貿易。據曾玉明同治三年四月十三日之
奏摺，言：「（洪欉）奔入龜仔頭生番窩裡舊社內巢穴。伏查該逆素
識番語，貿易相通，早就該巢開墾」。[49]可見洪欉與生番來往甚密，

43　洪敏麟，〈草屯、茄荖洪姓移殖史〉，頁14。
44　1985年2月12日在草屯鎮公所訪洪松輝老先生。
45　1985年2月12日在草屯鎮公所訪洪松輝老先生。。
46　1985年2月12日在草屯鎮公所訪洪松輝老先生。。
47　洪敏麟，〈草屯、茄荖洪姓移殖史〉，頁14。
48　1985年9月21日訪洪瓊瑤於草屯田厝仔，言挑柴經過其地須繳過路稅，因此
　　失敗後，其宅第被人毀壞。但不知可靠性多大。
49　《軍機檔》，96839號，「彰化解圍，出力請獎由」。

既通番語，又從事耕墾、貿易，獲利當甚大；而在番地活動，非有某種自衛武力與資金是不可能的。可見他是個有力的地方豪強。

從以上歷史背景與經歷看來，洪璠、洪欉應是與官府合作的，何以會加入戴潮春一方呢？

原來洪欉家住內山北勢湳，出身殷戶，原本無意謀反，其加入戴黨之因是「素與前厝人不睦；且戴、林二逆與之交厚，為所愚惑；恃其地勢險遠，謂可自據一隅以觀望成敗」。[50]據稱，戴潮春起事後，林晟與洪欉、何守等人曾密謀捉拿獻官以立功，故扣留北路協副將林得成不殺。林得成也勸林晟反正，而同族殷戶也以巨金鼓勵他助官。但，戴潮春屢次送黃馬褂以高官引誘；加上有一位名叫江有仁者，曾帶勇赴內地，官至藍翎守備，以為乘內地大亂舉事，可以成功。林得成遂自殺，林日成乃自稱大元帥，參加戴黨，與戴潮春俱稱千歲。[51]洪欉因此也捲入戴亂旋渦中。

到底洪欉與霧峰林家（前厝人）何以不睦呢？

由於文獻上未述及洪欉「素與前厝人不睦」的原因，在此僅能作有限的推測。據後代洪、林子孫的傳聞，主要原因是經濟利害的衝突，即水源與土地之爭，衝突的地點是萬斗六地區。為了解洪、林之爭的背景，茲簡述洪家之拓展史。

第一批洪姓族人在乾隆初年移殖於下茄荖、石頭埔，第二批則大約於乾隆四十年代移入新莊，第三批可能在乾隆四十年代之前先移入芬園鄉之縣莊，其後移居番子田（新豐里）、牛崎崎（今草屯鎮御史里）、北勢湳（北勢里）、下茄荖、新莊等地，第四批於嘉慶十五

50　(a)林豪，《東瀛紀事》，臺文叢8，頁52，頁52。

　　(b)蔡青筠，《戴案紀略》，臺文叢206，頁57。

51　林豪，《東瀛紀事》，臺文叢8，頁6。

年移居於彰化縣北投保頂茄荖莊五張犂份田中央。[52]據洪家後代言，有一部分洪姓族人越過烏溪，發展至萬斗六，先墾舊社，接著萬斗六、坑口村、六股等地。坑口有洪公館地名，乃是收租之租館。[53]（參見圖12洪姓各派遷移路線圖）

據稱，洪姓族人（洪府？）在乾隆二十三年在萬斗六鑿阿罩霧圳，其墾田北與霧峰林姓田地毗連；他們向平埔族贌耕，再招佃開墾。[54]此項說法有兩個問題，第一、乾隆二十年代，霧峰林家仍在大里杙開拓，至乾隆五十年代方在霧峰謀生，至道光年間才漸有成，因此，不可能在乾隆二十年代，林家有田與洪家毗鄰。第二、由於方志上未有阿罩霧圳之記載，不知乾隆二十三年洪府築阿罩霧圳之說的依據何在。按理說，在乾隆二十年代，洪姓族人才開始墾殖於下茄荖、石頭埔、新莊等地，也不太可能越過烏溪拓墾。何況在林爽文亂前，萬斗六地區似乎大部份為番社之地，亂平後方設屯，墾務才迅速完成。依據筆者目前所得之材料，絕大部分萬斗六土地都是在嘉慶年間招墾的，而第一個開墾者大多非洪姓，而且洪姓族人之田多為自其它漢人買入或典入者，年代多在嘉慶後，而以道光年間者最多。[55]

首先入墾萬斗六地區者當是洪登榜。他在嘉慶三年（1798）一月向萬斗六社番陳天、乙輪夫妻典入萬斗六北勢洋水田與埔園一

52　洪敏麟，〈草屯、茄荖洪姓移殖史〉，頁5-7。

53　(a)洪敏麟，〈草屯、茄荖洪姓移殖史〉，頁12。
　　(b)1985年2月12日訪草屯鎮公所洪輝松老先生。

54　(a)洪敏麟，〈草屯、茄荖洪姓移殖史〉，頁12。
　　(b)王世慶，〈霧峰林家之歷史〉（臺大歷史系藏，手稿），頁9，言洪家開阿罩霧圳南段，林家開北段。

55　據筆者搜集到之萬斗六地區地契所得之暫定結論。此事日後有暇，當專文討論。

段，價銀為佛銀75元，典期自嘉慶三年早季至十一年晚季共八年。此田園計含水田一垺半，東至阿罩霧圳，西至車路，南至愛箸田，北至自己田；又一段有半垺，東至阿罩霧圳，西至加臘田，南至自己田，北至瑛目嘓田，圳水充足，每年配納大租3石。[56]

嘉慶三年五月，洪登榜又向貓羅社番田元景典入萬斗六南勢洋水田與埔園一段，東至阿罩霧圳，西至黃宅田，南至山貓田，北至通事三奇田，圳水充足，典價為佛銀50元，年納大租2石，典期5年。[57]

如無更早資料，洪家當是在嘉慶三年後才向萬斗六地區發展的，而洪登榜可能因協助平林爽文之亂有功而至萬斗六地區典田。據以上二件資料，洪登榜典入者乃已墾熟之田，圳水充足，因此，其前已有他人拓墾。其次，契字上見有「阿罩霧圳」字眼，顯然在此之前，此圳已建成。事實上，嘉慶元年（1796）契字已出現「阿罩霧圳」字眼，[58]因此，除非有比洪登榜更早的洪姓族人入墾萬斗六，則阿罩霧圳不可能是洪姓族人所開。此圳在乾隆年間當已開成，到底何時、何人所開，尚待進一步探究。

雖則阿罩霧圳不如傳聞係洪姓首先開鑿，但是，由於墾地的增廣，洪姓族人在萬斗六買地者日多，可能將原來的圳路擴築延長，而到達六股，年代當在嘉慶、道光年間，而以道光年間可能性較大。道光年間也是霧峰林家（林甲寅、林定邦、林奠國）開始拓墾霧峰地區的時期，傳聞他們開鑿阿罩霧圳北段，[59]但欠缺史料佐證，不知正確性如何。

56　〈正澍契〉，宙120，2/7。

57　〈正澍契〉，宙41，1/12。

58　〈正澍契〉宙120，1/7，嘉慶元年六月之契。

59　王世慶，〈霧峰林家之歷史〉，頁9。

　　不論阿罩霧圳是誰建造的，洪、林二家為了水源問題而起衝突的可能性是存在的。原因是洪氏控制阿罩霧圳自烏溪水源至六股段，佔盡地理上的優勢，只要在六股斷水，下游即缺水，雙方即可能爆發衝突，清代臺灣各地因水而起的衝突不勝枚舉，洪、林二家也不例外。由於史料缺乏，我們不易判知洪、林鬥開始的年代，但推測當在道光、咸豐年間，亦即當林家勢力成長時才有衝突。衝突的主要地點可能在六股，也就是洪、林二家向北與向南發展的交會點，它也是阿罩霧圳的分水處。筆者曾往此處勘查，六股確實掌握著霧峰地區水源的樞紐，當缺水時，只要水源一截，下游平原盡成旱地。（照片10與11為阿罩霧圳頭與六股分水處）

　　洪、林拼鬥的傳聞極多，俗稱「洪、林拼」，但文獻資料卻極少，即使傳聞，也未指明何時、何地、何種性質。[60]同治初年戴潮春亂時，洪、林二家結成深仇，無疑是關鍵因素，但在此之前，是否已有拼鬥的事實呢？

　　在文字資料方面，筆者在北勢湳洪長庚於咸豐五年六月向蘇慶旺買進茄荖厝庄東勢溪底水田、埔地之地契中，見到批有：「上手契券遇洪、林兩姓互鬥遺失，日後取出不能行用」。[61]但是否指與霧峰林姓之鬥，仍未敢斷言。如是，則至遲咸豐五年兩家已有衝突。

60　王世慶，〈霧峰林家之歷史〉，頁9。筆者於1985年8月13日亦訪吳厝庄（今霧峰鄉新厝）一林吳氏老太太。據稱，其祖小時是霧峰林家僱工，有一次「巡田水」（查看田中是否有水），被洪姓人家抓去，蓋在粟桶，用煙欲薰死。他只好放尿浸衣服，掩住鼻子呼吸。其後，以重金贖回，乃立誓林、洪不婚。又據稱，雙方械鬥，洪姓有十八名壯丁犧牲了，每年將十八件血衣用竹竿高祭祀，以示不忘仇。這些傳聞都無法指出發生的時間、地點，以致難以放在歷史的架構中。

61　〈正澍契〉，元99(a)，1/9。

筆者訪問洪氏族人，查證洪林拼之事，其中最具體的是，新庄一洪姓老先生（九十幾歲）的對話。他說洪姓族人善於開圳，多佔水頭（水圳上游），缺水時就截水，常引起衝突，其中洪欉古（在萬斗六地區，後代住南勢仔）常斷人水。[62]查洪欉古在戴潮春亂時曾參與亂事，也許在此之前，他已與林家有衝突了。

作者又訪問草屯鎮一洪姓族人。據說，洪家越過烏溪，開墾舊社、萬斗六、坑口。日後田地大多被林家佔去，洪欉為報復，組織一隊家勇，計三、四十人，在茄荖山頂，將槍口對著圳頭，不讓林家人潑水灌田，三、四年後，雜草叢生。[63]

洪先生的話在時間上當有錯亂，所謂林家佔田事應該是同治四年戴潮春亂後查封叛產之事，似乎不是在此之前。不過，其所提到的洪欉報復林家的事倒提供一點線索，即雙方確有爭水問題的存在。在戴潮春之亂時，以洪欉為首的洪姓族人曾用經濟手段圖困死林家。〈林文鳳家傳〉載：「……阿罩霧以一村落，介立於紅旗之間，防戰經年。圳水又久為萬斗六莊洪姓所遏，良田盡暍，粒米不收；乃出倉穀以賑」。[64]也許這可印證洪先生之言。

除了水源問題外，是否還有田土之爭呢？可能性是存在的。如前所述，洪欉祖父洪登榜曾在萬斗六典田收租，其後可能繼續擴展。戴潮春之亂時，林文明率勇於同治四年初攻入萬斗六洪姓村庄，在查封叛產時曾報告稱：「六股、舊社、萬斗六、土城、番社等

62　1985年9月21日訪洪番薯老先生於草屯鎮新庄。
　　洪家已發展至六股，筆者以為衝突地點應在此。但1985年8月13日訪曾樹旺老先生，却稱爭水的地點在烏溪。惟筆疑即使如此，也是戴亂後之事。
63　1985年2月12日在草屯鎮公所訪洪輝松先生。
64　林獻堂等編，《林氏族譜》，臺文叢298，頁109。

五庄，民間有久附洪逆抗官拒□者，皆由洪璠、洪欉、洪花等，置有田租千餘石與之耕種」。[65]如以小租每甲20石計，當在六、七百甲左右，可見洪欉兄弟在此區確有相當大的田產。但不知田土之爭在戴亂之前已發生，或戴亂後查封叛產時方引起。

此外，兩家也許有淵源更早的仇怨。洪登榜、洪必祥兄弟在平林爽文亂時曾立功，有可能因此招致林石後人之怨恨，而洪欉是洪登榜之孫，也許洪、林兩家早已累積了歷史性的族仇。[66]

洪欉由於洪姓族大而團結，「生性狡悍」，素為戴、林所倚賴，北勢湳地勢又險要；而洪璠「人本兇殘，心懷詭譎，洪欉之敢於悖亂，亦係專用其謀；而匪黨族眾之中，素又稱其有才」，[67]故聲勢相當浩大。事實上，二兄弟之「萬安局」，廣結各地綠林豪傑，其影響力更大。其後，洪欉死後，洪璠又招萬斗六莊股首洪戇古協助。[68]洪璠死後，弟洪益仍繼續抗清，可說是一門三兄弟，抗清到底。

四、阿罩霧攻防戰

同治元年三月戴潮春發難後，亂事迅速蔓延南北，閩省一向賴臺米接濟，恐造成民間驚惶變亂，閩浙總督慶端乃急謀對策，一面派久任臺灣之福寧鎮總兵曾玉明星夜飛渡臺灣，調募得力兵勇赴彰化進剿，促其勸令各莊頭人集團策應；一面責令馳赴西螺之臺灣總兵林向榮實力進剿；並候曾任臺灣道臺的新任閩撫徐宗幹到任後，細商對

---

65 〈宮保第文書〉(2)，頁30-31。同治四年二月六日「林文明移會臺灣府正堂陳」。

66 洪敏麟先生亦指出，家族間之仇恨可能口耳相傳，連綿不絕。1986年3月22日訪於臺中市省都西餐廳。

67 丁曰健，《治臺必告錄》，臺文叢17，頁478。

68 丁曰健，《治臺必告錄》，臺文叢17，頁480。

策，由其就近調度。[69]

　　臺灣總兵林向榮為防亂事擴大，乃分兵剿辦，派千總鄭天才帶兵勇赴嘉義之茅港尾、署嘉義營參將湯得升帶兵勇赴嘉、彰交界之斗六，署南路營守備趙品帶兵勇赴鳳山縣阿公店等處扼堵，署安平協副將王國忠赴嘉義堵防。[70]三月二十四日臺灣府城則設籌防總局練勇，[71]署臺防同知秦煦選募屯番，委署臺灣道洪毓琛（原文「湛敏琛」，誤）、代理臺灣府知府馬樞輝，會督在城文武防守。[72]

　　林向榮率兵勇二千二百名駐往嘉義攻剿。三月三十日夜，戴黨分股襲營，林向榮予以擊退。四月二日，又圍攻斗六營盤，湯得升敗之。四、五、六等日，攻嘉義縣城。王國忠、都司顏常喜敗之，署守備劉國會同知縣白鷺卿盤獲敵元帥宜水生一名正法。十日，林向榮行抵嘉義縣城外二十里之幫碑紮營，戴黨四面包來，但被敗，死傷無數。十三日，又大戰，毀其營壘。[73]

　　另一股戴黨則撲犯鹿港，勒派貲財。施、黃、許三大姓集泉人抵禦，勇首施九梃捐募壯勇六百名，協團堵剿，頗有斬獲。由於戴黨以漳人殺泉人，故泉人全力抵抗。[74]

　　如上所述，戴潮春之亂骨子裡除有漳、泉械鬥的成分外，亦含大族間的恩怨與利害衝突。三大首領戴潮春、林日成、洪欉與霧峰

69　《月摺檔》同治元年四月二十四日慶端奏「臺灣彰化縣轄會匪滋事，遴委大員馳赴督剿摺」。

70　《月摺檔》，同治元年六月四日慶端奏「再臺灣彰化轄會西滋事」。

71　原作者不詳，《臺灣通志》（臺北：臺灣銀行經濟研究室，臺文叢第130種，1962；原刊年不詳），頁853。

72　《月摺檔》，同治元年六月四日，同包70，慶端奏。

73　《月摺檔》，同治元年六月四日，同包70，慶端奏。。

74　《月摺檔》，同治元年六月四日，同包70，慶端奏。。

林氏均有仇怨與利害之爭，亂事爆發後，除了攻打官府與軍事據點外，同時也藉機報仇，並奪回經濟利益。

同治元年，戴潮春、林日成攻陷彰化城後，四月間，率兵數萬圍攻阿罩霧。當時，阿罩霧兵勇多隨林文察、文明兄弟赴大陸，轉戰閩、浙，僅有上厝林奠國與長子文鳳在家。林文鳳年少英雄，力籌守備，戴黨攻擊十餘日後受創而退。[75]

攻防戰相當激烈，因事關兩族之生死存亡。〈林文鳳家傳〉記載，三月（？）林日成率三萬餘人來攻，環圍三匝，斷水道，莊中壯丁僅七十二人，願共生死。文鳳分數隊，扼守險要，並派人求援於近山之林姓族人。由於前後厝林姓之長年血海深仇，林日成抱滅之而後甘之心，全力猛攻。曾有一日圍攻數次者，莊幾被破，文鳳拼死抵禦，並開炮轟擊，自黃昏至次日黎明，毫不鬆懈。林日成又募死士乘夜潛入，均被殺，而圍攻更急。[76]

由於兩方之世仇大恨，甚至發生掘墳燒骨之事。據林文察之奏摺稱：

> 上年（同治元年）彰逆結會倡亂，各處村莊□民多被迫脅，惟

75　(a)蔡青筠，《戴案紀略》，臺文叢206，頁11。
　　(b)吳德功，《戴施兩案紀略》，臺文叢47，頁10。
　　(c)林豪，《東瀛紀事》，臺文叢8，頁8。言林天和（奠國）、林文明拒守，當誤。因林文明此時在大陸作戰，故文明當為文鳳之誤。
76　(a)林獻堂等編，《林氏族譜》，臺文叢298，頁109。此段記載，它書亦有，雖較簡略，應屬可靠。惟他書言四月，此言三月，不知何者正確。
　　(b)為紀念此役，立有「鐵碪碑記」，連橫，《臺灣詩薈雜文鈔》（臺北：臺灣銀行經濟研究室，臺文叢第224種，1966；原刊年不詳），頁2，「鐵碪碑」，立於1929年，內言「鐵碪碑存」。此碑文今已改刻立於五桂樓邊。原碑已破，置頂厝閣樓上。

奴才所居之阿罩霧莊力拒不從，迭被各逆匪圍攻數十次，族
□弟姪死守抵禦。該逆計無可施，輒將奴才曾祖父舜（即林
遜）、曾祖母黃氏、祖父寅、父定邦各墳，悉行掘毀；甚至將
父骨骸焚燒變為灰燼。其時彰城已失，無處鳴冤。[77]

如此事屬實，顯然林日成存心報林和尚之仇，由此亦可知雙方結怨之
深，以致殃及祖先屍骨。

　　在千鈞一髮之際，有二支隊伍趕來支援解圍。一支是東勢角粵
人，勇首羅冠英駐軍翁仔社，聞訊，率二百粵勇來援。林氏族人擔心
有內變，林文鳳力排眾議，殺牛犒之。他並將家產數萬兩銀取出列於
庭院，向大眾說：「諸公跋山谷、冒危險以來護我莊，其濟，莊之福
也；不濟，吾以死繼之。不腆之資，願供一醉；幸毋為賊人有！」粵
勇同聲願效死，於是「耦其人而守之」。再過一日，塗城、太平、漳
仔墘、頭家厝等莊林姓族人也趕到，壯丁增至四、五百人，士氣大
振。於是，林文鳳開壁出，搏戰於隴畝間，縱橫突擊，呼聲震天，以
一當百，陣斬數百，俘虜數十。林日成大敗逃竄，此後不敢再攻阿罩
霧。[78]

77　《軍機檔》，098688號，同治三年八月二十四日林文察奏片。同治六年七月
　　十一日，林文明因訴訟而上彰化縣之稟中亦言：洪和 與林泉等「勾引悍逆數
　　萬縈營，掘燬祖，父坟墓……五六處」，見〈林家訟案(五)〉，頁21－24。但
　　據1986年3月22日在宮保第訪林正熊媳言，墓中確有骨骸，而林務似葬於平
　　和。
78　林獻堂等編，《林氏族譜》，臺文叢298，頁109。

第二節　林文明之回臺參與平定戴亂

一、林文明請假回臺平亂之因

　　咸豐十一年，由於浙江太平軍聲勢復振，清廷急調各處援軍赴浙。也許林文察手下兵勇表現優異，清廷陸續派人來臺募勇赴大陸作戰，如曾元福、林文明、李朝安等均曾奉命募臺勇赴浙參戰。[79]然而，就在臺勇大量應募內渡時，同治元年三月臺灣本地爆發了大亂事——戴潮春事件，亂事迅速蔓延，各地黨徒據地響應。由於道臺孔昭慈、淡水同知秋曰覲、副將夏汝賢等多位官員均死難，臺灣兵力又薄弱，情勢危急，總督慶端聞報後，派福寧鎮總兵曾玉明督勇赴臺，並留下內調之知府洪毓琛在臺會辦。[80]清廷並責成巡撫徐宗幹督飭二位在臺文武官員實力剿辦，並准護提督石棟擬調赴浙江之水師船，改赴鹿港登陸。[81]五月十一日，又調補洪毓琛為臺灣道臺，以專職責。但由於福建軍情緊急，徐宗幹一度奏請留下曾玉明以便統轄臺

79　(a)臺灣銀行經濟研究室編，《清穆宗實錄選輯》，臺文叢190，頁16。同治元年二月十日上諭「……林文明所募臺勇已到……。曾元福所募臺勇著即令星夜趕行」。

　　(b)臺灣銀行經濟研究室編，《清穆宗實錄選輯》，臺文叢190，頁19。同治元年四月一日上諭：「……曾元福所部臺勇三千名已赴慶端軍營，其續募第三幫臺勇三千名著准其飭赴福寧交總兵曾玉明統領」。

　　(c)臺灣銀行經濟研究室編，《清穆宗實錄選輯》，臺文叢190，頁21，同治元年五月七日，上諭：「游擊李朝安所募臺勇調赴端安。」

80　臺灣銀行經濟研究室編，《清穆宗實錄選輯》，臺文叢190，頁19－20。同治元年四月二十四日上諭。

81　臺灣銀行經濟研究室編，《清穆宗實錄選輯》，臺文叢190，頁20－21，同治元年五月四日上諭。

勇；[82]不久，徐宗幹改變主意，又奏派曾玉明赴臺。[83]

　　曾玉明何時至臺？一說是五月「帶兵六百抵鹿港」；[84]一說明確言「五月十三日……由鹿港登陸」。[85]由於五月十一日徐宗幹仍未准曾玉明渡臺，因此，五月至鹿港之說不甚可靠，五月十三日尤其不可能，六月應是較可接受的日期。自然，如果徐宗幹先派後請旨，在五月底以前抵鹿港也非不可能。

　　徐宗幹之所以改變主意，仍派曾玉明並增兵力援臺可能有其原因。據同治元年五月二十七日上諭，徐宗幹曾奏稱：

> 臺灣匪徒尚踞彰化，商艘不能通行；各營臺勇聞變，不無內顧，誠恐別生事端。[86]

可見是因擔心臺勇士氣受損、生出事端，方決定以在臺任官甚久，對臺情熟悉，又身為泉州人的曾玉明帶兵赴臺。此外，當時林文察與秦如虎在浙江作戰正在得力，[87]為免其分心，派曾拔擢他而日後成親密戰友的曾玉明去，倒是極恰當的。

　　然而，戴亂正方興未艾，官軍往剿，戰果不穩定，因此，兩兄

82　臺灣銀行經濟研究室編，《清穆宗實錄選輯》，臺文叢190，頁23，同治元年五月十一日上諭。

83　臺灣銀行經濟研究室編，《清穆宗實錄選輯》，臺文叢190，頁25，同治元年五月二十七日上諭。

84　(a)林豪，《東瀛紀事》，頁13。
　　(b)連橫，《臺灣通史》，臺文叢128，頁888。

85　吳德功，《戴施兩案紀略》，臺文叢47，頁15。

86　臺灣銀行經濟研究室編，《清穆宗實錄選輯》，臺文叢190，頁25。

87　臺灣銀行經濟研究室編，《清穆宗實錄選輯》，臺文叢190，頁24。同治元年五月二十七日上諭。

弟決定採取行動。由於林文察正忙於太平軍之役，而且在同治元年七月五日，清廷將他由候補副將升為四川建昌鎮總兵，[88]一時不能隨意離職，故由林文明出面請求領臺勇回臺。同治元年七月十日，清廷據徐宗幹摺，批示：

> 參將林文明激於義憤，願赴臺助剿，頗堪嘉尚；即著該撫咨調臺勇一千名交其統帶，迅速前往。林文察在浙剿賊，朝廷察其奮勇，昨已特簡四川建昌鎮總兵；並著徐宗幹傳諭林文明，使知朝廷衡功示賞，不遺在遠。若該員奮勉圖功，必能仰邀殊恩，以副期望。[89]

以上這段簡單的公式紀錄，實暗藏無限玄機。文明激於何種義憤？何以浙江戰局正緊，許其回臺？何以諄諄諭示文明以知恩圖報？

原來林文明請假回臺背後有一段曲折的過程，論其原因至少有三，第一是臺勇軍心士氣問題，第二是戴潮春之亂對林家的嚴重威脅，第三是林文明所召募之臺勇的安家銀問題。

第一、臺勇之軍心、士氣問題：林文察、文明兄弟所領之臺勇大多是故鄉或中部地區的子弟兵，而中部是戴潮春之亂的主要地區，自然放心不下親人的安危，軍心、士氣大受影響。如前所述，徐宗幹已指出這點。允准林文明帶領部分臺勇返鄉，可收安定軍心之效。

第二、戴亂對林家的威脅：由於戴潮春之亂的三大首領均與林

---

88 臺灣銀行經濟研究室編，《清穆宗實錄選輯》，臺文叢190，頁26。

89 臺灣銀行經濟研究室編，《清穆宗實錄選輯》，臺文叢190，頁27。

家有仇怨，林文察、文明兄弟尤其放心不下。同治元年六月五日總督慶端之札中，提及林文明向他稟告稱：

> ……接家信[90]，臺北匪首林慧晟、戴萬生等，聚眾倡逆，攻陷彰化縣城，戕害官兵後，率黨數萬，在於卑職（文明）庄村攻圍焚搶，並將卑職祖墳父墓，一併發掘，骨殖盡被焚燼。[91]

可見戴亂不僅造成臺灣之動盪，更直接威脅到林家生命、財產的安全，而掘祖墳、燬屍骨更顯現雙方仇恨之深。可推想兄弟兩人聞知變亂後，必然憂心如焚、寢食難安，傳統孝道觀念更使他們不能不有所行動。由於浙江戰事正緊，林文察又新任總兵之職，不能任意脫離職守，由林文明出面請假返臺平亂、保家是惟一的、適當的選擇。所謂「激於義憤」當是指掘墳燬骨。

第三、安家銀問題：林文明於同治元年初奉命招募臺勇2,750名（一說2,700名）赴大陸作戰，原協議各勇眷安家銀，由府庫先墊三個月。但據同治元年二月一日，臺灣道孔昭慈與知府洪毓琛予林文明之諭，顯示自正月起，勇眷贍養銀，均未領到，林文明乃請求府庫撥交。但府庫空虛，改飭彰化縣由米捐下與解到抽分銀兩中提撥，由各勇眷按月赴彰化衙門領取。[92]勇眷贍銀的淵源是，文察、文明招募臺勇2,700名（一說2,750）赴浙，當時議明，每名每月口糧番銀8元，6

90　林獻堂等編，《林氏族譜》，臺文叢298，頁118。〈林文察家傳〉言：「七月，信使至營，先祖（文明）微服潛歸」。此段記載當誤，家信至遲應在六月初已送達。而且林文明係正式請假回臺，非「微服潛歸」。

91　〈宮保第文書〉(3)，同治元年六月五日慶端札。

92　〈宮保第文書〉(1)，同治元年二月一日諭職員林文郁。

元由臺勇在營領用，2元則留臺為養瞻，由臺灣府按月發予家屬。[93]

臺勇每月2元之安家銀可說是臺勇省吃儉用，自口糧中節省下來者，由臺灣府轉手發放。然而，臺灣府以餉絀始終未發，改令彰化縣發放；而彰化縣顯然也不曾發放。除其他原因外，三月二十日，彰化縣城淪陷，戴亂擴大，當也是原因。於是臺勇之安家銀成了文察、文明向當局請求補發，而官府互踢皮球的棘手問題。

同治元年五、六月間，林文察向總督慶端報稱，勇首何國英報稱臺勇各隊接獲家信，均稱自正月以來，北路協都司並未發放安家銀。林文察乃請求自五月份起，安家銀由隨營糧臺發放。至於1－4月所欠月銀，因數達二萬餘兩，大營無法籌措；而臺灣亂事正殷，恐亦難以支應，應由省司補發。[94]慶端飭福建省會善後總局照辦，但總局答以「省庫支絀異常，籌解西北兩路軍餉，尚虞不繼，其勢難兼顧」；於是，再移文由臺灣道府補給，俟日後「省府稍充，即行發臺歸款」，並請捐升副將林文明「迅即赴臺請支補給」。[95]原本因在臺領不到款，改向省要求，如今省又踢回臺灣道府。

臺勇當時正轉戰浙江龍泉縣，欠銀達二萬兩，事關家眷生活，林文明報稱「各勇嘵嘵，請領軍前，無款可撥」；於是文察派他帶五十名勇丁赴省請發，丁署司面許酌給六千元。[96]丁署司當是布政使司丁曰健。林文明秉性粗獷，也許二人當面有衝突。日後丁曰健與林家兄弟交惡，這可能是原因之一。

93　〈宮保第文書〉(5)，同治元年六月十四日。福建善後總局咨候補參府林文明。此處臺勇數為2700名，與前述之2750名有異，不知何故。

94　〈宮保第文書〉(2)，同治元年六月一日，閩善後總局咨林文明。

95　〈宮保第文書〉(2)，同治元年六月一日，閩善後總局咨林文明。

96　〈宮保第文書〉(3)，同治元年六月五日，閩浙總督慶端札。

　　故鄉的安危與臺勇安家銀問題[97]終促使林家兄弟決定由林文明請假返臺。林文明向總督慶端稟稱：

> 卑職生長臺地，頗為熟悉，自願由省配船至淡水，僱募勇，仰懇飭司將前項臺勇安家銀二萬兩，全數給發，帶往臺灣。先行挪動一半，作為招募壯勇口糧經費，所招若干？動用若干？到臺之日，就近報明臺灣鎮道，由道府另行籌款，發給口糧，仍交卑職領補安家項下，轉給各家屬承領。[98]

慶端一面申斥文明不該私帶勇丁赴省索銀，一面也知官府於理亦有虧，乃許假回臺，交由曾玉明遣用，但於情況好轉時，應即內渡；至於所欠安家銀，飭閩省善後局酌給，募勇事由善後局與曾玉明商辦。[99]

　　閩撫徐宗幹亦根據曾玉明咨報：「賊勢披猖，兵力卑薄，請添撥官兵赴臺協剿」，飭令林參將「刻日由省配船飛渡淡水，雇勇會剿」，並札善後局酌給所欠安家勇糧。但同治元年六月九日，善後局又答以省庫支絀，仍轉飭臺灣道府發交。[100]林文明希圖返鄉保護家園，又有正當理由取回安家銀的如意算盤，終不能如願。不過，六月十四日，善後總局咨文林文明，略有轉機，文曰：

97　Meskill認為林文察當帝國將領，可用公餉養私兵，見J. M. Meskill, *A Chinese Pioneer Family: the Lins of Wu-feng Taiwan, 1729-1895*, p.99。但不完全正確，欠餉問題一直困擾著文察、文明兄弟。

98　〈宮保第文書〉(3)，同治元年六月五日慶端札。

99　〈宮保第文書〉(3)，同治元年六月五日慶端札。。

100　〈宮保第文書〉(4)，同治元年六月九日，善後總局咨林文明。

　　查記名林鎮（即文察）所部臺勇，現在浙江、松陽一帶攻剿逆
　　匪，正在得力，所有欠給該勇留臺贍養番銀，臺灣道府已有免
　　借十五萬兩鉅款，自應仍由臺庫設籌補給。第刻際彰化會匪滋
　　事，軍情吃重，臺灣道府籌防策應，需費甚多。現又由省渡臺
　　之人，若不由省設籌撥給該勇，難以荷戈從事，相應准予由省
　　先行酌籌銀一千兩，給交貴府（即文明）承領隨帶，赴臺散
　　給，其餘庫款稍充，察看臺庫兌付多寡，即行補給清款，以示
　　體卹。……請……即赴庫承領。[101]

　　丁曰健原應允撥六千元，如今只撥一千兩，林文明可能不滿
意，再向總督請求，慶端批給善後總局。善後總局於同治元年八月六
日，咨文林文明，言：

　　……奉撫憲批示到局……業經由局詳明，先行籌撥銀一千
　　兩，給交貴府（文明）承領……，並飭福防廳配船東渡。[102]

仍維持原案，只予一千兩，並配船東渡。此中可能含有趕緊擺脫林文
明之意。

　　林文明准假回臺辦團練的日期是同治元年七月二日，[103]何時渡
臺呢？〈林文察家傳〉言林文明於七月「微服潛歸」，[104]按上述之八

101　〈宮保第文書〉(5)，同治元年六月十四日，善後總局咨林文明。
102　〈宮保第文書〉(6)，同治元年八月六日。
103　〈宮保第文書〉(7)，同治元年九月二十五日。
104　(a)林獻堂等編，《林氏族譜》，臺文叢298，頁118。
　　　(b)J. M. Meskill, *A Chinese Pioneer Family: the Lins of Wu-feng Taiwan, 1729-1895*, p.123。

月六日咨文，林文明仍在福建候船，不可能在七月東渡；然而林文明在同治二年三月五日給督辦臺灣北路軍務福建候補道區天民的咨文有言「敝府自七月間東渡以來」，[105]證明是七月渡臺無誤，難道真如「家傳」所言「微服潛歸」嗎？實令人困惑。

二、林文明返臺平亂情形

林文明返臺後，雖斷斷續續參加剿平戴亂工作，但似乎不很積極，主要原因仍在於軍餉、軍需、安家銀問題，與福建省善後總局頗有爭執。於是平亂工作複雜化，似乎成了林家與福建當局討價還價的籌碼。

儘管林文明不滿善後總局的作法，但也不敢全無行動，再加上與戴亂家族間有私怨與利害關係，因此，也發動幾次戰役。據目前所搜集之資料，計有數次戰役。

（一）外新庄、大里杙、阿罩霧之抵禦戰：林文明七月回臺後，僱勇五百名駐紮於外新庄、大里杙等處。當時有戴萬生黨屯紮於東大墩、橋子頭（今臺中市東區，離外新庄一里多路），於八月五日、六日，攻擊林文明軍營，但被擊敗。八月十一日，又圍攻阿罩霧，經鎗砲反擊，連戰數日，又被擊退。閏八月一日，又攻林文明軍，經分三路截殺，戴黨逃入柳樹湳、瓦窰庄等處。[106]

（二）石岡仔、葫蘆墩等地之役：其後林文明帶五百名精勇北上駐紮於翁仔社（今豐原市翁明、翁子、翁社等里），並請求善後總局

---

105 〈宮保第文書〉(12)，同治元年九月二十五日，耆齡亦批評林文明之稟前銜不書名，不諳體例。

106 〈宮保第文書〉(12)。

解二萬兩餉銀來臺,以支付兵費。[107]目的似乎是由北向南進攻而指向四張犁。

戰鬥在同治元年閏八月二十一、二十二等日進行。林文明派撥把總林廷棟,帶領精勇三百名,會同羅冠英(翁仔社勇首),合隊進攻,克復石岡仔、南坑、柑寮腳、葫蘆墩等處,戴黨逃至四張犁,共計殺敵一百餘名,並招安上堡各庄,響應官軍。[108]此次戰役當是聯合各路兵勇共同進行的,淡水同知鄭元杰與候補通判張世英於八月五日、六日、二十三日所發出之稟稱:

> 彰化戴逆等股竄瀛下各庄,經該丞倅諭義首羅冠英號召番丁練勇奮攻,□日已將蔡下、土牛、葫蘆墩等處賊巢,先後克復。[109]

然而,自此戰役後,林文明似又返回阿罩霧,頓兵不出戰,因而被候補通判張世英呈報省方。善後總局於同治元年十一月十六日發咨譴責林文明:

> 查補用參將林文明,前因墳墓被燬,激于義憤,稟請回臺剿賊,以伸公憤而復私仇。惟仇乃自勇首頭人攻破朴仔口等處賊營後,無故私回阿罩霧,延不出戰,經前代理張盂稟報,即

---

107 〈宮保第文書〉(7),同治元年九月二十五日,善後總局咨林文明。

108 (a)〈宮保第文書〉(11),林文明稟報林文察,再呈巡撫徐宗幹,轉善後總局,同治二年一月十九日,善後總局咨林文明。

   (b)〈宮保第文書〉(10),同治一年十二月二十七日,林文明稟林文察。

109 〈宮保第文書〉(9),同治一年十一月十六日,善後總局咨林文明。

經飛飭，迅速帶領勇丁，會同剿賊，至今未聞出戰，殊屬玩延。[110]

善後總局並稱已用「應完內地稅項抵除」，向英商借稅銀15萬兩供餉需，飭林文明「剋日率勇出剿，合力攻擊，使賊四面受敵，不敢全力南犯，以保嘉義縣城」。[111]

不過，林文明對未能繼續進剿另有說詞，理由是省方未解交鉛藥軍火與餉銀，妨礙軍事行動。同治元年十二月二日，林文明稟林文察有關剿戴亂情形，並抱怨欠缺軍火：

> 茲于閏八月二十一、二十二等日，派撥勁旅剿洗，當將石岡等處立時收復。現在該匪退竄四張犁地方，正應策勵士卒，急須乘機掃蕩，以期撲滅。無如前領藥鉛，將次告罄。……仰祈憲臺俯賜轉咨善後局查照，希即如數籌撥火藥四千斤，鉛子二千斤，交差弁羅國柱、曾洪琮，小心管解來臺。……[112]

此稟經林文察轉咨善後總局後，總局於十二月二十七日咨林文明稱，已有加工火藥四千斤、鎗砲鉛子二千斤，由陸路提督轉至鹿港曾玉明總兵處，請就近請領。[113]

除軍火外，臺勇之安家銀與餉銀問題亦未解決，林文明稟文察，同治元年十二月十一日，文察轉呈閩撫徐宗幹，徐氏於二十二日

---

110 〈宮保第文書〉(9)，同治一年十一月十六日，善後總局咨林文明。
111 〈宮保第文書〉(9)，同治一年十一月十六日，善後總局咨林文明。
112 〈宮保第文書〉(10)，同治一年十二月二十七日。
113 〈宮保第文書〉(10)，同治一年十二月二十七日。

轉善後局。稟中大致言，於閏八月已收復石岡仔、葫蘆墩等地，準備繼續直搗四張犁，然而「所募丁勇口糧」，一直沒有「撥給分厘」，「均係自行籌墊，現已羅掘殆盡，切難再支」。林文明並抱怨屢次稟請督、撫迅速「籌給餉銀一萬兩，並將欠發新勇安家銀一萬九千兩，掃數籌撥」，交予職員劉雲根等領解回臺，但去後並未領到。[114]可見安家銀除領一千兩外，餘一萬九千兩仍未發放；至於新募勇丁口糧一萬兩更無著落，全賴自己籌餉。林文明對出力賣命又要籌銀資助一事，頗為不滿。

林文察又呈報巡撫徐宗幹，指出省方所欠臺勇安家銀，除布政使司丁曰健備發一千兩予林文明外，餘欠仍未給清，而仍由臺灣道府清釐。但他不以為道府可能清釐；且由於亂事仍未平，道府無額外經費以補軍需。再者，由郡城至阿罩霧需取道彰化縣治，以致路梗。即使有款可解，亦難以飛渡敵寨。[115]他又說明欠發餉項所引起的問題，曰：

> ……各勇家屬嗷嗷待哺，專賴此項以為糊口之資，以致該家屬日踵舍間迫取，各勇則日環營門遍催，其言其狀，非筆墨所能罄述。敝鎮沒詞回答，案已舌弊脣焦，該各勇總以空言無補，惟求實惠。[116]

可見安家銀問題未處理好，將有士氣崩解之虞。林文察又提及目前正準備攻武義，極需兵勇之獻身，請求改由藩庫支出；並希望立即籌銀

114 〈宮保第文書〉(11)，同治二年一月十九日稟。
115 〈宮保第文書〉(11)，同治二年一月十九日。
116 〈宮保第文書〉(11)，同治二年一月十九日。

二萬兩發交林文明派來之差弁領取回臺。[117]

　　徐宗幹於十二月二十五日發文至善後局，但善後局仍稱庫絀，仍由臺灣道庫支出，日後省庫再撥還，並通知文明差弁赴道府支領。[118]皮球由福建再踢回臺灣，所欠安家銀，除領一千兩外，仍無著落。善後總局當是由布政使司丁曰健主管，此事可能又加深丁、林之間的不和。

　　儘管餉銀、安家銀問題始終未獲解決，林文明並未中止平亂工作，至少是家鄉阿罩霧鄰近地區的攻防戰。

　　（三）攻柳樹浦：同治元年十月二日，林文明帶勇三百名攻柳樹浦，但股首林泉等從瓦窰庄中途攔截，致兵勇未能前進。[119]

　　（四）防禦大里杙：十一月二十六日，林晟率眾圍攻大里杙軍營，至十二月一日，連夜圍攻，經力戰，予以擊退。[120]

　　（五）四張犁之役：同治二年二月二十四日，林文明派胞叔林奠國，帶領勇丁六百名，協同北路兵勇及義首羅冠英、廖孟鳳等，各帶隊伍剿洗並堵截依附戴黨村莊。二十七日辰刻（晨七至九時），焚毀揀東上保之花薇庄、枋樹腳等處；二十八日辰刻，又焚毀圓寶庄；再一路向南攻，直抵四張犁。各軍分路奮勇攻剿，戴黨亦拒抗。林奠國為了提高士氣，懸賞佛銀五百元，督令所部之勇，由東南角向西橫掃，未刻（下午一至三時），攻入戴潮春老家。羅冠英等各隊由西南角放火焚燒，攻入四張犁街，戴黨隨時潰散，退踞陳平庄一帶。二十九日巳刻（上午九至十一時）各軍乘勢追剿，又焚毀陳平庄、前

117　〈宮保第文書〉(11)，同治二年一月十九日。
118　〈宮保第文書〉(11)，同治二年一月十九日。
119　〈宮保第文書〉(12)。
120　〈宮保第文書〉(12)。

後庄等處。[121]

　　林文明報告稱「打仗三天，擊死逆夥，不計其數」，又說「此次進兵，俱由該逆寨外穿縫而入，內外兜剿，出其不意，所以連獲勝仗」。攻下四張犁後，各軍堵截二分埔、三十張犁、賴厝廍、何厝庄等處，暫於四張犁休息數日，再向南進攻。然而戴黨死灰復燃。三月一日，糾集千餘人，攻犯四張犁街，企圖奪回，但被擊退。隨後林奠國分派勇丁暫行駐守攻破的戴黨村莊，候拔營離開時再予以拆毀。[122]

　　林文明之所以派林奠國攻四張犁，而林奠國之所以在無餉情況下，懸賞激勵士氣，當是由於他與戴家間的仇怨，即爭田租問題。於公於私，他顯然非攻下四張犁不可。

　　然而餉銀鉛藥一直困擾著林文明。同治二年三月五日他咨報督辦臺灣北路軍務區天民，言渡臺以來，勇糧鉛藥均係自行挪墊，目前積欠各勇口糧甚多，以致「嘵嘵迫討」，要求予以撥補。然而區天民於三月七日回復稱其手中無省方撥下之餉銀，請自行設法。[123]攻下四張犁後，林文明一方面報戰功，一方面又請求「迅籌餉項解交，以資勇費」。但同治二年四月十九日，善後總局之咨文則稱，「臺郡軍餉，均經陸續籌撥，解交臺郡，現在司庫，無可再籌」，請林文明「派弁自赴臺灣道府，請支應用」。[124]這顯然仍是踢皮球。閩省餉絀也許是事實，但官員可能亦有弊端。同治二年十一月二十五日，據順天府府尹林壽圖之奏，降諭稱「閩省州縣交代未清者數百案，無案不與軍需

121 〈宮保第文書〉(13)，同治二年四月十九日林文明咨福建善後總局。
122 〈宮保第文書〉(13)，同治二年四月十九日林文明咨福建善後總局。
123 〈宮保第文書〉(12)。
124 〈宮保第文書〉(12)。

輳輓」。[125]可知軍需問題弊端極多。再者，餉需通常由布政使主管，而現任布政使丁曰健對林家頗有惡感，可能玩手法，予以刁難。這當是丁、林之怨越結越深的原因之一。

第三節　林文察之受命回臺平亂

一、左宗棠之推薦林文察出任平臺將領

左宗棠於咸豐十一年十二月（1862年初）出任浙江巡撫，清廷付以平定浙江太平軍之責；[126]由於戰功彪炳，指揮有方，浙江亂事漸平，同治二年三月，清廷降旨擢升為閩浙總督，接替耆齡之缺；[127]四月八日在嚴州得旨升新職。[128]身為總督，他必須兼顧兩省政、軍事務。因此，當太平軍逐漸敉平時，他的注意力也轉移到福建的政、軍問題與臺灣的戴潮春之亂。

同治二年四月八日，左宗棠在嚴州奉諭接辦耆齡遺下之閩、浙兩省防剿事宜及所部各軍，並受命處理耆齡離職後所留下之廣勇的統帶或撤遣問題。四月十四日又接諭旨，言根據福州將軍耆齡之奏，由於經費支絀，應裁減援浙諸軍，「如閩軍可減，應予酌減」。[129]

左宗棠於同治二年四月二十八日覆奏辦理情形，稱耆齡之軍計

---

125 臺灣銀行經濟研究室編，《清穆宗實錄選輯》，臺文叢190，頁37。
126 臺灣銀行經濟研究室編，《清史列傳選》，臺文叢274，頁392。
127 臺灣銀行經濟研究室編，《清史列傳選》，臺文叢274，頁395。
128 (a)陳鍾英等纂，《平浙紀略》，卷4，頁144。
　　(b)左宗棠，《左文襄公奏牘》，臺文叢88，頁1。「覆陳裁汰閩軍並臺灣等處軍情片」（同治二年四月二十八日」。
129 左宗棠，《左文襄公奏牘》，臺文叢88，頁1。「覆陳裁汰閩軍並臺灣等處軍情片」（同治二年四月二十八日」。

有四大支，第一是粵軍，由江西道員康國器統領；兩支閩軍由署提督秦如虎與福寧鎮總兵林文察統領；南康勇由參將化儒統領，後由江西同知程培霖代之。目前諸將都已撤退，而援浙兵由二萬數千人減為一萬三千餘人，但南康軍仍須減；章武軍千餘人，耆齡擬帶赴閩，故只餘八千餘人。此外，粵勇之難馴者，亦將再減。林文察所帶臺勇，也已由耆齡撤遣回福建，因此援浙軍將領只剩下康國器一人。[130]可見浙江境內太平軍肅清後，各路援軍已先後撤退或遣散，林文察所領之臺勇亦經前任總督耆齡在浦城奏請裁撤遣回臺灣，由林文察帶至省，並候船配渡。[131]

左宗棠對福建軍、政情況似乎很不滿意，批評說「吏治、軍事積習已深，自非及早整頓，難期補救」。[132]左氏又批評協餉問題，認為福州將軍文清每年海關撥交之協餉不過數十萬，藉口是京餉；而近來聞說關稅在百萬內外。他又批評耆齡以行營糧臺應粵軍之餉，以大營糧臺應閩軍之餉，以致粵餉充足而閩餉短絀，而在他去任之日又撤銷行營糧臺。[133]可見左宗棠在平浙戰役時對福建當局與前任總督現任福州將軍耆齡之作為極為不滿。左氏不久採取一連串行動整飭人事，這可能伏下日後他與閩省官員不和的種子。

除了一般性軍、政事務外，左宗棠自然不會忽視騷擾已一年多

---

130 左宗棠，《左文襄公奏牘》，臺文叢88，頁2。

131 《軍機檔》，89270號，同治二年元月二十九日諭；徐宗幹奏「飭總兵林文察回籍，集團剿匪，委鍾寶三署福寧鎮由」，同治二年五月二十六日上摺。

132 左宗棠，《左文襄公奏牘》，臺文叢88，「覆陳裁汰閩軍並臺灣等處軍情片」，頁3。

133 左宗棠，《左文襄公奏牘》，臺文叢88，頁82。同治二年「答閩撫徐樹人中丞」。
左氏亦言及自身之苦，言「入浙以來無吏，無幕無丁，一切自己兼辦」顯示廉臣之清苦。

的臺灣戴潮春之亂。浙江亂事已定，清廷漸有餘力處理臺灣的亂局。

同治元年四月十四日，左宗棠接獲清廷三月二十八日發出之寄諭，指責臺灣亂事之遷延未平，言「臺灣逆匪本係烏合之眾，乃剿辦幾及一年，兵勇愈多而未能得手」；並說嘉義縣城最近之得以解圍，「笨港紳民之力居多」；要求查出到底「是否吳鴻源不得力，抑係事無專責，各相觀望？」[134]

清廷對新總督期望甚殷，稱左宗棠「暢曉戎機，即著統籌全局，嚴飭各將士迅將斗六、彰化克復，及早蔵事」。[135]約在同時（四月底），左氏致函閩撫徐宗幹磋商閩、臺事務，對臺灣局勢頗表悲觀，他以為吳鴻源、曾玉明「恐難了此勾當」，對耆齡派遣來臺支援之曾元福一軍表示無所知；對探報所稱「三月二十三日，曾鎮（曾玉明）攻擊彰化之賊，大獲勝仗」，認為是軍營惡習，「言勝不言敗，小勝則必報大勝」；而「探報則道聽塗說之詞，尤未足據」，因此要求徐宗幹以曾任官臺灣身分，告知詳情。[136]左宗棠的說法有其根據，例如前任總督耆齡曾上摺稱「臺灣各軍自嘉義解圍後，連破賊營五十餘座，並有擊斃逆首林晟之事」，[137]事實上，林晟仍然活著，直至林文察帶兵攻入四塊厝方斃命。（事見下章）

---

134 (a)據臺灣銀行經濟研究室編，《清穆宗實錄選輯》，臺文叢190，頁44－45。此諭於三月二十八日發出。
　　(b)據左宗棠，《左文襄公奏牘》，臺文叢88，頁1，「覆陳裁汰閩軍並臺灣等處軍情片」（同治二年四月二十八日），此諭於四月十四日接獲。

135 同上(a)。惟在「左文襄公奏牘」中，「該督暢曉戎機」六字略去，當是左氏自謙而刪除。見同上(b)。

136 左宗棠，《左文襄公奏牘》，臺文叢88，頁81，同治二年「答閩撫徐樹人中丞」據函中言，林文察軍啟行赴閩數日，與上摺同，可知此函發出之時間與注134(b)之摺約在同時，即四月底。

137 臺灣銀行經濟研究室編，《清穆宗實錄選輯》，臺文叢190，頁46。

　　同治元年五月十八日，左宗棠又奉上諭，言平臺之役仍無起色，要求其與巡撫徐宗幹妥慎籌辦，並且整頓福建吏治、軍務。[138]

　　由於清廷一再指令整飭福建吏治、軍務，以及早日平定臺灣亂事，左宗棠的行動漸趨積極。左氏對閩政的部分改革措施與平定臺灣亂局的人選決定似乎與林文察有關係，福建官員對左、林二人的抵制當與此有關。

　　如前所述，同治二年正月林文察攻克武義後，就地駐紮，別無其他軍事任務。在同治元年十二月，清廷已下旨調任他為福寧鎮總兵。耆齡在同治二年四月卸任總督之職前後，在浦城行營奏明將林文察所部臺勇遣令回臺，由其帶至閩省，候船配渡。[139]

　　左宗棠接任總督職後，約於四月間致函閩撫徐宗幹稱耆齡調回林文察軍之事，事先無所知，後得林文察來函時，「已啟行數日，計此時已行抵省會矣」。他雖批評林文察軍吸煙（鴉片）者太多，但認為「所部勇丁尚能戰」[140]，言詞中顯示對林文察與臺勇相當賞識，而對其離浙回閩頗惋惜。很明顯，林文察在浙江的表現，左氏頗為滿意。此外，二人也許已有私人接觸而建立良好關係。

　　林文察大約在此時向徐宗幹咨請回臺平亂，咨中言「臺匪未平，請暫回彰化原籍，督率鄉團，會合各軍，相機剿□（？）」。[141]徐宗

138　(a)臺灣銀行經濟研究室編，《清穆宗實錄選輯》，臺文叢190，頁47。
　　(b)左宗棠，《左文襄公奏牘》，臺文叢88，頁4，「覆陳裁汰閩軍並臺灣等處軍情片」。

139　《軍機檔》，89270號，同治二年六月二十日上諭；同治二年五月二十六日。徐宗幹奏「飭總兵林文察回籍集團剿匪，委鍾寶三署福寧鎮由」。

140　左宗棠，《左文襄公奏牘》，臺文叢88，頁81，「答閩撫徐樹人中丞」（同治二年）因函中提及「三月二十三日，曾鎮攻擊……」，加上通報來往時間，此函當在四月後。

141　《軍機檔》，89270號，同前。

幹可能函商左宗棠，左氏回函稱，延平府屬之沙、順、永安土匪仍多，「如臺事急，自應令其赴臺；若延郡事急於臺，似可令先肅清沙、順、永安一帶」。[142]

左宗棠、徐宗幹不久同意林文察回臺平亂之請求。同治二年五月二十六日二人會銜上奏：「……查凱旋臺勇各隊人數眾多，正在海外多事之秋，林文察親督回籍，不別安置遣散，較為周妥。該鎮生長內山，情形極熟，當即飭令飛渡，聯絡民團，就近會同堵剿，以期全臺及早底定。……再林文察福寧鎮本缺，咨商督臣，暫委前水師提督四品銜鍾寶三護理」。[143]

左宗棠在答閩撫徐宗幹函中（當在五、六月間）對臺灣文武各官的平亂能力，深表懷疑，評為只知催餉，官員多（吳提督、曾總兵、曾副將、區道、史道、洪道）、議事者多而任事者少；並警告稱史道（史密）為虛浮誇誕，好為大言，不可接近。[144]他以為平戴亂，「宜於中部著手。林鎮軍文察尚似能戰，其弟文明，聞亦勇敢，所部勇丁，多山內人。若乃弟能從山內殺出，密庵從外衝入，則中路可通，南北之賊可畫為二段，奏功較易，不知渠能任此否？」[145]

但林文察之臺勇似有人非議其流為匪賊，左宗棠辯稱：

> 林鎮所帶臺勇，原有各處游勇及降人寶名其中；昨渡臺，未
> 即攜去。曾道憲德所稟李四、陳機股內有游勇夾雜，或即指
> 此。然粵勇南康勇中流而為匪者，亦必不少。見在各營捕獲游

142　左宗棠，《左文襄公奏牘》，臺文叢88，頁81。

143　〈軍機檔〉，89270號，同前。

144　左宗棠，《左文襄公奏牘》，臺文叢88，頁82，函無日期，判斷頗難。

145　左宗棠，《左文襄公奏牘》，臺文叢88，頁83。

勇，多是康、林各營散遣之人。[146]

原來，耆齡遣散大半閩勇，不少人流為匪賊，構成治安問題。加以臺亂始終無法平息，左宗棠以為將領有問題，須加更動；而他對林文察頗為欣賞，欲讓他領臺勇回鄉，既可免臺勇之流為匪賊，又可助官平亂，一舉多得。

林文察與左宗棠關係之建立可能是在咸豐十一年平浙之役時。咸豐十一年十月二十三日上諭，據慶端之摺，言因常山、江山等縣失守，衢州被困，「已派總兵林文察統帶臺勇赴援。……如左宗棠果能赴浙，即將續調之臺灣、漳州等兵勇六千名交總兵曾玉明等統帶前往，會合林文察等軍，悉歸左宗棠節制，實力攻剿」。[147]

共同作戰的經驗無疑地增加了左宗棠對林文察作戰能力與性格的了解。左宗棠在予徐宗幹函中曾說林文察「在閩、粵諸將中，尚稱健者。且疏財愛士，頗有所長」，可見除了善戰外，林文察相當慷慨，能禮賢下士。[148]

林文察對直屬上司長官也頗知奉承。同治二年四月，左宗棠在嚴州行營得旨補授閩浙總督，五月間染上瘧疾，數日後方癒。[149]各營兵勇也因天氣酷熱，在五月十日後「疾疫大作」，[150]病者十之七、八，林文察遠道自泉州致送聞名的「泉麴」解毒。左宗棠分惠三軍，

146 左宗棠，《左文襄公奏牘》，臺文叢88，頁85。
147 臺灣銀行經濟研究室編，《清穆宗實錄選輯》，臺文叢190，頁4。
148 左宗棠，《左文襄公奏牘》，臺文叢88，頁87－88，「答徐樹人中丞」。
149 (a)陳鍾英等纂，《平浙紀略》，頁144。
　　(b)左宗棠，《左文襄公奏牘》，臺文叢88，頁86，「答林密庵提軍」。
150 左宗棠，《左文襄公奏牘》，臺文叢88，頁84。「答徐樹人中丞」。

「冀迓甘和，共銷沴氣」。[151]據悉此麯為泉州范志吳亦飛神麯，而「泉郡之麯，較它處為真」，「軍中服之者多效」，左氏日後又致函福建布政使張銓慶赴泉州買二百斤。[152]

命運之神對林文察頗為眷顧，正當他接獲徐宗幹移咨，擬帶兵配船東渡時，左宗棠照會他接任護理陸路提督石棟之缺。於是林文察馳赴泉州，同治二年六月二十五日，接受石棟所派參將送來之「福建陸路提督總兵官」銀印。二十八日，林文察上叩謝摺，表示當整頓福建營務，在泉州整隊候命，平定戴亂後，立即回省。[153]（參見「文書契字」9）

原來在同治二年六月十日，左宗棠上摺革職拿辦護理福建陸路提督石棟，林文察乃能因此而升補此職。左宗棠任總督後，原即有意整頓福建軍政，石棟首當其衝，被檢舉貪橫不法。石棟原為本標中軍參將，升補浙江象山協副將，未及上任，即在咸豐九年護理福建陸路提督，原因是緣前總督慶端之幕友莊煥文而獲此職，由石棟每年送三千兩銀予莊煥文可證。此外，石棟還被檢舉包庇地方匪首，納入伍籍；勒索民間；在楓亭強收買路錢；其子石渠捐為游擊後，立即營求出任臺灣城守營參將等等不法行為。[154]同治元年，閩浙總督慶端也曾彈劾由於「石棟挑選不慎，兵弁違令誤機」，造成「瑞安兵潰」，六

---

151 左宗棠，《左文襄公奏牘》，臺文叢88，頁86。「答林密庵提軍」。

152 左宗棠，《左文襄公奏牘》，臺文叢88，頁90。「與閩藩張佑之方伯」。按麯為烈酒，含高酒精，是否有治癒之功，可疑。不過，慰勞身心疲憊之軍，當有大效。

153 《軍機檔》，92144號，同治二年十月二十五日諭，林文察「謝授福寧鎮並署陸路提督恩」（同治二年六月二十八日奏）。此摺上奏與上諭日期幾達四個月，不知何故。

154 楊書霖編，《左文襄公全集》，頁246下－247上，「請將貪橫不法之護提督革拏查鈔摺」。

月四日下諭摘除頂戴示懲。[155]可見石棟的紀錄不佳。

依清朝武官制度，提督職掌全省軍政，統轄諸鎮，與各省總督、巡撫並稱為封疆大吏。福建省設有水師提督一人，駐廈門；陸路提督一人，駐泉州府。[156]提督在武官品級中高居第二級，為從一品，[157]下轄有直轄之提標與各鎮總兵直轄之鎮標。[158]福建陸路提督轄有建寧、汀州、漳州、福寧等四鎮，水師提督轄有金門、海壇、南澳、臺灣等鎮。[159]清代軍制，總督除直轄其督標外，節制巡撫之撫標與提督之提標；巡撫直轄其撫標外，節制副將直轄之協標，但不能節制提督直轄之提標與提督所節制之鎮標。[160]換句話說，以軍權而言，提督是總督之下的第二級軍官，可謂位高權重。由此可見左宗棠對林文察之倚重與期待了。

林文察有這麼一位權重位高之上司的信愛，宦途正是一片光明，未可限量，而一個立功的機會又來臨了。

當太平軍之役已近尾聲時，隔海的臺灣依然戰火不熄。護理水師提督吳鴻源自從嘉義解圍後，卻師老無功。同治二年五月二十七日，「攻撲南靖庄之粵勇一千名，藉詞口糧久欠，譁然潰散……各管兵丁亦多傷亡逃逸」，以致嘉義一帶又陷入亂局，「道路梗阻」。[161]於

---

155 臺灣銀行經濟研究室編，《清穆宗實錄選輯》，臺文叢190，頁26。

156 《清朝文獻通考》卷87，職官11，考5628。

157 《清朝文獻通考》，卷89，職官13，考5641。

158 張世賢，〈清代臺灣道鎮關係〉，《臺灣風物》（臺北），26：3（1976.9），頁83。

159 (a)張世賢，〈清代臺灣道鎮關係〉，頁84。

　　(b)黃本驥，《歷代職官表》（臺北：洪氏出版社，1976），頁291。

160 張世賢，〈清代臺灣道鎮關係〉，頁83。

161 (a)《軍機擋》，90595號，同治二年八月十五日諭，左宗棠七月二十八日奏「嘉義粵勇潰散，請將貽誤之護提督革職拏問摺」。

是左宗棠在七月二十八日，與徐宗幹會銜奏請將吳鴻源革職拏問，並改派林文察渡臺剿辦。摺中推許林文察、文明兄弟勇敢能戰；並指出臺灣情形特殊，臺民恃民富地險，不易平定，往昔用客兵無功，如今須藉「土人之力」，而「既用土人，則不能不用巨紳管帶」；又說林文察以總兵實缺署理提督，以統領各軍，可收「事權歸一」之功；而用兵於故鄉，地勢、人情均熟悉，當有益局勢。左氏又說當飭請福建布政使司從援浙餉項中酌撥若干支援，移交臺灣道支給。[162]摺中對林文察可說極盡保舉之力，可知二人關係，當非比尋常。

同治二年八月二十五日，上諭將吳鴻源革職拏問，「所有福建水師提督即命林文察署理」，並責令「迅速起程，渡臺剿匪」。[163]至此林文察又多了一項職位，即水師提督；不過，此職隨後又撤銷。（詳後）

左宗棠上奏後，曾函文察，除感謝其贈送泉麵外，稱已上疏保奏其渡臺平亂，並將原摺抄送，又提及平臺諸將（吳、二曾等人）未能迅速建功，一般歸因於「統帥無人」，[164]顯示對林文察則頗為信賴。左氏對林文察更有一份殷切的期望，言：

> 計貴部早已回臺，令弟（林文明）亦必有一番佈置。惟盼投袂而起，以保衛鄉邦之義，為朝廷紓東顧之憂；則身畫凌煙，名垂太室，不僅珪爵尊榮，足為棠棣增輝已也！謹奉白金百

(b)左宗棠，《左文襄公奏牘》，臺文叢88，頁4-5。

162　左宗棠，《左文襄公奏牘》，臺文叢88，頁5。

163　臺灣銀行經濟研究室編，《清穆宗實錄選輯》，臺文叢190，頁49。

164　左宗棠，《左文襄公奏牘》，臺文叢88，頁86，「答林密庵提軍」。

兩，為行間賞犒之需。[165]

林文察似曾表示平臺之行，「餉無所措」；左宗棠回答已飭布政使張銓慶（同治二年一月七日出任）在「浙餉內分給若干，以資軍食」。惟稱「此舉亦如窮漢請客，未可為常。知麾下必能迅振軍威，剋期蕆事；故敢勉作豪舉也」。又說，臺勇在家鄉作戰，薪糧應可減給，而不能得力者，可撤則撤。[166]

林文察似乎曾評及閩政積弊，並提出整理方法，左宗棠深表同意，盼其平臺後，回到泉州，繼續未竟之工作，越快越好。[167]

由上可前見左氏對林文察期望之高，如果表現良好，林文察前途正未可限量。也許左氏本人也出身鄉勇團練，林文察亦類似，乃另有一種同情感。

同治二年八月十六日，林文察已接獲左宗棠咨會，言已於七月二十八日在嚴州府大營，會同徐宗幹保奏他帶兵平臺。林文察在九月十日上奏報告其處理情形，言已「飛飭在籍參將林文明挑選精壯勇丁二千六百名，號召□□（生番？）四百名」，令其妥善布置，以便大軍到臺時會剿，並報稱將陸路提督衙門之事務委署中軍參將顧飛熊代行，但緊要公事仍馳寄軍營核辦。林文察在九月十日上此摺後，即帶著提標，挑選精兵四百名，由泉州赴蚶江，配船東渡。[168]

---

165 左宗棠，《左文襄公奏牘》，臺文叢88，頁86。

166 左宗棠，《左文襄公奏牘》，臺文叢88，頁86。

167 左宗棠，《左文襄公奏牘》，臺文叢88，頁86。

168 《軍機檔》，091635號，同治二年十月七日諭「提督銜署理福建陸路提督福寧總兵林文察奏請辦臺灣軍務，拔隊起程摺」。

二、閩官之抵制林文察與丁曰健之奉命同時平臺

　　正當林文察官位步步高昇，即將衣錦榮歸之際，挫折卻接踵而至，將星漸趨黯淡而終至殞落，平臺之役竟成他一生事業自高峰走下坡的分水嶺。高潮成了反高潮（anti-climax），這恐怕是林文察始料所未及的。

　　左宗棠之所以派林文察平臺，原因之一是希望以一擁有總兵實職而署陸路、水師提督的將領統一事權，上下一心，早日完成任務。然而，事情的發展卻出乎他意料之外，福建當局對林文察之升任提督與帶兵平臺，頗有意見，以各種方式來抵制。

（一）閩官抵制林文察之因

　　林文察籍隸臺灣府，按理說，他與福建當局的關係應當較好、較密切才是，何以情形正相反呢？原因可能有幾個，1. 閩官對臺地用臺人之忌諱，2. 閩官對左宗棠之閩政頗有不滿，3. 閩官對林文察作為的反感，4. 丁曰健與林文察間有恩怨。

1. 閩官對臺地用臺人有忌諱

　　清代任官制度中，各省地方官原有迴避本籍的規定，但對武官似乎較不嚴。如臺灣府城人陳林每，渡海至閩以莆田籍投軍，因戰功而於乾隆十七年二月，升任臺灣總兵。[169]雖然他以莆田籍身份任臺灣

---

169 (a)《明清史料己編》，第10本，頁931－932，總督喀爾吉善奏。
　　(b)石萬壽，〈營兵與臺灣的防務－以臺南府城為中心」（上）〉，《臺灣風物》（臺北），35：1（1985.3），頁56。
　　(c)謝金鑾，《續修臺灣縣志》（臺北：臺灣銀行經濟研究室，臺文叢第140種，1962；1807年原刊），頁306。

最高司令，即使法律上非臺人宦臺，但總是閩人宦臺；而且也顯示官方查對身家，並非很嚴謹。另一個例子是諸羅縣（嘉義）王得祿，在平林爽文亂中，出任義首，屢立戰功；嘉慶元年至三年，平定蔡牽之亂有功，升澎湖水師副將；十一年，升任福寧鎮總兵；十三年，再升浙江水師提督。[170]可見武將並不避本籍。不過，限制籍貫的事斷斷續續被提出過。如臺灣道徐宗幹（道光二十八年至咸豐四年），鑑於駐臺班兵屢屢發生械鬥、包賭、包娼等流弊，曾建議「都守以上不用閩人，都守以下不用漳、泉人」。[171]但似乎未執行，如咸豐年間臺灣鎮總兵邵連科屬閩縣人，歷任澎湖副將、海壇總兵、臺灣掛印總兵。[172]

由於徐宗幹是現任福建巡撫，依據其原則，當然不願林文察以臺人身份出任平臺將領之職。左宗棠回函辯稱選將甚難，「勇銳者不悉機宜，明練者多甘退懦」，因此無一適當人選可以節制提鎮；而他對林文察之戰事，並不完全讚許，但退而求其次，林文察有其優點，因為他在「閩、粵諸將中，尚稱健者。且疏財愛士，頗有所長。用之戰於其鄉，或可得力」。[173]他又向徐宗幹建議，應練數千得力之兵，而戰技、膽氣都重要，營兵應調赴戰場歷練，以矯正「兵不如勇」之弊。他又說廣勇雖多「精銳之士」，然好利太甚、壞處太多，即粵中士大夫亦往往「言之切齒」。又說，耆齡上年帶粵勇至浙，被朝廷查詰至再，可見公論對粵人之不滿，故「未可因關鎮國得力，遽謂粵勇可恃」。[174]

---

170 陳衍，《福建通志列傳選》，臺文叢195，頁245-247。「王得祿傳」。
171 石萬壽，〈營兵與臺灣的防務－以臺南府城為中心」（下）〉，《臺灣風物》（臺北），35：2（1985.6），頁44。
172 陳衍，《福建通志列傳選》，臺文叢195，頁279。
173 左宗棠，《左文襄公奏牘》，臺文叢88，頁87-88，「答徐樹人中丞」。
174 左宗棠，《左文襄公奏牘》，臺文叢88，頁88，「答徐樹人中丞」。

　　可見徐宗幹對臺勇、林文察頗有意見，而左宗棠對粵勇則毫無信心。

　　在閩官中反對用臺將或臺勇最激烈的莫過於丁曰健。

　　丁曰健是道光乙未科舉人，道光二十三年揀發來閩。道光二十七署鳳山縣令，曾督勇撲滅楠梓坑之豎旗抗清。道光二十八年，徐宗幹任臺灣道，丁曰健稱蒞任不到三月，就對他「保薦不遺餘力」。接著，丁氏任嘉義縣令「格殺王湧、平定分類及撲洪紀豎旗」。其後出任鹿港同知，「圍拏曾雞角」。又轉任淡水廳同知，有三次平定分類械鬥及克復雞籠、格殺擒獲閩南小刀會黃位餘黨之功。[175]徐、丁二人關係極密，時有魚雁往返，如徐宗幹之〈寄嘉義丁令述安書〉，對他諄諄誨誠，[176]丁曰健對徐氏極為推崇、感恩，在〈平臺藥言〉中言：「大中丞（巡撫徐宗幹）前在臺灣刻刻以除暴安良為急務，於健尤殷殷垂注，感深刻骨」。[177]《懷寧縣志》亦載徐宗幹「倚曰健如左右手」，似非誇大之詞。[178]

　　徐宗幹於咸豐四年離臺，丁曰健慨言「營規吏治」風氣大變，[179]頗惋惜徐氏之離去。咸豐九年丁氏也內渡。同治元年夏，徐宗幹任福建巡撫，以丁曰健署理糧儲道，[180]五月八日，即升任布政使。同治二年一月七日，丁曰健以「積勞成疾」請辭，二月，卸任。[181]徐宗幹

175　丁曰健，《治臺必告錄》，臺文叢17，頁417，「平臺藥言」。
176　徐宗幹，《斯未信齋文編》，臺文叢87，頁100。
177　丁曰健，《治臺必告錄》，臺文叢17，頁417。
178　《懷寧縣志》（臺北：成文，1983再印；1915初版），頁49(a)。
179　丁曰健，《治臺必告錄》，臺文叢17，頁417。
180　丁曰健，《治臺必告錄》，臺文叢17，頁417－418。
181　丁曰健，《治臺必告錄》，臺文叢17，頁421、418。

曾將其編著《治臺必告錄》交由丁曰健刊行。[182]由此可知兩人相知之深。

丁曰健於同治二年二月卸任布政使後，似乎仍在省城，但擔任何職，無資料可查，可能是巡撫徐宗幹的幕友。他對臺灣局勢的關心似不亞於徐宗幹，因此在七月二十四日發表有名的〈平臺藥言〉（或稱平臺六策），對平定戴潮春之亂的決策有極大影響力。[183]文中指出臺勇之不可靠，曰：

> 竊見臺灣釀禍已深，加以疊次調勇，臺灣道、府兩庫墊付已空，臺勇知內地虛實，回臺必生異心。健（丁曰健）早為隱憂，形諸詞色。[184]

他又說「臺勇回臺者，又復為賊」，並指摘林文察弟「林文明之回臺舉行團練，竟不能辦」；因此主張「速請威望素著之營撥精勇三、四千選將帶往為是」。[185]

有位唐燻者（可能亦是閩官，可能也曾在臺任官）也贊同丁曰健之見解。[186]在其讀〈平臺藥言〉後，唐氏注評曰：「但靠臺募之勇、臺額之兵，疲弱既已積慣，不知打仗為何事？領兵官弁，遂一意招購，遷延歲月，至於迄無成功」，極言班兵臺勇之無用。又說他曾於

---

182 連橫，《臺灣通史》，臺文叢128，頁867。
183 丁曰健，《治臺必告錄》，臺文叢17，頁420。
184 丁曰健，《治臺必告錄》，臺文叢17，頁417-418。
185 丁曰健，《治臺必告錄》，臺文叢17，頁419。
186 據《鳳山縣采訪冊》（文叢73），唐塤曾著文「鄭邑侯克復鳳山縣碑記」、「曾元福死守火藥庫論」等文，顯示他曾宦臺，目睹耳聞「林恭之役」，見盧德嘉，《鳳山縣采訪冊》，臺文叢73，頁413-419。

去年正月間上條陳予徐宗幹「早議及平臺非武人之事，必得威望素著之文臣為之……究竟胸有詩書，即有甲兵」。唐氏又批評說「彼奮力行間而驟躋節鉞，乃戰將，非大將也」。[187]此話極可能針對林文察而發，指其只是奮戰沙場之戰將，不能獨當大局。

其後丁曰健帶兵至臺後，又上稟左宗棠強調臺勇不可靠，曰：「疊奉調赴督剿之提鎮大員……聞所部，有籍隸本處，由內地調回臺灣者，亦多心懷反側，莫能效命」。[188]

此外，現任布政使張銓慶也曾於同治二年回覆左宗棠函中，言「林署軍乃渡臺一節，似未盡善」。[189]函中未說明，我們不知「未盡善」理由何在，可能含有不放心臺將之意味。

2. 閩官對左宗棠之閩政頗有反感

左宗棠係福建、浙江兩省的最高長官——總督，但慣例尊重省的最高長官——巡撫——的意見。左氏上任後，約在同治二年八月間予巡撫徐宗幹之函中亦言「所有閩省水陸各員，副將以下委署，固均聽臺端核奪；即副將以上，亦須尊裁示知。其須速辦之件，則由尊處定見，再咨敝處可也」。[190]如前已述，總兵以上之推舉與指揮權本屬總督權，左氏願聽任徐氏裁決，可說是相當尊重撫權。但，日後的實際發展卻不然，在人事方面，二人頗有歧見與爭執。茲舉數例說明。

(1)以張銓慶取代丁曰健為福建布政使：如前所述，丁曰健乃徐宗幹親信，在同治二年二月辭去布政使之職，左宗棠派張銓慶接

187　丁曰健，《治臺必告錄》，臺文叢17，頁421。
188　丁曰健，《治臺必告錄》，臺文叢17，頁561，「稟制軍左宮保……」。
189　左宗棠，《左文襄公奏牘》，臺文叢88，頁90，「答張佑之」。
190　左宗棠，《左文襄公奏牘》，臺文叢88，頁86，「答徐樹人中丞」。

任。雖則丁曰健在「平臺藥言」稱係「積勞成疾」，乃於同治二年正月七日以「紅白印稟，詳陳乞退」，並於二月交卸布政使職。[191]但觀其此後積極評政、爭取平臺之職，恐非真心話。是否左宗棠不滿其措施所致？如是，援浙餉也許是一大原因。同治二年間，左宗棠曾多次向徐宗幹抱怨援浙餉項之未能順利解交，雖然他指的是福州將軍，[192]但林文察之臺勇因欠餉而引起怨望的問題，他也注意到。[193]由於資料欠缺，雖無法斷言左氏不滿丁曰健；但在左氏致福建新任布政使張銓慶之函中有言：「閩中吏事，自閣下履新後極力整理，漸有更新之象」[194]，似可解釋為對上任布政使丁曰健有不滿之處。以常情而言，徐宗幹當不願見到自己親信部屬被懲罰解職。

(2)彈劾護理陸路提督石棟案與護理水師提督吳鴻源案：如前所述，左宗棠將二人彈劾，並於同治二年八月間致函福建布政使張銓慶，要求從嚴辦理石棟案，「以警貪橫」；並批評閩政道：「近閱閩省各案，多是虎頭蛇尾；刑名先生積習牢不可破，殊為喟然！」[195]可見他對閩政現況頗為不滿，急欲改革。更甚者，他又將閩省二個最高軍職——水、陸提督——交付林文察，這些都不是閩官所願見的。

其後，徐宗幹上一奏摺「臺灣官軍剿平南路遞疊、現飭迅復彰城，並請將吳鴻源暫緩拿辦」，言其「自六月初旬以後，督率弁兵環攻二重溝賊疊，斃匪無算，並擒獲匪首羅澎湖等」，立下種種功績。

---

191 丁曰健，《治臺必告錄》，臺文叢17，頁418。
192 左宗棠，《左文襄公奏牘》，臺文叢88，頁82，「答閩撫徐樹人中丞」。
　　又，頁85，「答徐樹人中丞」。
193 左宗棠，《左文襄公奏牘》，臺文叢88，頁90，「答張佑之」。
194 左宗棠，《左文襄公奏牘》，臺文叢88，頁90，「答張佑之」。
195 左宗棠，《左文襄公奏牘》，臺文叢88，頁90，「答張佑之」。

同治二年十月九日，上諭吳鴻源「暫緩拏問，留營效力自贖」。[196]徐宗幹為吳鴻源緩頰顯然隱含抗議左宗棠的意味。

此外，左宗棠對福建軍政亦不滿。約同治二年八月間，在他函答林文察之咨中言：

> 所言閩兵積弊，最為明快！整理之法，非如尊論不可，所盼平臺之後還莅泉州，一竟此緒，愈速愈妙。[197]

我們無由得知林文察所建議的整理閩兵積弊的辦法是什麼，但由其迫切希望林文察早日平臺後回泉州整頓，可知其不滿之深。左氏不久後，又致函徐宗幹談改善軍政之道。他指出福建須「練成數千得力之兵，乃可安枕」，而士兵以勇氣最重要，「素練之卒不如久戰之兵，以練技而未練膽故也，而有事須用勇丁實因為「兵不如勇」。他建議一個方法是：

> 擬於勇丁隊伍中缺額者以兵丁補之，令其隨同出仗；或者相觀而善，容易見功。[198]

未知此是否亦即林文察擬議之法。也許左宗棠、林文察均出身地方鄉團，因而對兵、勇的見解較相近。

可能左宗棠對閩政有太多的改革意見與干預措施招來反感，因而抵制林文察之任命，此又伏下日後左氏與閩官關係極度惡化的種

---

196 《勦捕檔》，同治二年十月九日上諭議政王大臣。

197 左宗棠，《左文襄公奏牘》，臺文叢88，頁87，「答林密庵提軍」。

198 左宗棠，《左文襄公奏牘》，臺文叢88，頁88，「答徐樹人中丞」。

子。

3. 閩官對林文察的作為有反感

閩官對左宗棠的不滿有相當大的成分是因林文察而起的，對林文察的不滿可能有幾個因素。

第一、年少氣盛：林文察本邊疆一勇首，因時逢亂世，軍功彪炳，在短短四年內（咸豐九年至同治二年，1859－1863），由六品軍功而遊擊、參將、副將、總兵，而升至提督，比起同時期的文官、武將，升遷之速可謂驚人，難免引人側目。然而，林文察似乎不甚了解官場收斂之道，鋒芒太露，乃招致強烈反感。連提拔他的左宗棠也說：「此公少年高興，不知擇友，短處固多」。[199]

第二、臺勇鬧事：如前所述，臺勇奉撤回閩後有搶劫之行為，招致林文察之被批評。雖然，左宗棠為他解說為勇丁月餉懸欠太久，且檄撤後，指揮官也無法像在前線那般靈活約束部屬所致，[200]然而，臺勇之滋事總是他任官之污點。

第三、林文明之赴省索臺勇安家銀：如前所述，由於援浙臺勇之安家銀積欠未發，林文察於同治元年五月間曾派林文明率勇五十名赴省交涉，可能與省方衝突，尤其是布政使丁曰健，總督慶端為此曾斥責文明不該私帶勇丁赴省索餉。[201]其後林文察、文明兄弟又屢為軍餉、軍火事與省方爭執，可能因此招來閩官之反感。[202]

---

199 左宗棠，《左文襄公奏牘》，臺文叢88，頁90，「答張佑之」（當在同治二年八月間）。

200 左宗棠，《左文襄公奏牘》，臺文叢88，頁90。

201 〈宮保第文書〉(3)，同治元年六月五日慶端札。

202 參見第二節。

　　第四、結交左宗棠可能也招來議論：林文察在援浙作戰期間，可能與左宗棠建立了良好關係。左氏升任總督後，不斷拔擢林文察而賦予高職——提督，直轄於其下，閩省官員可能不願見本省官員有越級結交上司之情形。

　　總之，林文察年輕、升遷太快，又不知官場收斂之道，鋒芒太露，最後遭致重大挫折。

4. 林文察與丁曰健間的恩怨

　　林文察與丁曰健日後在平臺之役中互相攻訐，勢同水火，但到底兩人何時開始不睦？因何不睦？史料極為欠缺。

　　目前惟一提到丁、林不和之因與時間的著作是《臺灣通史》。據載，「初，曰健以汀州軍務，與文察有悋」。[203]按「汀州之役」在咸豐十一年，據第六章之述介，兩人均參加此役，但有否衝突，卻未見記載。如有衝突，一個可能是爭功，另一個可能是糧餉問題。如果真是爭功引起衝突，則林文察確實犯了官場大忌，即下與上爭。

　　原來當咸豐四年剿平小刀會侵犯雞籠之役時，丁曰健為淡水廳同知，而林文察只是個戴罪立功的勇首。而且，丁曰健自稱他曾「保舉（林文察）有案」[204]，顯然自認有恩於林文察，如果真有汀州爭功之事，其不滿自是可理解的。

　　不過，遍查資料與各類記載，尚未見有丁曰健保舉林文察之證據。不知是資料不存，或是並無保舉之事。據目前資料，林文察係由臺灣總兵邵連科與臺灣道裕鐸所保舉，臺灣知府孔昭慈與北路協副將

---

203 連橫，《臺灣通史》，臺文叢128，頁897，「丁曰健列傳」。
204 丁曰健，《治臺必告錄》，臺文叢17，頁582，「稟督憲左宮保季高」。

曾玉明則可能是使其能戴罪立功之恩人，似乎與丁曰健無何瓜葛。惟
此點有待進一步探索。

　　除汀州之役外，再向前推，也許兩人在臺時已醞釀不睦之種子
了。原來總兵邵連科是保薦林文察的恩人，然而丁曰健對邵氏卻極度
不滿。丁氏在〈平臺藥言〉抨擊道：

> 前鎮邵委缺以得財為次第；文員亦相習成風，下屬相率效
> 尤。甚至得匪百餘元、數百元不等，撫而為營書、為募兵；
> 廳、縣亦撫匪為總董、頭人，竟給與頂戴，以示優異，毫無緝
> 捕實事，大開賞盜之風，益縱害民之虐。[205]

　　他又抨擊「邵鎮尤恨健之持正，多方排擠；不得已，至（咸豐）
九年請咨內渡」。[206]

　　不知邵連科是否如丁曰健所言之貪墨。不過，如前已論，咸豐
年間，由於太平軍之役，清廷財政困難，大開捐官之例，此恐為清廷
對全國的政策，似乎不能單責邵連科一人。事實上，當時不僅百姓捐
餉可任官，即使正途官也常需捐俸捐銀方能升官。例如咸豐六年十二
月，「閩省臺灣府屬官紳士民捐輸運津米石，隨邀運腳銀數並指捐官
階職銜封典清單」內，有知府孔昭慈捐請以為道員候選任用，而且名
單中也包括丁曰健本人，捐請項目為封典，另有二位名為丁曰价、丁
曰瑚，乃丁曰健同鄉（安徽懷寧），但不知是否其親人？[207]此外，丁
曰健在福建辦理軍務時（當在咸豐九至十一年間），也曾「遵例捐升

205　丁曰健，《治臺必告錄》，臺文叢17，頁417。
206　丁曰健，《治臺必告錄》，臺文叢17，頁417。
207　《月摺檔》，咸豐六年十二月。

道員」，其後因克復汀州之功，乃補上糧運道。[208]因此，除非邵氏有瀆職，責以賣官，似非公平。

無論如何，邵氏對林文察拔擢眷顧有加，而丁曰健又不滿邵氏，極可能丁、林二人在臺已互有介蒂了。未知有無可能因林文察家境較佳，捐銀數目較大，因此在升官途上佔了優勢，壓倒了丁曰健，而造成忌恨之心。

再者，如前所述，丁曰健任布政使司時，林文察曾派林文明率勇赴福州索取積欠臺勇的安家銀，林文明性格莽撞，極可能與丁曰健有衝突。原本應允先支六千元，但林文明渡臺時，實際只領一千元；而且，在臺作戰時，林文明亦屢為餉、藥欠缺所困。可知雙方關係不佳。丁曰健在其〈平臺藥言〉中，甚至指名林文明辦團練無功，而不提及其缺餉之事。

由於丁曰健與徐宗幹的特殊關係，丁、林不睦對林文察自有不利影響。

（二）閩官抵制林文察之道

由於左宗棠位居閩、浙最高長官之職，閩官雖有不滿，欲對抗也頗為不易。再者，林文察既經清廷明令指派平臺之職，暫時不可能有挽回之道。但閩官似乎仍採用幾種抵銷之道，1.阻礙或延緩林文察帶兵赴臺，2.削弱林文察之職權，3.任命丁曰健為臺灣道臺，並予以充足兵力、餉需，督辦全臺軍務，以抵銷林文察的職權。

---

208 丁曰健，《治臺必告錄》，臺文叢17，頁421，「署理藩司恭謝天恩摺」。

1. 阻礙或延緩林文察帶兵赴臺

如前所述，徐宗幹不甚贊同任命林文察為提督，對其率兵平臺亦有意見。布政使張銓慶也不贊同派林文察平臺，在林文察平臺令發出後，左宗棠為解決林文察所擔心的軍餉問題，至少二度致函福建布政使張銓慶，在八月間之函曾詢問「林署軍門林文察何時渡臺？想戰於其鄉，士氣百倍」。對於平臺事，函中言：

> 前疏所言餉事，當割浙餉與之，此亦事理宜然；未知尊處作何酌撥？……實則浙中餉事，直不堪問，非本可從容，故為此豪舉。[209]

左宗棠在浙餉艱難中特勻撥部分以支援平臺之役，可見其對林文察之殷望。但張銓慶於八月十七日回函稱「林署軍門渡臺一節，似未盡善」，反對林文察之新職務。左宗棠回函稱「業經疏請，未可中止」，維持原案；同時，認為張氏所言「未免有過當之處」，並為林文察辯解。不過，由於臺灣戰事漸有轉機，左氏同意「如曾（玉明）、吳（鴻源）等能乘勢辦結，林署軍門無須赴臺；當會商中丞（徐宗幹），免其東渡。若事勢未可中止，自當催令速行」。[210]

由於臺灣戰事始終未熄，林文察之指令繼續有效。然而，林文察率軍抵臺日期竟遷延至同治二年十月，落於丁曰健之後，疑閩官可能從中掣肘，延緩其渡臺日期。閩省所用手段當是控制軍餉，觀林文察日後至臺屢怨軍餉之不足，可知一二。（參看下章）

---

209 左宗棠，《左文襄公奏牘》，臺文叢88，頁89，「與閩藩張佑之方伯」。
210 左宗棠，《左文襄公奏牘》，臺文叢88，頁90，「答張佑之」。

2. 削弱林文察之職權

由於左宗棠之拔擢，林文察平臺前本兼有水師與陸路提督之職。徐宗幹奏稱：「閩省水、陸兩提督未便並駐海外，林文察前經奏署陸路提督，據報帶印東渡；曾元福病已痊癒，業赴嘉義接印。可否改派曾元福接護陸路提督，或仍令護理水師提篆」。同治二年十月十八日，上諭：「林文察既已攜帶陸路提督印信赴臺，即著毋庸兼署水師提督；臺灣軍務如林文察一人可以辦竣，而曾元福才具尚堪勝任，所有水師提督一缺，即著左宗棠等飭令曾元福內渡，奏請接護。倘曾元福必須留臺助剿，即著將水師提督印信送回內地，由左宗棠等遴選妥員，奏請接署，以免偏重之虞」。[211]

不過，林文察受命兼署水師提督在前，撤銷在後，到底有無兼署呢？筆者一度以為沒有，而主張其生前最高職位為陸路提督，但近發現一文件，顯示他至少曾短暫署理水師提督。原來在曾玉明予林文明之札中有言「十月二十九日准署福建水師提督軍門林　函」，[212]因此林家後人稱林文察為水陸提督，似無何錯誤，只是時間當不甚長，依公文往返時間估計，當在十一月下旬交卸水師提督職予曾元福。這當是閩官削弱林文察職權的對策之一，因如兼署水陸提督則可管轄全閩八鎮之兵。

3. 丁曰健之出任臺灣道臺並督辦全臺軍務

同治二年七月十二日，臺灣道一職因前任洪毓琛病歿出缺，由

---

211 臺灣銀行經濟研究室編，《清穆宗實錄選輯》，臺文叢190，頁51－52。
212 〈宮保第文書〉，同治二年十月二十九日曾玉明札林文明。

臺灣知府陳懋烈代理，由丁曰健補授其缺。[213]八月四日，福建巡撫徐宗幹知會丁曰健由其補授臺道之缺。[214]八月二十五日，清廷下諭，催查林文察軍是否已渡臺，並飭令「趕緊前赴臺郡，督率諸軍，力圖掃蕩……，倘再逾限無功，吳鴻源覆轍具在，斷不能為林文察寬宥也」，[215]同時又說：「丁曰健受朝廷厚恩，膺斯重任，當與林文察等妥籌防剿，毋得稍有疏懈，致干咎戾」。[216]

　　由於資料不足，無法斷言其中曲折，但上諭中對林文察之警告語，顯然是針對反對意見而發的，而嚴促丁曰健與林文察妥籌防剿之嚴厲語氣，似乎隱約指出兩人關係之不睦。

　　本來道臺出缺，由新人遞補，無何奇特之處，問題在於丁曰健亦奉派帶兵平亂，負責「督辦全臺軍務，節制南北各軍」。[217]而且，丁曰健計劃自福州對渡淡水，南下攻克彰化後，方至府城接道臺職，[218]這自然與林文察平臺之職務相重疊。更重要的是兩人間有不解的恩怨。丁曰健之任命顯然是針對林文察而發的，也可以說是閩官抵制林文察最強力的武器，日後之發展證明，丁曰健的確是林文察宦途上的致命剋星。

---

213 (a)臺灣銀行經濟研究室編，《清穆宗實錄選輯》，臺文叢190，頁48。
　　(b)《剿捕檔》，同治二年七月十二日。

214 丁曰健，《治臺必告錄》，臺文叢17，頁422，「補授臺灣道謝恩摺」。

215 臺灣銀行經濟研究室編，《清穆宗實錄選輯》，臺文叢190，頁50。

216 臺灣銀行經濟研究室編，《清穆宗實錄選輯》，臺文叢190，頁50。

217 丁曰健，《治臺必告錄》，臺文叢17，頁422－423，「補授臺灣道謝恩摺」；頁433，「諭同誅首惡解散脅從札示」。

218 丁曰健，《治臺必告錄》，臺文叢17，頁422－423，「補授臺灣道謝恩摺」；頁433，「諭同誅首惡解散脅從札示」。

第八章　林文察與戴潮春之役

（同治二年至同治三年；1863-1864）

　　林文察與丁曰健之先後受命征臺，背後隱含左宗棠與徐宗幹間督撫意見的不同，以及丁、林兩人間的恩怨，因此，征臺之役自始即籠罩著一層陰影；而此役也成了林文察生命中的轉捩點——自顛峰走下坡，以至捐軀疆場。

　　丁曰健與林文察分別帶兵自臺灣北部與南部，向中部進攻，會師於彰化。此後兩人由小摩擦而發展成正面衝突，導致林文察之被調內渡。

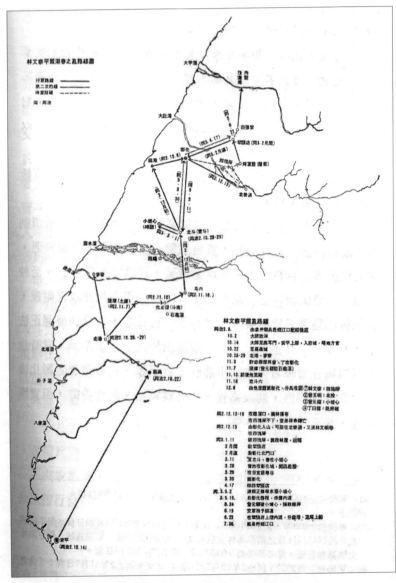

■圖13　林文察平戴潮春之役路線圖

第一節　林文察、丁曰健之南北夾攻

一、丁曰健自滬尾（淡水）南攻彰化

當同治二年九月十日林文察上奏稱由泉州領兵赴蚶江口配船候渡時，[1]丁曰健早已領先渡臺。

丁曰健的征臺路線似乎早在同治二年七月二十四日發表的〈平臺藥言〉中已提出。在文中，他列出六個方策，即一、籌餉宜寬備，二、生力軍宜速調，三、賞罰宜嚴申，四、行軍宜間道出奇，五、文武員弁宜速選，六、彰、斗克復後，餘黨當嚴搜。[2]征臺之役，他大體依此策略辦理。在其第四策「行軍宜間道出奇」中，丁氏反對由廈門渡海至安平北攻，他說：

> 由省至廈，師行十多日，配船又須月餘；由府至彰化四站，中隔嘉邑、斗六，數百里賊莊相聯；如我師中途失利，則大局又敗，更不堪設想。[3]

他主張出奇兵由臺灣北部南攻，理由是：「若由省對渡淡水，風順一夕可達雞籠，亦四站至彰化，道途比由府城、嘉、斗順暢」。[4]至於戰術則主張用「粵兵由內山以攻彰賊之巢，用精兵由大路以去山賊之腹」；兩路夾攻，先克復彰化城，則斗六、嘉義各地可漸次平定，

1　《軍機檔》，91635號，同治二年十月七日林文察奏。
2　丁曰健，《治臺必告錄》，臺文叢17，頁417－420，「平臺藥言」。
3　丁曰健，《治臺必告錄》，臺文叢17，頁419。
4　丁曰健，《治臺必告錄》，臺文叢17，頁419。

而南部亦將聞風歸順。[5]

　　丁曰健之戰術可能是基於自己的判斷，但也可能有搶先或分享戰功之意圖。丁氏已被任命為臺灣道臺，按理應由廈門渡臺至安平，至府城接任臺灣道之職。然而，一旦接任本職，由於道臺為文職官，不必過度涉及平亂事，帶兵出戰的機會自然減少。因此可能為了抵制林文察，他選了一條「不捷之徑」，至府城接本職，即由臺灣北部南下至府城。

　　丁曰健採取自北南攻的另一理由可能是在北部可厚結民勇力量，選擇適當時機出擊戴亂據點。由於戴亂地區主要在中、南部，丁曰健可以北部為安全基地，從容備戰。又由於他曾任職淡水廳同知多年，與北部的地緣、人緣關係良好，例如竹塹林占梅與往年手下得力勇首范義庭等，均可助其動員地方力量與提供情報。（下述）

　　無論何種理由，此一由北而南的作戰路線予丁曰健立功的良機，甚至在林文察之先獲得首功——克彰化城的功臣之一。

　　丁曰健行前曾稟告左宗棠擬由省城對渡淡水，並請求巡撫徐宗幹派參將田如松帶兵四百名，在同治二年九月四日配船先發。[6]他本人則嫌「商船遲速靡常」，而督率委員親軍等另乘輪船，於（九月）初七日開至五虎門（福州外港），初八日放洋，初九日申酉間（下午三時至七時）抵達滬尾口（今淡水）登岸。[7]

　　丁曰健的行動可謂迅速，以致他抵達滬尾後，先發之田如松軍

5　丁曰健，《治臺必告錄》，臺文叢17，頁419。

6　丁曰健，《治臺必告錄》，臺文叢17，頁562，「稟制軍左宮保季高」。

7　(a)丁曰健，《治臺必告錄》，臺文叢17，頁562。
　　(b)丁曰健，《治臺必告錄》，臺文叢17，頁563，「稟撫軍徐中丞樹人」，
　　內容略與上同。

未到，原來由於「商船怕重陽暴，過三、五天方開，不比輪船不拘何風」，可準時出發。[8]

九月九日，丁曰健接見奉道臺區天民之命，候船往省請餉之候補知縣白驥良；十日，又先後接見淡水縣丞鄭元杰、內閣中書陳維英、陳霞林及淡北各職員，探詢彰、鹿軍情，但傳聞不一，難以判斷。他要求白驥良留臺供差遣，因區天民所部軍餉已奏准由滬尾關稅每月撥用一萬兩，故不必再赴省請餉。[9]

九月十日，丁曰健起程赴艋舺，日暮抵達。丁曰健稟徐宗幹稱：「該處紳民耆老聞舊日長官帶兵到地，香花鼓樂，夾道懽呼」。[10]由於田如松之省兵未到，後隊之楚師也無消息，為爭取時機，他立即另作佈置，大致情形如下。

一、攻擊路線：他移文飛飭臺灣鎮守參將關鎮國率領廣東紅單礮船馳赴五汊港（梧棲港，今臺中港）候調，由水路進攻。[11]他本人則領大軍，依原定計畫自北南攻，水、陸互相呼應。

二、陸路主力的佈置：在兵力方面除省兵共約二千名外，[12]丁曰健高度仰賴鄉勇民團之力。在咸豐四年，小刀會船侵擾鷄籠之役時，丁曰健手下的總理、董事等地方頭人，「大體尚存」，因此命令他們招募得力丁勇「隨營聽調」。當年最得力的勇首藍翎六品軍功范

8　丁曰健，《治臺必告錄》，臺文叢17，頁563。
9　(a)丁曰健，《治臺必告錄》，臺文叢17，頁563，「稟撫軍徐中丞樹人」。
　　(b)據蔡青筠，《戴案紀略》，臺文叢206，頁8，區天民係候補道，於同治元年八月，督辦北路軍務。
10　丁曰健，《治臺必告錄》，臺文叢17，頁563－564，「又稟撫軍徐中丞樹人」。
11　丁曰健，《治臺必告錄》，臺文叢17，頁563－564。
12　丁曰健，《治臺必告錄》，臺文叢17，頁565。

義庭，由於在淡水廳地區辦理鹽館，熟悉地利人情，再被重用。丁氏派他與白驥良先赴竹塹，挑選地方頭人所募丁勇，候其親自點檢後，再派往要隘屯紮，剋期進兵。[13]

在軍備方面，除隨軍所攜軍裝火器外，他又請求徐宗幹「將省城演放過之硼礦撥解數位，並派製礦之從九品區玉良率粵匠兩、三名來淡，以便隨時添製炸子備用」，原因是彰化之竹圍，較嘉義還要濃密，須用威力較大的火礦。[14]

在情報方面，他密派舊日得力勇目「往探彰化情形」，同時又用小船由海路「通知南北、郡城、嘉、彰文武」，準備適時行動。[15]

三、攻擊前的心理戰：同治二年九月二十一日，丁曰健發「諭同誅首惡解散脅從札示」給各地紳耆、總董、義首、屯弁等，言太平軍行將全滅，臺灣亂黨不難消除，鼓勵他們或獻城邑、或擒戴亂股首、或勸令股首投誠，以立功受賞；脅從百姓如能受撫，則免予深究。[16]林文明亦接獲此一札示，題為「諭團練屯勇林紳文明」，日期為同治二年九月二十一日，內容全同，可知是札示中之一件，並斷知出札日期。[17]

九月二十二日，丁曰健移紮竹塹城內（今新竹市），隨即派人馳往岸裡社，將縣丞張世英、義首羅冠英之兵勇汰弱留強，得一千人，命馳往該地布置，準備進攻林晟所據之四塊厝、犁頭店等莊。另外，他又自范義庭招集之舊部，「挑選二千名以上，合之省兵四千

13　丁曰健，《治臺必告錄》，臺文叢17，頁564。
14　丁曰健，《治臺必告錄》，臺文叢17，頁564。
15　丁曰健，《治臺必告錄》，臺文叢17，頁564。
16　丁曰健，《治臺必告錄》，臺文叢17，頁423。
17　〈宮保第文書〉，原在《治臺必告錄》中僅書同治二年九月，無日，據此補上。

人，於九月二十六日祭纛」。九月二十八日，派頭隊先行。十月三日，拔營，督大隊進紮大甲。[18]丁曰健又稟徐宗幹稱連絡曾玉明會攻彰化，竟不理會；而凌定國亦報稱曾玉明按兵不動。[19]丁曰健對曾玉明的不滿初現端倪。

林晟、陳鮄探知丁曰健軍南下，派人連絡淡水廳屬三汊河、蕉坑地方股首劉阿妹，擬於通霄、後壠等處滋擾。丁曰健派義首鄭捷英、莊民鄭阿嬰夜入蕉坑，殺取劉阿妹首級，餘黨潰散。[20]

隨著，進駐鰲頭（牛罵頭，今臺中縣清水）。十月十四日，派兵勇進剿犁頭店一帶，以牽制內山叛黨，阻其出援葭投（茄投，在今臺中縣龍井鄉）。葭投乃陳鮄據點，控制彰化城北之大肚溪。水裡港則係接濟葭投糧藥之處，又是梧棲至鹿港的門道，欲攻葭投，必先取水裡。十月十五日，兵勇攻水裡港、田中央、海坡厝等處。至十六日，先後攻克，並將福州厝、蘊仔底、塗葛窟等十餘莊燬為平地。[21]

十月十七日，丁曰健整隊攻葭投，燬其營三座。其它路官軍在十五至十七日間，亦攻佔石牌莊、棋盤厝（今臺中附近）。參將林文明亦率壯丁攻四塊厝得手，丁氏催令其勿困守霧山，迅撥壯丁助剿，以斷彰化與內山戴黨之通路。[22]

18　丁曰健，《治臺必告錄》，臺文叢17，頁565－566，「又稟撫軍徐中丞樹人」。

19　丁曰健，《治臺必告錄》，臺文叢17，頁566，此時，丁對曾玉明似已有意見。

20　(a)丁曰健，《治臺必告錄》，臺文叢17，頁428－429，「彰境開仗連日大捷並南路各營獲勝摺」。
(b)《軍機檔》，92750號，同治二年十一月二十二日丁曰健奏。

21　同上，(a)丁曰健，《治臺必告錄》，臺文叢17，頁429－431。
(b)《軍機檔》，92750號，同治二年十一月二十二日丁曰健奏。

22　(a)丁曰健，《治臺必告錄》，臺文叢17，頁431－433。

十月三十日己時（上午9－11時），丁曰健兵勇攻破葭投陳鮴巢穴，逼近彰化城。[23]

二、林文察自府城向北進攻

當丁曰健由北向南直逼彰化城，圖建立首功時，清廷居然仍未知林文察動向。同治二年十一月二十二日上諭：「前據徐宗幹奏稱，林文察已抵蚶江口，配船候渡，現在已否抵臺？著左宗棠、徐宗幹迅飭該提督速行渡臺督兵會剿，毋稍遲緩」。[24]清廷之所以不知，一者林文察較晚抵臺，而文報常有約一個月之耽擱，一者文察似不如丁曰健之勤於上奏。丁曰健於抵臺後，分別在九月十六日、十月十八日及十一月一日上奏，[25]其後陸續上摺奏報戰功，並請獎有功人員。[26]

到底林文察何時帶兵抵臺呢？除清史「林文察傳」說是同治二年「十二月抵臺」外，[27]大部分著作均言十月抵臺。[28]登岸地點，一說是麥寮，另一說是安平，《戴案紀略》載：

(b)《軍機檔》，92750號，同治二年十一月二十二日奏。

23　(a)《軍機檔》，92750號，同治二年十二月六日上諭；同治二年十一月一日丁曰健奏。

　　(b)林占梅在「南征八詠」序言：「余因餉項維艱，至十月十八日始親統一軍直抵山腳莊紮營。二十六日開仗，三十日收復葭投等數十莊」，見林占梅，《潛園琴餘草簡編》，臺文叢202，頁141。

24　臺灣銀行經濟研究室編，《清穆宗實錄選輯》，臺文叢190，頁54。

25　《軍機檔》，093059號，同治二年十二月十六日諭；丁曰健十一月一日奏。

26　丁曰健，《治臺必告錄》，臺文叢17，頁433－434。

27　臺灣銀行經濟研究室編，《清史列傳選》，臺文叢274，頁293，「林文察傳」，此當由於上諭係十二月之誤解。

28　(a)吳德功，《戴施兩案紀略》，臺文叢47，頁44。

　　(b)蔡青筠，《戴案紀略》，臺文叢206，頁50。

　　(c)林獻堂等編，《林氏族譜》，臺文叢298，頁118。

冬十月，……林文察……帶兵抵臺助剿；武狀元王世清為先
鋒，餘部下屬員皆揀東及貓羅堡之人為多，由帆船入麥寮港迂
途回本居阿罩霧。[29]

《戴施兩案紀略》所載略同。[30]

《林氏族譜》載林文察「九月治裝，十月全師安平上陸」。[31]

到底何者正確呢？

據林文察十月二十九日摺，於九月十日自泉州拔隊赴蚶江口配
渡，候至十月初二日方得開駕，十四日抵鹿耳門，由安平登陸。[32]因
此，林文察軍應是十月抵臺，《清史》記載有誤；[33]而登陸地點是安
平，而非麥寮，《戴案紀略》與《戴施兩案紀略》均有誤，而《族譜》
是正確的。

林文察登岸後，馳赴府城，接見道、府、廳、縣，詢問各路軍
情。所得的答覆是，自戴、林黨徒攻陷彰化、斗六後，迭攻嘉義、大
甲各地，以致南北路梗，文報不通，不知確情。[34]林文察擬定的戰術
是先「解散脅裏」，孤立戴黨；對戴黨的戰術則為「首尾並攻，虛實
互用」。

29　蔡青筠，《戴案紀略》，臺文叢206，頁50。
30　吳德功，《戴施兩案紀略》，臺文叢47，頁44。
31　林獻堂等編，《林氏族譜》，臺文叢298，頁118。
32　《軍機檔》，093839號，同治三年一月二日諭，林文察同治二年十月二十九
　　日奏。「統師抵臺訪查各路軍情，迅籌全局分剿督辦情形」。
33　《清史列傳》多據上諭日期，常與實際日期有很大差距。
34　《軍機檔》，93839號，同治三年一月二日諭；林文察同治二年十月二十九
　　日奏。

「解散裹脅」之策

　　林文察分析說，戴、林黨徒所占只有彰化、斗六彈丸之地，而其所以剿辦兩年不能得手，是因為「良田、要路、村庄皆被裹脅」，敵人「首尾呼吸相通」，而官軍則因「南北間阻，局散勢分」，而被切割孤立，不能呼應；加上敵人據點「竹圍盤固」，「易守難攻」，以致曠日持久，戴黨勢力蔓延，附合的村莊林立，上下百餘里，構成一道防衛藩籬，使官軍寸步難移。因此，第一步須解散附合之村庄。[35]

　　他以為公然蓄髮、接受旗號附合戴黨的村庄雖多，但大多迫於情勢，不得不從。他報告說：

> 逆氛既熾，勢等燎原，焚燬蹂躪，惟順賊乃免。蠢蠢之眾，力既不足以自衛，官兵又不足資其援護，為身家性命計而勉附於逆者，實無□為悖亂之心，使不為區別有概加剿殺，不特有乖聖朝脅從罔治之深仁，尤非所以安反側而孤賊勢之計。

因此，林文察抵臺後，即先行張貼告示，宣揚威治，曉諭百姓依附戴黨之禍福利害。[36]

　　十月二十二日，林文察大軍抵嘉義，[37]隨即「派員帶領勁勇，

35　《軍機檔》，93820號，同治二年十二月二十九諭；林文察同治二年十一月七日奏。

36　《軍機檔》，93820號，同治二年十二月二十九諭；林文察同治二年十一月七日奏。

37　《軍機檔》，93839號，同治三年一月二日諭，林文察同治二年十月二十九日奏。但丁曰健在同治二年十一月一日之摺卻稱林文察來文，知於九月十九日，抵嘉義城，飭伊弟林文明募勇赴嘉，見《軍機檔》，0930959號，同治二年十二月十六日諭。

協同紳士，分赴各鄉，實施懲勸。數日之間，傳獻股匪，哀乞免究者二百數十庄，皆薙髮歸誠，願隨官兵殺賊」。至於不服而「負固挺拒之竹圍等四十一庄，均經各員弁攻破剿殺，計先後已獲著名股匪吳永、何鼎等一百餘名，皆分別凌遲正法」，林文察稱「逆勢之日形瓦解誠由於此」。[38]不過，當時也有見機轉舵暫降者，如潮州厝莊土寇張添，在戴潮春陷彰化後，曾與陳寨響應，助攻嘉義。林文察軍至，向他投降，但實懷兩端，後又叛而被誅。[39]

首尾並攻，虛實互用

同時，林文察開始規復彰化、斗六，行「首尾並攻，虛實互用」之策。嘉義自縣城解圍後，附近「匪莊」林立，經署水師提督曾元福懲剿後，漸有起色；但斗六一帶，仍未克復。林文察與曾元福面商調度，先疏通嘉、彰交界之路，再復彰化，於是大軍一路指向斗六。他命白瑛、關鎮國合攻斗六，並移會曾元福進駐石龜溪以居中策應；又飭署彰化知縣凌定國率勇自寶斗（今彰化縣北斗鎮）南攻，均限二月完成。另一路由其本人率領指向彰化，候許忠標、林文明兵勇到達，即赴嘉、彰交界處駐紮，由沿海一帶進剿，打通口（原文不清，當是「鹿」）港，會合臺灣總兵曾玉明、臺灣道丁曰健，進攻彰化。[40]

林文察在十月三日以前之佈置情形，大致是，一面派兵力攻斗六，「一面大張諭示，布告遠近，聲言必俟攻破斗六，乃規彰化」，

---

38 《軍機檔》，093802號，同治二年十二月二十九日諭；林文察同治二年十一月七日奏：「為克後彰化……」。

39 吳子光，《臺灣紀事》（臺北：臺灣銀行經濟研究室，臺文叢第36種，1959；原刊年不詳），頁128。

40 《軍機檔》，093839號，同治三年一月二日諭；林文察同治二年十月二十九日奏。

其實是聲東擊西之策，目標在彰化。他也派千總李廷龍帶兵勇堵截「西螺著匪鍾、廖、李三姓」，因其一向是斗六外援。[41]

十月二十九日，林文察函告曾玉明，「定於二十八日移營，督帶兵勇，由北港進剿，打通鹿港，俾得……（字缺不清）……夾攻彰城，庶期一鼓作氣，聚而殲」。但他憂慮的是不知總帶行營兵勇游擊許忠標是否抵達，及林文明募帶勇丁是否拔隊啟程，因此，請曾玉明就近密派幹丁查催；並要求二軍齊到時，妥為調度，「令其馳赴麥寮，迎合大營，以壯軍威」。[42]

許忠標所部於十月二十七日在鹿港登陸，曾玉明飭令剋日馳赴麥寮；並札知參將林文明立即率所部精勇剋日馳赴麥寮，聽候調遣。[43]

林文察下一步應是進駐麥寮，時間當為十月二十八日或二十九日，但未見直接史料，僅有《雲林縣采訪冊》載：

> 埔心庄人陳弄糾無賴數百人附之，攻布嶼堡之褒忠莊，並焚溪墘厝、馬崗厝等莊；繼又攻麥寮，與義勇相持數日。會林文察所部守備林國泰等率師來麥，棄舟登岸，義勇得援，戰益力。弄以官勇勢大，退回斗六。[44]

---

41 《軍機檔》，93802號，同治二年十二月二十九日諭；林文察同治二年十一月七日奏。

42 〈宮保第文書〉(9)，同治二年十月二十九日掛印總鎮曾玉明札林文明參將。

43 〈宮保第文書〉(9)，同治二年十月二十九日掛印總鎮曾玉明札林文明參將。

44 倪贊元，《雲林縣采訪冊》（臺北：臺灣銀行經濟研究室，臺文叢第37種，1959；1894年原刊），頁109－110。又，頁202，略同。林文察帶兵渡臺，在麥寮登岸之說，也許與此有關。

第二節　戴潮春事件之漸平

一、克復彰化

　　林日成自同治二年正月攻大甲失利後，即回四塊厝，據稱他自知大限將屆，延僧預做功果，不再管戰事。[45]

　　九月，戴黨守彰化北門之鎮北將軍林大用投降曾玉明，城中黨徒陳梓生、陳魟、王石等均逃往四塊厝，只留下江有仁、林貓皆等人守彰化城。[46]

　　同月，羅冠英攻破東大墩等莊，直通阿罩霧，與職員林文鳳、參將林文明商議破敵之策。[47]

　　至十一月，各方人馬逐漸包圍彰化城，十一月三日破城。依林文察之奏報，他聽到許忠標所部於十月二十七日抵鹿港後，即派弁由間道寄密札，飭其會同參將林文明偵探彰城動靜，乘機而攻；而密札曾玉明就近調度。十一月四日，他接到許忠標報告稱，佯攻斗六而意在彰化之計奏效，彰化城內戴亂黨徒「勢頗張惶」；因此馳告曾玉明，並約林文明各帶兵勇，與補用都司方國恩等，於十一月初二日辰刻，分隊進抵彰化西門外水景橋，進迫後港莊，殺敵二十七人，敵人退守城池。許忠標軍逼近城下，曾玉明親率大隊，與丁曰健先後至，會同環攻。三更後破城，千總林登高、聯首林老義擒獲江有

45　(a)林豪，《東瀛紀事》，臺文叢8，頁46。
　　(b)吳德功，《戴施兩案紀略》，臺文叢47，頁35。
46　吳德功，《戴施兩案紀略》，臺文叢47，頁43－44。
47　吳德功，《戴施兩案紀略》，臺文叢47，頁44。原文稱林文明為副將，實際上是參將。

仁，交丁曰健收審。初三日子刻，曾玉明入城安民。[48]

　　林豪《東瀛紀事》言：「初三日，林占梅前鋒林忠芸、林尚等攻入彰化北門，生擒偽軍師江有仁……等」。[49]但大部份作品均言曾玉明先入，丁曰健繼之。吳德功曰：「初三日辰刻，曾玉明率林大用由北門入城。……巳刻，丁曰健、林占梅等亦越大肚溪入城」；並指出在其舞象之年（十五歲）時，與其伯父入城，目睹當日之事。[50]

　　丁曰健之報告與林文察略有異，言自十月十五日後，攻克沿海之水裡港等數十庄，三十日克葭投，肅清溪北，十一月一日剿平和厝、湳仔尾、同安厝，餘黨逃入城。當日夜半，密商曾玉明，派人覓溪南線民混入城。二日，他與曾玉明帶兵攻彰城，三更後，忽城中火發，原來線民發號，開城門，曾玉明與曾雲峰（按曾玉明子）首先自西門入，丁曰健同時督軍從北門入，追斬四百餘人，餘則逃往四塊厝，彰化宣告克復。生擒十三人，內有元帥江有仁。江有仁供稱，曾隨浙江軍營差用，賞有翎頂，自奉撤回臺後，因與逆首舊識，招同入黨，受封副元帥。[51]

　　總之，林文察雖宣稱他調兵遣將，用計成功，但在實際行動中，克復彰化城者乃曾玉明、丁曰健，林文察遲了一步。再者，被捕之戴黨副元帥江有仁原在林文察援浙營中服役，且賞有翎頂，又予丁

48　《軍機檔》，93802號，同治二年十二月二十九日諭；林文察同治二年十一月七日奏。

49　林豪，《東瀛紀事》，臺文叢8，頁39。

50　(a)吳德功，《戴施兩案紀略》，臺文叢47，頁47。
　　(b)蔡青筠，《戴案紀略》，臺文叢206，頁52。所載略同，但說丁曰健、林占梅入城為午刻。

51　丁曰健，《治臺必告錄》，臺文叢17，頁439－441，「會師克復彰化暨貓羅地方並各要隘摺」。

曰健攻擊林文察與臺勇不可靠的另一證據。

克彰化後，丁曰健奏稱為防範聚集四塊厝之餘黨騷擾，與曾玉明加派兵勇駐防內山各要隘；十一月十日與十一日，林日成嗾使餘黨乘夜襲擊張世英所紮之犂頭店、貓霧各營，但被擊退。林日成又乘彰化人心未定，意圖攻擊，丁曰健派義首劉然等率勇紮烏日莊，以斷其出路，局勢方定。[52]

丁曰健之奏報似有遺漏，他在十一月六日，曾照會林文明，要求他統率所部，攻打林日成所踞之四塊厝。照會上有「癸十一月初八日到大里杙軍營」字樣，顯示林文明軍此時必在大里杙。[53]由於大里杙鄰近四塊厝，可與阿罩霧東西夾擊，對林日成威脅甚大，當是林日成不敢輕舉妄動之主因。

同治二年十二月二十四日，清廷據曾玉明、丁曰健之奏降諭稱「內山貓霧揀巡檢地方業經攻克，著即飭令林文明等軍合剿四塊厝林逆老巢」。[54]文意似指林文明攻克貓霧揀，在剿亂中立有功績。

二、斗六之役

彰化城攻克後，第二個重要目標是斗六。

斗六東面一帶負高山，北有東螺溪，西南有虎尾溪，民風強悍，「群賊常出沒其間」，一旦有警，糧餉難以飛渡，兵勇難以徵召，

52　丁曰健，《治臺必告錄》，臺文叢17，頁455，丁曰健奏「克復彰城……」。

53　〈宮保第文書〉，丁曰健咨林文明。同治二年十一月六日。

54　臺灣銀行經濟研究室編，《清穆宗實錄選輯》，臺文叢190，頁56，此論乃據徐宗幹「克復彰化縣城」摺與曾玉明、丁曰健「會師克後彰化並攻克要隘情形」。

攻剿不易。[55]

按戴萬生於同治元年七月圍斗六，九月十七日，攻破土城，總兵林向榮自殺。[56]因此，斗六成了戴黨的重要根據地。據稱戴潮春離開彰化城，進駐斗六後，漸不圖進取，「日事淫佚，設有宮娥、宮監，妻子亦居其中，威福自肆」。[57]

《戴案紀略》與《戴施兩案紀略》均稱，同治二年十一月清軍復彰化城後，丁曰健檄召吳鴻源、曾元福、關鎮國、陳捷元，齊會於斗六附近紮營，連日進攻不下。林文察至後，登高一望，曰「如此各莊接濟不斷，何能破賊？」，乃派四品軍功洪廷貴，招撫嘉、彰交界百餘莊。其後林文察又令弟文明，斷水沙連諸路，由是，附近他里霧（斗南）、溪洲各莊，紛紛歸附。十一月二十一日戴潮春乃挈眷與死士數十人逃往武西堡七十二莊總理張三顯家。[58]

惟據十一月七日林文察之摺，他一登陸不久，即採懲勸兼施之策，以孤立戴黨，並稱這是導致敵人瓦解之根本原因。[59]接著，林文察促護理水師提督曾元福率軍進紮石龜溪，步步逼近斗六；克彰化後，又調回許忠標部，而本軍亦進紮塗庫，與曾元福約期攻斗六。[60]十二月一日，徐宗幹亦奏：

---

55 蔡青筠，《戴案紀略》，臺文叢206，頁33。

56 蔡青筠，《戴案紀略》，臺文叢206，頁32。

57 吳德功，《戴施兩案紀略》，臺文叢47，頁53，所述略同。

58 (a)吳德功，《戴施兩案紀略》，臺文叢47，頁47－48。
　　(b)蔡青筠，《戴案紀略》，臺文叢206，頁53。

59 《軍機檔》，093802號，同治二年十二月二十九日諭；林文察十一月七日奏。

60 《軍機檔》，093802號，同治二年十二月二十九日諭；林文察十一月七日奏。

署陸路提督林文察由蚶江放洋，收泊臺郡，即馳赴嘉義，會同
曾元福相抗進兵，並□調參將林文明由北路帶勇前來會剿，軍
成益振……。官兵現已抵斗六，同練丁、義勇等將逆首戴萬生
圍困，即可就擒。[61]

　　林文察駐柴塗庫後，一面會同曾元福軍攻斗六，一面分兵攻剿
依附戴黨之村庄，燬林杞埔、內蔡林、頂新等三十餘座，官軍步步為
營，直逼斗六外街頭柴營。林文察隨後進柴他里霧，督率各路兵勇攻
擊。由於戴黨固壘儲糧死守，附近又有小溪洲、鴨母寮等三十餘莊為
戴黨元帥張鶴、先鋒林福、張杞等所盤踞，聲援斗六，以致官軍背
腹受敵，日有傷亡。林文察於是分兵十隊，令參將關鎮國、游擊白
瑛、許忠勝、都司賴正修、方國恩、陳兆熊、候選郎中曾光斗、報效
知府林一校、候選知府林奠國、縣丞□炳、守備徐榮生、陳澄清、投
效職員劉滋元，各帶兵勇於十五、十六兩日，分頭齊出並攻，並用
大炮轟擊，因此各叛庄不能互相救應，均被官軍破圍而入，次第焚
燬，捕獲敵將多人。據供，斗六城內尚有精壯數千人，糧草足夠數
月，但戴萬生則早已攜眷奔赴北勢湳，與洪欉、林戇晟潛伏一處。兩
日中共斬二百三十餘人，並燬叛庄房屋。[62]

　　由於斗六城內尚有敵兵，而且土城重疊，濠溝又深；而官軍兵
多餉絀，故須求速戰。由於力攻難操勝算，林文察乃設計誘敵出巢之
策。十二月十二日晚，密令各軍揚言，彰化林日成再度騷擾，急須分

61　《軍機檔》，093614號，同治二年十二月二十四日諭；徐宗幹同年十二月一
　　日奏。
62　《軍機檔》，093803號，同治二年十二月二十九日諭；林文察同治二年十一
　　月二十日奏。

兵往剿。十八日辰刻，將斗六各營次第撤離駐地，在黃昏後，偃旗息鼓，埋伏於附近蔗林，僅留關鎮國等數營駐紮，並預積柴草於營房附近一帶的空屋。至夜晚，兵士放火燒柴草，烈焰飛騰，兵勇吶喊，作慌亂狀。斗六城內戴黨約千餘人自太平門突出，攻撲官軍。埋伏於蔗林之兵勇潛出其後，與正面迎敵之曾元福、關鎮國前後夾攻，陳兆熊等揮軍乘機攻入土城，槍炮並進，城內敵軍亂竄，被殺不計其數，並擒軍師鍾會和等四人，但查無戴萬生蹤跡，斗六土城宣告克復。各軍追殺戴黨至十餘里外之山徑，大獲全勝。[63]

攻下斗六後，林文察為出力有功人員請獎，盛讚他們在彰化、斗六戰役中親冒矢石、卓著戰功，包括藍翎知府銜候選同知林奠國（文察叔），請以同知遇缺即選；[64]但對弟文明只委婉請獎，言「花翎參將林文明帶領民團在彰化隨同大軍防剿，保守地方，攻破四張犁戴逆老賊巢，並攻克大墩、葫蘆墩、大里杙各處，收復汛地，迭有斬擒，尚屬始終奮勉，惟該參將係奴才胞弟，不敢冒昧」。[65]由上可推知，林文明、林奠國攻下四張犁後，繼續向南進攻，克復大墩（今臺中市）、葫蘆墩（今豐原市）及大里杙等地。

攻克斗六後，曾玉明、林文明來函稱，彰化縣城雖已克復，但由於戴、林、洪三元兇仍在，陳弄也佔踞大突，而林文明攻柳樹湳猶未下，情勢仍然危急，請他帶兵北上；於是，林文察率軍出發，經北斗、鹿港，於同治二年十二月六日抵彰化城，晤臺灣鎮、道及城

---

63 《軍機檔》，093803號，同治二年十二月二十九日諭；林文察同治二年十一月二十日奏。

64 《軍機檔》，093805號，同治二年十二月二十九日諭；林文察十一月二十日上奏「攻斗六出力諸獎由」。

65 《軍機檔》，093804號，同治二年十二月二十九日諭；林文察十一月二十日上奏。

鄉紳士，詢查情況。據稱，戴、林黨徒，以北勢湳勢大可倚仗，企圖再舉，散布流言說，林文察本人未來臺，只是帶兵官，假用旗號而已，不須畏懼。於是彰化城東北，如犁頭店以南數百村庄，畏懼不敢薙髮，殘餘戴黨來降者十無二、三。[66]為了消除民慮，林文察「繕發印諭三千帳，飛布各庄，剴切曉示；並催促署知縣凌定國，並調署副將湯得陞入城蒞事」；他又購運米谷三千石，交官紳賑糶，以安民心，又囑總兵曾玉明、參將林文明，分帶兵勇攻打各處戴黨據點。[67]林文察札諭各庄頭人拏捕餘黨之法似有相當大的成效。如同治二年十二月十六日，舉人邱位南等拏獲蔡茂知（在戴潮春股下辦應天局錢糧）；十二月二十五日，監生何嘉樂等拏獲戴佛、吳粿（賴粿）（二人在后壠抗拒官兵）。同治三年一月二十五日，舉人邱位南等又捕獲黃存（監視蔡茂知），有趣的是，其妻乃林和尚之女，但不知是否即涉及林定邦命案的林和尚。[68]

同時，提鎮與道臺等文武官員，在彰化城連日會商此後的攻剿工作，決議：林文察家住阿罩霧，鄰近林晟巢穴，由他督率弟林文明原集團練攻四塊厝；署水師提督曾元福由寶斗（今北斗）一帶進攻小埔心之陳弄，並追剿戴萬生竄黨；臺灣總兵曾玉明負責進剿彰化城東

66　(a)《軍機檔》，94149號，同治三年一月二十七日諭；林文察同治二年十二月十九日奏。

　　(b)《軍機檔》，093803號，同治二年十二月二十九日諭；林文察同治二年十月二十日奏「克復分防要地之斗六……」。

　　(c)蔡青筠，《戴案紀略》，臺文叢206，頁51；與吳德功，《戴施兩案紀略》，臺文叢47，頁46，均言林文察於十二月四日由阿罩霧進軍，駐紮彰化市仔尾，顯然有誤。

67　《軍機檔》，94149號，同治三年一月二十七日諭；林文察同治二年十二月十九日奏。

68　〈宮保第文書〉，「戴案具稟」(1)、(2)、(3)。

南內山之北投新街（今草屯鎮）洪欉；丁曰健則於調派兵將守彰化城後，率隊由寶斗、他里霧（今斗南）南駐嘉義，沿途搜捕餘黨。[69]此後戰事，大致依此藍圖進行。

不過由於平亂之兵多而餉源不濟，清廷似乎要求丁曰健赴郡城接任道臺，戰事由武將負責。丁氏對此頗為失望，於同治二年十二月間上摺，奏稱從彰化起程時，所率兵勇將陸續分遣內渡與返回淡北，抵府城時再將所部兵勇撤回內地。[70]

同治二年十二月二十九日，清廷諭示徐宗幹行知林文察，並飭曾元福、丁曰健合力攻剿戴潮春、林戇晟、洪欉及陳啞狗等，諭中言「林文察等務當乘此軍威，力加掃蕩，並與曾玉明勳、丁曰健合衷商辦，迅奏膚功，毋得稍分畛域」。[71]可知清廷已注意到，丁、林間之爭功、不和。

的確，丁、林間之衝突，日益尖銳化。同治二年十二月間，丁曰健上奏稱：「戴逆倡亂以來，……滋擾三百餘里，誘脅二十餘萬人。除前經官軍剿辦，臣單師迅入彰境，先期大張撻伐；克城之夕，即會同鎮臣督軍痛加誅戮；提臣林文察、曾元福等軍取道嘉義，乘彰城克復後半月，攻破斗六以及附近斗六各路抗莊，斬殺無算」。[72]弦外之音意味林文察只是乘著克彰化之餘威而攻下斗六的，此與林文察所稱「解散裹脅」乃敵人土崩之根源與用聲東擊西策，轉移戴黨注意力於斗六，方能攻下彰化城，正針鋒相對。

69　丁曰健，《治臺必告錄》，臺文叢17，頁448。

70　丁曰健，《治臺必告錄》，臺文叢17，頁449。

71　臺灣銀行經濟研究室編，《清穆宗實錄選輯》，臺文叢190，頁56。

72　丁曰健，《治臺必告錄》，臺文叢17，頁447－448，「克復彰城斗六並攻克山路抗莊，擬即移師赴嘉搜捕到郡接邱摺」，同治三年一月二十七日諭。

三、戴潮春之被擒斬

　　戴潮春逃往七十二莊，投依張三顯後，不久被擒斬。此事之說法大致有兩種。一說是張三顯慫恿戴潮春自首，一說是為曾元福所擒。

　　據《東瀛紀事》，戴潮春在斗六被圍困時，料知不可守，而四張犁家早為「羅冠英所破，祖墓被掘」，於是逃至石榴班、寶斗仔頂等莊，投靠七十五莊（七十二莊）大姓張三顯，「圖竄內山番界」。莊民也留戴氏以為自贖之計，而張三顯也慫恿他自首，答應保護他的家小。曾元福任北路協時，與戴潮春熟識，也派人勸其自首。戴潮春信從，十二月二十一日，由「張三顯執送官軍」。戴萬生見了丁曰健，立而不跪，曰「起事者惟本藩一人，為官所迫，與百姓無與」。丁氏大怒，立命正法。[73]

　　《戴施兩案紀略》所載也大致相同，不過有詳略之小異，言：

> 春觀眾心不附，乃挈眷與死士數十人逃投七十二莊張三顯家
> 中。因曾元福前任北協，春為稿書，令苦苓腳廩生邱萃英往張
> 三顯家說之。顯亦懼罪，力勸春自首，許以保護其妻子。妻許
> 氏亦懼誅，共勸之。是日，三顯以肩輿坐潮春到北斗，曾元福
> 許照朱一貴之例，解送京師。甫至北斗，丁道坐堂審問。春立

73　林豪，《東瀛紀事》，臺文叢8，頁45。它書「七十五莊」作「七十二
　　莊」，見吳德功，《戴施兩案紀略》，臺文叢47，頁48。據許嘉明氏之調
　　查，七十二庄乃彰化福佬客（潮州人）與漳州籍人結合成的團體，以抗泉
　　人。又查天門宮紀錄，事實上有七十五個聚落單位或團體。是否因此而通
　　用兩個名稱呢？待進一步查證。參見許嘉明，〈彰化平原福佬客的地域組
　　織〉，頁180－183。

不跪，且云起事者惟本藩一人，與百姓無干。陳捷元自後以靴踢其足，拗其脛，使跪，猶出言不避。丁道叱令陳捷元推出斬之。[74]

《戴案紀略》所載與上略同，惟稱先是「三顯以驕昇潮春到北溝」見曾（元福）、吳（鴻源）諸帥，再送至北斗，由丁曰健審訊斬殺。[75]

以上諸書雖詳略有異，但均言戴潮春係張三顯所勸獻而斬殺。

然而，據剿捕戴萬生的將領曾元福與臺灣道丁曰健的奏摺，情況不盡如此。以下依其奏報簡述。

戴萬生在斗六兔脫後，曾元福派隊跟追，一面札諭義首陳捷元等至二八水、官地廳各處迎頭攔截；並由丁曰健飭舉人陳肇興及紳耆總理等助官堵禦，以防戴氏竄入番地。同治二年十一月二十七日攻破斗六附近之石榴班莊，誅滅餘黨。[76]

十二月四日，曾元福進紮彰化寶斗地方。他探知張厝莊有戴萬生黨人千餘，另有北投洪欉派來之援兵數千；附近西南一帶周圍十餘里內，抗莊林立，脅從約萬餘人；而且，小埔心陳啞狗另招嘉、彰各路「散匪」，復出肆擾，為戴氏聲援。為防陳弄攻城，彰化縣令凌定國之勇已調回守城，丁曰健並飛飭守備陳啟祥，把總凌定邦等帶兵勇堵禦。

74　吳德功，《戴施兩案紀略》，臺文叢47，頁48。
75　蔡青筠，《戴案紀略》，臺文叢206，頁53。
76　(a)《軍機檔》，94151號，同治三年一月二十七日，諭丁曰健、曾元福奏「生擒偽東王戴萬生等，剿滅巨股會匪，彰屬西南大路肅清摺」。
　　(b)丁曰健，《治臺必告錄》，臺文叢17，頁450。

　　十二月五日至八日，曾元福命兵勇分五路進攻，剿燬目宜山、
紅毛社、丙郎莊、社頭崙仔等大小四十餘處抗莊，殺敵無數，其餘望
風歸順，張厝庄藩籬盡撤。[77]

　　十二月九日，各軍攻張厝庄，鎗礮環施。丁曰健札派之通判王
成瑞、廩生洪鍾英等均選募丁勇助剿。相持六時之久，敵人不支，於
酉刻焚燬該莊。戴萬生率死黨數百名，冒著煙火，狂竄芋寮仔庄。該
庄壘固壕深，各軍環攻時，屢因庄內伏設之銃砲亂發，造成傷亡。曾
元福先將各逃路阻截，斷其接濟。十二月十一日至十七日，兵勇日夜
輪放大礮，攻芋寮仔莊。主事周懋琦等領親軍與鹿港局勇，親督省解
大礮轟擊，莊內屋舍、倉房、銃樓、銃櫃，先後被轟燬，號哭聲聞於
遠近。丁曰健又派參將田如松等率兵勇五百會剿。[78]

　　十二月十八日子刻，曾元福嚴督各軍猛攻，並懸重賞。各軍奮
勇躍前，該莊銃藥用盡；而丁曰健也帶所部自彰化拔隊到地合攻。
各路兵勇一齊躍濠突圍而入，發現戴萬生身穿黃衣，繞遁於竹林之
內，經陳朝忠、林文光、曾登貴、勇首林得勝等擒獲，洪鍾英亦解董
九仙至營。戴潮春被解至軍營，由曾元福、丁曰健會審，戴氏「兇
悍之氣，見於眉宇」。查明正身無誤後，極刑處死。其餘董九仙等
三十二名，亦凌遲處死。[79]

77　《軍機檔》，94151號，同治三年一月二十七日，諭丁曰健、曾元福奏「生
　　擒偽東王戴萬生等，剿滅巨股會匪，彰屬西南大路肅清摺」。
　　(b)丁曰健，《治臺必告錄》，臺文叢17，頁451。
78　《軍機檔》，94151號，同治三年一月二十七日，諭丁曰健、曾元福奏「生
　　擒偽東王戴萬生等，剿滅巨股會匪，彰屬西南大路肅清摺」。
　　(b)丁曰健，《治臺必告錄》，臺文叢17，頁451。
79　(a)《軍機檔》，94151號，同治三年一月二十七日，諭丁曰健、曾元福奏
　　「生擒偽東王戴萬生等，剿滅巨股會匪，彰屬西南大路肅清摺」。
　　(b)丁曰健，《治臺必告錄》，臺文叢17，頁451－452。

　　據以上奏摺，戴萬生係被活捉，並非被張三顯所獻。到底是民間誤傳，還是官方矜伐己功，不易下定論。

　　又據林文察之奏報，在曾元福攻剿戴萬生之前，由其提供情報。原來戴萬生與其左丞相莊添賜分踞北投堡之茄荖莊竹圍，十二月十四日經兵勇攻迫，庠生洪鍾英將莊添賜綑送到案。經偵訊，供稱係戴萬生之左丞相，總理兵馬錢糧，幫同攻打嘉義縣城三次；並說戴萬生已遁逃至紅毛社一帶，依張三顯。於是林文察飛囑護理水師提督曾元福，並飭關鎮國截拏；同時，派澎湖水師遊擊李朝安等調集蕭、李兩姓民團四百人圍剿。[80]

　　《東瀛紀事》也說戴黨丞相莊添賜逃匿茄荖莊，被林文察親家生員洪鍾英所執，械送至軍營，予以誅殺。[81]洪鍾英乃洪欉、洪璠族人，但在此役中，卻站在官軍一方，民間與洪家後代有一些說法解釋此事，如說他所逮捕送官者多非洪姓等。[82]

　　十二月十八日，戴潮春被擒斬，林文察於十九日上摺稱，經與總兵曾玉明商酌，認為亂事漸平，餘黨只須「勇五千名，加以各莊團勇」，就足夠調派，咨請左宗棠、徐宗幹調回其它兵勇與護水師提督曾元福所部，以便曾元福得以「回內地專顧巡洋」之本職，並可「節省餉需」。[83]同治三年一月二十七日上諭「著照所擬辦理」[84]。

80　《軍機檔》，94149號，同治三年一月二十七日諭林文察，同治二年十二月十九日奏「生擒首逆戴萬生出力請獎由摺」。

81　林豪，《東瀛紀事》，臺文叢8，頁47。

82　洪敏麟，〈草屯、茄荖洪姓移殖史〉，頁20。

83　《軍機檔》，94149號，同治三年一月二十七日諭；林文察同治二年十二月十九日上奏。

84　同治三年一月二十七日上諭，見臺灣銀行經濟研究室編，《清穆宗實錄選輯》，臺文叢190，頁58。

然而，曾元福奏稱，俟攻破小埔心陳啞狗後，將報督、撫內渡。[85]曾元福與丁曰健結合對抗林文察、曾玉明，也許可溯源於此。

四、北投洪欉之攻剿

丁曰健在處決戴萬生後，於同治二年十二月廿一日率兵勇自寶斗街拔隊，至嘉義他里霧暫駐，沿途招撫攻剿。接著進駐嘉義縣城。二十六日，自縣城拔隊，二十七日抵府城（臺南），二十八日接任道臺，暫時脫離戰局。[86]

另一方面，林文察、曾玉明展開剿除餘黨的工作。餘黨中勢力最大的是林晟、洪欉、陳弄（啞狗），互成犄角。[87]林文察以為洪欉尤其危險，他奏稱：

> 「當時之創謀（反叛），雖由戴、林二逆，而始終主持，陰蓄不軌之志者，實又莫如洪欉一犯。蓋洪生惟狡悍，財勢均足，其族類尤多，自稱三元師（帥），橫行鄉里，樂為土豪，素為戴林二逆所仰賴。」[88]

85　(a)《軍機檔》，94151號，同治三年一月二十七日諭曾元福、丁曰健，同治二年十二月十九日上奏。
　　(b)又丁曰健，《治臺必告錄》，臺文叢17，頁453，同上摺。
86　丁曰健，《治臺必告錄》，臺文叢17，頁456－457，丁曰健「會擒首逆沿途搜捕凱旋赴郡到任摺」。
87　《軍機檔》，94149號，同治三年一月二十七日諭；林文察同治二年十二月十九日奏。
88　《軍機檔》，94149號，同治三年一月二十七日諭；林文察同治二年十二月十九日奏。

自從彰化城陷入戴林之手後，洪欉即起造宮殿，極其壯麗。[89]據悉他拆除彰化縣衙杉木蓋太子樓，輪奐巍峨，雕鏤精緻。[90]林文察奏稱當戴潮春攻破斗六，殺總兵林向榮與副將王國忠後，均將其首級送至洪欉處請功，「可見其勢分居心，迥異諸逆，不過暫以偽號假之他人耳目」。他又指出洪欉「盤踞北投北勢湳老巢，聚集族黨幾數千餘人，為各逆逋逃藪，與四塊厝林戀晟、小埔心之陳啞狗弄等，互為椅角，抵死抗拒」。林文察在十二月十五日離開彰化城後，親督大隊，晝夜進攻北勢湳，大加撻伐，洪欉聲勢日蹙。[91]

攻剿洪欉原定由曾玉明負責，由上看來林文察亦加入，但自此摺難以確知他攻擊的地點是北勢湳或北投。至少在南投、北投之役，曾玉明軍是主力。據曾玉明之摺，早在十一月三日克復彰化城，分派兵勇駐防後，即親率大隊馳往南、北投一帶，「兼施剿撫，迅將沿途要隘，礮樓一百零八座，及逆首洪欉外造偽宮殿巢穴，悉攻克焚燬」，並擒獲百餘名；但洪欉經追捕勢蹙後，逃奔遁入龜仔頭生番窩裡舊結內巢穴」。[92]按龜仔頭在今南投縣國姓鄉福龜村，自古為入埔里盆地北路的要地。

五、四塊厝之役

林文察於同治二年十二月三日抵彰化，與諸將會商分派職務後，即分兵攻剿各地。同治二年十二月十二日至十九日間，兵勇先

89　《軍機檔》，94149號，同治三年一月二十七日諭；林文察同治二年十二月十九日奏。

90　蔡青筠，《戴案紀略》，臺文叢206，頁57。

91　《軍機檔》，94149號，同前摺。

92　《軍機檔》，96839號，同治三年六月三日諭；曾玉明同治三年四月十三日奏。

後攻破礁溪口等數十莊，擒獲林傳等數十名股首，經訊供後均予正法。[93]

最主要的目標是四塊厝的林晟。林文察稱，林戇晟「族類強大」，黨徒眾多，不是戴潮春之「流寓小姓所敢頡頏」，而且戴萬生還未決定起事時，林晟「振臂一呼，聚眾數萬」，方釀成巨案；其戕害官員與攻陷彰化城事先並未與戴潮春商議；而戴氏死後，不少黨徒仍然依附其下；因此，一日不除，亂事不止。[94]

林文察所言固有相當大的真實性，但更深一層，實包含二林世仇的問題。如前所述，林晟不但圍攻過阿罩霧，且將林家祖墳挖掘甚至燒屍焚骨，其仇不共戴天，林文察極力爭取回臺平亂的主因恐即欲報此仇。一方誓欲復仇，一方則事關生死，自然全力以赴，戰況之慘烈恐居戴亂戰役之首。

據稱，林晟自攻大甲失利後，回四塊厝，所生四子忽然在數日內均暴亡，哀慟至極，延僧作七日夜功果。至彰化城陷，餘黨逃來，大為驚恐，急商抗拒之策。[95]

林文察克斗六後，即飭參將林文明、遊擊王世清等軍合攻四塊厝，但未攻下。[96]如今親領大軍逐步包圍四塊厝，一場慘烈的包圍殲

93　《軍機檔》，94149號，同治三年一月二十七日諭；林文察同治二年十二月十九日摺。林傳亦成日後二個林家結怨的原因之一，林文明因此而被控，血濺公堂，此事下冊書再論。

94　〈林文察列傳稿〉，頁67－68。

95　蔡青筠，《戴案紀略》，臺文叢206，頁54。
　　(b)吳德功，《戴施兩案紀略》，臺文叢47，頁49。所載稍異，言「忽一日所生四子俱暴亡」。

96　(a)《剿捕檔》，同治三年三月八日。
　　(b)《小方上諭檔》，同治三年三月八日。
　　(c)林豪，《東瀛紀事》，臺文叢8，頁47。

滅戰遂揭開序幕。

　　林文察以林文明躡四塊厝後路，以王世清為左翼，林文鳳為右翼，自率猛士直搗中堅，連攻三日不克。[97]時間可能在十二月十二日至十九日間，因林文察在同治二年十二月十九日之摺奏稱，在此段時期的戰事中，堂弟軍功五品頂戴林赤督帶親勇「因攻打四塊厝賊巢，首先衝陣，立時中炮身死，其所帶族勇受傷者九人」。[98]由此亦可見雙方拼死力戰之激烈程度。

　　據林文察奏報，十二月二十二日後數日間，以大砲猛烈攻擊，將四塊厝附近各莊次第攻克，但林晟負嵎死拒。各軍奮力環攻，相繼並進，鎗礮如雨，林晟不支，黨人潰圍紛竄，被官軍擒斬殆盡，本人亦被生擒正法，四塊厝乃告克復，[99]時間當是同治三年一月十一日。[100]

　　林文察於同治三年正月十一日攻下四塊厝後曾具摺上奏，[101]此摺當即同治三年三月八日上諭所提到的「攻克四塊厝賊巢，生擒首逆摺」，[102]深信摺中對戰況必然有詳盡的描繪。非常遺憾的是，遍查故宮圖書館，獨缺此一重要奏摺。幸而，故宮檔案中留有「林文察列傳

　　　(d)蔡青筠，《戴案紀略》，臺文叢206，頁54。

　　　(e)吳德功，《戴施兩案紀略》，臺文叢47，頁49。

97　蔡青筠，《戴案紀略》，臺文叢206，頁54。

98　《軍機檔》，94149號，同治三年一月二十七日諭；林文察同治二年十二月
　　十九日奏。

99　(a)《剿捕檔》，同治三年三月八日。

　　　(b)《小方上諭檔》，同日。

100　《軍機檔》，96310號，同治三年五月十一日諭；林文察四月三日奏：
　　　「……於正月十一日攻克四塊厝林慧晟逆巢……」。

101　《軍機檔》，96310號，同治三年五月十一日諭；林文察四月三日奏：
　　　「……於正月十一日攻克四塊厝林慧晟逆巢……」。

102　《剿捕檔》同治三年三月八日與《小方上諭檔》同治三年三月八日之上諭。

稿」。依筆者之了解，列傳稿通常是由奏摺文拼湊成的，雖然雜亂無章，倒也因此保存了珍貴史料。[103]此列傳稿首先描寫作戰經過，最後寫道「三月，奏入」，[104]正與前述之三月八日，清廷據林文察之摺而批上諭事相符，可斷定此段文字即失落之「攻克四塊厝賊巢，生擒首逆」一摺的內容。此段文字描繪戰況甚為詳盡，簡述於下。

　　林文察進攻四塊厝時的佈置大致是這樣的，署水師提督曾元福攻小埔心陳弄，北勢湳洪欉則派游擊李朝安進剿，林文察統兵五百紮於二地間之要隘，斷絕其互援。然後，命林文明會同各軍攻四塊厝，經連日攻擊，破壞鄰近之登台、喀哩等庄竹圍四十七座，逐漸縮小包圍圈，步步進逼。然而，四塊厝重溝疊壘，防守堅強，而鄰近之梧厝庄（吳厝庄）、詹厝園，周圍四、五里，有竹圍二十餘座，「外列層樓，內置大礮，徑險樹密」，因此無法直搗中堅。林文察乃於東西南北圍築砲台四座，架千斤巨砲，破壞附近竹圍。但林晟仍恃其大砲，死守四塊厝。林文察覓敢死隊五人，趁夜由水溝潛入，釘塞其大砲火門。次日黎明，各軍奮力進攻，林晟登瞭望台，指揮手下數百人死鬥至三時之久。官軍獲勝，斬殺殆盡，乘勝衝入竹圍。林文明首先跳過濠溝，放置橋板，讓兵勇通過，於是又破了第二重竹圍。眾軍擁入，槍砲如雨，忽然林晟營中火藥木桶爆炸，餘黨驚惶逃竄。勇首林瑞麟衝入，擒拿林晟。林文察隨即率軍親入四塊厝，搜出「偽印一顆、僭偽服物」等。[105]

　　以上乃官方之四塊厝之役的戰況報告，但有幾部民間著作對戰況有更詳細甚至更生動之描繪。民間作品難免有渲染附會之處，但

103　按清史「林文察列傳」乃據此寫成，但內容則大加刪減，喪失不少史實。
104　〈林文察列傳稿〉，頁71。
105　〈林文察列傳稿〉，頁68-7。

有時可補官方資料之不足或隱諱。為存真起見，以下即據《東瀛紀事》、《戴施兩案紀略》、《戴案紀略》三書略述之。

據此類作品，當林文察圍攻時，林晟以弟林狗母率陳鱄、陳梓生、劉安等拒守外寨，以王萬、林貓等心腹死士拒守內寨。二林因有世仇，雙方拼死決鬥，一方死守，一方力攻，將士用命。「林文鳳（林奠國之子）少年英勇，尤為矯捷」。他自幼即與林狗母結仇，在進攻時，單挑林狗母決一死戰。雙方力鬥五十餘合，林文鳳一刀劈向林狗母右臂，狗母倒地而死，林晟黨人聲勢大衰，不少人乘夜出降。林晟恐有變，令心腹王萬把守內門，不許擅自出入。陳梓生等連日拒戰，親冒砲火，見事急，漸有悔心。[106]不少人與官軍通，林文察「待以不死」。他們佯與官軍戰，林晟信之，放入內門。陳梓生密使人釘封大砲，與官軍訂期為內應。林晟以為他們很忠誠，將財貨取出陳列，任由死黨取拿。但眾人得資後，卻一哄而散，如先鋒林文、將軍陳玉春在被圍時逃往各莊，行潛匿於梧厝庄。同治三年正月間，為舉人邱位南等擒獲。[107]另一說則是，林晟自知不免一死，將財貨拿出，任由黨徒取去。[108]

王萬知事情有變，告訴林晟。林晟將火藥桶環列於門，與妻妾、王萬對飲，酒酣後躺在床上，其妻為他燒洋煙吸食，兩妾侍立。另一說是妾蕭氏乃擄自良家，不願從死，聽到砲聲漸近，跑至門外，但被林晟迫回。當時其妻已點放火藥，與王萬等俱成灰燼，而林

---

106 蔡青筠，《戴案紀略》，臺文叢206，頁54－55。
107 (a)林豪，《東瀛紀事》，臺文叢8，頁47。
　　(b)〈宮保第文書〉，「戴案具稟」(4)。
108 (a)蔡青筠，《戴案紀略》，臺文叢206，頁55。
　　(b)吳德功，《戴施兩案紀略》，臺文叢47，頁49。

晟與蕭氏被火藥轟出戶外。[109]蕭氏無恙，林晟面燒半焦。林文察乘勢
攻入，撲滅餘火，將林晟斬為六段，分各地示眾。[110]

　　以上記錄容或有渲染、誇大或誤傳，但似乎相當真實，姑錄之
存查。

　　林文察報告中未提及如何處置其死敵林晟。據上述著作，林文
察於攻入時，當場將林晟斬成六段，傳示各地。《東瀛紀事》則稱，
以首級函送邑城（彰化），兩手兩足分置受擾地區。[111]依中國傳統處
置叛亂罪之刑罰，這種說法應可信。

　　然而，據民間傳聞，另一說是林文察曾有意寬宥林晟，但林
晟寧選擇一死。據中部民謠「戴萬生反清歌」言林晟被火燒重傷，捕
至林文察處之後，有此一段歌謠：

　　　　（林文察）勸到晟叔仔：

　　　　「退癀（消炎之意）茶喰了離，

　　　　我救你生命即獪死。」

　　　　忿虎晟聽一見，──

　　　　　　彼當時，前後厝，站置拼，

　　　　　　因為陳大恧，這起的代誌，

　　　　　　那裡肯，饒我的道理？

　　　　　　不如咬舌來身死。

　　　　「要刣要割隨在你。」

109　林豪，《東瀛紀事》，臺文叢8，頁47。
110　(a)蔡青筠，《戴案紀略》，臺文叢206，頁55。
　　　(b)吳德功，《戴施兩案紀略》，臺文叢47，頁49。
111　林豪，《東瀛紀事》，臺文叢8，頁47。

恁虎晟死了都完備，

也著過刀即合理：

　　裂四腿，四角頭，去現示。[112]

　　同治三年一月十一日林文察攻下四塊厝後，上奏報告戰果，隨後據稱回阿罩霧老家。[113]此當可信，因阿罩霧與四塊厝緊鄰，迢迢千里回到闊別四、五年的故鄉，返家探望，甚至衣錦榮歸，炫耀一番，自是人情之常。不過，回鄉事不久成為道臺丁曰健攻擊的理由。短暫的歡樂與榮耀竟成為林文察甚至整個林家悲劇、恥辱的開端，這恐怕是林文察作夢也未想到的事。（見此後章節）

　　克四塊厝有功人員，經林文察上奏請獎。同治三年三月八日上諭予以獎勵，有遊擊許忠標、王世清等人，其中與林家較有關係的是：郎中曾光斗，賞加道銜；守備林廷棟等二人以都司儘先補用，並賞戴藍翎；同知林奠國以知府即選。但林文明係親弟，避嫌未請獎，上諭由左宗棠、徐宗幹查明奏報。[114]

　　同日，上諭：「嗣後出力人員請獎之件，著丁曰健查明，歸左宗

112　(a)廖漢臣，〈彰化縣之歌謠〉，《臺灣文獻》（臺中），11：3（1960.9），頁34－35。

　　(b)J. M. Meskill, *A Chinese Pioneer Family: the Lins of Wu-feng Taiwan, 1729-1895*, p.126。

113　(a)蔡青筠，《戴案紀略》，臺文叢206，頁54。

　　(b)吳德功，《戴施兩案紀略》，臺文叢47，頁49。

　　(c)林豪，《東瀛紀事》，臺文叢8，頁48，林豪在此強調只有戴潮春稱東王，至於林晟之燕王、陳弄之西王、洪欉之北王均是他人所附加的。

114　(a)《勦捕檔》，同治三年三月八日。

　　(b)《勦捕檔》，同治三年三月八日。廷寄閩浙總督左宗棠、福建巡撫徐宗幹，徐宗幹諭按察使銜臺灣道丁曰健。

　　(c)臺灣銀行經濟研究室編，《清穆宗實錄選輯》，臺文叢190，頁61。

棠、徐宗幹彙覆具奏，以免互相歧誤」。[115]可見丁、林二人之奏報差
異太大，引起清廷的注意。

其後，徐宗幹奏報林文明前曾攻克四張犁、葫蘆墩、大里杙等
處，「此次攻破四塊厝賊巢，尤為戰功卓著，請准免補參將，以副將
儘先補用，先換頂戴」。同治三年三月廿三日，降旨依議，「著免補
參將以副將儘先補用，先換頂戴」。[116]

第三節　丁、林交惡與內渡問題

四塊厝攻破與林晟被斬後，戴萬生之亂可說已成強弩之末。殘
餘二股大勢力是小埔心陳弄與北勢湳洪欉。就在此時，丁曰健、林文
察之間的關係由潛伏的不和，終至爆發為正面的衝突，二人背後，
又加上平臺二派官將的利害之爭，即丁曰健、曾元福為一派，林文
察、曾玉明為一派。如再往下追，彰化知縣凌定國支持丁曰健，而伏
下日後公庭誅殺林文察弟林文明之機。再往上看，可能又涉及支持林
文察的總督左宗棠與支持丁曰健的巡撫徐宗幹之間意見的不同。

一、兩派爭執的主題──內渡問題

調曾元福內渡之議

如前所述，同治二年十二月十八日（1863年初）擒斬戴萬生後，

---

115 (a)臺灣銀行經濟研究室編，《清穆宗實錄選輯》，臺文叢190，頁61。
　　(b)《剿捕檔》，同治三年三月八日，廷寄閩浙總督左宗棠、福建巡撫徐宗
　　幹。
116 《軍機檔》，95239號，同治三年三月二十三日諭；徐宗幹片。

林文察於十九日上摺請裁撤兵勇，只留五千人，並請調撤曾元福軍回大陸；同治三年一月廿七日，清廷批准所請。然而，曾元福在同日奏稱，俟剿平小埔心陳弄後，再咨請內撤，此中已暗含兩派爭功互鬥之意。由於臺灣總兵曾玉明與林文察關係密切，丁曰健乃爭取曾元福，以對抗林文察。在初期，林文察似佔上風，清廷屢次諭令曾元福內渡；但，其後丁曰健與徐宗幹的意見漸居優勢，情況逆轉，結果卻是曾元福改任臺灣總兵，曾玉明改署水師提督與林文察內渡。

據徐宗幹一奏摺稱，在同治三年一月二十日已與左宗棠奏請由曾元福署理臺灣鎮總兵，而曾玉明署理水師提督帶印內渡，即二人職位對調；並飭林文察帶兵內渡，督辦福建西路防務。[117]此舉疑為對抗林文察要求將曾元福軍調回內地的對策，而策動者可能是丁曰健。

惟據一月廿二日所上之摺，徐宗幹稱丁曰健已赴府城接任道臺；而曾元福駐於斗六之小埔、大突等庄，派撥弁兵協同各庄義民搜緝在逃之股首陳啞狗弄等犯，任務完成後即可內渡，並帶回水師提督印信。[118]此與前所說的於一月二十日，奏請改由曾玉明署理水師提督內渡，有矛盾之處。也許徐氏確曾如此請求，但未採行。同摺又說「林文察、林文明等軍俟四塊厝等庄匪巢剿除後，察看情形，酌量凱撤。一切巡防事務，悉歸臺灣鎮、道，督同地方文武，實力查辦，以節餉需」。[119]

由於太平軍王宗一股將越新城犯閩疆，防務吃緊，而臺灣亂事

---

117 《軍機檔》，96096號，同治三年五月一日徐宗幹片，無奏期，推測當在三月下旬。但查無一月二十日之原檔案。

118 《軍機檔》，94623號，同治三年二月二十三日，徐宗幹，同治三年一月二十二日奏。

119 《軍機檔》，94623號，同治三年二月二十三日，徐宗幹，同治三年一月二十二日奏。

漸趨平寂，不需留駐太多兵力，清廷乃有屢促調回部分兵勇之諭。三月五日上諭曰：「前諭左宗棠等將曾元福所部兵勇由臺灣撤回，派赴邵武一帶；著即飛檄曾元福飭令星速前進，擇要駐紮，以厚兵力」；並說：曾元福一軍如尚未起程，即著催令迅速內渡，至於林晟、洪欉、陳弄等餘黨，則責成丁曰健與林文察、曾玉明會商，分派兵勇剿洗。[120]

　　調回曾元福或曾玉明是此時爭論的焦點，顯然清廷仍照林文察之奏，調曾元福內渡。三月八日，由於曾元福、林文察二人之摺似有歧異，清廷諭令往後請獎之件，由丁曰健查明，歸左宗棠、徐宗幹彙聚具奏，以免「互相歧誤」，[121]可見林文察、曾元福已有異見；而清廷因江西太平軍竄閩疆，仍著迅速調回「曾元福一軍」，「以資防剿，毋稍稽延」，[122]清廷仍支持林文察的意見。

　　同治三年三月八日清廷亦降諭稱曾玉明既已攻破北勢湳賊巢，首逆洪欉逃往埔裡社一帶，令丁曰健即會同林文察、曾玉明迅速剿滅踞守小埔心的陳弄。曾玉明攻北勢湳洪欉之役當在一月下旬或二月上旬，因原奏摺未獲，不知詳情。[123]目前僅知他「督同遊擊李朝安等

---

120 (a)臺灣銀行經濟研究室編，《清穆宗實錄選輯》，臺文叢190，頁60－61，同治三年三月五日。
　　(b)《剿捕檔》，同治三年三月五日。
121 臺灣銀行經濟研究室編，《清穆宗實錄選輯》，臺文叢190，頁61，同治三年三月八日。
122 臺灣銀行經濟研究室編，《清穆宗實錄選輯》，臺文叢190，頁61，同治三年三月八日。
123 臺灣銀行經濟研究室編，《清穆宗實錄選輯》，臺文叢190，頁61，同治三年三月八日上諭。此役經過應在林文察「擒獲首逆，內山肅清」一摺中，但此摺無法尋獲，上奏與下詔日期通常有一個多月之差，故判斷在一月中旬與二月上旬間。

合攻北勢湳，迭破重圍，擒斬甚多，將逆莊焚燬，搜獲偽印旗幟軍械，不計其數」。[124]

此外，曾元福攻小埔心亦已「攻入頭、二層竹圍，迭獲勝仗」；並已四面包圍，斷其接濟，陳啞狗與洪欉竄匿山谷。另外，西螺等地道路也已疏通。為了節省餉需，徐宗幹決定裁撤兵勇。約在二月間，他重提前此之建議，即以「曾元福署臺灣鎮。曾玉明署理水師提督，即督帶凱撤官員內渡；並調回林文察籌辦內地防務」。[125]他也咨行鎮道，酌量撤回在臺所有兵勇，並飭查明積欠糧餉，就臺地籌措清理。至於搜捕內山餘黨的工作，則已照會林文明駐紮內山一帶，負責攻剿。如前所述，林文明於同治三年三月廿三日擢升為副將（儘先補用）。[126]

然而，同治三年三月廿八日，清廷依然諭令左宗棠、徐宗幹催「曾元福內渡之軍，迅移得勝勁旅，回顧腹區，以資調遣」。[127]這是因為公文呈送費時而發生同一時間上諭內容與奏章內容矛盾之事。

改調曾玉明、林文察內渡

依據左宗棠、徐宗幹之奏，言「曾元福在臺年久，為紳民所信望，應留臺郡」，同治三年四月六日，清廷改變主意，降諭：「福建

---

124 《軍機檔》，95239號，同治三年三月二十三日，徐宗幹片（於二月十九日奉上諭）。

125 《軍機檔》，95239號，同治三年三月二十三日，徐宗幹片（於二月十九日奉上諭）。

126 《軍機檔》，95239號，同治三年三月二十三日，徐宗幹片（於二月十九日奉上諭）。

127 臺灣銀行經濟研究室編，《清穆宗實錄選輯》，臺文叢190，頁62，同治三年三月二十三日諭。

水師提督,即著曾玉明署理;所遺臺灣鎮總兵,著曾元福署理」,
並著催令「曾玉明督率所部將士趕緊內渡,馳赴建寧一帶,相機進
剿」。[128]顯然,徐宗幹終於說服左宗棠接受他的意見。徐宗幹將曾玉
明、曾元福職務對調是個極有效的對策。原來林文察奏請調回曾元福
的理由是他應早日至廈門任所,如今曾玉明改任水師提督,順理成章
地應調回曾玉明。自此,林文察一派漸居下風。

三年四月七日,清廷又諭:「曾元福現已留臺,其曾玉明之軍,
徐宗幹迅即催令督率所部馳赴建寧一帶,痛加剿洗;如曾玉明年老不
能得力,即著左宗棠、徐宗幹另選將才派任」。[129]

原來欲調回曾元福,至此改為調回曾玉明軍,且提及曾玉明可
能「年老不能得力」,事屬不尋常。

此外,又進一步調回林文察內渡。總督左宗棠於同治三年四月
十三日上「延平軍情喫緊調員助剿片」,奏請調回林文察軍,理由
是:一、江西省太平軍餘黨闖入福建延平府,而福建提督、總兵大多
是下級官所護理,無法擔當繁雜軍務;「林文察既署陸路提督,防剿
閩省上游是其專責」;二、臺灣「大局肅清」,善後事宜,由道臺丁
曰健、總兵曾元福辦理即可;三、丁曰健與林文察二人「彼此各懷意
見,互相齟齬,留之臺郡,亦屬無益也」。[130]顯然左宗棠了解丁、林
二人水火不容,趁著延平府有急,決定奏請調回林文察軍。四月廿三
日,清廷同意,諭令左宗棠、徐宗幹「飭催林文察迅速由臺內渡,趕

---

128 臺灣銀行經濟研究室編,《清穆宗實錄選輯》,臺文叢190,頁66。
129 臺灣銀行經濟研究室編,《清穆宗實錄選輯》,臺文叢190,頁68。
130 楊書霖編,《左文襄公全集》,頁351(下),奏稿卷九。此摺為文叢本
    《左文襄公奏牘》所漏收。

赴延、邵，迎頭截擊（太平軍）」。[131]

至此，丁曰健佔了上風，林文察只有步步後退，設法防衛自己了。在權力鬥爭場合，武將似非文官對手。

二、撤調林文察內渡的原因

改調林文察、曾玉明內渡可說是丁曰健策動，獲得徐宗幹與閩官之支持，而迫使左宗棠採取的行動。

如前所述，丁曰健對臺勇本有異見。他率軍抵臺後不久（同治二年九月間），即上奏稱「調赴浙營各臺勇大半籍隸彰化，向與賊黨習熟，自奉撤回臺，被賊誘惑，反教賊以戰守之法，賊膽愈張」。[132]丁曰健赴郡接道臺職後，對戰事似乎仍耿耿難忘，時發議論，對林文察尤多苛評。

約在同治三年一月底，丁曰健致函徐宗幹，對林文察大肆抨擊，主要有三點。第一是軍事行動遲緩，在函中稱，他在同治二年十一月三日卯刻，會師克彰化城，十二月五日，林文察軍由嘉義他里霧（斗南）方抵彰化城；其後商會提、鎮，分攻四塊厝林晟、北投洪欉巢穴；然而林文察在彰化城「安坐十日，於十二月十五日始行入山」。[133]推想丁曰健認為林文察到彰，有爭功或分享勝利果實之嫌。再者，提督位居道臺之上，文察可能對早年上司未盡禮節，招致反感。

第二、不移報軍情，捏造飭功：丁曰健又指控「林提軍自十二

---

131 臺灣銀行經濟研究室編，《清穆宗實錄選輯》，臺文叢190，頁70—71。

132 丁曰健，《治臺必告錄》，臺文叢17，頁426。丁曰健，「由省對渡添調丁勇迅籌剿辦摺」。

133 丁曰健，《治臺必告錄》，臺文叢17，頁570，「稟撫軍徐中丞樹人」。

月十五日入山以後，攻剿奏報各情，一切匿不移報，似與商籌之命相違，真不可解」。[134]丁氏又說他在克復彰化城與擒拏戴萬生後，均會同提鎮奏報；而「他營公牘，事前竟不移商，事後又不抄稿寄知；各自為政，無從窺其底蘊；林營捏飾尤甚」。[135]

第三、對戴黨招撫過度：丁氏指出「此次得力人少，後來居上之營與前次觀望之將相等」，原因是提督與總兵「皆籍隸漳、泉，各徇其私，撫匪太甚，餘逆漏網尚多；竊恐後患非淺，兵勇一時難以盡撤」。[136]同治三年正月二十二日，丁曰健亦有類似函件予左宗棠，函中亦評攻四塊厝後，「各營撫匪太甚，緣提鎮籍隸漳、泉，均存瞻顧，餘逆漏網尚多，深慮後患」。[137]此明顯攻擊林文察與曾玉明因祖籍為漳州、泉州，以致不敢徹底消滅戴黨。

約在二月上旬前後，丁氏又函左宗棠，談到一月底嘉義縣令白鸞卿稟稱彰化所屬之西螺餘匪廖談糾集張順制等豎旗肆搶，曾元福於攻斗六、擒戴萬生後，現又剿小埔心陳弄，難以分兵西螺；並繼續攻擊林文察、曾玉明之貽誤軍機等過失：

> 林署提、曾鎮攻破四塊厝及北投新街二處後，頓兵又近一月，仍偷安不肯出山。已失走險之鹿，復縱當道之狼，其撫匪殃民、勞師費餉，伊於胡底？且林署提十月到臺，奏報勒限兩月肅清。今近四月，始而觀望遷延，徘徊于郡城之嘉邑、他里霧；至彰、斗克復之日，並未會合攻擊，巧于粉飾居功；繼而

134　丁曰健，《治臺必告錄》，臺文叢17，頁571。
135　丁曰健，《治臺必告錄》，臺文叢17，頁572。
136　丁曰健，《治臺必告錄》，臺文叢17，頁571－572。
137　丁曰健，《治臺必告錄》，臺文叢17，頁567，「稟制軍左宮保季高」。

> 只破一垂斃之林巢，安坐家園霧山，於漏網股匪全置不問；且
> 奏報一切軍務從無移知，與奉命會商之意相違。曾玉明身任地
> 方，責無旁貸，既已蔓延于前，又不搜捕于後，姑息養癰；以
> 致餘逆肆無忌憚，又復糾眾焚莊，重煩兵力。

丁曰健並進一步要求左宗棠「催提、鎮迅速搜捕藏事，或三營中擇留一人責成辦理；俾惡除餉節，兵勇早撤，地方幸甚」。[138]很明顯丁曰健的意思希望將林文察、曾玉明撤回，只留曾元福。

在同函中丁氏另稟左宗棠，談及餉絀情形，推想林文察可能函告左宗棠臺道不供餉。丁曰健加以回復稱，在布政使任內曾竭力撥臺餉數十萬兩，親嘗餉絀之味，自己在克彰化與寶斗，擒首犯後，已酌撤兵勇，分遣內渡、回淡；隨營至府城兵勇僅足需要而已；撥借外營之餉又超過萬兩。[139]

丁氏重復前述之批評，言林文察在攻克彰化城後一個月，方於十二月五日抵達縣城，並指責其作戰不力，對戰事無貢獻。他再度攻擊林文察、曾玉明籍隸漳、泉，以致「撫匪太甚」，後患無窮。[140]他甚至尖酸地批評道「此次得力人少，後來居上之營與前此遷延之將，徘徊觀望」。[141]丁氏攻擊林文察為後來居上之營，很明顯地，對於自己被迫將督辦軍務之權交出頗為不滿，隱含爭功的意味。

此外，丁氏再度批評林文察自十二月十五日入山後，奏報均「匪

---

138 丁曰健，《治臺必告錄》，臺文叢17，頁567－568。

139 丁曰健，《治臺必告錄》，臺文叢17，頁568－9，「又稟制軍左宮保季高」。

140 丁曰健，《治臺必告錄》，臺文叢17，頁569。

141 丁曰健，《治臺必告錄》，臺文叢17，頁569。

不移知」，有違「商籌之命」。[142]又稱，雖然去年十二月底接獲續解之銀，但他抵臺之前花費太多，因而善後之款不足，建議水師、陸路提督先撤兵，由臺灣總兵專責督緝，使事權得以歸一。[143]至此，他正式提出撤調林文察應內渡之議。

丁曰健何以非把林文察逼出臺灣不可呢？公開的理由，如上所述，是林文察之未盡全力平亂，觀望不前或頓兵不動；文書不移會通報；對亂黨過度安撫，遺害甚大；兵將過多，事權分而軍餉糜等。丁氏在予左宗棠函中甚至宣稱「與林署提督本係舊識之人，因其前在職道署理淡水廳任內充當義首，並由職道保舉有案；現在躬膺顯職，又得共事行間，晤對之餘，頗甚歡洽，本無各存意見，稍涉齟齬」。[144]換言之，丁曰健對林文察之批評純粹為公務。

實際上，事情並非如表面那麼單純，如前章所述，丁曰健原本與林文察不睦，其所以帶兵平臺，實即閩官節制林文察之策，而事情的發展卻不盡如他早先所設想者，以致內心頗為不滿。此可分幾點談。

第一、獨負平臺之責的願望受挫：他在同治二年七月二十四日發表的〈平臺芻言〉中力言臺灣亂事，「非位高權重，大申軍令，恐難了當此事；僅一道員，未足統攝，中丞（徐宗幹）焦勞尤甚」。[145]當時，徐宗幹已推舉他出任臺灣道臺。丁曰健與徐宗幹關係密切，事先當已知曉此項任命，因此，他話中顯然意指應有比道臺更高的權限。其結果是，他以一文官身份卻領著大軍、帶著充足的餉，攜「督

142　丁曰健，《治臺必告錄》，臺文叢17，頁569。
143　丁曰健，《治臺必告錄》，臺文叢17，頁569。
144　丁曰健，《治臺必告錄》，臺文叢17，頁582，「稟督憲左宮保季高」。
145　丁曰健，《治臺必告錄》，臺文叢17，頁418，「平臺芻言」。

辦全臺軍務」的關防,搶先渡臺平亂。然而,攻下彰化後,他卻受命早日赴府城接任道臺,逐漸脫離戰局。反之,武將林文察、曾玉明、曾元福日益活躍。其中林文察早先已不睦,如今高居提督,位在己上;林家又已發展為中部的權勢大族;此絕非丁曰健所願見的。此外,原臺灣總兵(後改署水師提督)曾玉明是林文察的拔擢恩人,又是親密的夥伴,相形之下,丁曰健顯得勢單力薄。

第二、林文察對丁曰健或有無禮之處:林文察升遷太快,官位壓過當年的長官,也許少年得志,也許是武夫較不識官場禮儀,可能對丁曰健有不禮貌之處。據丁曰健回復徐宗幹同治三年三月二十三日之函,左宗棠似曾於二月二十九日發函給他,責備他攻訐他人。丁曰健乃答稱「嗣後吏治軍務,唯有確遵憲諭,和衷商辦;即有非禮之加,隱忍包含,總期與公事有益,此外亦不計利鈍耳」。[146]依文意,林文察顯然對丁曰健有無禮之處,而丁氏似有滿腹委曲。惜文字簡略,無從知曉細節。

第三、爭功:丁曰健之爭取領兵來臺,實含有搶先立功之心。在其奏摺與信函中,一再強調如何迅速揮兵南下,攻克彰化城,使戴黨瓦解。[147]在其「稟督憲左宮保季高」中,言其克復彰化時,「林提督(文察)甫經到臺,行抵嘉義之他里霧地方;無論職道志在滅賊,事屬應辦,何足言功?而林署提路隔再站之遙,兼之斗六未克,賊莊隔塞,諒亦不致遽生倖事之心」。[148]此當是左宗棠責問其過度干預軍務所作之答覆,而覆函中隱約露出與林文察爭功之意。

第四、丁曰健性格苛峻寡恩:他早年在臺任官時,亦常與他官

---

146 丁曰健,《治臺必告錄》,臺文叢17,頁573,「又稟撫軍徐中丞樹人」。

147 丁曰健,《治臺必告錄》,臺文叢17,頁580,「稟督憲左宮保季高」。

148 丁曰健,《治臺必告錄》,臺文叢17,頁580。

不合，苛評邵連科即一例。徐宗幹是丁曰健在臺時的上司（道臺），賞識丁氏而與其來往甚密，在道光二十八年初任道臺四個月時，曾有一致當時布政使（方伯）函，稱：

> 敬密啟者，風聞丁令（丁曰健）有調省之說，未見明文。該令從前居官如何，弟不深悉。現在留心察看，精明過露，凡事見長，是其所短。然視因循退縮者，尚高一等，是所短亦即所長。全才難得，在用之者於馳驟之中寓控制之法，養其銳氣、曷其虛矯，則得矣。若謂蕩檢踰閑，甚至簠簋不飭，則斷斷乎無之；弟可代出保結。倘有影響，萬不能稍為姑容，且亦難掩眾人耳目也。……履任四月以來，留心察看，彰化為上、鳳山尚在其次，台灣胡、嘉義王又次之。[149]

據此函，必定有人檢舉丁曰健有「蕩檢踰閑」之行，要徐宗幹查。徐宗幹雖保證無此事，倒也承認丁曰健有其缺點，即精明過露，凡事要好辯爭強、爭第一。

徐宗幹賞識他，因此要他繼續留臺任嘉義縣令，在予劉玉坡函稱「署嘉義縣丁令，屢經裁抑，漸見斂材就範。到任後，與署參將曾玉明和衷整理，地方漸見安戢。前接省札調回，非敢擅留，嘉邑實難得其人」。[150]可見丁曰健相當自負自傲，不容他人。

丁曰健帶兵來臺平戴亂，力主剿滅政策，對亂民也極殘苛，概行剿殺，即使脅從村莊也不例外。在他予徐宗幹中稱：「職道（丁曰

149　徐宗幹，《斯未信齋文編》，臺文叢87，頁54，「致方伯書」。
150　徐宗幹，《斯未信齋文編》，臺文叢87，頁90，「上劉玉坡制軍書」。

健）意重攻剿，不留後患」。[151]竹塹林占梅與他是老友，又募鄉勇協助他建功，常求寬免，全活不少人。[152]丁氏任臺澎道臺時，也被評為「政尚苛峻，犯者無生還理」。他曾說「治亂世必藉重典，古人寧為一家哭，不為一路哭，實名言也」，而「左右無敢干其威」。[153]凡此均可見其性格之苛峻，不稍容人。林文察以一邊疆武人，爬陞於其上，對他又不甚禮貌，自非具有此類性格者所能容忍。

三、林文察之延緩內渡與丁、林關係之進一步惡化

雖然清廷與閩浙當局終於採取丁曰健的意見，調林文察回大陸，但林文察並未完全屈從。一方面由於不願太早離鄉，一方面戴亂餘黨未全平，林文察乃不斷延擱內渡日期。丁曰健費盡心機方得上級所支持，調開林文察與其戰友曾玉明，自然不願見到原有目的落空，因此，對林、曾二人的攻訐變本加厲，並結合新任總兵曾元福共同對抗，雙方勢同水火。於是平亂、內渡、雙方互訐三者糾結不清。

彰化亂事再起與林文察展期內渡

林文察攻下四塊厝後，徐宗幹認為戴黨殘餘，由丁曰健、曾元福二人即可平定。同治三年二月間，徐宗幹上奏請改調曾玉明、林文察回閩；同時也發咨文予林文察，於二月底送達。[154]

林文察備文咨覆，說明臺灣軍情。大略言於同治三年一月十一

---

151 丁曰健，《治臺必告錄》，臺文叢17，頁573，「稟撫軍徐中丞樹人」。

152 連橫，《臺灣通史》，臺文叢128，頁904，「林占梅列傳」。

153 蛻萣老人遺著，王國璠正稿，〈大屯山房譚薈〉，收於《鯤海粹編》（1980年3月），頁173。內言徐嘉幹為其幕府，輕與丁曰健爭，活人無數。

154 《軍機檔》，96310號，同治三年五月十一日諭；林文察同治三年四月三日奏「獲匪首陳在等正法，彰化解圍請獎由」。

日攻克四塊厝後不久，又有嘉義縣張純治勾結彰化縣海口廖傳，於正
月十四日犯西螺、窺斗六，乃派許忠標軍，並調回追擎洪欉之林文明
軍，會同曾元福剿辦，解散其眾。而小埔心未攻下，又派許忠標、林
文明協助曾元幅；至二月底方破其外圍，但仍未攻克。此外，洪欉
遁往埔里社依漏網之吳文福、劉參根等，踞守龜仔頭隘口，雖經曾
玉明日促游擊李朝安等進攻，但難越隘口，必須經由阿罩霧小徑侵
入其後，「兼募內山番屯」，並添調兵勇，內外夾攻，才能得手。而
且犁頭店一帶上下數十里暫許投誠之莊，仍然不穩，因此，他親駐
犁頭庄，次第剿辦戴、林之爪牙心腹，至二月杪，方移營於彰化北門
口。而此時，曾玉明以「餉竭兵怨，為賊所窺」，馳函告急；曾元福
也請求會攻小埔心。[155]

　　林文察在覆文中又指出徐宗幹以為「首逆既獲，祇須搜捕餘匪，
事甚易易」，又聽報臺灣「郡縣舉行考試」，以為臺局緩和，可先辦
理地 急務，而「不知軍情正在功虧一簣之際」。[156]原來丁曰健奏請於
次年（同治三年）春甲子正科恢復歲考與科考，同治三年三月五日奉
准。[157]林文察又說「內山餘匪尚多，應俟殲除要犯、民情大定，方可
拔隊前來」。不過，林文察也採一折衷方式，協防閩疆，即「先派游
擊許忠標統帶得力將弁隊伍」，趕速配渡赴閩，他本人則「俟攻克小
埔心」後，「隨時酌量內渡」。[158]

155　《軍機檔》，96310號，同治三年五月一日諭；林文察同治三年四月三日
　　奏。

156　《軍機檔》，96310號，同治三年五月一日諭；林文察同治三年四月三日
　　奏。

157　丁曰健，《治臺必告錄》，臺文叢17，頁459－460，「到郡舉行歲、科兩試
　　片」。

158　《軍機檔》，96096號，同治三年五月一日諭；徐宗幹片（無上摺日期）。

在同治三年四月三日之摺中，林文察繼續說明臺灣軍情，表示
仍難脫身內渡。

三月十一日，林文察進紮北斗，與曾元福會攻小埔心，雖屢獲
勝仗，但最驍勇的義首羅冠英不幸陣亡。於是改採「引水灌注」之
法，在小埔心庄外，督造土圍。但因內地傳來太平軍復熾之警，導致
戴萬生之股首張三顯、陳鮒、楊金環、廖口有（廖有于）、劉阿祿等
千餘人，擁前次開城獻敵之陳在為首領事；並散佈謠言稱，林文察
已內渡，「官兵撤歸，可以無懼」起。三月二十八日，黨徒藉口援救
陳弄、洪欉，四路蜂起，此即「青旂之變」。張三顯一股焚搶沙崙仔
莊；劉阿祿、陳鮒等，襲陷犁頭店汛地。當夜四更（二十九日晨），
千餘名黨徒攻彰化縣東門與北門。署副將湯得陞、署都司張顯貴、署
知縣凌定國，率兵勇、民團防守。二十九日早晨，開城門出擊，亂黨
退佔附鄙之市仔尾等處。[159]

林文察在小埔心聞警，留曾元福等在北斗堵截陳弄，率領參
將林文明等馳援，並傳檄在鹿港候渡之提標精兵趨彰化救援。三月
二十九日，忽傳北斗許三（？）蔗廍一鄉已被搶佔，又報目宜等庄
亦起事。由於北斗一向支持官軍，深恐被攻，尤恐被圍困而阻援彰之
路，於是當夜四更，林文察與曾元福、林文明領軍直趨蔗廍，誘敵出
戰，而以另一軍襲奪，即乘勢直搗目宜等莊，人心方定。[160]

159 (a)《軍機檔》，96310號，同治三年五月一日諭；林文察同治三年四月三日
　　　奏。
　　(b)〈宮保第文書〉，「戴案具稟」(5)，舉人陳肇興等稟稱廖有于等暨青旂圍
　　　攻彰化，乃率同庄丁協同防守。
　　(c)據丁曰健奏摺，林文察至北斗日期為三月十一日。見丁曰健，《治臺必告
　　　錄》，臺文叢17，頁463。
160 《軍機檔》，96310號，同治三年五月十一日諭；林文察奏同治三年四月三

三月三十日林文察整軍赴彰化，申刻（下午三至五時）抵達彰化城，鹿港提標精兵、與曾玉明自寶藏寺所帶兵勇亦至城。當夜，搜獲內應者十三人，斬首示眾。四月一日黎明，千餘名敵黨由東、北分路來攻，並增至三、四千人。林文察親自鼓桴，率湯得陞、林文明等開東門出戰；知縣凌定國率勇隨曾玉明由西門出，截其後；都司張顯貴率精銳百人突出北門，三面夾攻，大敗敵人於東郊，再敗之於八卦山。[161]

四月二日寅刻（晨三至五時），敵兵又分四路攻營盤，兼攻東、北門。林文察亦分四路迎戰，且有兵勇事先設伏於大肚溪南，兵勇奮戰，槍砲齊施，敵兵又大敗，乃擒首領陳在、楊金環及夥伴四十二人，凌遲處死。東門、北門外之亂黨盡逃，城圍告解，並克復市仔尾。此外，犁頭店汛地亦經都司何國英克復；踞城南一帶、員林悅興街、燕霧堡及七十二庄之亂黨，亦於初一、二日全被擊散。[162]

林文察報告以上軍情，稱幸虧「虜有變端，未敢內渡」，處置得宜，方保危城。他又報告，亂黨有死灰復燃之虞，須予嚴懲，而張三顯等仍聚黨千餘，分踞城東西與南西之芋仔寮、馬鄰潭、西大墩等十餘庄；曾元福仍攻小埔心未下；李朝安仍堵遏洪欉，但兵力有限，須俟肅清馬鄰潭、小埔心後，方能攻取。撤歸未可定期，而「餉需

日奏。

161　《軍機檔》，96310號，同治三年五月十一日諭；林文察奏同治三年四月三日奏。

162　(a)《軍機檔》，96310號，同治三年五月十一日諭；林文察奏同治三年四月三日奏。

(b)〈宮保第文書〉，「戴案具稟」(5)。舉人陳肇興、生員楊宜夏、義首林嘉瑞稟報林文察稱在烏日庄、大肚溪墘拏獲黃朝、陳在、楊金環。審訊後均被處決。

早匱」，實為兩難，只好藉團丁以補兵力之不足。[163]林文察雖不即內渡，但署水師提督曾玉明已接徐宗幹咨令內渡，擬即日配渡。[164]

徐宗幹不同意林文察因軍情仍急，暫不內渡的意見，約於三月底、四月初間上奏稱：「查匪首林晟已於本年正月十一日擒獲正法，洪欉巢穴亦經曾玉明攻破，該匪遁入番社，均經林文察奏報在案」；因此奏請「責成丁曰健、曾元福，會同保陞副將林文明」，搜捕餘黨即可；「林文察布置安定，仍即內渡」，同時催「曾玉明先行回省，督辦內地防剿事宜」。[165]

徐宗幹此奏片係附於主摺「髮逆竄入閩省，建寧縣城被陷旋復，現派司道大員出省督剿」。五月一日，清廷責徐宗幹辦事糊塗，指摘建寧縣文武員弁，賊至即陷，賊去則報稱克復以請獎，而巡撫不實力查辦，只據屬員稟報之詞含混上奏；乃加申飭。[166]在同日上諭中，重申前左宗棠之議，即飭林文察內渡，與康國器、張運蘭粵師，三路夾擊入閩之太平軍，令徐宗幹迅速催林文察、康國器之軍，「剋日馳赴延、邵一帶，迎頭痛剿，毋令蔓延腹地，不可收拾」。[167]

五月六日，清廷又降旨，命左宗棠、徐宗幹迅速催趕林文察一軍，剋日馳往延、邵一帶，以迎擊太平軍。[168]

---

163 《軍機檔》，96310號，同治三年五月十一日諭；林文察奏同治三年四月三日奏。

164 《軍機檔》，96310號，同治三年五月十一日諭；林文察奏同治三年四月三日奏。

165 《軍機檔》，96096號，同治三年五月一日諭徐宗幹片（無日期）。

166 臺灣銀行經濟研究室編，《清穆宗實錄選輯》，臺文叢190，頁71，同治三年五月一日諭。

167 臺灣銀行經濟研究室編，《清穆宗實錄選輯》，臺文叢190，頁72，同治三年五月一日諭。

168 臺灣銀行經濟研究室編，《清穆宗實錄選輯》，臺文叢190，頁73，同治三

丁曰健之抨擊林、曾

　　由於彰化復亂，林文察展緩內渡，丁、林關係進一步惡化。

　　在林文察上奏的次日，四月四日，丁曰健亦上「彰屬餘匪復行勾結思逞」摺，所奏為類似之事，但說法大有不同，對林文察、曾玉明有頗多不利之詞。

　　首先，他說克復彰化、生擒戴萬生後，奉巡撫徐宗幹札，以南路空虛，彰化平亂之兵勇足夠，由提鎮負責餘匪之剿征，乃由嘉義赴郡城接任，於十二月廿八日接印。[169]言下似有不滿，原來他以平臺亂之責自任，難免失望；而其所以如此，可能出於支持林文察的左宗棠之意。這個委屈多少導致他對林文察的事特別挑剔。

　　他進一步指出林文察與曾玉明的失職。他說迄今三月以來，各處聯莊拿獲不少要犯，又催提（林文察）、鎮（曾玉明）於殲除林晟後，迅速攻剿餘黨；然而自一月十一日誅林晟後，林文察「頓兵霧山（霧峰）五十餘日，至三月十一日始至寶斗（北斗）」[170]。

　　但據林文察之摺，在克四塊厝之後，他也忙於調兵遣將，協助平定嘉義之張純治、彰化海口之廖傳、小埔心之陳弄；他本人則親駐犁頭店，剿除戴、林餘黨之要犯簡豬高、何牛、楊添祐等。此外，林文察諭飭各地頭人搜捕餘黨也頗有斬獲，如前所述，蔡茂知、林文、陳玉春、黃朝、陳在、楊金環等要犯均落網，經審訊處決。攻訐

年五月六日諭。

169　(a)《軍機檔》，96305號，同治三年五月十一日諭；丁曰健同治三年四月四日奏。

　　(b)又丁曰健，《治臺必告錄》，臺文叢17，頁462。

170　丁曰健，《治臺必告錄》，臺文叢17，頁463。

為全無行動，不盡公平。[171]

丁曰健也批評曾玉明（原臺灣總兵，改任水師提督）在圍捕北投洪欉時，「專重計誘，遂致兔脫」。[172]

但，據曾玉明在同治三年四月十三日之摺上報告剿洪欉情形時，另有一番說法。他說洪欉逃入石龜頭番社，難以硬攻，因為第一、洪欉「素譯番語，貿易相通，早就該巢開墾耕種」，亦即他具有人和之利。第二，該地自外巢至內巢，「皆高山峻峭，溪小深急」，地形頗為險惡；而且只有一仄徑可容單身進入，難以驟攀。因此，曾玉明只能設計擒拿。[173]

丁曰健又抨擊林文察、曾玉明對待亂黨之策。他說：「傳聞兩營在內山另有指引投誠，以示羈縻。如能撫不為匪，原可予以自新；但恐鈐制稍疏，復萌故智」，更指出「內山招撫已濫，臣寢饋難安」。[174]

丁曰健平亂策略是剿滅以絕後患，即他所說的「重攻剿，不留後患」，而抨擊他人「各護私人，養癰貽害」。[175]

丁曰健進一步抨擊霧峰林家，他說：「林姓（霧峰）族繁，向與賴姓有隙，難保不倚勢作威，轉為匪徒藉口，另生事端」。他並舉出

171　(a)《軍機檔》，96310號，同治三年五月十一日諭；林文察同治三年四月三日奏。

　　(b)〈宮保第文書〉，「戴案具稟」(3)、(4)、(5)。

172　(a)《軍機檔》，96305號，同治三年五月十一日諭；丁曰健同治三年四月四日奏。

　　(b)丁曰健，《治臺必告錄》，臺文叢17，頁463。

173　《軍機檔》，96839號，同治三年六月三日諭；曾玉明同治三年四月十三日奏。

174　(a)丁曰健，《治臺必告錄》，臺文叢17，頁463。

　　(b)《軍機檔》，96305號。

175　丁曰健，《治臺必告錄》，臺文叢17，頁573，「文稟撫軍徐中丞樹人」。

具體實例，根據三月三十日、四月初二等日臺灣總兵曾元福之函，稱：「二十七日訪有林天河（即林奠國）強佔內山賴姓產業，眾心不服，以致賴矮及林姓各匪勾結洪欉，並各招撫股匪，聚千餘人，復有豎旗之謠，擬分二股，一股攻阿罩霧，一股直撲彰城」。他又說，果然在三月二十八日，「近山有匪先焚沙仔崙等莊」。[176]但根據前敘林文察之奏，則說因謠傳他已內渡，叛黨以為無所懼而舉事。二人說法真是南轅北轍。

　　至於三月二十八日至四月二日間亂事之迅平，兩人解釋也大相逕庭。林文察以為當時城「內無一旅之卒，一旬之糧，且值青黃不接之際，米價正昂」，飢民易亂，而兵卒未備，危險萬分，幸而他「虞有變端未敢內渡」，又早為佈置，鹿港之路未被阻隔等善策，卒保危城。[177]

　　丁曰健則稱，在彰城青黃不接之際，他在萬難中，「趕緊籌措餉銀米石、鉛藥等事項共約銀萬元，委員星夜解往，以應急需」；又怕不足，札飭鹿港同知興廉激勵當地紳士舉人蔡德芳等籌餉募勇；其它鹿港附近之八莊、二十四莊、寶斗、鰲頭舉人蔡鴻猷等亦稟稱，聯莊鄉團聞警，於二十九、三十等日集團勇三千餘人，赴彰化城會剿，官民齊心，餘燼方未死灰復燃。[178]

　　然而，據參與平亂的曾玉明卻又有一說。他說他在三月十七日

<hr>

176　(a)《軍機檔》，96305號。
　　(b)丁曰健，《治臺必告錄》，臺文叢17，頁463－464。
177　《軍機檔》，96310號，同治三年五月十一日諭；林文察同治三年四月三日奏。
178　(a)《軍機檔》，96305號，同治三年五月十一日諭；丁曰健同治三年四月四日奏。
　　(b)丁曰健，《治臺必告錄》，臺文叢17，頁464－465。

接任水師提督，卸臺灣鎮篆，籌餉分給裁撤之兵勇，以便內渡時，突於三月二十八日午刻接到北路協副將湯得陞密稟，稱陳鮴、陳在籌欲豎旗舉事，而彰城兵虛，請求援助，他立即部署救援工作。其中與丁曰健報告有異的是：第一，他除了飛調鹿港同知興廉就近派勇入城協防外，因「恐城中糧米稀少，並請鹿港局首軍功五品銜藍翎舉人蔡德芳、六品銜藍翎林慶鍾、生員陳萃奎、林清源，並郊商舖戶等，採辦軍食、藥彈等項」，派義民三名帶運入城，以濟軍食。第二，他飛諭三家春等二十四莊，鳩集民丁，交義首白培英帶，箚於南門外較場。[179]

由於丁曰健遠在府城，曾元福亦在小埔心，對平亂可能遠水不救近火，當以曾玉明之說較可靠。再者，曾玉明乃泉人，甚受泉莊之支持，故能立即募餉募勇平亂。

同治三年五月十一日，清廷衡量林文察、丁曰健二人之摺，下諭：「臺灣逸匪尚須趕緊搜捕；惟江、浙髮逆擾及建寧、寧化等處，閩省西路之防尤為喫重。著左宗棠、徐宗幹仍遵前旨，催令林文察、曾玉明統率所部迅速內渡，以資攻剿」。[180]也諭曾元福、丁曰健，「其臺灣剿匪善後事宜」，即責成二人「實力辦理」。「倘日久因循，不能竣事，以致死灰復燃，再煩兵力，必惟該鎮、道等是問」。[181]這顯然是對兩造各打五十板之解決法，即林文察、曾玉明內渡，但如未來臺亂不能平，丁曰健、曾元福要負責後果。

---

179 《軍機檔》，96839號，同治三年六月三日論；曾玉明同治三年四月十三日奏。

180 臺灣銀行經濟研究室編，《清穆宗實錄選輯》，臺文叢190，頁74。

181 臺灣銀行經濟研究室編，《清穆宗實錄選輯》，臺文叢190，同治三年五月十一日論。

由於林文察以彰化亂事再起，要求展緩內渡，丁曰健進一步擴大攻擊面。在予巡撫徐宗幹函中說「林天河（奠國）係林文察之叔，倚勢作威，搶霸賴姓田產，以致眾怒，幾乎釀成分類」。[182]換句話說，丁曰健開始向整個林家挑戰。

他又攻擊林文察說，再度出擾的黨徒是原來投誠於其軍營者，而其「奉調回省，本非所願」，「正可藉詞舖張，挨延內渡」。[183]丁曰健將亂事再起歸罪於林文察，並說又藉此延緩內渡。

他又進一步說，根據嘉義縣令凌定國的密稟，林文察駐紮於摙東堡，因「辦理失當，民心不服」，復起時亂黨是為了報復林姓私仇。他強調，林文察「若再淹留，非特餉無所出，抑恐另生事端」。[184]此言林文察續留不但對平亂無功，反而會引發事端，這與林文察所稱因謠傳其內渡而亂事再起，可說針鋒相對。

也許在丁曰健的信函攻勢下，左宗棠、徐宗幹終於採取一連串行動，促使林文察早日內渡。

左宗棠與徐宗幹於四月二十一日會奏，據報臺灣北路餘匪滋事，「飛檄臺鎮曾元福、道丁曰健分別良莠，剿撫兼施，以安反側，而一事權」。並催林文察、曾玉明迅速內渡。五月十三日，清廷諭飭「臺灣鎮道實力剿辦，仍催令林文察等迅速內渡，以防江西竄匪」。[185]

五月二十四日，清廷又促徐宗幹催令曾玉明、林文察帶兵內渡，「會同江省兵勇合力兜剿，不得再有遲滯」。[186]

182　丁曰健，《治臺必告錄》，臺文叢17，頁573，「稟撫軍徐中丞樹人」。
183　丁曰健，《治臺必告錄》，臺文叢17，頁573。
184　丁曰健，《治臺必告錄》，臺文叢17，頁573。
185　《軍機檔》，96344號，同治三年五月十三日諭；徐宗幹同治三年四月二十一日奏。
186　臺灣銀行經濟研究室編，《清穆宗實錄選輯》，臺文叢190，頁75。

六月一日，因林正陽太平軍一股「由寧化福村，回竄石城之半山，而「王宗一股分黨由寧化之安遠司，竄近廣昌，復退池源山背村中，負嵎不出」，福建邊防愈緊急，再諭「迅催林文察等飛速內渡，合兵會剿」。[187]

由於林文察內渡期未定，丁曰健繼續攻擊，除原有的理由外，特別指摘林文察、文明兄弟攻小埔心陳弄，毫無結果，其後由曾元福攻克。

五月二十六日，丁曰健奏報會攻小埔心生擒陳啞狗弄、張三顯。內言去秋凌定國攻剿，冬天，曾元福駐兵專剿；再經「林文察派林文明帶隊會剿」，均未得手；後調義首五品銜藍翎羅冠英，方破近圍，而羅冠英陣亡，敵勢益漲。[188]曾元福函報，五月二十一日，已攻破陳弄老巢，「陳啞狗弄，乘間逃竄面前崙莊」。凌定國亦報稱，五月十三、十四日，攻破張三顯踞守之枋橋頭莊，張三顯逃入張厝莊；十九日，凌定國攻入張厝庄，擒張三顯及戴萬生之子戴能等四十七犯，均處死。二十三日，曾元福攻入面前崙莊，擒陳啞狗弄，處以極刑。[189]

摺中，丁曰健繼續抨擊林家。他重覆其前摺所提之林文察頓兵五十餘日，「胞叔林天河（即濫保知府，更名林奠國）倚勢作威，截水霸田」，以致「餘匪藉此復肆」，「非事先預防，聯莊得力，竟有難

---

187 臺灣銀行經濟研究室編，《清穆宗實錄選輯》，臺文叢190，同治三年六月一日諭，頁76。

188 (a)《軍機檔》，97864號，同治三年七月十八日諭；丁曰健同治三年五月二十六日奏。
(b)丁曰健，《治臺必告錄》，臺文叢17，頁467－468，但「復經署提臣林文明帶隊令剿」，「提臣」後漏印「林文察派」，據軍機檔改正。

189 丁曰健，《治臺必告錄》，臺文叢17，頁469－7。

解之憂」。[190]他仍然認為亂事復生乃由於林家之故；亂平歸功於他之事先預防與聯莊得力。

丁氏又說：林文察於二月間奉總督左宗棠咨調回省，但仍逗留在彰，赴小埔心協剿陳弄，引水灌注，未能攻克。他並指摘林文察：「自四月初旬，回彰城擊退餘匪後，仍進霧山月餘，其附近犁頭店之馬獜潭各巨匪竟置不問，犯無一獲」。[191]

丁曰健對林文察成見似不淺，他不提曾元福久攻小埔心不下之事，也不提林文察正欲引水灌注時，聞三月二十八日，彰化有變，帶兵往剿之事。據林文察同治三年六月二十二日之摺，他在四月十七日，移師犁頭店，率兵勇燬敵銃櫃十餘座，斬劉戀成等三十三人。至於小埔心之陳弄，因「圍堅溝深，兵勇不能逼近」，而且陳弄挖開地洞人員皆蛇伏，「鎗砲亦難剿洗」，因此採灌水之策。前次因彰化城之變，未能貫徹，現在則派游擊賴正修等，趕緊截水灌注。水灌發生效果，五月二日，已淹滿陳弄村莊，加上風雨大作，黨徒驚怖，官軍乃於六、七再日輪流攻擊。七日夜半，官軍冒雨踏水，直搗中堅。八日丑時，攻破小埔心，生擒陳弄眷屬無數。但陳弄跳水逃遁至大突等莊，經兵勇圍捕，於五月二十四日，該庄頭人獻出，解往曾元福處。[192]可知水攻無效並非公平之詞。

190　丁曰健，《治臺必告錄》，臺文叢17，頁468。
191　丁曰健，《治臺必告錄》，臺文叢17，頁468。
192　《軍機檔》，98687號，同治三年八月二十四日諭；林文察同治三年六月二十二日奏。

四、林文察決定內渡

丁曰健之持續批評

在丁曰健抨擊下，清廷屢次下詔調林文察內渡，左宗棠也不斷催促，林文察終於放棄抗爭決定內渡了。約在五月間，上一稟予左宗棠，言「剋期內渡」。[193]左宗棠予徐宗幹函中言「丁觀察（丁曰健）近來有何議論？閣下須切囑其以大局為念，勿任性生事」。[194]顯然，左氏對丁曰健的信函攻勢頗為不耐，因而要求徐宗幹予以告誡。左氏又指出「同局水火，口搆元黃，最為可慮，所謂『天下之盜賊易去，人心之盜賊難除』者此也」。[195]

的確，丁曰健似乎性格相當苛刻，當林文察已決定內渡時，他仍不輕易饒過。丁氏在同治三年五月二十六日上「會攻小埔心、生擒偽西王陳啞狗弄、張三顯等懲辦摺」，內容除報告軍情外，繼續攻訐林氏族人、曾玉明，大致可分幾點：

第一、林文察之決定內渡是因攻剿事宜「辦理棘手，正期卸肩」，又接到巡撫徐宗幹「咨催赴省」，方於五月十五日自彰化啟程，準備內渡。[196]

第二、林文察「於正月破林巢後，安住家園五十日，頓兵不出」；又自四月初旬，回彰化城擊退餘黨後，「仍進霧山月餘，其附

---

193 左宗棠，《左文襄公奏牘》，臺文叢88，頁92，「與徐樹人中丞」。

194 左宗棠，《左文襄公奏牘》，臺文叢88，頁92，「與徐樹人中丞」。

195 左宗棠，《左文襄公奏牘》，臺文叢88，頁92，「與徐樹人中丞」。

196 (a)《軍機檔》，97864號，同治三年七月十八日諭；同治三年五月二十六日奏。

　　(b)丁曰健，《治臺必告錄》，臺文叢17，頁468。

近犁頭店之馬鄰潭各巨匪竟置不問，犯無一獲」。[197]

第三、林文察胞叔林天河（即濫保知府，更名林奠國）倚勢作威，截水霸田，以致眾議沸騰，欲圖報復。[198]

第四、曾玉明「早經函報由鹿（港）配渡，今忽於五月十五日復晉郡索餉」，已飭臺灣府趕緊籌給口糧。[199]

第五、據聞水、陸兩提督（即曾、林）紮營彰縣，「兵勇騷擾城鄉，……營、縣彈壓不遑，無暇搜捕；而紳民怨恨離心，凡遇公事，觀望不前」。[200]

第六、重提林文察「撫匪過多，養癰貽患」之過失。[201]

丁曰健之攻訐未必全屬子虛，但似仍挾私嫌，理由如下：

第一、林文察之內渡可說是丁氏一手策劃的，他一再以奏摺、私函，千方百計說動徐宗幹、左宗棠接受其建議；而當林文察決定內渡時，卻又指其因辦理棘手正欲卸責，真正是「佔了便宜又賣乖」，丁氏個性之苛刻可見一斑。

197　(a)《軍機檔》，97864號，同治三年七月十八日諭；同治三年五月二十六日奏。
　　　(b)丁曰健，《治臺必告錄》，臺文叢17，頁468。
198　(a)《軍機檔》，97864號，同治三年七月十八日諭；同治三年五月二十六日奏。
　　　(b)丁曰健，《治臺必告錄》，臺文叢17，頁468。
199　(a)《軍機檔》，97864號，同治三年七月十八日諭；同治三年五月二十六日奏。
　　　(b)丁曰健，《治臺必告錄》，臺文叢17，頁468。
200　(a)《軍機檔》，97864號，同治三年七月十八日諭；同治三年五月二十六日奏。
　　　(b)丁曰健，《治臺必告錄》，臺文叢17，頁468。
201　(a)《軍機檔》，97864號，同治三年七月十八日諭；同治三年五月二十六日奏。
　　　(b)丁曰健，《治臺必告錄》，臺文叢17，頁468。

第二、林文察頓兵家園，自是疏忽職守，但自另一方面看，林氏在大陸轉戰多年，回臺平亂也兼有乘機返鄉團聚渡假之意，自某種角度看是公私兩便。評其頓兵家園，不盡合乎人情。

第三、林天河截水霸田果有其事，確是林家無以自解的污點。但在查清之前即予攻擊，實有入人於罪之嫌。

第四、曾玉明之晉郡索餉固屬於法不當，但此正反映其兵勇之缺餉，甚至可說，丁曰健以經濟手段（餉銀）來困擾曾、林，迫使其就範，也許丁曰健該負的責任較大。

第五、曾、林兵勇騷擾民間，若有其事自是不該，然如第四點一般，也許該歸因於丁氏之控制餉銀。

第六、「撫匪」或「滅匪」當是個人見解有異，談不上對與錯，全看當時情形而定。恐丁氏亦難保證其「滅匪」政策一定較成功；而且此策難免發生冤殺、誤殺之事，在人道原則上先有可議之處。

由上可見，丁氏與林、曾之事頗含意氣之爭的成分。他在上摺中以立誓的口吻言「亦不容林天河勢豪巨族，恃強橫行」，[202]在未確定真相前，即以嫉恨之心欲加處置，似非公平。

無論如何，此摺極具殺傷力，同治三年七月十八日，清廷降諭調查此事，稱「林天河在籍逞強，橫行無忌；丁曰健有地方之責，應行隨事裁抑，不得任其魚肉鄉里，大為閭閻之害」。[203]又對林文察之「安住家園五十餘日，頓兵不出」、「胞叔林天河倚勢作威」及林文察與曾玉明兵勇在彰化騷擾等，降諭指責，言「林文察等以專閫大員，

---

202 (a)《軍機檔》，97864號，同治三年七月十八日諭；同治三年五月二十六日奏。

(b)丁曰健，《治臺必告錄》，臺文叢17，頁470。

203 臺灣銀行經濟研究室編，《清穆宗實錄選輯》，臺文叢190，頁77－78。

當此軍務喫緊之時，宜如何振刷精神，激勵將士；如若該道所奏，節次頓兵逗留，縱勇滋擾，實屬大負委任！若左宗棠、徐宗幹確切查明；如實有前項情事，即著嚴行參辦，毋稍徇隱。原摺著摘錄抄給閱看」。[204]

總之，由於三月底亂事復起，丁曰健歸罪林家，而林文察則指責「地方官撫輯未善」，文武不和。左宗棠、徐宗幹乃於八月六日上奏稱：「臺灣地方土匪……，應剿應撫，該文武各官紳應商同相機妥辦，何得互相攻訐？究竟地方官如何辦理不善，以及林奠國截水佔田，是否因派捐而起，抑係倚勢妄為，均應徹底根究」，於是派署汀漳龍道道臺胡肇智前往臺灣，確查實據，分別奏參。[205]八月十五日，清廷諭左、徐飭胡肇智確查實情，分別懲辦，「以肅官常」。[206]

此外，左、徐另片奏「林文察等日久尚未赴調」，同日清廷下諭將林文察、曾玉明下部議處，「仍著左宗棠飭調該總兵等迅速內渡，毋再延緩」。[207]

議處雖未定案，但對興高采烈、滿望衣錦還鄉之林文察，無疑是一項打擊，而且伏下日後林奠國入獄、林文明被凌定國（丁曰健派）誘殺於公堂之機。傳統中國地方政治往往是官僚與士紳大族共理，官權與紳權因合作而互利，然而，紳權如果壓倒官權，特別是侵犯皇權，勢必遭到無情的制裁。[208]林文察與林家人似欠缺足夠的政

204　臺灣銀行經濟研究室編，《清穆宗實錄選輯》，臺文叢190，頁78。

205　《軍機檔》，98558號，同治三年八月十五日諭；左宗棠、徐宗幹同治三年八月六日奏。不知八月是否正確，因上摺與降諭約有一月之時差。

206　臺灣銀行經濟研究室編，《清穆宗實錄選輯》，臺文叢190，頁80。

207　臺灣銀行經濟研究室編，《清穆宗實錄選輯》，臺文叢190，頁81。

208　吳辰伯，〈論紳權〉，見吳辰伯、費孝通，《皇權與紳權》（上海：觀察社，1948），頁50。

治閱歷與智慧以避開禁忌。只不過一年時間，林文察由官位步步高升，榮任征臺統帥之職，而演變成本人被「下部議處」、家族被調查的結局，這當非年輕志大的林文察始料所能及的，而丁曰健對林家殺傷力之大更超出其估計之外。

軍餉問題與丁、林關係

丁曰健除上奏清廷與稟報督撫，批評林文察外，似乎也以經濟手段困擾林文察甚至曾玉明。由於福建軍餉通常撥交臺灣道，再轉支各營，因此，丁曰健有權操縱餉的供應，對其政敵，他不可能心甘意願，照常支應。

如前所述，丁曰健已有過積欠臺勇安家銀之例，而與林文察、文明兄弟亦不睦；如今，對餉需亦予以節制。

丁曰健自省帶兵來臺時，兵與餉均足。抵臺後，他立即招二千以上鄉勇，合省兵達四千人。[209]

然而，他人兵勇則屢遭餉絀之困。可能受到左宗棠之責，丁曰健於同治三年二月間答覆稱，對各營極力支援，言「於省解到關稅餉內，勾撥先後八千元解赴曾（玉明）鎮軍營，又撥先後五千元解曾（元福）署提軍營、林（文察）署提處；府局亦經速催解籌到山」。[210]上述五千元中，相信支應林文察者當不致太多。

同函，丁曰健又辯稱：

職道此次統帶省標官兵連同跟役人等共只五百餘名，原領司庫

---

209 丁曰健，《治臺必告錄》，臺文叢17，頁565，「稟撫軍徐中丞樹人」。
210 丁曰健，《治臺必告錄》，臺文叢17，頁567，「稟制軍左宮保季高」。

軍餉內，除由省發給省標官兵一個月鹽菜等項並船價之外，實
銀六萬餘兩，且未奉有轉撥各路營餉之文；專顧本營，在起行
時自覺充裕。迨抵臺境……招集舊部壯勇，並添募新勇……共
不下五千餘名……。旋又另募水勇，添製軍械衣旗，在在需
資。雖所募之勇分路堵剿，未見其多；而所帶之餉，支應浩
繁，實形其少。況值各營紛紛請撥……，勉力陸續湊撥……
（曾玉明、曾元福、湯得陞、關鎮國、凌定國），共銀一萬
六千餘元之多。……似此窘迫情形，林、曾提督各營知之最
稔。雖其形諸公牘，微露爭餉之言，然其早悉底蘊，似亦不致
終懷必爭之念。[211]

由上可知，丁曰健並未撥餉予林文察，他本人手下兵勇數達
五千以上，餉又控於其手，自然引來林文察之不滿。

丁曰健同函又說：「林署提督原帶陸提弁兵及許忠標所募招勇
亦不過數百名，其餘均係就近招集親族子弟。而所領軍餉內，原領
省餉二萬二千兩，又抵臺後陸續由郡解應及代發夫價等項共銀九千
餘兩，合計銀四萬餘兩，……又……收到林維讓等捐款番銀二萬
元」。[212]

丁曰健又攻擊林文察之籌辦捐罰，言「闔郡傳說紛紛，或謂某
處罰款盈千，或謂某處捐款累萬，……諒不致缺餉。……訪聞復有抑
勒罰捐，混抄叛產各事」。[213]

211　丁曰健，《治臺必告錄》，臺文叢17，頁580－581，「稟督憲左宮保季
　　高」。
212　丁曰健，《治臺必告錄》，臺文叢17，頁581。
213　丁曰健，《治臺必告錄》，臺文叢17，頁583。

上述丁曰健之說法似有倒果為因之嫌。林文察可能因餉絀只好自己設法籌措，勸捐、罰捐、抄封叛產主要因此而起。在同治三年五月十一日林文察上達清廷之奏片中，言：

> 林維讓等聞奴才（林文察自稱）軍餉不繼，即備番銀二萬圓派人運解來營，洵為久旱之得雨。緣奴才自泉州拔隊迄於今日，先後共祇收領餉銀三萬八千兩，實已早形竭蹶，挪墊一空也。[214]

由上可知林文察餉缺之嚴重，而將林維讓、維源兄弟之捐助二萬元視為久旱之得雨，並不惜上奏保舉二人，請求加恩將候補員外郎林維讓、候選員外郎林維源免補本班，以「知府歸部即選」，「並將林維讓賞戴花翎、林維源賞換花翎」。[215]

林文察在同治三年七月二十三日所發之「通報捐需軍餉銀兩數目由」，亦痛陳缺餉而不得不就地勸捐情形。

> 本署提督此次渡臺督辦軍務，當經酌帶提標精兵，暨由臺調募兵勇生番三千五百名，前赴各處征剿。惟因裹帶餉銀三萬兩，早已告罄無遺，雖經備文赴省請領，僅有兩次接准臺郡撥到廈門鹽捐銀八千兩，亦屬杯水車薪，不能接濟。當此防剿喫緊，餉需豈容稍緩，本署提督籍隸臺陽，自應設法挪墊。但為時已久，實難為繼，不得不就地勸捐，以補兵餉之不足。[216]

---

214 《軍機檔》，96304號。
215 《軍機檔》，96304號，同治三年五月十一諭；林文察片。
216 〈宮保第文書〉，同治三年七月二十三日通報。

其後，丁曰健攻擊此事是「勒捐軍餉、混抄叛產」與「保舉豪強、嚴科激變」。[217]所謂保舉豪強當係指上述林維讓、林維源之事，勒捐當是上述之捐派事。林文察缺餉所採之自力救濟可能是逼不得已，但是否有藉機混收之情事，卻也值得探究。

林文察在同治三年六月二十二日上定期內渡之摺時亦透露餉絀情形，內言：「自本年（三年）春間攻克四塊厝，首逆林戇晟伏誅後，因餉需支絀，先將所部兵勇，酌量撤留」。[218]可知渡臺之始餉需即不足。甚至在決定行期內渡時，卻因兵勇「積欠口糧」，而「商之道、府，毫無撥應」，只好暫緩行期。[219]

甚至於臺勇的安家銀問題也久懸未決。據同治五年十月十六日左宗棠與徐宗幹「彙報閩省自咸豐二年至同治三年六月止軍需收支數目清單摺」內稱：

> 同治元年二次剿辦臺屬戴萬生一案，內地撥解軍餉銀九十萬三百九十七兩五錢六分六釐；又援浙案內撥解臺灣招募臺勇安家等銀四萬九千一百四十二兩七錢四分八釐，應俟臺灣道府將支銷數目造冊送到，再行核辦。[220]

可能林文察、文明招募之臺勇安家銀直至同治五年末仍未支付。這筆安家銀的支撥與丁曰健任福建布政使與臺灣道時均有關係，似有扣發之嫌。

---

217 丁曰健，《治臺必告錄》，臺文叢17，頁584，「稟督憲左宮保季高」。

218 《軍機檔》，98687號，同治三年八月二十四日諭。

219 《軍機檔》，98687號，同治三年八月二十四日諭。

220 左宗棠，《左文襄公奏牘》，臺文叢88，頁22。

由此可見林文察之軍餉深受丁曰健之節制，林文察之軍事行動
可能受到相當程度的影響。

林文察定期內渡

丁曰健迫林文察內渡的努力終於取得完全的勝利，在督、撫的
催令下，在清廷下令嚴懲的詔諭下，林文察決定配船內渡。他在同治
三年六月二十二日上「臺地軍務大局底定，飭交副將林文明分別搜
捕，趕緊撤隊內渡商辦邊防摺」。摺中言，大局已底定，本應將「陸
提標兵及召募臺勇先行遣撤」，但因為「積欠口糧，商之道府，毫無
反應，不得不暫緩行期，設法挪墊」，直到「六月初間，始得清給，
催令起程」。[221]換句話說，原定於五月十五日內渡，因道府積欠口
糧，只好延後。其後左宗棠可能責怪，丁曰健答覆說，據他要求彰化
縣令凌定國與委員張世英調查的結果是：林文察之所以遲遲不行，一
則為「侵沒叛產，恐早冬租穀，各佃不願完納，必須親自督收」；一
則揀東保尚有捐罰之款可辦，「無非準折田產居為己業，必欲搜括殆
盡」。他又抨擊林文察「惟利是圖」，假藉職權，滿足貪慾。[222]

兩人的說法又南轅北轍。如前所述，由於官府積欠糧餉，懸而
未決，林文察、文明兄弟採自力救濟方式取償。例如大里杙館抄封
各穀，林文察照會臺灣知府稱，「刻值早稻收成，似可將此款提充
兵餉」，「即以提督印單徵收府管叛產」。對丁曰健與臺灣而言，自
然「與政體不合」；[223]但對林文察而言，積欠太久，而且，兵勇內渡

221 《軍機檔》，98687號，同治三年八月二十四日上諭；林文察六月二十二日
　　奏。
222 丁曰健，《治臺必告錄》，臺文叢17，頁584，「稟督憲左宮保季高」。
223 丁曰健，《治臺必告錄》，臺文叢17，頁584，「稟督憲左宮保季高」。。

在即，卻無糧餉，難保不譁變，而依據以往經驗，丁曰健不可能供餉，乃出此下策。此雖有違法例，但在清帝國體制下，卻有情有可原之處。至於，林文察、文明是否趁機混抄叛產，案情複雜，留待另書處理。

由於徐宗幹已奏明將彰化一帶戴亂餘黨事「飭歸副將林文明分別剿撫」，[224]林文察在五月二十九日札示林文明，「剋日接辦內山軍務」，將以前使用的「總帶團練勇屯參將」木戳銷毀，改用新的辦公木戳。七月二十六日又札飭林文明接掌搜捕餘黨。[225]（參見「文書契字」10）

不過，這種安排似乎是為撫慰甚或是誘騙林文察而設計的。林文察內渡後不久，丁曰健即報請徐宗幹，解除林文明統辦內山之職。他在九月六日上「彰化餘匪續獲未淨，現在定期□帶精勇先往督飭剿捕，並辦理善後事宜，俾絕根株而固疆圉」摺，內言「統辦內山軍務之副將林文明又以本地之人辦本地之匪，易生嫌疑，報經撫臣徐宗幹查明係屬實在情形，飭其毋庸接辦，仍將內山搜捕事宜責成鎮道辦理」。[226]同治三年十月五日，清廷諭令「副將林文明以平地之人辦本地之賊，自不免招致嫌隙；所有內山搜捕事宜，即著責成該鎮（曾元福）、道（丁曰健）接辦，毋庸林文明前往」。[227]至此，林家在臺灣軍務上的職務全部解除，丁曰健行事之乾淨、徹底，於此可見一

---

224 《軍機檔》，98687號，林文察奏。

225 (a)〈宮保第文書〉，「督辦全臺軍務署福建陸路提督節制南北官軍固勇巴圖魯烏訥思齊巴圖魯林」札「統辦臺灣內山軍務儘先林副將」，此札於「六月初三日申時」送到林文明處。

(b)〈宮保第文書〉，同治三年七月二十六日之札。

226 《軍機檔》，99651號，同治三年十月五日上諭。

227 臺灣銀行經濟研究室編，《清穆宗實錄選輯》，臺文叢190，頁84。

斑。然而,有一點很奇特的是,此後丁曰健剿辦洪欉之役中,仍招林文明募勇協助攻剿,並且在奏摺中未提林文明之戰功,似有「解其職,用其勇,冒其功」之嫌。(其中曲折,下一書論及)

林文察另奏稱,戴、林之亂時,只有「阿罩霧庄力拒不從,迭被各逆匪圍攻數十次,族眾弟姪守死抵禦,該逆計無可施,輒將……曾祖父舜(遜)、曾祖母黃氏、祖父寅(甲寅)、父定邦各墳,悉行掘毀,甚至將父骨骸焚燒,變為灰燼」,「本應乘此平臺後,商請修墳」,但因邊防喫緊,「未敢以私廢公」,「俟地方肅清,另行奏請賞假回籍,修理祖塋,以慰幽魂」。[228]

如果林文察所奏屬實,則他在回鄉期間竟然無暇處理中國人所重視的「慎終追遠」大事——安置被毀的祖墳。林文察之請求回臺平亂,原本就有公、私兩動機,然而,在丁曰健的攻訐下,卻渡過他一生中最難過的日子,「衣錦榮歸日」,竟成「英雄落魄時」。

奇特的是,林文察在六月二十二日所上定期內渡之摺,竟花上兩個月才抵北京。因此,八月二十四日之清廷指出林文察之摺「係六月二十二日所發,驛遞何以如此遲滯,究係何處延擱,著徐宗幹挨站查明,據實奏參」。[229]惟其後無下文,不知真相如何,或有可能是閩官有意延擱以重其緩渡之罪。同日之上諭即稱:

> 曾玉明、林文察二員,早有旨令其內渡,茲據徐宗幹奏,疊次嚴催未到,實屬延玩。本日適據林文察奏到,擬即配船

---

228 《軍機檔》,98688號,同治三年八月二十四日降諭對此上諭:「覽奏各情,殊堪惘惻,著俟內地防務完竣後,再行奏請回籍修墓」。

229 臺灣銀行經濟研究室編,《清穆宗實錄選輯》,臺文叢190,頁82-83,同治三年八月二十四日上諭。

內渡，仍著該督撫委員迎提。如仍無內渡信息，即行從重參
處。[230]

同日之諭，又稱林文察既已將彰化餘匪之搜捕事交林文明，即
應內渡，商辦閩防，「毋再遲誤干咎」；而臺灣餘匪交由「曾元福、
丁曰健實力辦理，洪欉一犯，必須擒獲正法」。[231]

---

230 (a)《剿捕檔》，同治三年八月二十四日。

　　(b)臺灣銀行經濟研究室編，《清穆宗實錄選輯》，臺文叢190，同治三年八
　　月二十四日諭，頁82，較〈剿捕檔〉有省略字句。

231 臺灣銀行經濟研究室編，《清穆宗實錄選輯》，臺文叢190，頁82－83。

第九章　將星殞落

——林文察漳州殉職

（同治三年；1864）

林文察內渡

　　林文察於六月廿三日在犁頭店軍營奏報撤隊內渡情形後，隨即將所部兵勇派赴鹿港配渡，另酌留舊部臺勇二百名帶赴滬尾口配船候風，七月三十日抵泉州蚶江口登陸。他本欲整隊往閩江上游，商辦防務，但因只有舊勇二百，乃請求徐宗幹添調精兵。[1]林文察只帶少數兵勇，並請添兵，可能有鑑於以往積欠糧餉的教訓。徐宗幹亦奏報「林文察已抵泉州，即派令酌帶隊伍，確探敵蹤所在，痛加剿洗，毋令闖入閩境」。[2]然而，奇怪的是，徐宗幹卻告訴林文察，言各處防務尚固，囑其晉省面商。九月一日，林文察酌帶兵勇四百，帶印自泉州起程。九月七日抵福州，與福州將軍英桂、巡撫徐宗幹面商機宜，並

1　《軍機檔》，99819號，同治三年十月十一日諭；林文察同治三年九月二十一日奏「內渡抵泉，進省馳往上游，商辦邊防，相機迎剿，帶印起程日期」。

2　臺灣銀行經濟研究室編，《清穆宗實錄選輯》，臺文叢190，同治三年九月八日上諭；奏期當在八月間。

將擄獲之林蠻晟銀印一顆面交巡撫轉咨軍機處。此時，探報傳來，江西太平軍竄至雲際關，逼近閩疆，汀、邵府屬邊防乃吃緊，顯然企圖牽制清兵。於是在九月十二日，林文察由省城拔隊馳赴邵、汀一帶，察看軍情，隨時迎剿。[3]

林文察與徐宗幹見面後，除了談軍情外，亦涉及延擱不內渡與丁、林兩人不和之事。徐宗幹乃在九月十一日上奏稱，已派令他由延平赴建寧，探察軍情，並令署建寧鎮總兵袁昺選派本標弁兵聽候調度；同時請求恩免林文察緩渡之罪，曰：「該總兵（文察）面稱：夏秋每多颱暴，重洋風水阻滯，非敢有意遲逾，現已星馳赴防」；並奏稱，丁、林互訐之事，已委汀漳龍道胡肇智赴臺確查。[4]

由上可知，林文察、曾玉明之被調回閩，主因是與丁曰健甚至閩官不和，非盡因福建軍情緊急。

同治三年十月一日，清廷下詔寬免「林文察赴調延緩之罪」。[5]然而，丁、林不和之事則餘波蕩漾，日後加上其它因素，導致左宗棠與閩官之間的關係日益惡化。

漳州殉職

同治二年冬，湘軍已團團圍住太平天國首都天京（南京），城中缺糧，而兵力僅有萬餘人。李秀成勸洪秀全棄城，另謀出路，但被拒。同治三年，李秀成改命各軍入江西取糧，再回援南京，其中以侍

---

3 《軍機檔》，99819號，同治三年十月十一日諭；同治九月二十一日奏「內渡抵泉，進省馳往上游，商辦邊防，相機迎剿，帶印起程日期」。

4 (a)《軍機檔》，99564號，同治三年十月一日諭；徐宗幹同治三年九月十一日奏。

  (b)《軍機檔》，99569號，同日奏，另摺「請開林文察處分」。

5 臺灣銀行經濟研究室編，《清穆宗實錄選輯》，臺文叢190，頁83。

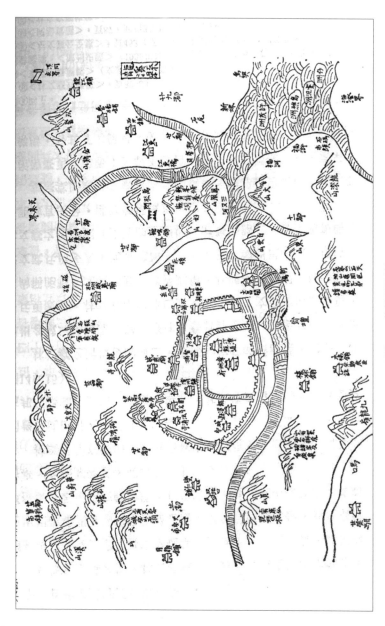

■圖14　萬松關形勢

■圖15　萬松關

來源：《漳州府志》，卷之首，頁516。

王李世賢、康王汪海洋兩軍實力最大。但不久，六月十六日，清軍陷南京，幼王出走。

李世賢軍出南京後，先入江西，再至廣東，然後北上攻入福建。李世賢是太平軍的悍將，仍保有強大的戰鬥力，自然對福建構成重大威脅。九月，斬漳州總兵祿魁，佔領漳州府城與閩南諸城。[6]

同治三年九月二十一日，林文察軍在開赴延平途次，據探報得知李世賢軍由廣東竄入福建，擾及武平汀屬一帶，軍情緊急。但正要拔隊赴汀州，連續接到徐宗幹飛咨稱，太平軍由廣東大埔直撲福建永定，接著侵入漳州，命其趕速回泉州督辦防剿事宜。九月二十三日辰刻（？），林文察自延平統軍馳回省城，與巡撫徐宗幹、福州將軍英桂面商機宜。[7]

由於龍巖州太平軍日眾，漳州府城仍被佔，南靖、平和相繼失守，徐宗幹一面上奏，盼各省援軍及早到來，一面檄飭丁翼帶勇五百赴大田交界地方防堵，並派趙均帶勇千餘人赴寧洋；一面促林文察帶兵由同安一路進兵，同時撥隊前赴寧洋駐紮扼守。[8]

林文察率軍路經興、泉、漳郡，沿途佈置巡防，並調募兵勇，以補兵力之不足。十月十二日，馳抵距漳州府城三十里之洋州地方。當時太平軍仍佔據漳州，每日出城至鄰近各鄉劫食，經游擊許忠

6　(a)郭廷以，《近代中國史綱》，頁169－170。
　　(b)羅爾綱，《太平天國史稿》，頁365。
7　《軍機檔》，100589號，同治三年十一月十五日諭；林文察同治三年十月十九日奏，「由延拼回籌辦攻剿漳郡踞逆布置情形」，此為林死前最後之摺，筆跡潦草，似為親筆。又原摺言「九月二十二日夜辰刻」，按辰刻為上午七至九時，故改為二十三日。
8　臺灣銀行經濟研究室編，《清穆宗實錄選輯》，臺文叢190，同治三年一月二十四日諭；奏期當在十月正前後。

標與各鄉民團圍攻，互有勝負。[9]

　　林文察乃佈置防剿事宜。他派游擊許忠標帶詔勇（詔安縣兵勇）扼截南路，與水師提督曾玉明派駐於石碼的游擊陳韶武所領金、廈兵勇互為犄角。派游擊許崇春、賴榮，各帶兵勇堵守東路，互相應援；並派已革副將惠壽，會同游擊李世進，帶勇駐紮赤嶺萬松關，為東路之後應。派守備黃益然帶兵勇協守安溪，並調廈勇馳赴漳平，擇要地堵禦，防太平軍北竄。調守備林向日管駕水師船，進泊湘橋，以為南路後應。至於西路，有天寶等社民團，合力防剿。同時，約會漳州府馬珍，並飭各營、縣以及回鄉民團，在其附近水陸要路、山嶺間道，實力堵守，以防為剿。佈署後，派將弁查探路徑；同時定期進兵，水陸合剿，以便如期攻下漳州城。[10]

　　同治三年十月十二日，林文察出兵進剿漳州太平軍，但反為所敗，副將惠壽營盤首先陷落，乃退守紮營於玉洲。十四日，林文察出攻響水橋，獲一小勝；[11]接著移營於萬松關瑞香亭等處；水師提督曾玉明所部則駐於三汊河一帶，以互相策應。[12]

　　十一月三日寅刻，太平軍由東門先出數千人攻營，被擊敗。接著，又有數萬人由好景山等處四路包抄，將萬松關瑞香亭團團圍

9　《軍機檔》，100589號，同治三年十一月十五日上諭；林文察同治三年十月十九日奏。

10　《軍機檔》，100589號，同治三年十一月十五日諭；林文察同治三年十月十九日奏。

11　(a)楊書霖編，《左文襄公全集》，頁453（下），奏稿卷11，左宗棠同治三年十一月十八日奏，「督師行抵浦城見籌剿辦情形摺」。
　　(b)〈林文察列傳稿〉，但所書之「十二月進剿」誤。

12　(a)同治三年十二月五日徐宗幹奏，「漳州踞賊補營、官兵迎擊失利，署陸路提臣力戰陣歿，浙省援師已□泉州，馳往堵剿」據曾玉明報告。
　　(b)〈宮保第文書〉。

住。林文察親督兵勇奮擊，相持五時之久，而太平軍愈來愈多。林文察「躍馬揮刀，手刃數賊，身中多傷，墜馬倒地」。曾玉明先派陸營兵往援，亦受折損；隨後親督水兵開礮，擊斃多人；江東橋一帶鄉團也齊出應援，殺敵無數，但無法覓獲林文察屍身。太平軍仍退守漳州城。曾玉明飭許忠標帶兵勇一千三百餘名嚴守江東橋要隘。[13]

另據左宗棠之摺，林文察在「十月十二日進剿漳郡踞逆，副將惠壽營盤先陷，林文察退紮玉洲。十一月初三日，漳郡踞逆出犯萬松關、瑞香亭陸路各營；又分股直撲水營，林文察督軍接仗，因後路被賊抄襲，兵勇敗潰，林文察中槍陣亡。其瑞香亭、萬松關陸營，同時失陷」。[14]

按萬松關在岐山間，巨石林立，為京、省通道，明萬曆年間督學沈儆炘名之為「堆雲嶺」。崇禎二年（1629年），知府施邦曜築關，額曰「天寶維垣」，其城堞高可見海。[15]（參見圖14與15）

林文察之所以被困陣亡，根據左宗棠的看法是，第一、「漳州各城均為賊踞，署提督林文察倉猝進剿，致後路被賊抄襲，兵勇敗潰，林文察中槍陣亡」。第二、「文察前帶臺灣勇丁，尚稱能戰。此次內渡，倉猝調集，兵將兩不相習；後濫收隨營文武兵勇多人，冗雜尤甚」。[16]第三、漳州民心似不足恃，林文察之挫乃因「土匪面擦

13　(a)同上。

　　(b)〈林文察列傳稿〉，頁82－83。

14　王先謙纂，臺灣銀行經濟研究室編，《東華續錄選輯》，臺文叢273，頁303。

15　翁國樑，《漳州史蹟》（臺北：文海，1971；1935原刊），頁22－23。

16　(a)楊書霖編，《左文襄公全集》，頁453（下），左宗棠同治三年十一月十八日奏。

　　(b)臺灣銀行經濟研究室編，《清穆宗實錄選輯》，臺文叢190，頁87，同治三年十二月一日上諭。

煙煤，潛襲後路」，曾玉明報稱「土匪瞰官出隊，即將營帳搶劫一空」。[17]

　　左宗棠以為林文察軍因倉猝調集、內部兵勇冗雜，無法如前所帶臺勇之善戰；又說不該自不量力，單獨進剿。左宗棠也曾傳檄，令其「力保泉、廈，並未敢責以規復漳州」；在聽到進紮萬松關，離郡城僅二十餘里的消息後，又傳檄要他「深溝固壘，勿浪戰求戰，俟浙軍到後，協力並規，乃為穩著。不料其急於趨戰，致有此失也」。[18]

　　的確，李世賢乃太平軍名將之一，也是林文察援浙戰役中的對頭，如今又抱必死之心，林文察在準備未周的情況下，倉猝進軍，誠屬失策。不過，林文察可能有他的苦衷，因為他是奉徐宗幹之命救援漳州的，一年多來與閩官的不和，可能造成很大的心理壓力而急於表現。[19]

　　同治二年，林文察帶兵赴臺平亂時，古田人曾光斗隨其渡臺參贊軍務有功，升知府儘先補用。三年，剿漳州之役，林文察又約同行，但曾光斗辭謝。文察曾詢問其軍略，曾氏「多所規勸」，但「弗盡納，未幾陣亡」。[20]由於資料太簡略，無由得知「規勸」的內容，也許誡其毋犯年輕氣盛之病吧！

　　又據聞，臺灣一代藝人謝琯樵在此役中亦殉難。謝氏名穎蘇，

(c)〈林文察列傳稿〉。(d)林氏後人亦傳言，軍營裡不同籍兵勇互相鬥毆。

17　楊書霖編，《左文襄公全集》，頁453（下），左宗棠同治三年十一月十八日奏。

18　(a)楊書霖編，《左文襄公全集》，同上(a)。
　　(b)楊書霖編，《左文襄公全集》，頁84。
　　(c)連橫，〈臺灣贅談〉，收入《鯤海粹編》，頁132，言「急於破敵」。

19　據林家後代傳言，林文察赴大陸前似有一死之預感與決心。

20　陳衍，《福建通志列傳選》，臺文叢195，頁337。

號嬾雲，漳州詔安人，精書畫，尤擅長水墨蘭竹，壯年來臺，「歷主巨室」。[21]原來他在咸豐七年來臺，寄寓於吳尚霑之別墅宜秋山館，也曾遊於麻豆林家。咸豐九年，應聘於林本源家，與名書法家呂世宜同遊藝其間。其後，遷居艋舺青山宮附近，與大龍峒士大夫來往，在此時結識了駐於艋舺之分發福建補用遊擊林文察。咸豐十年，謝氏內渡，徐宗幹延為幕客，薦為同知。同治三年，林文察內渡，請巡撫接濟，徐宗幹委派謝氏協助，在漳州之役中殉難。[22]另一說是，謝琯樵乃林文察幕客，當林文察陷陣時，謝氏正在進食，立即投箸，騎馬往救，因而戰歿。[23]死後，屍身不可得，「其友蘇君以小棺葬焉，入祠福州西湖忠烈祠」。[24]不過，如前所述，在林文察援浙戰役中，謝穎蘇（琯樵）似乎已在其軍中，頗有戰功（如攻武義之役）。（參見第六章）是否曾為徐宗幹幕客，似無資料可稽。

　　林文察戰歿後，左宗棠率軍入閩對抗李世賢太平軍，同治三年十一月十六日至浦城；十二月初，各路軍進抵漳州城。[25]左宗棠之迅速進兵，一者為平亂，二者欲為所鍾愛的部將復仇。他之所以同意徐宗幹調回林文察，原意是為堵丁曰健之口，未料林文察卻不幸殉

21　連橫，《臺灣詩乘》，臺文叢64，頁178。

22　盧嘉興，〈臺南縣城人物和古蹟〉，《臺灣風物》（臺北），26：3（1976.9），頁198－200。

23　(a)連橫「臺灣贅談」，收於《鯤海粹編》，頁132。
　　(b)李汝和主編，《臺灣省通志》，卷七，人物志，頁366(b)。

24　(a)據盧嘉興，〈臺南縣城人物和古蹟〉，頁200，引自《福建通志》。
　　(b)據稱，謝氏在殉難前夕，還燃燈手拓林文穆萬松關碑字多幅，欲寄與臺灣諸友，可見其對友之忠誠。見王同璠編撰，《板橋林本源家傳》（臺北：臺北林本源祭祀公業，1984），頁144。

25　楊書霖編，《左文襄公全集》，頁458（上），459（下），左宗棠同治三年十二月五日奏，「攻守龍巖漳平疊勝及由連城進剿，先勝後挫情形摺」。

難，左氏似乎頗為自疚懊惱。為此，他也嚴查林文察戰歿之因，認為部將作戰不力是其中之一。同治三年十二月五日上奏參劾漳州城都司汪晉恭在林文察營內未出力；又奏林文察在十月十二日與十二月三日兩次挫敗中，「已革副將惠壽及參將顧飛熊、游擊許忠標、賴正修、守備許如龍等，身為營官，或遇賊先潰，或不力圖救援，以致孤軍陷歿」；因此奏請將「汪晉恭、惠壽、許忠標、賴正修、許如龍均革職拏辦」。[26]

同治四年，林文察之叔候選知府林奠國與前護漳州鎮總兵郭什春先後具稟予左宗棠，言林文察陣亡時，都司蔡茹、守備許忠勝當時率勇先潰；參將顧飛熊紥營於漳州東北渡頭黃坑，當林文察戰歿時，亦未實力救援；並分去林文察遺存餉銀四千三百兩，事後報稱添募壯勇四百名。同治四年七月三十日，左宗棠據此，奏請將此三人「一併革職拏問，以便歸案審辦」。[27]據此，被奏參的人增加了，而且罪名除了作戰不力之外，加上吞沒林文察遺下之餉銀一項。

據同治五年三月十日左宗棠、徐宗幹奏摺，此後，福建藩（布政）、臬（按察）二司會同提訊審問，結果卻有戲劇性的變化。惠壽等人都供稱：「實係紥營相距尚遠，救援不及，委非置主將於不顧」。[28]又根據賴正修之供稱，「都司蔡茹、武舉葉興邦等勇隊八百名，均歸候選知府林奠國管帶」；並供稱「林奠國於林文察被圍時，不督率兵勇應援，任其紛紛潰散」。奏摺又譴責林奠國對此指控「一

---

26 楊書霖編，《左文襄公全集》，頁262，「查參畏賊玩法將弁片」，同治三年十二月五日奏。

27 楊書霖編，《左文襄公全集》，頁571，「請將救援不力之參將等革職拿問片」，同治四年七月三十日奏。

28 楊書霖編，《左文襄公全集》，頁673，「請將救援不力之知府革職審辦摺」，同治五年三月十日，左宗棠與閩撫徐宗幹會銜。

味狡辯」，並匿不繳出受命帶勇的原札。[29]總之，救援不力之責在林
奠國，而不在其他部將。雙方各執一詞，是非難明。按常理，身為叔
父的林奠國當無見死不救之理。不過，林家後代有一說是，林文察
見情勢危急，告訴林奠國說：「吾為國家大將，義當死！阿叔可破圍
出，毋俱盡！」林奠國不肯，林文察逼他。又有說林文察將身上信物
脫下交予叔叔，要他騎馬速逃。[30]如此看來，林奠國逃脫戰場的可能
性是有的，但也許是應林文察要求的。

此外，林奠國控賴正修等侵吞餉銀事，據此奏摺，並無其事。
摺中稱：「其（林奠國）所稟賴正修等侵蝕餉銀九千五百兩，賴正修
等供，止八千五百兩，係分發各營，散給口糧，取有印領，均經報明
軍需局有案」。[31]此案過程當有曲折，原來林奠國只說吞餉四千三百
兩，據此摺則變為九千五百兩，可見此間林奠國必然有新的指控。不
過，他所指控之「九千五百兩」，賴正修等只承認八千五百兩，而且
是分給兵勇作口糧。林奠國控訴不成，反被左宗棠、徐宗幹在同治五
年三月十日奏參，言其「統帶蔡茹等兵勇八百名，當林文察失利時，
救援不力，咎無可辭」，而且「不服委員看管」，「應即革審究辦，以
示懲儆」。[32]

根據〈林奠國家傳〉，則稱林文察殉難後，林奠國「收餘軍以
還」，因「臺勇乏餉，未能歸；乃至福州見大府，請餉九千兩為遣散
費；總督慶端不許，命待命。已而索賄五萬兩，不從……遂……自

29　楊書霖編，《左文襄公全集》，頁673。
30　據林獻堂等編，《林氏族譜》，臺文叢298，頁107。又，訪談林氏後人，大
　　多數林家後代均如此說。此說頗符中國人的家庭倫理觀念，可能性相當大。
　　但也有一位林氏後代稱，情況危急時，林奠國騎著林文察的馬逃跑。
31　楊書霖編，《左文襄公全集》，頁673。
32　楊書霖編，《左文襄公全集》，頁673。

留省垣」。[33]此段話有誤,當時閩浙總督乃左宗棠,並非慶端;即使巡撫,亦是徐宗幹。再者,林奠國係被革知府職下獄,並非「自留省垣」,《族譜》顯然有諱筆。不過,有關臺勇餉銀的問題一直都很複雜,被索賄亦非不可能之事,何況閩政以「壞」聞名,軍需局為其最。事實上,林家與閩官關係已極度惡化,同治三年丁曰健劾林文察時已放言不容林奠國「恃強橫行」了,[34]藉機處分,亦非不可能。

由於林文察軍幾乎完全覆沒,其屍體也不可尋,因此他如何死,傳聞、紀錄甚多。有曰被陣斬;[35]官方文書則說「中槍陣亡」,當以官方紀錄為準。但「槍」字,中文常意指矛之類,幸據〈林文察列傳稿〉,有「未能突出重圍,身中槍子,墜馬倒地」之句[36],可見係中了槍彈倒地的。臺勇以善用火繩槍聞名,林文察也以槍法精準著稱,結果死於槍彈下,「善泳者死於水」,寧有其事乎!

再者,由於林文察屍身未見,也有傳聞被俘後,焚死於江東橋。[37]甚至有更繪影繪形的描述,一說是,根據漳州父老相傳,李世賢在攻打浙江時,屢次為林文察所窘,恨之入骨,因此以鼎鑊烹死。[38]又有南靖人張鳳藻者,親見林文察死時情形,言上面說法不

33　林獻堂等編,《林氏族譜》,臺文叢298,頁107-108。

34　(a)《軍機檔》,97864號,同治三年七月十八日諭;丁曰健五月二十六日上。

　　(b)丁曰健,《治臺必告錄》,臺文叢17,頁470。林奠國、林文明訟案的曲折過程,當在下一冊書另論。

35　羅爾綱,《太平天國史稿》,頁365-366。

36　〈林文察列傳稿〉,頁83。

37　洪棄生,《瀛海偕亡記》(臺北:臺灣銀行經濟研究室,臺文叢第59種,1959;1922年原刊),頁4。

38　謝崧,〈一代藝人謝琯樵〉,《臺北文物》(臺北),4:3(1955.11),資料引自《龍溪縣志》。此處轉引鄭喜夫,《林朝棟傳》,頁14,惟筆者查光緒五年之《龍溪縣志》,未查到此項紀錄。不知是筆者漏閱或所用版本不

確。據他說是，當林文察軍援漳時，李世賢震於其名，集部下籌議，認為只能計取，果然，文察中計，被騙接受詐降，因而變生肘腋而戰敗。又有說，林文察「轉戰江浙間，老兵死傷殆盡，至漳部隊，均係新募而來，故力弱致敗」。當文察被捕後，「鎮定如平日」。李世賢勸降，文察怒叱，並且踢其桌。李又試以毒刑，亦不屈。「最後乃將林文察與其軍諮議謝琯樵捲以棉絮，裹以布帛，灌油其上而焚之，謂之點大燭」。[39]

林家後代亦傳聞，林文察在漳州府鎮臺衙光復街，以油活活燒死。[40]

傳聞多卻無資料可稽，在此僅能姑且照錄，以供進一步探索。

死後哀榮

林文察這位清代臺灣少有的將星殞落了，當年提拔他的恩人而且是長期戰友的曾玉明，眼看著他由一介小民，步步高升，甚至高過本人，貴為封疆大吏的一品武官——陸路提督，且一度兼水師提督，也眼看著他以三十七歲的英年壯烈捐軀了，想年邁的曾玉明心中必有無限的感慨。

林文察生於道光八年正月十九日，卒於同治三年十一月三日，享年僅三十七歲，可謂英年早逝。再者，自咸豐四年參加雞籠戰役起，至同治三年十一月殉職止，僅有短短十年多的軍事政治生命，真有如劃過天空的一顆流星，它發出耀眼的光芒，它也迅速地消失

同，待查證。

39　鄭喜夫，《林朝棟傳》，頁14。林氏後代言用蠟燭自頭上滴下，活活焚死，當係「點大燭」之說的誤傳。

40　據林正熊（少密）生前（本年去世）口述，其女林秀培女士記。

了。他的悲劇性的死亡，尤其引人無限感念。

巡撫徐宗幹上「署提督剿賊陣亡，懇請優」一摺，言林文察
「壯年英勇，節次在閩、浙各處帶兵剿匪出力，所向有功。今寡不敵
眾，血戰捐軀，實堪憫惜！」[41]，同治三年十二月三日，清廷下詔
曰：

> 署福建陸路提督林文察，前在浙江、福建等處帶兵剿匪，所向
> 有功。此次進攻漳州踞匪，該逆率眾來撲，官軍奮勇擊退，該
> 署提督手刃多賊，猝因中槍陣亡，實堪憫惻！提督銜署福建陸
> 路提督福寧鎮總兵林文察，著交部照提督例，從優議。同時陣
> 亡之候補游擊李世進、都司謝朝典、守備闕文□、候選同知平
> 懋儒……，均著交部議，以慰忠靈。[42]

同治三年十二月五日，清廷下詔予林文察「祭葬、世職、加等，
諡剛愍」。[43]

同年十二月二十日奉旨依兵部所議：

> 查提督陣亡，無可從優，應請將提督銜署福建陸路提督福寧鎮
> 總兵，仍照提督例，給銀八百兩，加贈太子少保銜，並給騎都
> 尉兼一雲騎尉。襲次完時，給予恩騎尉，世襲罔替。應得敕書

---

41 臺灣銀行經濟研究室編，《清史列傳選》，臺文叢274，頁296。
42 《小方上諭檔》，同治三年十二月三日上諭。都司謝朝典未知是否即傳聞中
　　殉難之謝穎蘇。
43 臺灣銀行經濟研究室編，《清穆宗實錄選輯》，臺文叢190，頁90。

及祭葬銀兩，移咨吏、禮、工三部辦理。[44]

　　查清制，太子少保屬文職正二品，與太子少師、太子少傅、各省總督、部院左右侍郎、內務府總管，屬於同品級，品位崇高。[45]

　　至於世職，清制分為公、侯、伯、子、男（以上又分三等），其下又有騎都尉、雲騎尉、恩騎尉。康熙三十四年（1695）規定，「凡參贊大臣一等公陣亡，照例給與騎都尉，又一雲騎尉，令伊子承襲；康熙四十年定三次」。[46]

　　騎都尉，原名為「拜他拉布勒哈番」；雲騎尉，原名為「沙喇哈番」，均為乾隆元年（1736）採用之漢名。[47]恩騎尉在乾隆十六年（1751）定為世職官，原在順治九年（1652）時，凡陣亡人等之子孫襲次完時賞給七品官世職；至此俱賞予世職官，名為恩騎尉。[48]依清制，騎都尉歲給銀118兩，米55石；雲騎尉歲給銀85兩，米42.5石；恩騎尉歲給銀45兩，米22.5石。[49]

　　依兵部所議，林文察子孫可襲騎都尉兼一雲騎尉；之後世襲為恩騎尉。這是清廷對陣亡遺族之優待辦法。

　　同治四年五月二十五日，禮部具奏奉旨予謚，移咨福建巡撫，「造具該員籍貫、出身、履歷、打仗事蹟清冊送部。仍由該撫將該員入祀陣亡地方府城昭忠祠。俟本部封發祭文到日，委員謄口致祭，仍

44　〈林文察列傳稿〉，2800－6。
45　《清朝文獻通考》，卷89，職官13頁，考5637。
46　《清朝文獻通考》，卷86，職官10，考5626。
47　《清朝文獻通考》，卷78，職官2，考5577。
48　《清朝文獻通考》，卷78，職官2，考5577。
49　《清朝文獻通考》，卷90，職官14，考5646。

將給過祭銀數目，並致祭日期，咨部」。[50]

光緒四年（1878），漳州居民請求為林文察建祠紀念，巡撫何璟轉奏：

> ……林文察……經前撫臣徐宗幹等會摺奏，奉諭旨交部從優議，並加恩予諡，追贈太子少保銜，入祀京師並本籍及陣亡地方府城昭忠祠，各在案。茲據漳州府紳士，古田縣教諭周慶豐等聯名，僉稱漳城告陷之日，賊氛大熾，如火燎原，援師未至，非該署提督力遏兇鋒，勢必相繼淪胥，漳民慘無噍類，而興泉二郡，亦勢成岌岌。該署提督孤軍拒賊，誓死捍禦，由是大兵雲集，得以迅掃賊氛，實數十萬生靈資以托命。且身殉國難，粉骨碎身，忠骸狼藉，閱今杳無蹤迹，死事之慘，莫此為甚。今雖漳郡建有昭忠忠義各總祠，舉凡官幕紳耆，均蒙典，惟念該署提督保漳之功，非請建專祠，不足以饜漳民之望；僉請准其鳩資，在漳郡建立專祠，編入祀典，春秋遣官致祭等情。經閩省善後局司道覈議，援照前署福建延建邵道事試用道袁績懋，經南平順昌兩邑紳士，請於祖籍及死事地方，捐建專祠之案，詳請具奏前來。臣等覆覈無異，合無仰懇天恩，逾格俯准該署提督在於陣亡漳州府城地方，捐建專祠，編入祀典，春秋遣官致祭，所有同時陣亡各員弁，並請一併附祀，以彰忠節而順輿情。臣等謹附片陳明，伏乞聖鑒訓示，謹奏。

---

50 〈宮保第文書〉，單件文書。

光緒四年十二月二十一日軍機大臣奉旨，著照所請。[51]光緒五年（1879）三月五日，清廷降諭：「予故陣亡福建提督林文察於漳州建祠」；[52]此專祠在城東隅做蕎巷。

光緒十五年（1889），慈禧太后歸政，「憫念亮節孤忠諸臣，各賜祭一壇」，林文察也在內。[53]

光緒十六年（1890）臺灣士紳施士洁、蔡壽星、林維濂等七十五人向福建臺灣巡撫稟稱，林文察平定戴亂，嘉惠全臺，在此臺灣分省之初，請准於省城捐建專祠，列入祀典，春秋由官致祭。劉銘傳於八月十九日上奏懇請清廷念文察功在桑梓，准於本籍臺灣省城建立專祠，地方官春秋致祭；十月一日，清廷批准。[54]於是施士洁等鳩工庀材在省城（今臺中市）北門內西小溪建專祠，光緒十八年（1892年）二月中旬落成。[55]此即林剛愍專祠，日治時代曾充第二旅團司令部，[56]建臺中公園時拆除一部分，其餘的目前已改建大樓，位於臺中市公園路上，市府路與平等街間。

由於林文察屍骨無存，「乃以香木彫像，具衣冠，納之棺中，歸葬於霧峰左近之萬斗六山」，[57]此山土名倒飛鳳山。此衣冠塚規模極大，不幸數年前遭盜墳與遷葬，目前已無蹤跡，僅有墓道碑與一對石

51　《月摺檔》，光緒四年十二月二十一日上諭。

52　朱壽朋纂，臺灣銀行經濟研究室編，《光緒朝東華續錄選輯》（臺北：臺灣銀行經濟研究室，臺文叢第277種，1969），頁36。

53　臺灣銀行經濟研究室編，《清史列傳選》，臺文叢274，頁296，「林文察傳」。

54　劉銘傳，《劉壯肅公奏議》（臺北：臺灣銀行經濟研究室，臺文叢第27種，1958，1906年原刊），頁295－296。

55　《月摺檔》，光緒十八年八月二十三日諭。

56　《臺中沿革誌》(七)，（無頁碼）。

57　連橫，《雅堂文集》，臺文叢208，頁224。

馬遷於車籠埔牛角坑林家墓園中。（參見照片13、13、14、15。又其遺物見照片16、17、18）

奇怪的是，林文察的世職，林朝棟並未請襲。光緒十年（1884）七月二十九日，國史館為寫林文察列傳，詢問兵部林文察世襲案，兵部回覆：「查該省世襲案內，並無請襲該員在職案據。」[58]直至光緒十四年（1888），林朝棟方以道員身份襲世職。[59]

清代，臺灣本籍人出任高級官員者極少，林文察是極少數人之一，僅有嘉慶年間出任浙江水師提督之嘉義王得祿可比擬。然而，論參加之戰事規模，以林文察所經歷者較大——太平軍與戴潮春之役。再者，林家崛起為中部第一大族，歷代均有名人相繼而起，則其影響力又非王得祿所能及。尤其是，林文察在短短幾年內高升為提督，又以英年壯烈成仁，更令人感懷不已。臺人頗有英雄崇拜傾向，因此後人有不少詩詠其事蹟，茲錄數首，以饗讀者。

瑞香亭　　晉江　陳鐵香

黑雲亘天殺氣惡，封狼夜指將星落。
將軍曉戰瑞香亭，戈矛無光日色薄。
其時獷騎來紛紛，亭前亭後多如雲。
寡不敵眾圍驟合，抵死誓欲張吾軍。
裹瘡出陣戰轉急，血痕如潮衫袖濕。
左甄右甄安在哉，可憐一騎衝鋒入。
南八死爾作男兒，肯向尊虜佐鬚眉！

58　〈林文察傳包〉，2800−9，先行白片。又，2800−2，光緒十年九月一日正式答片。

59　《月摺檔》，光緒十四年三月二十日諭。

砍頭陷胸不回顧，馬革欲裹嗟無屍。

吁嗟乎！萬松關，虎子山，

當時旌旗簇浩浩，一旦血肉堆斑斑。

宵來亭中燐飛速，新鬼呼冤相對哭。

精忠之骨死猶生，傷哉烏鳶不忍喙。[60]

過林剛愍公祠　　心水　陳懷澄

中原賊燄勢滔滔，海島英雄起枕戈；

今日忠魂招不得，門前空換舊山河。

宮保祠前夕照斜，欲詢遺事轉咨嗟；

十年庭蘚無鋤劚，付與東風長揀花。

馬革還鄉竟裹屍，空從遺廟想英姿；

後人弔古應惆悵，未勒當年殉難碑！

誓後孤城萬騎驍，袛今祠宇壯蕉嶢；

淒涼四十年前事，戰鼓聲沉虎渡橋。[61]

過林剛愍公祠　　汝南　鄭玉田

將軍崛起東海東，顧盼咄叱生雲風；

孤軍長驅救閩、浙，戴天不共金田洪。

60　連橫，《臺灣詩乘》，臺文叢64，頁187。

61　「沁園詩草」，引自傅錫祺，《櫟社沿革志略》（臺北：臺灣銀行經濟研究室，臺文叢第170種，1963；1931年原刊），頁54。依「淒涼四十年前事」句，此詩當成於1904年。按林文察歿於1864。

（是時）金陵大營始敗衄，將軍百戰百奏功；

從容裘帶開幕府，南天鎖鑰方寄公。

挺身願作中流砥，未勒燕然心不已；

忽聞鄉井起妖氛，回戈一擊元兇死（謂平戴潮春亂）。

羽書南劍報垂危，誓師橫渡去如飛，

老貌臥道貉子過，不能撲殺非男兒！

細柳營頭風蕭颯，星沉五丈天胡酷！

李廣平生得士心，縞素一軍齊痛哭。

有司星夜叩天閽，噩耗傳來動至尊；

詔立專祠建功地，千秋萬世慰忠魂。

龍溪、鯤島遙相望，祀典年年無廢曠；

無端左股割蓬萊，故國回頭似天上！

我來下馬感滄桑，萋萋春草墩山旁；

傷心廟貌依然在，誰為前朝弔國殤！[62]

---

62 傅錫祺，《櫟社沿革志略》，臺文叢170，頁123－124，「汝南詩草」。

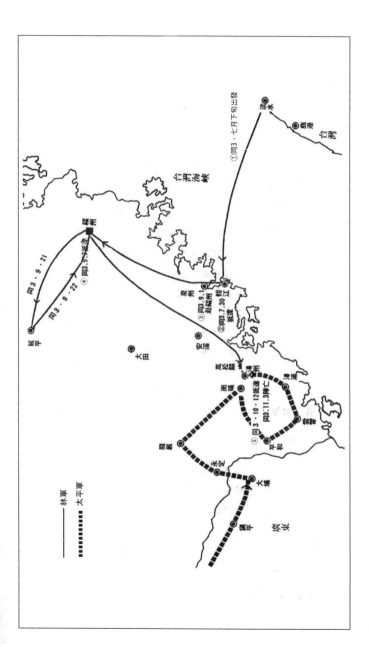

■圖16　同治三年林文察漳州之役行軍路線圖

贅言

　　走筆至此，想起臺灣流行的傳說——「楊本縣敗地理」。據稱臺灣的地理原本很好，是興王富貴之地，有一知縣楊氏精堪輿，為消除禍根，渡海來臺，將風水一一破壞，因此，臺灣沒出現什麼名人或高官。但有一日，楊本縣行至阿罩霧，但見濃霧蔽天，無法排羅庚（擺羅盤），只好作罷，不過，大致認為非十全十美。未料，日後在這不起眼的內山竟出現了官拜一品大員的林文察；但也因地理不完美，慘死漳州。據說楊本縣指的就是嘉慶十五年任彰化知縣的楊桂森。[1]林石後人也說阿罩霧山是「豬仔山」、「無頭山」，意思是好到某種程度會突然衰落，因為「豬仔大隻愛刣」（豬長大了就該殺），運好不會到底。[2]

　　風水自然事涉迷信，常倒果為因。但是，我們不能不同意一個結論，那就是霧峰林家的命運是驟起驟落的。我們看到財富的迅速累積，如林石、林甲寅由一貧如洗而成富豪。我們也看到政治、社會地位的迅速提升，尤其在林文察時代，由一介平民在短短數年內，竄升為封疆大吏的提督。然而，我們看到更多的辛酸故事，如受林爽文亂

---

[1]　林文龍，〈楊本縣敗地理之傳說〉，《臺灣風物》（臺北），26：1（1976.3），頁14、4。
[2]　番子寮（大里鄉仁化村）林重老先生言。

之累，林石一家人妻離子散，血汗累積的財富化為烏有，長媳黃端娘被迫攜幼子在邊遠之地的阿罩霧掙扎求生。我們甚至看到比例極高的慘死事件，如林石因林爽文亂繫獄而死；林定邦中銃暴卒；林文察在漳州殉難，屍骨無存；往後又有林文明之血濺公堂、林奠國之長囚福州獄中而卒，得以壽終正寢者反佔少數。一個家族之成功與失敗，榮耀與屈辱，在短期間內對照得如此強烈者，在臺灣歷史上恐是僅見的。

其所以致此，當然有林氏族人本身的因素，但細加推敲，又不盡然，冥冥之中似有某一種力量在操縱著。是否臺灣本身的地理條件與歷史背景先天性地決定了它的住民的命運呢？這實在是個頗費推敲的嚴肅問題。筆者疑臺灣的富庶與高度的經濟導向，是住民可以在短期間致富，由此而作迅速的上升社會流動的主因。然而，中國是個泛政治主義的國家，無政治權的保障，財富有如過眼煙雲，甚至成為禍根。難道真有一隻看不見的手在操縱著人生的命運嗎？聖奧古斯汀（St. Augustine）說，人生只是在走完神所預定的路程，是耶？非耶？

引用書目

一、一手史料

（一）故宮檔案

1. 軍機檔

33320，乾隆四十八年七月一日，永瑢奏。

38807，林爽文案「解京要犯及供詞名單」。

86648，咸豐二年六月二十日，福建臺灣鎮總兵官恆裕等：奏報查明臺灣地方匪徒造謠滋事案內獲犯出力及捐資較多之員弁。

87490，林媽盛京控呈詞。

89270，同治二年六月二十日，徐宗幹飭總兵林文察回籍，集團剿匪，委鍾寶三署福寧鎮由，福建巡撫徐宗幹奏。

90595，同治二年八月十五日（七月二十八日奏），左宗棠請將帶勇貽誤之護提督吳鴻源革職拏問，林文察速理臺灣軍務。

91635，同治二年十月七日，提督銜署理福建陸路提督福寧鎮總兵林文察奏：請辦臺灣軍務，拔隊起程摺。

92144，同治二年十月二十五日，提督銜署理福建陸路提督福寧鎮總兵林文察、謝授福寧鎮總兵並署理陸提督恩摺。

92750，同治二年十一月二十二日，新授臺灣道兼理學政丁曰健奏：為親督兵勇沿途剿辦，直抵彰境，進搗逆巢，水陸兩軍連日大

捷，斷賊糧道並南路各營獲勝暨現在布置情形。

93059，同治二年十二月六日，新授臺灣道兼理學政丁曰健奏：為剿破葭投老巢，撲滅逆匪巨股，彰化大肚溪以北一律肅清。

93614，同治二年十二月二十四日，福建巡撫徐宗幹奏：為臺灣官軍克復彰化縣城剿平南北兩路逆巢。

93802，同治二年十二月二十九日（十一月七日奏），提督銜署理福建陸路提督福寧鎮總兵林文察奏：為克復彰化縣城池並剿撫被脅二百數十庄，打通南北道路，現在逼攻斗六賊巢，疊獲勝仗。

93803，同治二年十二月二十九日（十一月二十日奏），林文察奏：為克復分防要地之斗六土城及攻毀賊巢數十處擒斬偽逆多名，嘉義縣屬一律肅清，現擬移兵彰化返剿逆首各情形。

93804，同治二年十二月二十九日，林文察奏。

93805，同治二年十二月二十九日（十二月二十日奏），林文察奏：攻斗六出力請獎由。

93839，同治三年一月二日，林文察籌辦臺灣各路軍情由。

94149，同治三年一月二十七日，林文察奏：生擒首逆戴萬生由。

94151，同治三年一月二十七日（二年十二月十九日奏），曾元福、丁曰健等奏：生擒戴萬生出力請獎由。

94623，同治三年二月二十三日（一月二十二日奏），徐宗幹：臺灣南北兩路肅清，請得力的出力鎮道先獎由。

95239，同治三年三月二十二日，徐宗幹片。

96096，同治三年五月一日，徐宗幹奏片：（改調林文察、曾玉明內渡）。

96304，同治三年五月十一日，林文察奏：為林維源請獎由。

96305，同治三年五月十一日，丁曰健奏：擊散彰屬餘匪等由。

96310，同治三年五月十一日，林文察奏：獲匪首陳在等正法，彰化解圍請獎由。

96345，同治三年五月十三日，徐宗幹奏：臺灣北路餘匪滋事，飭查情一，責成鎮道剿辦由。

96839，同治三年六月三日，曾玉明奏：彰化解圍出力請獎由。

97864，同治三年七月十八日，二品頂戴按察使銜福建臺灣道兼理學政丁曰健奏：為策調彰化文武官弁督率兵勇民團會攻小埔心老巢，生擒偽西王陳啞狗弄並先後拏獲逆首張三顯等多名，分別懲辦，彰屬海口一帶賊庄俱已肅清。

97865，同治三年七月十八日，丁曰健奏。

98558，同治三年八月十五日，閩浙督兼浙撫左宗棠、閩撫徐宗幹奏：臺灣文武藉詞諉過，派委大臣確查，以憑參辦。

98687，同治三年八月二十四日，林文察奏：擒獲股首陳啞狗弄、張三顯等，先後誅戮，臺地軍務大局底定，彰屬一帶餘匪，飭交副將林文明分別搜捕，趕緊撤隊內渡籌商邊防。

098688，同治三年八月二十四日，林文察奏。

99564，同治三年十月一日，福建巡撫徐宗幹奏：為汀州軍節次出境剿賊獲勝並浙江敗匪，續竄江西復近閩省建邵各屬邊界現籌防禦情形。

99569，同治三年十月一日，福建巡撫徐宗幹奏：請開林文察處分。

99651，同治三年十月五日，丁曰健奏：為彰化餘匪續獲未淨，現在定期酌帶精勇先往督飭剿捕並辦理善後事宜，俾絕根株而固疆圉。

99819，林文察奏：由省拔隊起程馳赴邵汀一帶由。

100589，同治三年十一月十五日，提督銜署理福建陸路提督福寧鎮總兵林文察奏，為由延折回籌辦攻剿漳郡踞逆佈置情形。

2. 月摺檔

咸豐三年六月十一日，兼署閩浙總督福建巡撫王懿德奏。

咸豐六年十二月，閩省臺灣府屬官紳士民捐輸運津米石隨繳運腳銀數並指捐官階職銜封典繕具清單。

咸豐八年六月二日，臺灣總兵邵連科等片。

咸豐八年六月六日，臺灣總兵邵連科、臺道裕鐸奏。

咸豐九年六月七日，閩浙總督王懿德、福建巡撫慶端奏。

咸豐十一年一月十二日，杭州將軍瑞昌、浙江巡撫王有齡奏。

咸豐十一年二月二十一日，閩浙總督慶端奏。

咸豐十一年六月三日，閩浙總督慶端奏。

咸豐十一年八月二十二日，閩浙總督慶端奏。

咸豐十一年八月二十二日，閩浙總督慶端、閩撫瑞璸奏。

同治元年四月二十四日，閩浙總督慶端奏。

同治元年六月四日，閩浙總督慶端奏。

光緒四年十二月二十一日，何璟等奏片（請於漳州建林文察專祠）。

3. 宮中檔

43698，乾隆四十七年十二月二十八日，黃仕簡奏。

44722，乾隆四十八年四月二十九日，黃仕簡奏。

49859，乾隆五十二年一月六日，常青奏。

4. 剿捕檔

同治二年七月十二日，廷寄閩浙總督左宗棠、福建巡撫徐宗幹。

同治二年十月九日，廷寄閩浙總督左宗棠等。

同治三年三月五日，廷寄閩浙總督左宗棠，福建巡撫徐宗幹，傳諭臺灣道臺丁曰健。

同治三年三月八日，同上。

5. 上諭檔

（小方本）：咸豐十一年二月十一日上諭（林文察以副將儘先補用）。

咸豐十一年五月二十八日上諭（林文察著交軍機處記名，遇有總兵缺出請旨簡放）。

同治元年七月二十八日上諭（林文察賞加提督銜）。

同治元年十二月二十一日上諭（林文察調補福寧鎮總兵）。

同治三年三月八日上諭（林文察奏攻克四塊厝，繼續搜捕餘黨）。

同治三年十二月五日上諭（照提督例優　林文察）。

（長本）：咸豐八年六月六日上諭（邵連科、裕鐸奏臺灣紳民捐資助餉開單請獎）。

咸豐十一年五月二十六日上諭（林文察克復汀州，著交軍機處記名，遇有總兵缺出請旨簡放）。

6. 傳包、傳稿

「邵連科傳包」，2146-4。

「邵連科傳稿」，4736。

「林文察傳包」，2800-2；2800-3；2800-6；2800-7；2800-8；2800-9；2800-10。

「林文察傳稿」，1684；7967。

（二）林家文書

〈林家訟案〉。

〈宮保第文書〉：(1)；(2)；(3)；(4)；(5)；(6)；(7)；(9)；(10)；(11)；(12)。

〈宮保第文書〉：「戴案具稟」(1)；(2)；(3)；(4)；(5)。

（三）林家地契

〈林正澍地契〉：宙41，1/12；宙120，1/7與，2/7。天47，1/5；天64，1/2與2/2；天2囗，之2；天48，3/3與2/3；天47@，3/5；天47@，4/5，1/5，5/5；天99，1/1；天27，1/3與3/3；

圍45@，1/2；

日9，4/6；日10，6/6；日6，3/4，1/4，4/4，2/4；日4，11/11；元10，6/14與8/14；元99(a)，1/9；

地54，1/2與2/2；地22，6/6與5/6；地64(b)，4/6；地2(a)，4/5；地5，4/4與2/4；地12，7/7；地23(a)，7/7，4/7，5/7，6/7；地11，5/9與9/9；地27，4/4；

雜62。

〈林鶴年地契〉：黃10，1/5；黃52，1/5；黃71/2與2/2；黃5，4/5；年11，8/13；

宇12，4/5，3/5，5/5；

雜5，1/2；

天29,1/1。

〈林中堅地契〉：天1,2/6與3/6；天2,2/4,3/4,4/4；天1,4/6,5/6,6/6。

〈林壽永地契〉：地19,6/6與1/6；地56,4/4。

（四）岸裡社文書

國立臺灣大學總圖書館藏：

718號（嘉慶十三年九月）

719號（嘉慶十四年十月）

（五）方志

《龍溪縣志》,1879年,霞文書院藏版。

沈定均,《漳州府志》,1877年,芝山書院藏版。

陳衍,《閩侯縣志》,1933年刊本。

（六）家譜

《長源堂張氏家譜》,臺北,國學文獻館藏,081050號。

《銀江李氏家乘》,臺北,國學文獻館藏,1085452號。

板仔銅壺林氏族譜編纂委員會,《平和板仔銅壺林氏族譜》,臺中,1983。

黃明智,《黃氏祖譜》,臺北,國學文獻館藏,1307076號。

二、已刊史料

（一）臺灣文獻叢刊

丁紹儀,《東瀛識略》,臺北：臺灣銀行經濟研究室,臺文叢第2種,1957；1872年原刊。

黃叔璥，《臺海使槎錄》，臺北：臺灣銀行經濟研究室，臺文叢第4種，1957；1736年原刊。

林豪，《東瀛紀事》，臺北：臺灣銀行經濟研究室，臺文叢第8種，1957；1870年原刊。

施琅，《靖海紀事》，臺北：臺灣銀行經濟研究室，臺文叢第13種，1958。

藍鼎元，《平臺紀略》，臺北：臺灣銀行經濟研究室，臺文叢第14種，1958；1723年原刊。

丁曰健，《治臺必告錄》，臺北：臺灣銀行經濟研究室，臺文叢第17種，1959；1867年原刊。

李元春，《臺灣志略》，臺北：臺灣銀行經濟研究室，臺文叢第18種，1958；原刊年不詳。

朱景英，《海東札記》，臺北：臺灣銀行經濟研究室，臺文叢第19種，1958；1773年原刊。

唐贊袞，《臺陽見聞錄》，臺北：臺灣銀行經濟研究室，臺文叢第30種，1958；1891年原刊。

臺灣銀行經濟研究室編，《臺案彙錄甲集》，臺北：臺灣銀行經濟研究室，臺文叢第31種，1959。

吳子光，《臺灣紀事》，臺北：臺灣銀行經濟研究室，臺文叢第36種，1959；原刊年不詳。

倪贊元，《雲林縣采訪冊》，臺北：臺灣銀行經濟研究室，臺文叢第37種，1959；1894年原刊。

郁永河，《裨海紀遊》，臺北：臺灣銀行經濟研究室，臺文叢第44種，1959；1697年原刊。

吳德功，《戴施兩案紀略》，臺北：臺灣銀行經濟研究室，臺文

叢第47種，1959；原刊年不詳。

陳國瑛等纂，《臺灣采訪冊》，臺北：臺灣銀行經濟研究室，臺文叢第55種，1959；1830年原刊。

洪棄生，《瀛海偕亡記》，臺北：臺灣銀行經濟研究室，臺文叢第59種，1959；原刊年不詳。

連橫，《臺灣詩乘》，臺北：臺灣銀行經濟研究室，臺文叢第64種，1960；1921年原刊。

高拱乾，《臺灣府志》，臺北：臺灣銀行經濟研究室，臺文叢第65種，1960；1696年原刊。

盧德嘉，《鳳山縣采訪冊》，臺北：臺灣銀行經濟研究室，臺文叢第73種，1960；1894年原刊。

姚瑩，《中復堂選集》，臺北：臺灣銀行經濟研究室，臺文叢第83種，1960；1850年原刊。

臺灣銀行經濟研究室編，《福建通志臺灣府》，臺北：臺灣銀行經濟研究室，臺文叢第84種，1960。

徐宗幹，《斯未信齋文編》，臺北：臺灣銀行經濟研究室，臺文叢第87種，1960；原刊年不詳。

左宗棠，《左文襄公奏牘》，臺北：臺灣銀行經濟研究室，臺文叢第88種，1960；1890年原刊。

《欽定平定臺灣紀略》，臺北：臺灣銀行經濟研究室，臺文叢第102種，1961。

佐倉孫三，《臺風雜記》，臺北：臺灣銀行經濟研究室，臺文叢第107種，1961；1903年原刊。

王必昌，《重修臺灣縣志》，臺北：臺灣銀行經濟研究室，臺文叢第113種，1961；；1752年原刊。

余文儀，《續修臺灣府志》，臺北：臺灣銀行經濟研究室，臺文
叢第121種，1962；原刊年不詳。

連橫，《臺灣通史》，臺北：臺灣銀行經濟研究室，臺文叢第128
種，1962；1920年原刊。

謝金鑾，《續修臺灣縣志》，臺北：臺灣銀行經濟研究室，臺文
叢第140種，1962；1807年原刊。

周鍾瑄，《諸羅縣志》，臺北：臺灣銀行經濟研究室，臺文叢第
141種，1962，1717年原刊。

臺灣銀行經濟研究室編，《清代臺灣大租調查書》，臺北：臺灣
銀行經濟研究室，臺文叢第152種，1963；1904年原刊。

周璽，《彰化縣志》，臺北：臺灣銀行經濟研究室，臺文叢第156
種，1962；1836年原刊。

臺灣銀行經濟研究室編，《清世宗實錄選輯》，臺北：臺灣銀行
經濟研究室，臺文叢第167種，1963。

傅錫祺，《櫟社沿革志略》，臺北：臺灣銀行經濟研究室，臺文
叢第170種，1963；1931年原刊。

陳培桂，《淡水廳志》，臺北：臺灣銀行經濟研究室，臺文叢第
172種，1963；1871年原刊。

臺灣銀行經濟研究室編，《臺案彙錄丙集》，臺北：臺灣銀行經
濟研究室，臺文叢第176種，1963。

臺灣銀行經濟研究室編，《清高宗實錄選輯》，臺北：臺灣銀行
經濟研究室，臺文叢第186種，1964。

臺灣銀行經濟研究室編，《清宣宗實錄選輯》，臺北：臺灣銀行
經濟研究室，臺文叢第188種，1964。

臺灣銀行經濟研究室編，《清文宗實錄選輯》，臺北：臺灣銀行

經濟研究室,臺文叢第189種,1964。

臺灣銀行經濟研究室編,《清穆宗實錄選輯》,臺北:臺灣銀行經濟研究室,臺文叢第190種,1963。

臺灣銀行經濟研究室編,《臺案彙錄己集》,臺北:臺灣銀行經濟研究室,臺文叢第191種,1964。

陳衍纂,臺灣銀行經濟研究室編輯,《福建通志列傳選》,臺北:臺灣銀行經濟研究室,臺文叢第195種,1964。

林占梅,《潛園琴餘草簡編》,臺北:臺灣銀行經濟研究室,臺文叢第202種,1964;原刊年不詳。

蔡青筠,《戴案紀略》,臺北:臺灣銀行經濟研究室,臺文叢第206種,1964;1923年原刊。

連橫,《雅堂文集》,臺北:臺灣銀行經濟研究室,臺文叢第208種,1964;原刊年不詳。

林繩武等著,臺灣銀行經濟研究室編,《海濱大事記》,臺北:臺灣銀行經濟研究室,臺文叢第213種,1965。

連橫編,《臺灣詩薈雜文鈔》,臺北:臺灣銀行經濟研究室,臺文叢第224種,1966;原刊年不詳。

臺灣銀行經濟研究室編,《清會典臺灣事例》,臺北:臺灣銀行經濟研究室,臺文叢第226種,1966;1899年原刊。

臺灣銀行經濟研究室編,《清經世文編選錄》,臺北:臺灣銀行經濟研究室,臺文叢第229種,1966。

李恒纂,臺灣銀行經濟研究室編,《清耆獻類徵選編》,臺北:臺灣銀行經濟研究室,臺文叢第230種,1967。

臺灣銀行經濟研究室編,《清史稿臺灣資料集輯》,臺北:臺灣銀行經濟研究室,臺文叢第243種,1968。

臺灣銀行經濟研究室編，《清史列傳選》，臺北：臺灣銀行經濟研究室，臺文叢第274種，1968。

王先謙纂，臺灣銀行經濟研究室編，《東華續錄選輯》，臺北：臺灣銀行經濟研究室，臺文叢第273種，1968。

朱壽朋纂，臺灣銀行經濟研究室編，《光緒朝東華續錄選輯》，臺北：臺灣銀行經濟研究室，臺文叢第277種，1969。

林獻堂等修輯，《臺灣霧峰林氏族譜》，臺北：臺灣銀行經濟研究室，臺文叢第298種，1971；1935年原刊。

（二）方志

《懷寧縣志》，臺北：成文，1983再印；1915初版。

李鉉、王相等，《平和縣志》，臺北：成文，1967。

胡壽海，《遂昌縣志》，臺北：成文，1970。

郝玉麟等，《福建通志》，文淵閣四庫全書本，臺灣商務印書館影印，冊527，史部285，地理類。

陳鍾英等纂，《平浙紀略》，臺北：文海出版社影印，1968；據浙江書局刊本影印，1873。

福建通志局編纂，《福建通紀》，臺北：大通書局，1968年翻印；據福建通志局刊本，1922。

（三）已出版檔案

《宮中檔雍正朝奏摺》，第八輯（臺北，國立故宮博物院，1978）。

《宮中檔雍正朝奏摺》，第十一輯（臺北，國立故宮博物院，1978）。

《宮中檔雍正朝奏摺》，第十四輯（臺北，國立故宮博物院，1978）

《宮中檔乾隆朝奏摺》，第四輯（臺北，國立故宮博物院，1983）

（四）其它

《禮記》，十三經注疏本，臺北，藝文。

王象之，《輿地紀勝》，1855。

朱孔彰，《中興將帥別傳》，1897年，文海出版社再印。

朱學勤等，《欽定剿平粵匪方略》，臺北，文苑出版社，1965。

楊書霖編，《左文襄公全集》，臺北：文海，1979。

劉錦藻，《清朝文獻通考》，臺北：新興書局，1963，新一版。

三、前人著作

不著撰人，《臺中沿革志》，無出版時地，據臺灣分館印戳推計為1932年。

伊能嘉矩，《臺灣蕃政志》，臺北：臺灣總督府民政部殖產局，1904。

伊能嘉矩，《大日本地名辭典－臺灣篇》，東京：富山房，1909。

伊能嘉矩，《臺灣文化志》，東京：刀江書局，1928。

安倍明義，《臺灣地名研究》，臺北：華語研究會，1938。

杉目妙光，《臺中州鄉土地誌》，臺北：盛文社，1934。

李獻璋，《臺灣民間文學集》，臺中：臺灣新文學社，1935。

林東辰，《臺灣貿易史》，臺北：成文，1999；1932年原刊。

宮島虎雄，《鄉土誌》，臺中：北屯公學校，1932。

蛻萼老人，《大屯山房譚薈》，收入邱秀堂編，《鯤海粹編》，臺北：中華民國史蹟研究中心，1980。

鷹取田一郎，《林文察傳》，臺北：臺灣日日新聞出版社，1919。

伊能嘉矩，〈危險な臺灣海峽〉，《臺灣慣習記事》（臺北），2：3（1903.2）。

臺中縣調查，〈臺中縣下移住民調查書〉，《臺灣慣習記事》（臺北），2：2（1902.2）。

四、近人著作

（一）專書

王國璠，《板橋林本源家傳》，臺北：臺北林本源祭祀公業，1984。

何烈，《釐金制度新探》，臺北：私立東吳大學中國學術著作獎助委員會，1972。

李亦園，《臺灣土著民族的社會與文化》，臺北：聯經，1982。

李守孔，《中國現代史》，臺北：三民書局，1964。

李汝和，《臺灣文教史略》，南投：臺灣省文獻會，1972。

李汝和主編，《臺灣省通志》，臺中：臺灣省文獻會，1972。

周憲文，《清代臺灣經濟史》，臺北：臺灣銀行經濟研究室，臺灣研究叢刊第45種，1957。

洪敏麟，《臺灣舊地名之沿革》，冊2下，臺中：臺灣省文獻委員會，1983。

翁佳音，《臺灣漢人武裝抗日史研究》，臺北：臺大出版中心，1986。

翁國樑，《漳州史蹟》，臺北：文海，1971；1935原刊。

莊吉發，《清代天地會源流考》，臺北：國立故宮博物院，

1981。

　　莊吉發，《清高宗十全武功研究》，臺北：故宮博物院，1982。

　　莊為璣、王連茂編，《閩臺關係族譜資料選編》，福州：福建人民出版社，1984。

　　許大齡，《清代捐納制度》，臺北：文海書局印；據燕京大學，哈佛燕京學社，1950。

　　郭廷以，《近代中國史綱》，香港：香港中文大學，1980。

　　黃本驥，《歷代職官表》，臺北：洪氏出版社，1976。

　　廖漢臣編，《臺灣省開闢史料續編》，臺中：臺灣省文獻會，1977。

　　劉妮玲，《清代臺灣民變研究》，臺北：國立臺灣師範大學歷史學研究所，1983。

　　劉枝萬，《臺中彰化史話》（油印本）。

　　鄭喜夫，《林朝棟傳》，南投：臺灣省文獻會，1979。

　　戴炎輝，《清代臺灣之鄉治》，臺北：聯經，1979。

　　瞿同祖，《中國法律與中國社會》，臺北：里仁，1984。

　　羅爾綱，《太平天國史稿》，臺北翻印。

（二）論文

　　王世慶，〈從清代臺灣農田水利的開發看農村社會關係〉，《臺灣文獻》（南投），2：36（1985.6）。

　　王世慶，〈霧峰林家之歷史〉，臺大歷史系藏，手稿。

　　王崧興，〈八堡圳與臺灣中部的開發〉，《臺灣文獻》（南投），26：4/27：1（1976.3）。

　　石萬壽，〈營兵與臺灣的防務—以臺南府城為中心（下）〉，《臺灣風物》（臺北），35：2（1985.6）。

李東華，〈唐末泉州的興起及其背景〉，《臺大歷史學報》（臺北），9（1982.12）。

李東華，〈五代北宋時期泉州海上交通之發展〉，《臺大歷史學報》（臺北），10、11（1984.12）。

李東華，〈宋元時代泉州海外交通的盛況〉，《中國海洋發展史論集》（臺北：中央研究院三民主義研究所，1984）。

東嘉生，〈清代臺灣之貿易與外國商業資本〉，收入《臺灣經濟史初集》（臺北：臺灣銀行經濟研究室，臺灣研究叢刊第25種，1954）。

東嘉生，〈清代臺灣之地租關係〉，收入《臺灣經濟史第二集》（臺北：臺灣銀行經濟研究室，臺灣研究叢刊第32種，1955）。

林文龍，〈楊本縣敗地理之傳說〉，《臺灣風物》（臺北），26：1（1976.3）。

林文龍，〈草屯李氏族譜及其古文書〉，《臺灣風物》（臺北），35：2（1985.6）。

林衡道，〈龍眼林爽文路的風光〉，《臺灣勝蹟採訪冊》，冊四（南投：臺灣省文獻會，1979）。

洪敏麟，〈草屯、茄荖洪姓移殖史〉，《臺灣風物》（臺北），15：1（1965.4）。

洪麗完，〈清代臺灣中部的開發〉，東海大學主辦「臺灣開發史研討會」論文，1985。

張世賢，〈清代臺灣道鎮關係〉，《臺灣風物》（臺北），26：3（1976.9）。

張菼，〈臺灣反清民變的不同性質暨其分類〉，《臺灣銀行季刊》（臺北），27：3（1976.9）。

張葳，〈林爽文案諸犯供詞〉，《臺灣人文》（臺北），3（1978.4）。

盛清沂，〈國學文獻館藏臺灣所見本島開闢史料〉，「臺灣地區開闢史料學術座談會」，聯合報文化基金會國學文獻館主辦，1985.9。

莊吉發，〈故宮所藏臺灣開闢史檔案簡介〉，「臺灣地區開闢史料學術座談會」，聯合報文化基金會國學文獻館主辦，1985.9。

莊吉發，〈清代臺灣秘密會黨探討〉，《臺灣風物》（臺北），36：1（1986.3）。

莊金德，〈清廷對臺灣實施海禁政策的經緯〉，收入《臺灣文物論集》（南投：臺灣省文獻會編印，1966；1984再版）。

許雪姬，〈林本源及其花園之研究〉，《高雄文獻》（高雄），3/4（1980.6）。

許雪姬，〈班兵與臺灣的治安〉，《臺灣風物》（臺北），32：4（1982.12）。

許雪姬，〈林文察與臺灣—臺勇內調之初探〉，「近代中國區域史研討會」，中央研究院近代史研究所主辦，1986。

許嘉明，〈彰化平原福佬客的地域組織〉，《中央研究院民族學研究所集刊》（臺北），36（1973秋季）。

陳其南，〈清代臺灣漢人社會的開墾組織與土地制度之形成〉，《食貨》（復刊，臺北），9：2（1980.1）。

陳秋坤，〈清初臺灣土地的開發〉，《食貨》（復刊，臺北），5：8（1978.8）。

陳紹馨，〈西荷殖民主義下菲島與臺灣之福建之移民〉，收入氏著，《臺灣的人口變遷與社會變遷》（臺北：聯經，1979）。

陳慧兒，〈林爽文事變中的義民〉，《臺南文化》（臺南），4：1（1954.9）。

森田明，〈清代臺灣中部の水利開發〉，收入氏著，《清代水利史研究》（東京：亞紀書房，1974）。

黃典權，〈清林爽文之變中的義民首證〉《臺灣風物》（臺北），16：3（1966.9）。

黃富三，〈清代臺灣移民的耕地取得問題及其對土著的影響（上）〉，《食貨》（復刊，臺北）11：1（1981.4）。

黃富三，〈清代臺灣之移民的耕地取得問題及其對土著的影響（下）〉，《食貨》（復刊）11：2（1981.5）。

黃嘉謨，〈英人與廈門小刀會事件〉，《近代史研究所集刊》（臺北），7（1978.6）。

黃榮洛，〈帶路來臺切結書〉，《臺灣風物》（臺北），36：1（1986.3）。

楊緒賢，〈吳德功與磺溪吳氏家譜〉，《臺灣文獻》（南投），28：3（1977.9）。

溫振華，〈清代臺灣中部開發與社會變遷〉，《師大歷史學報》（臺北），11（1983.6）。

廖風德，〈清代臺灣農村埤圳制度—清代臺灣農村制度之一〉，《政治大學歷史學報》（臺北），3（1985.3）。

廖漢臣，〈彰化縣之歌謠〉，《臺灣文獻》（臺中），11：3（1960.9）。

臺灣省立臺中圖書館編藏，〈臺灣中部地方文獻資料〉，《臺灣文獻》（南投），34：1（1983.3）。

劉妮玲，〈清代臺灣民變事件中的義民問題〉，《臺灣風物》（臺北），32：3（1982.9）。

劉妮玲，〈秘密結會與清代臺灣民變〉，《臺灣風物》（臺北），

33：4（1983.12）。

　　樊信源，〈清代臺灣民間械鬥之研究〉，《臺灣文獻》（臺中），
25：4（1974.12）。

　　蔡淵挈，〈清代臺灣移墾社會的商業〉，《史聯雜誌》（臺北），7
（1985.12）。

　　盧嘉興，〈臺南縣城人物和古蹟〉，《臺灣風物》（臺北），26：3
（1976.9）。

　　衡五，〈臺灣海峽沉船事件之紀錄〉，《臺南文化》（臺南），5：
2（1956.7）。

　　賴建銘，〈清代臺灣歌謠（上）〉，《臺南文化》（臺南），6：1
（1958.8）。

　　謝崧，〈一代藝人謝琯樵〉，《臺北文物》（臺北），4：3
（1955.11）。

　　謝繼昌，〈水利和社會文化之適應—籃城村的例子〉，《中央研究
院民族學研究所集刊》（臺北），36（1973秋季）。

　　羅爾綱，〈太平天國革命前的人口壓迫問題〉，收入《中國近代
史論叢，第二輯》（臺北：正中書局，1967）。

　　Daniels, C.,〈中國の一開拓家族—台灣霧峰の林家〉，《台灣近
現代史研究》（東京），4（1982.10）。

五、外文著作

　　Lamley, H. J, "Subethnic Rivalry in the Ch'ing Period," in E. M.
Ahern, H. Gates ed., *The Anthropology of Taiwanese Society* (Stanford
Univ. Press,1981).

　　Lamley, H. J., "Book Review on A Chinese Pioneer Family: The Lins of Wu-Feng, Taiwan,1729-1895," *Journal of Asia Studies*, Vol. XXIX, NO. 2 (February, 1980).

Mailla,〈臺灣訪問記〉,收入《臺灣經濟史第五集》,臺北:臺灣銀行經濟研究室,臺灣研究叢刊第44種,1957。

Meskill, J. M., "The Chinese genealogy as a Research source," in Maurice Freedman ed., *Family and Kinship in Chinese Society* (Stanford University Press,1970).

Taylor,G., "Formosa: Characteristic Traits of the Island and its Aboriginal Inhabitants," *Proceedings of Royal Geographical society,* XI (1889).

六、工具書

張耀錡,《平埔族社名對照表》,南投:臺灣省文獻會,1951。

附錄一　大事記

康熙四十七年　林江（林石之父）生。
（1708年）

雍正七年　　　二月十四日巳時林石生於福建漳州平和縣五寨墟莆
（1729年）　　　坪社（也許是五寨社浦坪墟）。

雍正十二年　　林石之弟林總生。
（1734年）

乾隆三年　　　林江卒（時林石10歲）。
（1738年）

乾隆五年　　　林石之母曾氏亡。（時林石12歲）
（1740年）

乾隆十一年　　（林石）年18結伴渡臺。⋯⋯嗣以莊太孺人書至，
（1746年）　　　匆遽復歸。

乾隆十八年　　（林石）25歲（實24歲）時，祖母莊潔娘去世，享
（1753年）　　　年73，族譜曰74。

乾隆十九年　　林石至臺灣，從事拓墾。
（1754年）

乾隆二十二年　林石回平和展墓，骸骨東遷，二弟受、總亦來臺。
（1757年）

乾隆二十五年　　林石（32歲）娶陳氏。
（1760年）

乾隆二十七年　　九月二十六日，林石長子林遜生。
（1762年）

乾隆三十一年　　一月二十日，林石之次子林水出生。
（1766年）

乾隆三十二年　　七月二十八日，林石之三子林瀨生。
（1767年）

乾隆三十七年　　十一月十五日，林石之四子林棣生。
（1772年）

乾隆三十八年　　林爽文隨父林勸來臺，趕車度日。
（1773年）

乾隆四十年　　　四月二十一日林石之五子林大出生。
（1775年）

乾隆四十一年　　八月七日，林石之六子林陸生。
（1776年）

乾隆四十四年　　林石之弟林總卒，因「被水漂流，不知去處」。
（1779年）

乾隆四十五年　　十月二十六日林遜之長子林瓊瑤生。
（1780年）

乾隆四十七年　　九月十四日，林遜次子林甲寅生。
（1782年）

乾隆四十八年　　彰化縣漳泉分類械鬥不息，林遜攜資返平和，謀置
（1783年）　　　產避患；十月五日卒於故鄉。

乾隆五十一年 （1786年）	林爽文之亂起。
乾隆五十二年 （1787年）	十二月，林石因林爽文亂被捕。
乾隆五十三年 （1788年）	三月十七日林石之五子林大，在林石入獄時，親自服侍以盡孝道，死於獄中；因無嗣，以四子林棣之長子芳碧入繼。
乾隆五十三年 （1788年）	五月二十一日未時林石卒，享壽60。 林爽文亂平，黃端娘歸大里杙，因家產被抄沒，乃赴塗城依諸叔。 其後因有閒言，黃端娘率二子瓊瑤、甲寅遷居阿罩霧頂竹圍（今甲寅村）。
乾隆六十年 （1795年）	十月二十一日，林石之次子林水，乘船往內地時沉船「屍沒於海中」，享壽30，無子，以林棣之子容山繼嗣。
嘉慶十一年 （1806年）	六月二十一日，林石之六子林陸卒。 十月，林甲寅與房叔林疆位、胞叔林第向黃竹坑隘下承墾埔地，二年後全部承墾。
嘉慶十三年 （1808年）	六月二十日，林甲寅長子定邦生。
嘉慶十五年 （1810年）	六月四日，林石之三子林瀨卒，生年在塗城務農，其子孫有部份遷往番仔寮。
嘉慶十九年 （1814年）	十二月二十九日，林甲寅次子奠國生。

嘉慶二十年 （1815年）	二月十九日，林棣之子林志芳（五香）生。
道光六年 （1826年）	十一月六日，陳太孺人（林石之夫人）卒，享壽84。陳太孺人生於乾隆八年五月22日。
道光八年 （1828年）	正月十九日，林文察生。
道光十年 （1830年）	二月九日，林石之四子林棣卒。
道光十三年 （1833年）	九月二十四日，林文明生。
道光十五年 （1835年）	閏六月十五日黃端娘卒（生於乾隆二十七年（1762年）十一月二十日），享壽74。
道光十七年 （1837年）	十月，林甲寅命諸子各立家業，以衍宗支。
道光十八年 （1838年）	十二月十六日（1839年初）午時，林甲寅卒，享壽57。
道光二十年 （1840年）	三月二十四日，林文鳳生。
道光三十年 （1850年）	八月二十五日，林定邦為林和尚（媽盛）所戕。林文察、文明與叔奠國展開報復行動。

咸豐元年 （1851年）	二月，捕獲兇手林概等四人，囚於草寮，當夜，失火燒死。 九月二十四日（陽曆十一月十六日）林朝棟（一名松，字蔭堂，號又密）生。時林文察24歲，而生母曾氏時年19歲。
咸豐二年 （1852年）	一月一日，林奠國次子林文典生。
咸豐四年 （1854年）	閏七月，廈門小刀會船自蘇澳竄雞籠。林文察率鄉勇隨曾玉明出征，在獅球嶺立功。 六月二十三日，林奠國三子文欽生。
咸豐八年 （1858年）	六月六日，清廷諭准「俊秀林文察著以游擊分發福建，歸籌餉例補用」。
咸豐九年 （1859年）	閩中大盜郭萬淙陷麻沙，攻建陽，林文察募臺勇赴閩，協助剿滅郭萬淙。 林文察在閩破郭萬淙、胡熊等土匪，擒偽軍師等186人。
咸豐十年 （1860年）	十一月二十一日，文察獲准升參將，留於福建補用，並賞換花翎，賞給固勇巴圖魯名號。 約年底，文察以「閩省頻歲軍興，需餉浩繁，捐票錢五萬串」，因而又賞加副將頭銜。
咸豐十一年 （1861年）	正月，檄調林文察軍援浙，克江山。二月十一日，以副將儘先補用，賞換「烏訥思齊」巴圖魯名號。 三月，福建汀州及連城陷，林文察奉調回閩。

四月，林文察率軍拔連城、克汀州。慶端上其功，五月以總兵記名簡放。五月，太平軍自皖南竄浙江；杭州將軍瑞昌疏調文察入浙。文察所統臺勇僅存五百餘，派員赴臺添募，未能速進。

九月二十三日，董太孺人（林甲寅妻，名悅，號淑慎，生於乾隆五十六年十二月二十三日）卒，享壽71歲。

咸豐十一年（1861年）　十一月，杭州陷，有旨令文察與前皖南道李元度分道援杭州。未幾杭州太平軍自去。

同治元年（1862年）　春，文察與參將林文明進軍龍泉，四月克復遂昌。

春三月十七日淡水同知秋曰覲為林晟所殺。

三月十七日～十九日，戴潮春率會黨攻彰化縣，至二十日晨卯刻，城陷。

三月，林日成率眾三萬餘人攻阿罩霧社，林奠國命文鳳拒之。搏戰三日，日成敗走，莊始固。

五月，林日成入踞彰城，自稱為千帥；戴潮春退歸四張犁。

五、六月間，福寧鎮總兵曾玉明（泉人）帶兵六百，由鹿港登岸，招撫各莊義民。

六月八日，臺澎掛印總兵林向榮解嘉義之圍。

七月二日，林文明准假回臺辦團練，協剿戴潮春之亂。

秋七月五日，以候補副將林文察為四川建昌鎮總兵官。

七月二十八日（己酉），以福建官軍克復浙江松陽、宣平兩縣城，賞總兵官林文察提督銜。

七月，克處州郡城，並克縉雲縣城。

十二月二十一日，調四川建昌鎮總兵官林文察為福建福寧鎮總兵官。

同治二年
（1863年）

一月，林文察克武義。

二月十二日，署水師提督吳鴻源率吳志高解嘉義之圍。

春四月，記名總兵北路協副將曾元福（晉江人）帶勇千名抵鹿港，進紮白沙坑觀音山。

六月，閩浙總督左宗棠以林文察廉樸勇敢，奏署福建陸路提督。

八月，嘉義不靖；左宗棠疏請命林文察率軍渡海平亂，詔如所請。尋令署理福建水師提督，責令迅速渡臺剿亂。

九月九日申酉間丁曰健已抵淡屬滬尾口登岸。

同治二年
（1863年）

九月二十二日，丁曰健移紮竹塹城內。

十月十四日，福建陸路提督烏納思齊巴圖魯林文察，帶勇由鹿耳門登岸。

十月，文察已攜陸路提督印信赴臺，上諭毋庸兼署水師提督。

十月二十二日，林文察大軍抵嘉義，隨即派員帶領勁勇，協同紳士，分赴各鄉，實施懲勸。

冬十一月三日，提督軍門臺灣掛印總兵曾玉明辰刻克復彰化城。臺澎兵備道丁曰健、候補知縣林占梅諸軍，巳刻亦入彰化城。

十一月十八日，林文察克斗六。

十二月五日，林文察自嘉義之他里霧斗南進抵彰化城。

十二月十八日，丁曰健斬戴萬生。林文察於十九日上摺裁撤兵勇，只留5,000人，並調曾元福回大陸。

十二月，林文察率軍猛攻四塊厝，連戰數日，死傷甚眾。

同治三年
（1864年）

一月十一日，林文察攻下四塊厝，林晟正法。

二月間，徐宗幹上奏請改調曾玉明、林文察回閩，林文察於二月底收到。

三月十五日，林文察率軍進攻小埔心。

三月二十八、二十九日，七十二莊張三顯率陳鰍、陳梓生、王春、陳在、葉青、葉中、大肚陳狗母、趙戀、北勢湳洪欉，執青旗為號。二十九日，擁眾登八卦山攻城。

三月二十三日，以攻克四塊厝出力，予參將林文明以副將銜。

四月六日，清廷降諭：「福建水師提督，即著曾玉明處理，所遺臺灣鎮總兵，著曾元福署理」。

四月十三日，左宗棠以延平軍情喫緊調員助剿片，奏請調回林文察軍。

六月二十二日，林文察令本標先發，自率臺勇由艋
舺泛海至閩。

七月，臺灣道丁曰健劾文察家居五十餘日，頓兵不
出，紮營彰城，兵勇搔擾，紳民怨恨；諭敕左宗棠
等確查。

同治三年　　七月三十日，林文察返抵蚶江。

（1864年）　　八月十五日，林文察以「防剿遷延」，下部議處。

九月一日，赴省城，九月七日抵達。

九月二十一日，赴延平，二十二日奉調趕赴漳州對
抗李世賢太平軍。

十月一日，因徐宗幹之奏請，奉旨：「林文察被參
赴調延緩處分，著加恩寬免」。

十月十二日，（林文察）駐軍洋洲，距漳州30里。

十一月三日，林文察戰歿漳州萬松關。

十二月五日，予福建漳州陣亡署提督林文察祭葬，
世職加等，謚「剛愍」。

附錄二　霧峰林氏族人名號、生卒日期表

林　石　謚樸植。

　　　　生於清雍正七年二月十四日，

　　　　卒於清乾隆五十三年五月二十一日。

　　　　享壽六十歲。

　　　　葬在霧峰莊後（土名坡塘內）。

　　　　生六子：長遜、次水、三瀨、四棟、五大、六陸。

　　　陳益娘，謚溫惠。

　　　　生於清乾隆八年五月二十二日，

　　　　卒於清道光六年十一月初六日。

　　　　享壽八十四歲。

　　　　葬在霧峰莊前。

林　遜　又稱舜，謚宏英，敕贈文林郎。

　　　　生於清乾隆二十七年九月二十六日，

　　　　卒於清乾隆四十八年十月初五日。

　　　　享壽二十二歲。

　　　　葬在埔坪時銀塘狗崑。

　　　　生二子：長瓊瑤、次甲寅。

　　　黃氏端娘，謚守志。

生於清乾隆二十七年（壬午）十一月二十日，

卒於清道光十五年（乙未）又六月十五日。

享壽七十四歲。葬在阿罩霧莊南勢細埔仔洋。

林甲寅　又名寅，字如圭，諡寬裕。

生於清乾隆四十七年九月十四日，

卒於清道光十八年十二月十六日。

享壽五十七歲。

葬在阿罩霧莊前山。

生三子：長定邦、次奠國、三振祥、四四吉（螟蛉子）。

董悅娘，諡淑慎。

生於清乾隆五十六年十二月二十三日，

卒於清咸豐十一年九月二十三日。

享壽七十一歲。

葬在阿罩霧莊前。

林開泰　又稱開太，名定邦。清誥贈振威將軍，資政大夫。

生於清嘉慶十三年六月二十日，

卒於清道光三十年八月二十五日。

享壽四十三歲。

葬在本莊前。

生三子：長文察、次文明、三文彩。

戴蔥娘，諡溫恭。誥封一品夫人。

生於清嘉慶十三年五月初七日，

卒於清光緒九年五月初七日。

享壽七十六歲。

林天河　又稱天和，名奠國，號景山。清誥贈中憲大夫。

生於清嘉慶十九年十月二十九日，

卒於清光緒六年六月初六日。

享壽六十七歲。

民國七年，改葬於車籠埔莊南。

生三子：長文鳳（賴氏出）、次文典（廖氏出）、三文欽（羅氏出）。

賴貴娘，號莊恬。

生於清嘉慶十九年十二月初一日，

卒於清同治十年八月十七日。

享壽五十八歲。

民國七年，與景山公改葬於車籠埔莊南。

羅蕉娘，號淑慈。

生於清道光十二年九月二十七日，

卒於民國十年八月初八日。

享壽九十歲。

葬在霧峰莊萊園。

廖梅娘，號端和。

生於清道光九年八月二十九日，

卒於清光緒二十五年二月二十一日。

享壽七十一歲。

林有理　名文察，字密卿，又有密庵、子明之字，賜諡剛愍。

清誥授振威將軍、署福建水陸路提督、贈太子少保。

生於清道光八年正月十九日，

卒於清同治三年十一月初三日。

享壽三十七歲。

與曾氏合葬在萬斗六之倒飛鳳山。

生三子：長朝棟（曾氏出）、次朝雍（何氏出）、三朝宗（許氏出）。

曾氏，閨琴娘。誥授一品夫人。

　　生於清道光十三年八月二十三日，

　　卒於清同治十三年四月十九日。

　　享壽四十二歲。

許氏，閨富娘，號純仁。

　　生於清道光二十四年（甲辰）五月初五日，

　　卒於清光緒二十五年（己亥）七月十七日戌時。

　　享壽五十六歲。

何氏，閨春娘，號貞義。

　　生於清道光二十二年（壬寅）九月二十六日寅時，

　　卒於清同治二年（癸亥）五月初三日丑時。

　　享壽二十二歲。

孫氏，閨賽金，號純靜。

　　生於清道光二十三年（癸卯）十二月十九日亥時，

　　卒於清同治六年（丁卯）六月二十日午時。

　　享壽二十五歲。

吳氏，閨含笑。

　　生於

　　卒於清光緒二十五年（己亥）。

　　葬在漳州府龍溪縣東地鄉。

林有田　名文明，又文郁，字利卿，諡壯烈。誥授建威將軍。

　　生於清道光十三年九月二十四日，

卒於清同治九年三月十七日。

享壽三十八歲。

生五子：長朝昌（魏氏出）、次朝選（賴氏出）、三朝成（張氏出）、四朝斌（張氏出）、五朝鑑（戴氏出）、六朝崧（陳氏養）。

賴錫娘，號懿德。誥授二品夫人

生於清道光十五年三月初八日，

卒於清光緒十一年九月十二日。

享壽五十一歲。

魏皆娘，號柔順。

生於清道光十三年十月初六日，

卒於清咸豐十一年七月初四日。

享壽二十九歲。

戴珠娘，號儉益。

生於清道光二十二年二月二十四日。

卒於清光緒十六年五月初三日。

享壽四十九歲。

張氏，閨名寶娘。

不詳。

陳氏淑娘。

生於清道光二十九年十一月二十六日，

卒於清光緒三十四年三月初三日。

享壽六十歲。

林有緣　名文彩，諡儉質。

生於清道光二十八年七月十四日，

卒於清光緒七年七月十八日。

享壽三十四歲。

葬在本莊南勢細埔仔山。

生一子：長秋北、次波堂（過房子）。

游周娘，謚姿甚。

生於清道光二十九年四月二十五日。

卒於清光緒五年六月二十二日。

享壽三十一歲。

葬在本莊南勢細仔埔東。

蔡絨娘，謚淑貞。

生於清道光二十八年五月二十八日，

卒於清光緒二十九六月十四日。

享壽五十六歲。

林萬得　名文鳳，字儀卿，號丹軒。清例贈宣德郎，晉贈奉直大夫。

生於清道光二十年三月二十四日，

卒於清光緒年四月十九日。

享壽四十三歲。

葬在大里杙北勢田中。

生二子：長烈堂、次澄堂。

陳勤娘，號斯恩。

生於清道光二十三年八月二十四日，

卒於清同治九年九月初七日。

享壽二十八歲。

葬在霧峰莊南勢細埔仔洋。

莊粉娘，號善白。

生於清咸豐五年十一月初六日，

卒於民國二十年八月十七日。

享壽七十七歲。

葬在車籠埔七星山林家族墓地中列之正穴。

莊彩鶴，號柔懿。

生於清咸豐三年七月十二日，

卒於清光緒十二年十二月二十一日。

享壽三十四歲。

與繼姒莊氏合同穴。

曾雍娘，號淑禧。

生於清咸豐元年五月初七日巳時，

卒於民國八年十月二日巳時。

享壽六十九歲。

葬在坑口山。

林萬秩　名文典，字序卿，號禮齋。清誥晉封儒林

生於清咸豐二年正月初一日，

卒於光緒三年六月二十三日。

享壽二十六歲。

葬在藍興保內新莊洋西南畔。

生一子：紀堂（張氏出）。

邱彩藻，號淑靜。

生於清道光二十八年正月初四日，

卒於清光緒二十七年十月十三日。

享壽五十四歲。

葬在霧峰莊南勢細仔埔仔，與祖媽廖氏合葬。

張棠娘，號韻貞。

生於清咸豐九年七月二十六日，

卒於民國十八年十月初七。

享壽七十一歲。

葬在霧峰莊萊園。

林萬安　名文欽，字允卿，號幼山。清誥授文林郎、中憲大夫。

生於清咸豐四年六月二十三日，

卒於清光緒二十五年十月二十一。

享壽四十六歲。

葬在大里杙。

生二子：長獻堂、次階堂。

許鸞娘，號德徽。

生於清咸豐六年四月初六日，

卒於民國二年十一月十二日。

享壽五十八歲。

與考同穴。

附錄三　臺灣古今地名對照表

（據洪敏麟，臺灣舊地名之沿革）

丁　　臺：臺中縣霧峰鄉丁臺、南勢、北勢等村。

九張犁：臺中縣烏日鄉九德村。

大　　墩：在今臺中市。

大里杙：臺中縣大里鄉大里、新里二村。

小埔心：彰化縣埤頭鄉合興村。

六　　股：臺中縣霧峰鄉六股村。

太　　平：臺中縣太平鄉太平、中平、東平三村。

內新莊：臺中縣大里鄉內新、東昇二村。

水裡社：臺中縣龍井鄉龍泉村。社人在道光十五年遷居埔里盆地，建
　　　　水裡城（今埔里鎮大城里）。

北投街：南投縣草屯鎮新庄里。

北勢湳：南投縣草屯縣北勢、中原二里。

四塊厝：霧峰鄉四德村。

他里霧：雲林縣斗南鎮。

四張犁：臺中市仁美、四民、仁和、仁愛等里。

竹　　塹：新竹市。

吳　　厝：臺中縣霧峰鄉四德、五福二村。

阿密哩：臺中縣霧峰鄉光明村。

阿罩霧：霧峰鄉市街一帶，包括甲寅，本鄉、中正、錦榮、萊園、本
　　　　堂、坑口、桐林、吉峰等村。

府城（郡城）：指臺灣府城，今臺南市。

柳樹湳：臺中縣霧峰鄉北柳、南柳二村。

翁仔社：豐原市翁明、翁子、翁社等里。

草　湖：臺中縣大里鄉東湖、西湖二村。

頂茄荖：南投縣草屯鎮茄荖里。

烏　日：臺中縣烏日鄉烏日、湖日二村。

萬斗六：臺中縣霧峰鄉萬豐、舊正、峰谷、六股等村。

喀　哩：臺中縣烏日鄉北里村。

塗　城：臺中縣大里鄉塗城村。

番仔寮：臺中縣大里鄉仁化、健民二村。

犁頭店：臺中市南屯區南屯里。

詹厝園：臺中縣大里鄉夏田村。

葭投（茄投）：臺中縣龍井鄉竹坑、龍東、龍西、田中等村。

新庄（莊）：南投縣草屯鎮新庄里，原名北投新庄。

溪心壩：臺中縣霧峰鄉東圓、溪壩。

葫蘆墩：豐原市豐原、頂街、中山、豐榮……等里。

滬尾口：臺北縣淡水鎮。

賴厝廊：臺中市北區賴厝、賴村、中達等里。

樸仔口：豐原市朴子里。

雞　籠：基隆。

舊　社：臺中縣霧峰鄉舊正村。

寶斗（北斗）：彰化縣北斗鎮。

臺灣研究叢刊

霧峰林家的興起：從渡海拓荒到封疆大吏（1729-1864）

2023年12月初版　　　　　　　　　　　　　　定價：新臺幣640元
有著作權・翻印必究
Printed in Taiwan.

著　　　者	黃	富	三	
特約編輯	陳	韋	聿	
	張	佑	豪	
內文排版	菩	薩	蠻	
封面設計	劉	耘	桑	

出　版　者	聯經出版事業股份有限公司	副總編輯	陳	逸	華
地　　　址	新北市汐止區大同路一段369號1樓	總　編　輯	涂	豐	恩
叢書編輯電話	(02)86925588轉5317	總　經　理	陳	芝	宇
台北聯經書房	台北市新生南路三段94號	社　　　長	羅	國	俊
電　　　話	(02)23620308	發　行　人	林	載	爵
郵政劃撥帳戶第0100559-3號					
郵撥電話	(02)23620308				
印　刷　者	世和印企業有限公司				
總　經　銷	聯合發行股份有限公司				
發　行　所	新北市新店區寶橋路235巷6弄6號2樓				
電　　　話	(02)29178022				

行政院新聞局出版事業登記證局版臺業字第0130號

本書如有缺頁，破損，倒裝請寄回台北聯經書房更換。　　ISBN　978-957-08-7205-7 (精裝)
聯經網址：www.linkingbooks.com.tw
電子信箱：linking@udngroup.com

本書印製獲財團法人曹永和文教基金會補助

國家圖書館出版品預行編目資料

霧峰林家的興起：從渡海拓荒到封疆大吏（1729-1864）/
黃富三著 . 初版 . 新北市 . 聯經 . 2023年12月 . 32面彩色＋428面黑白 .
14.8×21公分（臺灣研究叢刊）
ISBN　978-957-08-7205-7（精裝）

1.CST：林氏 2.CST：家族史 3.CST：臺灣傳記 4.CST：臺中市霧峰區

544.2933　　　　　　　　　　　　　　　　　　112019552